U0919222

《山东经济学院财会精品系列教材》编委会

财会精品系列教材

Zhengfu Yu Feiyingli Zuzhi Kuaiji

政府与非营利组织会计

主　编　王翠春　初宜红
副主编　钟安石　朱海妮　郑　伟
参　编　王茂春　罗怀敬

山东人民出版社

图书在版编目(CIP)数据

政府与非营利组织会计／王翠春，初宜红主编．—济南：山东人民出版社，2007.8(2013.1重印)
ISBN 978-7-209-04303-8

Ⅰ.政…Ⅱ.王…Ⅲ.单位预算会计—教材Ⅳ.F810.6

中国版本图书馆CIP数据核字(2007)第136886号

责任编辑：袁丽娟
装帧设计：周云龙

政府与非营利组织会计
王翠春　初宜红　主编

山东出版集团
山东人民出版社出版发行
社　址：济南市经九路胜利大街39号　　邮　编：250001
网　址：http://www.sd-book.com.cn
发行部：(0531) 82098027　82098028
新华书店经销
泰安市长城印刷有限公司印装

规　格　16开 (180mm×240mm)
印　张　25.25
字　数　460千字　插　页　2
版　次　2007年8月第1版
印　次　2013年1月第7次
ISBN　978-7-209-04303-8
定　价　38.00元

如有质量问题，请与印刷厂调换。电话：(0538) 8261018

卷首语

会计是对“生产过程的控制和观念总结”,面对不断变化的经济环境,会计需要不断的改良和变革,逐步实现与国际会计标准的趋同。在这种背景下,财政部于2006年2月15日在北京举行了会计准则体系发布会,公布了39项企业会计准则,这标志着我国与国际会计标准趋同的企业会计准则体系的正式建立,标志着我国自1992年开始的会计制度改革又有了新突破,实现了新发展。

教材建设是会计教育的基础,建立一套体系科学、内容新颖、结构合理的会计学系列教材,既是会计制度改革的要求,也是会计人才培养的需要。山东经济学院的会计学科是“文革”前的老本科学科,是“八五”期间的省级重点学科和“九五”期间强化建设的省级重点学科,历史悠久,文化深厚,到目前为止,拥有17位教授、29位副教授,其中博士16位(含5位博士后)、在读博士17位,具备了探索和研究会计教育改革、建立和完善会计学系列教材体系的能力。早在1987年,我们初步确立并编写出版了一套会计学系列教材,并于1995年、2003年作了进一步的修订与完善。我们编写的教材为许多兄弟院校所采用,在会计教学与实践中受到了广泛好评。

随着我国市场经济体制的建立与完善,尤其是我国会计改革的进一步深化,原有的教材已经不能适应经济社会发展和培养创新会计人才的需要,必须进行改革与完善。在广泛酝酿和征求教师、学生和实务界人士意见的基础上,我们组织会计学院教学、科研一线的教授或专家,根据新的会计准则体系和最新的研究成果,重新编撰和修订了山东经济学院财会精品系列教材。具体包括:会计学基础、中级财务会计、高级财务会计、成本会计、管理会计、财务管理、审计学、会计信息系统与分析、会计学概论和专业英语等10部。

本次教材建设,本着理论与实务并重、教学与科研结合、国内与国际相通的原则,力求突出以下特点:

第一,通俗易懂,深入浅出。既注重会计理论的介绍,又注重会计实务的操作,做到用简洁的语言,深入浅出地叙述、说明和解释会计的基本问题;

第二,结构新颖,内容丰富。针对国内外会计准则的新情况、新问题、新成果,加重笔墨，详细介绍，既保持知识的连续性，又顾及知识的发展性；

第三，紧扣制度，兼顾惯例。会计是技术性的，也是国家性的，教授与学习会计的目的在于应用，所以必须讲制度；会计是社会性的，也是国际性的，人类社会共性的会计规律理应把握，所以必须讲惯例。

山东经济学院财会精品系列教材是山经“会计人”多年奋斗、共同劳动的结晶，凝聚了几代会计人的经验与心血，体现了社会各界对“山经会计”的支持和厚爱。教材的本次建设与修订只是一个起点，而不是终点，随着时代的发展和社会进步，我们会与山东人民出版社一起把会计学科的新发展与新成就及时奉献给我们的学生和读者。

山东经济学院财会精品系列教材编委会

2007年6月

前 言

改革开放以来，特别是实行社会主义市场经济体制以来，传统的所有经济和社会事务都由政府包办的局面正在发生巨大的转变。国有企业和事业单位积极实施相应的改革，一些隶属于政府和政府所属单位的社会事业组织逐步与政府分开，与此同时，政府也颁布了一系列的具体政策、措施鼓励和支持行政事业单位的改革。经济环境的变化，促进了会计改革的进程。财政部于 1997 年提出了预算会计改革方案，制定和颁布了《事业单位会计准则》、《事业单位会计制度》、《行政单位会计制度》、《财政总预算会计制度》；1998 年 10 月成立了财政部会计准则委员会；2001 年推行了“政府采购制度”、“部门预算制度”、“国库单一账户制度”三大财政预算体制的改革；2003 年，会计准则委员会成功地进行了换届改组，改组后的会计准则委员会下设三个专业委员会：会计理论专业委员会、企业会计专业委员会、政府及非营利组织会计专业委员会。政府及非营利组织会计准则委员会于 2004 年 8 月制定并发布了《民间非营利单位组织会计制度》，2006 年 7 月制定了《2007 年政府收支分类科目》。新的会计制度适应了财税体制、预算管理、行政事业单位和民间非营利组织会计改革的发展方向，对规范我国政府与非营利组织会计秩序、促进我国政府与非营利组织会计水平的提高必将起到积极的作用。

本书共分四篇十七章，研究了政府与非营利组织相关的会计问题：

第一篇，总论，包括政府与非营利组织会计概述和基本理论。共分两章，第 1 章介绍政府与非营利组织的界定和政府与非营利组织会计准则体系；第 2 章介绍了政府与非营利组织会计的基本理论。主要研究政府与非营利组织会计目标、会计核算的一般原则、财务会计要素等内容。

第二篇，政府会计，包括财政总预算会计和行政单位会计。共分 6 章。3 ~ 5章介绍了财政总预算会计的收入、支出、资产、负债、净资产和财政会计报表等；6 ~ 8 章介绍了行政单位会计的收入、支出、资产、负债、净资产和会计报表等。

第三篇，非营利单位会计，包括事业单位会计和民间非营利组织会计。共分 6 章。9 ~ 11 章介绍了事业单位会计的收入、支出、资产、负债、净资产和会计报表等；12 ~ 14 章介绍了民间非营利组织的收入、费用、资产、负债、净资产和会计报表等。

第四篇，预算会计改革专题。共分3章。第15章介绍了国库收付制度，第16章介绍了政府采购，第17章介绍了部门预算。

目前，财政体制改革正在进一步深化，与财政体制改革配套的预算会计内容、方法在进一步完善，建立既适合我国国情又符合国际通行做法的、规范合理的政府与非营利组织会计的准则体系是一项长期而艰巨的任务。本书注重继承原有预算会计的精华，吸收了“财政学”、“国家预算管理”和“民间非营利组织会计”的新知识，力求反映政府与非营利组织会计最新的会计理论和会计实务。

本书突出了政府与非营利组织会计内容上的新颖性和前瞻性，对研究政府与非营利组织具有一定的参考价值，可作为高等院校会计、财务管理、审计专业教材和行政事业及民间非营利单位会计人员的教材和必备参考书。

本书主要由山东经济学院从事多年预算会计教学经验的教授、副教授参加编写，山东经济学院王翠春、初宜红任主编，钟安石、朱海妮、郑伟任副主编，王翠春、初宜红、钟安石、朱海妮、郑伟、王茂春、罗怀敬参与编写，由王翠春、初宜红对全书进行修改和总纂。

《政府与非营利组织会计》在编写过程中，参考了大量相关的中外文资料，参考文献在教材末页做了附注，在此向有关作者表示感谢。本教材在规划、编写和出版过程中得到了山东经济学院的领导、同仁的大力支持和帮助，在此表示衷心的感谢。

尽管我们做了很大的努力，但由于水平所限，本书会存在一些不足甚至错误，敬请有关专家、学者和广大读者给予批评指正。

政府与非营利组织会计编写组

目 录

第三篇　非营利单位会计

第四篇 预算会计改革专题

第一篇 总论

政府与非营利组织会计是现代会计中与企业会计相对应的另一个分支，是用于反映、监督和核算政府与非营利组织业务活动的经济管理信息系统。

现代社会是一个复杂的有机组合体，它的生存与发展既离不开企业所创造的财富的支持，同时也离不开为个人和整个人类提供各种服务的政府与非营利组织。而且，伴随着人类文明程度的提高，政府与非营利组织在社会中的作用和影响日趋扩大。政府与非营利组织地位的提高和收支的膨胀，要求人们对这一领域的会计工作给予足够的重视，政府与非营利组织会计的迅速发展也正源于此。

第一章　政府与非营利组织会计概述

第一节　政府与非营利组织的界定

一、政府与非营利组织的概念和特点

作为一个组织，是由一定的人按照一定的目地结合起来的经济或社会团体。目的不同，组织的性质就不同。按照是否以营利为目的，组织可以分为以营利为目的的组织（如企业）和不以营利为目的的组织（如政府部门等）。政府与非营利组织就是不以营利为目的的组织，在我国主要指政府部门、行政单位、事业单位及其他民间非营利单位。

政府与非营利组织与营利组织（企业）相比较，有诸多的相同或相似之处，但也有自身显著的特点：

1. 非营利性。即政府与非营利组织不必向它们的所有者即资财的提供者分配利润。政府与非营利组织对外提供服务或商品往往并不追求收益，甚至不收费，主要是按照财务资源和其他资源提供者的期望和要求提供尽可能多的服务或商品。相应地，财务管理的重点放在如何谋求并合理使用财务资源，如何保证预算得到贯彻执行并努力保持足够的流动性和支付能力，而不像企业那样致力于利润或每股净收益的提高。

2. 公益性。即非营利组织服从于公共目的，为公众奉献。政府与非营利组织所追求的是公共利益，即全体居民的共同利益，以实现政府的公共职能为目的。例如，行政事业单位向社会提供的服务等。

3. 组织约束性。即政府与非营利组织必须严格地遵守财政指令和财经纪律。以营利为目的的企业通常是按照其追求利润或财富最大化的目标，通过市场竞争来开展其生产经营活动，它们有适用于自身的一套运行规则。而政府与非营利组织有各自非营利性的既定目标，服务领域具有独占性且不存在竞争性的公开市场，同时，由于资金的来源具有独特的渠道（税收、捐赠、财政拨款等），为了有效地使用

资金，政府与非营利组织不仅要受《会计法》等法律法规的约束，而且还受财经纪律和财政部门规定的各项制度的严格约束。

二、政府与非营利组织的界定标准

我国的会计准则、会计制度对政府与非营利组织没有明确的界定，只是在2004年8月财政部颁布的《民间非营利组织会计制度》中规定了民间非营利组织应当同时具备以下三个特征：

1.该组织不以营利为宗旨和目的；

2.资源提供者向该组织投入资源不取得经济回报；

3.资源提供者不享有该组织的所有权。

美国财务会计准则委员会在1980年12月发布的财务会计概念公告第4辑《非营利组织编制财务报告的目的》中指出，非营利组织的主要特征有：

1.大部分资财来源于资财的供给者，他们不期望收回或据以取得经济上的利益；

2.业务运营的目的，主要不是为了获取利润或利润等同物而提供产品或劳务；

3.不存在可以出售、转让、赎回，或一旦机构清算，可以分享剩余资财的明确的所有者利益。

按照政府与非营利组织所提供的服务活动或者职能的不同，我国通常将政府与非营利组织划分为以下几类：

1.政府单位，包括各级政府、立法机关、检察机关、审判机关和军队等；

2.教育组织，包括幼儿园、中小学、职业技术学校以及高等院校等；

3.卫生福利组织，包括医院、疗养院、儿童保护组织等；

4.宗教组织和机构；

5.慈善组织和机构；

6.各种基金会；

7.其他。

第二节　政府与非营利组织会计准则体系

政府与非营利组织会计是依靠准则制定机构所颁布的一系列会计准则来作为会计处理与财务报告的约束和指导的。

一、政府与非营利组织会计制度的演变

1950年，财政部根据原中央人民政府政务院公布的《预算决算暂行条例》提出

了建立我国预算会计体系的设想，并于当年12月12日正式颁布了《各级人民政府暂行总预算会计制度》和《各级人民政府单位预算会计制度》，它是与当时我国的高度集中、统收统支的计划经济模式相适应的，同时又是第一次系统地、完整地确立了我国预算会计的基本框架体系。随着我国进入有计划的商品经济时代，1988年8月，财政部对1965年颁布的《行政事业单位总预算会计制度》进行了全面修订，为我国各级事业单位实现从"统收统支、高度集中统一的管理"体制向"统一领导、分级管理"体制的转变，促进各项事业的发展，发挥了积极的作用。1994年以后，我国进入了社会主义市场经济体制阶段，迫切要求按照市场经济体制的模式进行改革，财政部为此制定了一系列新预算会计制度：《事业单位财务规则》（于1997年1月1日执行）、《事业单位会计准则》（试行）、《事业单位会计制度》、《财政总预算会计制度》、《行政单位财务规则》、《行政单位会计制度》，并于1998年1月1日起在全国范围内统一实施。

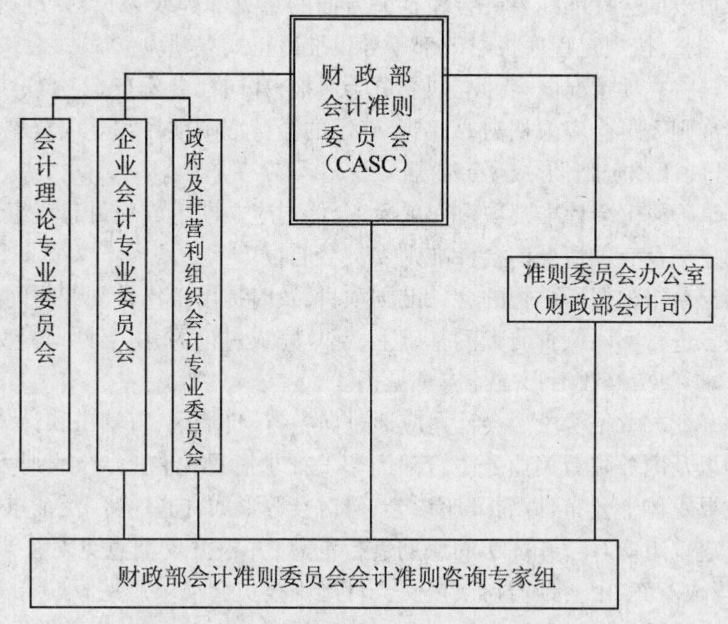

图1－1　财政部会计准则委员会组织结构图

为了进一步制定和完善中国的会计准则，1998年10月成立的财政部会计准则委员会，为会计准则的建立和完善提供了大量具有建设性的咨询意见，并发挥了积极的作用。进入21世纪，经济全球化和资本跨国、跨地区流动已经成为当今世界经济发展的重要特征，要适应社会主义市场经济体制，必须进一步完善我国会计准则。2003年，会计准则委员会成功地进行了换届改组，改组后的会计准则委员会下设三个专业委员会(见图1-1):会计理论专业委员会、企业会计专业委员会、政府及非营利组织会计专业委员会。政府及非营利组织会计准则委员会于2004年8月制定并发布了《民间非营利组织会计制度》,2006年2月制定了《2007年政府收支分类科目》。至此,形成了一套既适合我国国情又符合国际通行做法、较为规范合理的政府与非营利组织会计的准则体系。

二、会计准则制定程序

《会计准则制定程序》规定我国会计准则的制定过程分为立项阶段、起草阶段、公开征求意见阶段和发布阶段。

1.立项阶段。会计司根据我国经济发展的需要,提出会计准则立项意见,向会计准则委员会和有关方面征求意见。会计准则立项意见包括对立项的背景和理由作出的说明。

会计司根据会计准则委员会和有关方面的意见和建议,对会计准则立项意见作出修改调整,按规定程序报财政部领导批准后正式立项。

会计司将立项情况向会计准则委员会通报,并向社会公布。

会计准则委员会应根据需要,结合确定的会计准则项目和立项意见,成立项目研究组,开展课题研究,形成研究报告。

2.起草阶段。会计准则项目立项后,会计司应立即组成项目起草组,并将项目起草组的成员及有关情况向会计准则委员会通报。

项目起草组根据所承担的会计准则项目,及时提出工作计划和时间表,在对有关研究报告进行实际调查研究的基础上,起草完成讨论稿,由会计司提交会计准则委员会征求意见,修改后形成征求意见稿。

3.公开征求意见阶段。会计司应通过向各省、自治区、直辖市和计划单列市财政厅(局)以及国务院有关业务主管部门印发征求意见稿,在会计准则委员会网站和其他主要媒体上公布,以召开座谈会、研讨会等形式,向社会广泛征求意见。

项目起草组应对公开征求的意见进行汇总,并根据反馈意见对征求意见稿进行修改,形成草案,由会计司再次提交会计准则委员会征求意见。

4.发布阶段。项目起草组根据会计准则委员会的意见对草案进行修改,形成送审稿,会计司按规定程序报送财政部领导审定后,由财政部发布并组织实施。

三、构建我国政府与非营利组织会计准则体系

我国目前预算会计规范是以制度为主,而会计制度以某一特定部门(行政、事业单位等)为对象,对会计科目的设置、使用说明和会计报表的格式及其编制加以详细规范,比较具体,易懂易学,便于操作。但是它缺乏指导作用,一旦环境发生了变化,出现了新的问题,会计制度就无法解决了。会计准则是以特定的经济业务

(交易与事项)或特别的报表项目为对象,详细分析各业务或项目的特点,规定必须引用的概念定义,然后以确认与计量为中心,并兼顾披露,对围绕该业务或项目有可能发生的各种会计问题作出处理的规范。准则比较抽象、难懂,但对于解决财务会计过程中的问题有较强的指导作用。目前在世界各国,特别是发达国家,越来越多的国家选用会计准则来规范政府与非营利组织的会计工作。

为了建立一个既符合我国国情又符合国际惯例的政府与非营利组织会计准则体系,许多学者提出了建议和看法。学者张通认为,我国政府与非营利组织会计准则体系应由基本准则和具体准则构成。基本准则主要包括:界定政府与非营利组织会计的主体、核算对象、核算范围、会计要素、记账基础、核算原则、计价方法、财务报表种类及内容、财务报告的基本要求等重大事项,起到一个概念框架的作用。具体准则是以基本准则为依据,对政府与非营利组织会计各项核算业务和报告事项作出的具体规定,是对政府与非营利组织会计目标的具体落实。政府与非营利组织的具体准则大体上应包括三类:第一类是有关政府与非营利组织财务报告的准则;第二类是政府与非营利组织一般交易事项的准则,如收入、支出、投资、折旧等;第三类是有关特殊交易事项的准则,如外汇交易等。

第二章 政府与非营利组织会计基本理论

第一节 政府与非营利组织会计目标

一、政府与非营利组织会计的基本功能

要了解政府与非营利组织会计的目标，首先必须掌握会计在政府与非营利组织中的基本功能。会计的功能，或者称为职能，是指会计在一个单位或者经济组织运转中所能够和应该发挥的作用。对各种经济活动组织进行会计核算是会计的基本功能，在此基础上，对经济活动实施必要的会计监督也是会计义不容辞的责任。

会计核算是对各单位的各种经济活动进行反映和价值量上的确定，也即对政府与非营利组织的财务收支活动进行连续、系统、综合地记录、计量和报告，以价值指标客观地反映业务活动过程，从而为业务管理和其他相关的管理工作提供必要的会计信息。

会计的核算职能有三个特点：一是会计核算主要是利用货币计量对交易或事项的数量方面进行核算；二是会计核算主要是对已经发生的交易或事项进行事中、事后的记录和反映；三是会计核算具有完整性、连续性和系统性的特点。

在从事核算工作的过程中，会计可以利用自己的优势和手段，对单位的经济活动和财务收支实施必要的监督。换言之，会计监督职能就是在全面系统地反映经济活动的同时，对交易或事项是否符合法律、法规的要求，是否符合经济规律的要求，是否符合政府与非营利组织的章程、规划和目标进行监测、考核和控制。

会计工作的特点决定了会计监督体现为大量的对经济活动进行的事中和事后监督，与此同时，会计还要实行必要的事前监督。通过对会计资料进行分析检查，找出差距，采取措施，从而在事前有目的地控制经济活动的进程。

会计核算和会计监督二者相辅相成，不可分割。核算是监督的前提，监督是核算的保证。二者紧密结合，才能切实提供真实客观的会计信息，才能有效地对组织实施管理，不断提高组织的社会和经济效益。

二、政府与非营利组织会计的目标

会计目标是在一定历史环境下，人们通过会计实践活动期望达到的结果，即提供高质量的会计信息。

会计的基本功能决定了会计实际上是一个具有生成和提供会计信息的信息系统。因此，会计工作的首要和基本的目标，就是向和政府与非营利组织的利益相关者提供有用的会计信息。正确地理解会计的目标，具体要把握三点：一是会计信息的使用对象，即谁需要会计信息；二是会计信息的内容，或者说信息使用者需要哪些方面的会计信息；三是会计信息的质量特征，即提供怎样的会计信息。

(一)会计信息的使用者

政府与非营利组织是市场经济条件下的产物，随着市场经济体制完善及市场经济的深入发展，政府与非营利组织会计信息的使用者越来越多，对信息的要求越来越高，日益呈多元化的发展趋势。政府与非营利组织信息的需求者主要包括：

1.政府与非营利组织基本资源的提供者。政府与非营利组织基本资源的提供者主要是社会公众(纳税人、组织的捐赠者、会员、公共财产的受益人)。政府与非营利组织的类型多种多样，其纳税人、捐赠者、会员的身份也表现为多种多样，可能是各种各样的法人，可能是慈善家，也可能是普通的公民个人；从地域上看，这些法人或自然人可能来自于当地，也有可能来自于全国各地，甚至可能来自于境外、国外或者是国际组织。无论他们的身份如何，他们关心的问题是相同的，他们需要了解所提供的资财能否为政府与非营利组织开展业务活动所服务，或者能否保证按照资财提供者的意愿发挥该资产应有的服务潜力，等等。

2.政府与非营利组织的服务对象。正是服务对象的需求才导致了各种政府与非营利组织存在的必要性，而且，一般而言，服务对象也会向政府与非营利组织提供这样或那样的经济资源。服务对象有权利也有责任按照组织章程或者服务契约的要求，了解所提供资源的使用情况，掌握政府与非营利组织的业务开展情况，监督政府与非营利组织的运转情况。基于这些需要，非营利组织的服务对象有必要使用政府与非营利组织的会计信息。

3.政府与非营利组织的债权人和其他资源的提供者。政府与非营利组织无论规模大小，都会有一系列的债权人和其他的资源提供者。政府与非营利组织需要向银行借款，需要其他各种形式的融资，需要在购买商品和接受劳务的过程中形成赊欠。这些资源的提供者，特别是债权人，都非常关心政府与非营利组织的债务偿还能力，关心政府与非营利组织对利息等提供使用费用的支付能力。

4.政府与非营利组织的管理者。政府与非营利组织的经营管理当局要对该组织的运营负责，他们就会关心该政府与非营利组织所支配的资源的利用是否合理，关心该组织是否按照组织规定的章程运行，关心是否实现预期目标，预期目标的实现程度,关心业务活动的发展趋势和财务收支的情况,关心该政府与非营利组织下一步的走势。政府与非营利组织经营管理者需要根据会计所提供的有关过去情况的财务信息,总结经验,吸取教训,据以对未来作出预测和决策。

5.政府与非营利组织的其他利益相关者。和政府与非营利组织的利益密切相关的部门还有很多,比如,政府部门特别是民政部门、业务主管部门、财政部门、统计部门和其他的一些相关监管机构,以及和政府与非营利组织具有紧密的利益依附关系的内部职工,等等,也都会站在自身的立场上关注政府与非营利组织的会计信息。

(二)会计信息的内容

对各种信息使用者需要的信息进行归纳和概括,不难发现,其所需要的会计信息主要可以划分为以下三类:

1.反映政府与非营利组织的财务状况和现金流量方面的信息,包括政府与非营利组织的资产、负债、净资产和现金流入、流出与净流量方面的信息。通过这些信息,人们可以判断一个政府与非营利组织的信用状况、资金运转情况和偿债能力。

2.反映政府与非营利组织业务活动和财务收支情况方面的信息,包括政府与非营利组织的收入、支出(费用)、净资产变动等方面的信息。通过这些信息,人们可以判断一个政府与非营利组织资源的使用情况,并观察其发展趋势。

3.其他有关方面的会计信息,既包括一些相关的财务性质的信息,也包括一些有助于加深理解和了解相关情况的非财务性质的信息。

(三)会计信息的质量特征

政府与非营利组织会计信息的质量特征或要求是政府与非营利组织会计目标实现的根本保证。会计目标所要求的是提供会计信息使用者决策有用的信息。什么样的会计信息才算是有用的会计信息?政府与非营利组织会计信息的有用性是由若干质量特征来保证的。

会计信息最基本的质量特征是客观性和相关性。若没有这两个基本特征,就很难称得上是有用的。为了进一步确保会计信息真正有用,会计信息还应该具备一致性、可比性、及时性等质量特征。必要的话,会计信息还要按照实质重于形式的要求对外提供。会计信息的这些质量特征非常重要,已经成为会计核算必须遵循的基本原则。

第二节　政府与非营利组织会计核算前提

会计核算的前提,也称会计假设或会计假定,是指针对政府与非营利组织会计所面临的变化不定的客观经济环境,对政府与非营利组织的某些情况或进行会计工作的先决条件所作出的逻辑推断。会计假设是以有限的事实和观点为基础的,具有不确定性,尚待会计的实践检验和科学的论证。

会计假设也并不是毫无根据的猜想,而是根据政府与非营利组织所处的社会环境所作出的合乎逻辑的推论,是对会计活动的基本经验的总结和理论概括,具有相当普遍的适用性。尤其是会计基本假设,已在相当的程度上反映了市场经济的最一般规律,是开展政府与非营利组织会计工作必要的前提和条件。

一、会计主体假设

会计主体,又称会计实体、会计个体,是会计信息所反映的特定单位或组织,它界定了会计工作的空间范围。

会计工作的目标是反映一个组织的财务状况、业务活动情况和现金流量,为包括捐赠者在内的各方面作出决策服务。政府与非营利组织会计要反映的总是特定的对象,只有明确规定会计核算对象,将政府与非营利组织会计所要反映的对象与其他经济实体区别开来,才能保证政府与非营利组织会计核算工作的正常开展,实现会计目标。

一般说来,凡是具有独立的资金,允许在银行开户,有业务收支,需要独立核算,编制会计报表的单位,在会计上均视为一个会计主体,应进行独立的会计核算。

在会计主体假设的前提下,政府与非营利组织会计核算应当以本组织发生的各项交易或事项为对象,记录和反映政府与非营利组织本身的各项业务活动。会计主体的前提,是为政府与非营利组织会计人员在日常的会计核算中对各项交易或事项作出正确的判断,是对会计处理方法和会计处理程序作出正确选择的依据。

二、持续运行假设

持续运行假设是指政府与非营利组织的会计核算应当以持续、正常的运行为前提,也就是说,在可预见的未来,政府与非营利组织不会因终止、关闭、破产而清算,因而政府与非营利组织所拥有的资产将在正常的经营过程中被耗用或出售,所承担的债务也将在正常的经营过程中清偿。持续运行假设,要求政府与非营利组织会计工作必须以本单位将永远存在并持续运行为前提,来考虑、处理一切会计事务。持续运行假设界定了会计工作的时间范围。

正是在持续运行假设前提下,政府与非营利组织会计理论和实务才能建立在“非清算基础”上,对运行中较长使用期限的资产才能按其成本入账,而不是按破产清算时的清算价值入账。

也正是在这一会计假设下,政府与非营利组织在会计信息的收集和处理上所使用的会计程序或方法才能保持相对的稳定性,才能出具正确的记载报告,为各方提供可靠的会计信息。

当然，由于组织章程的限定，或者是由于出资人共同商定的结果，或者是由于国家法律和政府法规的影响，或者是由于组织运转不良和竞争因素的作用，很多政府与非营利组织可能会面临终止、关闭，甚至宣布破产或进行法律上的改组。在这种情况下，持续运行假设就不再适用了，在这个假设基础上建立的会计原则和程序也不再适用了。或者说，持续运行假设只适用于正常运行状态下的政府与非营利组织单位，而不适用于已经终止业务活动的政府与非营利组织单位。

三、会计分期假设

会计分期假设是指政府与非营利组织的会计核算应当划分会计期间，按年结算账目和编制会计报告。会计分期假设为政府与非营利组织会计工作界定了更为具体的时间范围。

会计主体单位既然是无限期地经营下去，那么定期计算和确定会计主体单位的业务活动情况和财务状况，对经济管理是十分必要的。由于有了会计分期假设，才产生了本期与非本期的区别；由于有了本期与非本期的区别，才产生了权责发生制和收付实现制，使不同类型的会计主体和不同的会计报告有了记账的基础。

不难看出，会计期间的确定和划分都是人为的，是在持续运行的假设条件下进行的，具有假定性。按照政府与非营利组织会计制度的规定，会计分期分为年度、季度和月份，会计年度按公历起讫日期确定。

四、货币计量假设

货币计量假设是指政府与非营利组织的一切业务活动均以货币为综合计量单位予以反映。政府与非营利组织的各项资产、负债、收入、费用等之所以都能用货币为统一计量单位，是由于它具备其他计量单位（如实物计量单位、劳动计量单位）所不具有的特点。货币是商品的一般等价物，是衡量一般商品价值的共同尺度，具有价值尺度、流通手段、贮藏手段和支付手段等职能。而其他计量单位只能从某一侧面反映政府与非营利组织业务活动情况，无法在量上进行汇总和比较，不便于管理和会计计量。通过货币计量可以反映有关财务状况和业务活动情况等一系列会计信息和其他信息。

在货币计量假设前提下，政府与非营利组织的会计核算以人民币为记账本位币。业务收支以人民币以外的货币为主的政府与非营利组织，可以选定其中一种货币作为记账本位币，但是编报的会计报告应当折算为人民币。

第三节　政府与非营利组织会计核算原则

政府与非营利组织会计核算的一般原则是指导和约束政府与非营利组织会计行为的基本规范和要求，是在会计工作中具有广泛性的指导思想，在会计理论结构中，往往被认为与会计假设同等重要，而事实上，一般原则是在会计假设的前提下形成的，具有层次性。财政部颁布的各组织的会计制度中规定了会计核算必须坚持各项基本原则，这些原则中既有针对会计信息的质量提出的要求，也包括适用于会计确认和计量的要求。

一、客观性原则

客观性，又称真实性或可靠性，是指会计信息不仅要如实地反映交易或事项，而且是可证实的、公正的和不偏不倚的，即会计信息的归集和计量不受个人情感的影响，据审核合格并可验证的会计凭证及相关的规章制度的规定进行确认和计量。简单地讲，客观性原则是指政府与非营利组织的会计核算应当以实际发生的交易或事项为依据，如实地反映其财务状况和业务活动情况和现金流量等信息。这是政府与非营利组织会计信息最基本的质量特征。

二、相关性原则

相关性是指决策相关性，即政府与非营利组织所提供的会计信息要与会计信息使用者（如纳税人、捐赠人、会员、监管者等）的决策需要相关联，更明确地讲，政府与非营利组织会计核算所提供的会计信息应当能够满足信息使用者的各种需要。会计核算的主要目标是给那些和政府与非营利组织有关的纳税人、捐赠者、债权人以及社会团体和一些潜在的捐赠人和债权人提供有利于他们进行决策的会计信息。这些信息必须与信息使用者的抉择需要相关，对决策有用。这也是政府与非营利组织会计信息的最基本的质量特征。

三、一贯性原则

一贯性又称一致性，是指同一组织在不同的会计期间提供信息所采用的会计概念、程序、计量模式和方法尽可能一贯，以保证会计信息前后时期的比较。按照一致性的要求，政府与非营利组织会计信息系统要相对稳定，不应时常改变会计方法或程序，否则，就很难把握由于外部环境或因素变动对政府与非营利组织所产生的影响，就难以作出恰如其分的预测或判断。简单地讲，一贯性原则要求政府与非营利组织的会计核算方法前后各期应当保持一致，不得随意变更。如有必要变更，应当在会计报表附注中披露变更的内容和理由、变更的累积影响数，以及累积影响数不能合理确定的理由等。

四、可比性原则

可比性原则是指政府与非营利组织会计核算应当按照规定的会计处理方法进行，会计信息应当口径一致、相互可比。按照可比性原则，会计人员处理经济业务时所采用的会计程序和会计处理方法应当前后各期一致，不同的政府与非营利组织发生的相同业务的会计处理也应当采用相同的会计处理程序和会计方法，使不同的政府与非营利组织之间的会计信息所反映的业务活动情况、财务状况具有可比性。

五、及时性原则

及时性原则是指政府与非营利组织会计信息的加工、传递速度要快，要在信息的使用者作出决策之前传到。也就是说，会计信息要有时效性。会计信息的加工、传递过程所占用的时间越短，时效性就越强，否则，会计信息即使可靠，也是徒劳的。站在实际工作的角度来看，及时性原则就是指政府与非营利组织的会计核算应当及时进行，不得提前或延后。

及时性原则的要求，一是及时收集会计信息；二是及时对会计信息进行加工处理；三是及时传递会计信息，将编制的会计报告及时报送有关各方。

会计信息的价值在于帮助信息的使用者作出决策，具有时效性。即使是客观的会计信息，如果不及时提供，对会计信息的使用者也没有任何意义，甚至会产生误导。

六、明晰性原则

明晰性也称为易懂性，是指会计信息要易于使用者把握和接受，会计信息的表现形式、计量的概念、设定的假设、划分数据的依据、注释和报告等均不应含糊，应易于理解接受。简单地讲，明晰性原则是指政府与非营利组织会计核算和编制的会计报告应当清晰明了，便于理解。

七、配比性原则

配比性原则是指政府与非营利组织在进行会计核算时，收入与其支出、费用应当相互配比，同一会计期间内的各项收入与其有关的支出、费用，应当在该期间内确认。

八、实际成本原则

实际成本原则也称历史成本原则，是指政府与非营利组织的各项财产在取得时应当按照实际成本计量。除法律、行政法规或国家统一的会计制度另有规定外，政府与非营利组织不得自行调整其账面价值。

九、收付实现制和权责发生制

收付实现制要求会计的一切记录，无论是收入、支出，还是资产和负债，都应当以现金的流入和流出的时间为准。权责发生制是指当期已经实现的收入和已经发生的费用或者应当负担的费用，不论是否收付，一般都应作为当期的收入和费用；不属于当期的收入和费用，即使款项已经在当期收付，一般也不应作为当期的收入和费用。

政府会计采用收付实现制，事业单位会计一般也采用收付实现制，但发生经营业务的事业单位以及民间非营利组织要求采用权责发生制。

十、重要性原则

重要性原则是指政府与非营利组织的会计核算应当遵循重要性原则，对资产、负债、净资产、收入、支出（费用）等有较大影响，并进而影响会计报告使用者据以作出合理判断的重要会计事项，必须按照规定的会计方法和程序进行处理，并在会计报告中予以充分披露；对于非重要的会计事项，在不影响会计信息真实性和不至于误导会计信息使用者作出正确判断的前提下，可以适当简化处理。

十一、专款专用原则

专款专用原则是指政府与非营利组织有限定用途的资金，应当按照规定使用，不得擅自改变用途挪作他用，并应单独报告。

由于民间非营利组织的业务比较特殊，2004 年 8 月颁布的《民间非营利组织会计制度》要求除了遵循上述一般原则外，还要遵循以下原则。

十二、谨慎性原则

民间非营利组织在进行会计核算时，应当遵循谨慎性原则。谨慎性原则是指面对不确定的环境因素，会计人员应当尽可能选择低估资产和收入，进而尽可能充分预计费用和损失并且将预计的费用和损失计入当期损益的会计处理。或者说，在资产计价时从低，而负债计量时从高；收入确认时从低，费用计量时从高，这样可以使本期的资产和收益以最低的状态反映。但谨慎性原则不能作为调节损益的手段。

十三、划分收益性支出与资本性支出原则

划分收益性支出与资本性支出是指民间非营利组织的会计核算应当合理划分收益性支出与资本性支出的界限。凡是支出的效益仅限于本年度（或一个营业周

期)的,应当作为收益性支出;凡支出的效益涉及几个会计年度(或几个营业周期)的,应当作为资本性支出。区分收益性支出和资本性支出,有利于正确计算成本费用和各期收入。如果将资本性支出作为收益性支出,会导致本期净收入减少;反之,将收益性支出作为资本性支出,会导致本期净收入增加。收益性支出包括管理费用、其他费用、筹资费用等;资本性支出包括购建固定资产、无形资产发生的费用等。

十四、实质重于形式原则

实质重于形式原则是指民间非营利组织应当按照交易或事项的实质进行会计核算,而不应仅仅以法律形式作为会计核算依据。这样做的结果是进一步改进和增强会计信息的有用性。

第四节　政府与非营利组织会计要素

会计要素是对政府与非营利组织会计反映和监督的内容所作的基本分类,是会计报表所反映内容的概括。在政府与非营利组织会计中,会计要素划分为资产、负债、净资产、收入、支出(费用),其中前三者为反映政府与非营利组织财务状况的要素,构成了资产负债表的基本内容;后两者为反映政府与非营利组织业务活动情况的要素,构成了业务活动情况表的基本内容。

一、反映财务状况的会计要素

财务状况是指在财务报告中列示的资产以及对这些资产主张的权利所产生的结果和评价。要恰如其分地解释财务状况就必须明确资产、负债和所有者权益这些要素。

(一)资产

资产是指政府与非营利组织过去的交易或事项形成并由政府与非营利组织拥有或者控制的资源,该资源预期会给政府与非营利组织带来经济利益或者服务潜能,包括各种财产、债权和权利。从政府与非营利组织的角度讲,资产的取得主要是它具有潜在的效益或劳务,政府与非营利组织可以从资产的使用中得到预期的利益。虽然说资产有时也可以被出售而变为现金或债权,但这并不是政府与非营利组织取得资产的原定目的。

(二)负债

负债是政府与非营利组织过去的交易、事项形成的现时义务,履行该义务预期会导致含有经济利益或者服务潜能的资源流出政府与非营利组织。

(三)净资产

政府与非营利组织的净资产,是指资产减去负债后的余额。

二、反映业务活动情况的会计要素

业务活动情况是指政府与非营利组织一定时期内从事各种业务活动所实现的收入和发生的费用情况,其要素包括收入、支出(费用)等。

(一) 收入

收入是指政府与非营利组织开展业务活动所取得的,能导致本期净资产的增加和经济利益或者服务潜力的流入。

(二) 支出(费用)

支出(费用)是指政府与非营利组织为开展业务活动所发生的,能导致本期净资产的减少和经济利益或者服务潜力的流出。

三、会计要素之间的相互关系

任何一个会计主体所拥有的资产在最初开始运行时都有其提供者,一是资财无偿投资者,二是债权人。资产的提供者会对政府与非营利组织提出要求,无偿投资者对其提供的资产的使用提出要求,债权人对其债权的权利提出要求。我们把资财无偿提供者的要求权称为净资产,把债权人的权益称为负债。因此,一个会计主体的全部资产应当等于各有关提供者对这些资产的权益合计。所以,会计要素之间的等式表示为:

资产 = 负债 + 净资产

任何一项业务或会计事项的发生对上述等式都会有影响,但是这种影响是双重性的,至少影响两个要素或一个要素的两个方面。无论是哪一种影响,都使资产总额等于权益总额,所以,会计等式又称为会计恒等式。

会计恒等式表明了资产、负债和净资产等主要要素之间的基本数量关系,是进行复式记账和编报资产负债表的理论依据。

在每一会计年度末,考察政府与非营利组织的业务活动情况,又会得到下面的等式:

收入 - 支出(费用) = 净资产变动额

这一等式是编制业务活动表的理论依据。

在会计期间政府与非营利组织在业务活动过程中一方面取得了收入,这就必然会导致政府与非营利组织资产的增加或负债的减少;另一方面又发生各种各样的支出(费用),这又会导致资产的减少或负债的增加,因此,收入超过支出(费用)的净收入必然表现为净资产总额的增加,收入小于(支出)费用的净损失必然表现为净资产总额的减少。所以,政府与非营利组织在年末进行结账时,可将以上两个

会计等式合并为:

资产 = 负债 + 净资产 + (收入 - 费用)

或:

资产 = 负债 + 净资产 + 净资产变动额

上式中净资产加净资产的变动额,即为期末净资产总额。所以,年末政府与非营利组织结账后,上述会计等式又恢复到会计期初的基本恒等式的形式:

资产 = 负债 + 净资产

小知识:

非营利组织概念

由于世界各国的政治、文化、历史等背景不同,对非营利组织的定义有较大差别,不同国家的学者有不同的定义。

在美国,"非营利组织"这一概念,既包括税法中列举的所有"非营利机构",也包括各类政治组织。彼得·德鲁克(Peter. Drucker)认为,非营利组织是既非企业又非政府的机关,其目的是人与社会的变革,是向社会提供服务的部门,农业合作社、消费合作社等组织不是非营利组织。彼得·德鲁克将合作社等部门排除在外,不是没有理由的,因为德国的非营利组织中的合作社在向股份化企业转变。由于彼得·德鲁克将进行商品生产、加工流通以及提供劳务的合作社不列为非营利组织,所以其所指的第三部门是狭义的非营利组织。

沙拉蒙(Salamon)与安黑尔(Amheier)为了使非营利组织这一范畴便于国际比较,对非营利组织的指标口径、计算方法有一个统一的认识,以便于进行统计,他们在各国研究人员的帮助下,对12个国家的非营利组织展开国际比较研究,在研究的基础上,他们提出了凡是具有组织性、民间性、非营利性、自治性、自愿性和公益性特征的组织都称为非营利组织。从沙拉蒙对非营利组织的研究来看,他所指的非营利组织是广义的,即第三部门,不仅包括为社会公益作贡献的医疗教育、福利等组织,也包括各类合作社。

日本川口清史认为,非营利组织一般是指不以获取利润为目的,而从事商品生产流通、提供服务的民间组织。

欧洲对于非营利组织这一范畴的研究,在名称上不同于日本和美国,而将合作社、互助会、非营利组织结合在一起统称为"社会经济组织"。"社会经济"源于法语(Econonmie Sociale),这里所指的"社会"是相对于"国家"与"私人"而言的。"社会经济组织"是具有社会目的的独立组织,合作社、互助会、非营利机构必须具有法人资格,组织基本原则是参加成员共同负责与一人一票制。从"社会经济组织"的内容来看,其与美国沙拉蒙所说的非营利组织的概念是一致的,唯一不同的是采用了"社会经济组织"这一术语。

在中国,部分学者把非营利组织理解为民间社会团体,把是否在民政部门注册作为划定非营利组织的唯一标准。中央科技工作会议提出,如果民办科技机构其功能为社会公益性的,可以将其视为非营利组织。目前中国还没有独立于政府的政治组织。陈晓春认为非营利组织之所以如此定义,一是为了与国际接轨的需要,例如,中国有些地方的下岗人员,到农村承包荒山、海滩等进行开垦,并在生产过程中结成互助性的农业合作社之类的组织,虽然也进行商品生产与流通,但由于其目的是为了组织成员的利益,具有公益性,所以应该列为非营利组织,这样可以与美国、日本等国家的非营利组织的统计口径保持一致性。二是在中国随着社会经济体制改革的进行,原来属于政府部门管理的非营利部门将分离出来,同时许多民间性的非营利机构也将纷纷涌现出来,成为独立的机构。三是非营利机构不能以营利为目的,但并不是说不可以营利。在市场经济条件下,教育、医疗、社会福利、文化等部门要允许引进产业化经营机制,逐步做到自主经营、自负盈亏,同时,国家也应该采取形式多样的优惠政策,尽可能地扶持非营利部门。

本书认为应该把非营利组织界定为:不以营利为目的而从事社会公益事业的机构、组织和团体,它们可以是现有的政府事业单位和教育机构、注册的民办科技机构等。

摘自:王方华、周洁如:《非营利组织营销》,上海:上海交通大学出版社 2005 年版,第 47~49 页。

"非营利组织"与"非盈利组织"的辨别

"非营利组织"的概念是从美国的会计理论中借鉴过来的。我国在使用这一概念时,常常将其与"非盈利组织"混淆。事实上,这两个概念是有区别的。

1. 语言学上的差别

从汉语的意思上看,"营利"与"盈利"的含义并不相同。"营",带有"谋求"的意思,"营利"就是"谋求利润",与"不谋求利润"相对。而"盈",则是指"多出来,多余","盈利"就是"赢得,或获得利润",与"亏损"相对。可见,"非营利"是就组织的动机而言的,而"非盈利"则是就组织运营的结果而言的。

2. 动机与结果的差别

非营利组织与非盈利组织最根本的区别在于其建立与运营的动机。

非营利组织的非营利动机,既包括形式上的,也包括实质上的;既包括组织活动开始前的阶段,又包括组织活动过程及活动结束后的阶段。具体来说,这种非营利动机主要体现在以下几个方面:

(1))运营目的。如前所述,非营利组织业务运营的目的,主要不是为追求利润或利润等同物而提供产品或服务。虽然有的非营利组织的业务收支也有差额，但总体上不是以微观的经济效益而是以宏观的社会效益为目的的。

(2)资财的来源。美国财务会计准则委员会在归纳非营利组织的特征时指出，非营利组织"大部分资财来源于资财的供给者，他们不期望收回或据以取得经济上的利益"。在我国，非营利组织所需要的资财，全部或部分来自政府预算拨款、单位收支结余以及接受捐赠等，政府或捐赠人并不期望按期收回所提供的资财，也不约定按所提供资财的一定比例获得经济上的利益。

(3)所有者权益。非营利组织不存在可以明确界定并可以出售、转让、赎买的所有者权益，即使非营利组织解体，资财提供者也没有分享一份剩余资产的明确的所有者权益。

(4)纳税。美国国家税务署规定，如果非营利组织取得了免税身份，除特别指明的情况外，可以免缴联邦所得税。在我国，事业单位仅就其经营结余部分计算缴纳所得税，政府和行政单位无需缴纳所得税。

可见，"非营利组织"的提法，是从组织的动机角度提出的，而"非盈利组织"则是从组织运营的结果角度提出的。在现实生活中，盈利组织不一定有利润，非营利组织也不一定没有结余。区分营利组织与非营利组织应该看组织的动机，而不是组织运营的结果。

3."结余"(Surplus)与"利润"(Profit)的差别

无论是"非营利"还是"非盈利"，这里的"利"都是指"利润"，它是收入与成本费用配比的结果，是权责发生制下的概念。"结余"是非营利组织会计核算中特有的概念，表示非营利组织收支相抵的余额，二者有着本质上的差别。

(1)从财务管理角度看，结余并不是非营利组织财务管理所追求的目标。非营利组织不以追求利润为动机，所追求的是公众利益，即使有结余，也不能改变这一本质；体现在财务管理上，就是要将重点放在如何谋求并合理使用财务资源，如何保证预算得到贯彻执行上，并努力保持足够的流动性和支付能力。而营利组织，或称企业组织，则是以利润或每股盈余为目标，财务管理的重点应放在如何通过合理的筹资、投资和分配，使利润或每股盈余最大化。

(2从确认基础上看，利润的确定基于权责发生制，体现配比原则。而结余的确定只是部分地遵循权责发生制，在很大程度上以收付实现制为基础。

(3)从分配上看，非营利组织的结余一般不存在向资财提供者分配的问题。美国注册会计师协会发行的《非营利组织审计指南》中明确指出，非营利组织的运营不能为个别人或个别群体谋求任何经济利益。我国规定，事业单位的结余分配包括：缴纳所得税，提取专用基金，提取事业基金等。可见，非营利组织运营过程中形成的结余，必须直接用于完成社会目标，而不能像营利组织那样，用于向投资者分配或增加股东或所有者权益。

(4)从会计信息的披露上看,非营利组织的结余并不表示组织的经营成果,它只体现净资产的变动。在西方国家,非营利组织的会计报表中并无“结余”项目,而只有“净资产”项目。在我国,尽管在是否要将结余设为单独的会计要素这一问题上仍存在争议,但作为净资产的组成部分,结余体现净资产变动的这一性质,与西方国家并无不同。而营利组织的利润则体现在所有者权益的变动上,反映了组织的经营成果。

4.对其他相关提法的辨认

(1)公共部门(Public Sector)。这种提法多见于英联邦国家,国际会计师联合会也常常使用这一名词。这是一个与“私人部门”(Private Sector)相对立的概念,其划分来源于国民账户体系(SNA)。在范围上,公共部门仅指政府部门及行政单位。也就是说,公共部门属于非营利组织,但不完全等同于非营利组织。

(2)非企业单位(Nonbusiness Organization)。这是指除企业以外的所有组织,包括政府在内。广义上讲,非企业单位就是非营利组织。但是,从会计的角度,现在西方流行的提法是将政府会计从非营利会计中分离出来,将其与非营利组织会计平行并列。我国的民法将法人分为企业法人和非企业法人。其中,非企业法人又分为机关法人、事业单位法人和社会团体法人。这些取得法人资格的行政机关、事业单位和社会团体都是非营利组织,但这种划分未将政府包括在内。

(3)事业单位。严格来讲,我国的事业单位不同于西方所讲的非营利组织,其根本区别在于我国的事业单位可以部分地实施经营行为,在经营过程中追求利润,并在对这部分业务进行核算时遵循权责发生制的原则。但是,从动机上看,事业单位的目的也是向社会提供生产性或生活性服务,满足公共需要,其经营结余扣除所得税后,与事业结余一起形成事业基金,而不做分配。因此,我国的事业单位也可归于非营利组织。

5.本书的主张

通过以上辨析可以看出,“非营利组织”有广义和狭义之分,广义的非营利组织包括政府在内。在我国,一直没有明确提出“非营利组织会计”的概念,而是使用“预算会计”的概念。我国的预算会计主要包括财政总预算会计、事业单位会计和行政单位会计三个部分,其中,财政及行政单位会计可以归于政府会计,而事业单位会计可以归于非营利组织会计。

目前,在我国,“非营利组织”与“非盈利组织”的提法同时存在。但是,在官方的文件和有关法规中,普遍使用的还是“非营利组织”的概念。例如,在证券法中,就将证券交易结算机构明确定义为“不以营利为目的的法人”。“非盈利组织”的概念主要存在于会计理论界,也在一些论著甚至教材中使用。

摘自:尹玲燕、聂庚杰:《政府与非营利组织会计》,北京:科学出版社 2005 年版,第 14～15 页。

第二篇

政府会计

第三章　财政总预算收入、支出和净资产

第一节　财政总预算会计概述

一、财政总预算会计的概念

财政总预算会计简称总预算会计，是各级政府财政部门核算、反映和监督政府预算执行和财政周转金等各项财政性资金活动的专业会计。总预算会计由中央和地方各级政府的财政机关具体实施。

财政总预算会计核算是各级政府在总预算执行过程中各项财政资金的集中、分配及其执行的结果。财政部门将物质生产部门创造的一部分国民收入以税收、上缴利润和其他交款方式集中起来，形成各级政府的资金来源；再根据国家的社会发展规划和国民经济发展计划，以拨款和支出的形式分配使用财政资金形成财政支出，是财政资金的运用；在执行财政收支后，尚未使用的资金形成各项资金结余，是一级政府财政预算执行的结果，即净资产。这种财政资金的收支、结存活动以及由此而产生的资产、负债和净资产就是财政总预算会计反映和监督的基本内容。

二、财政总预算会计的管理体制

财政总预算会计是为加强预算管理服务的，预算管理体系决定了预算会计体系。我国的政府预算是按照统一领导、分级管理的原则进行的，每一级政府设立一级总预算，每一级总预算都设置相应的总预算会计。由此，我国的五级预算都设立总预算会计，即国家财政部设立中央财政总预算会计，省级（包括自治区、直辖市）的财政厅（局）设立省级财政总预算会计，市（地、州）财政局设立市级财政总预算会计，县（市）财政局设立县级财政总预算会计，乡（镇）财政所设立乡级财政总预算会计。

三、财政总预算会计的基本任务

根据《财政总预算会计制度》规定，总预算会计的职责是进行会计核算，反映预算执行，实行会计监督，参与预算管理，合理调度资金。其基本任务如下：

1.处理财政总预算会计的日常核算实务。办理财政各项收支、资金调拨及往来款项的会计核算工作；及时组织年度财政总决算、行政事业单位决算的编审和汇总工作；进行上下级财政之间的年终结算工作。

2.调度财政资金。根据财政收支的特点，妥善解决财政资金库存和用款单位需要的矛盾，在保证按计划及时供应资金的基础上，合理调度资金，提高资金使用效益。

3.实行会计监督，参与预算管理。通过会计核算和反映，提出预算执行情况分析，并对总预算、部门预算和单位预算的执行实施会计监督；协调参与预算执行的国库会计、收入征解会计等之间的业务关系，共同做好预算执行的核算、反映和监督工作。

4.组织和指导本行政区域预算会计工作。省、自治区、直辖市（含计划单列城市）总预算会计在与《财政总预算会计制度》不相违背的前提下，负责制定或审定本行政区域预算会计有关具体核算办法的补充规定；组织检查、辅导本单位会计和下级总预算会计工作。

5.做好预算会计的实务管理工作。负责预算会计的基础工作管理，参与预算会计人员专业技术资格考试、评定及核发会计证工作。

四、财政总预算会计科目、凭证与账簿

财政总预算会计的核算方法，是根据预算管理和资金管理的要求，用来核算和监督会计对象的基本手段。这是通过设置会计科目，运用复式记账方法，编制会计凭证，登记会计账簿等系统的且相互联系的工作来完成会计任务的。

（一）会计科目

会计科目是对会计要素的进一步分类。它是设置账户、确定核算内容的依据。为了正确地核算各类会计事项，财政部统一规定了会计科目和会计核算办法，目前执行的是1997年财政部颁布的《财政总预算会计制度》。相应的会计科目如表3-1所示。

表 3－1　　会计科目表

序号	编码	科目名称	序号	编码	科目名称
		一、资产类	17	306	基金预算结余
1	101	国库存款	18	307	专用基金结余
2	102	其他财政存款	19	321	预算周转金
3	104	有价证券	20	322	财政周转基金
4	105	在途款			四、收入
5	111	暂付款	21	401	一般预算收入
6	112	与下级往来	22	405	基金预算收入
7	121	预拨经费	23	407	专用基金收入
8	122	基建拨款	24	411	补助收入
9	131	财政周转金放款	25	412	上解收入
10	132	借出财政周转金	26	414	调入资金
11	133	待处理财政周转金	27	425	财政周转金收入
		二、负债类			五、支出类
12	211	暂存款	28	501	一般预算支出
13	212	与上级往来	29	505	基金预算支出
14	222	借入款	30	507	专用基金支出
15	223	借入财政周转金	31	511	补助支出
		三、净资产类	32	512	上解支出
16	301	预算结余	33	514	调出资金
			34	524	财政周转金支出

会计科目使用按照以下要求：

1.各级财政总预算会计应按会计制度的规定设置并使用会计科目。不需要的会计科目不使用，但不得擅自更改制度规定的会计科目的名称。

2.明细科目的设置，除执行制度规定的以外，各级总预算会计科目根据需要自行设置。

3.为了便于实行会计电算化，以及编制会计凭证、账簿，对于规定的会计科目的编码，各单位不得随意变更或打乱重编。

4.在填制会计凭证、登记账簿时，应填会计科目的名称或者同时填名称和编码，不得只填编码，不填名称。

5.有关财政周转金的会计核算，可由各级财政的预算部门或专门管理机构按有关制度规定的科目办理。

(二) 会计凭证

在各项经济业务发生时，政府财政部门应取得或填制原始凭证，并根据审核无误的原始凭证填制记账凭证。

1. 原始凭证。各级政府财政总预算会计的原始凭证主要包括:(1)国库报来的各种日报表及附件,如"缴款书"、"收入退还书"、"更正通知书"等;(2)各种预算拨款和转账收款凭证,如财政库款支付凭证回单、各种汇款汇单等;(3)非包干专项经费日报和建设银行的基本建设日报;(4)其他证明会计事项发生经过的凭证和文件。

2. 记账凭证。对原始凭证审核无误后,应据以填制记账凭证,它是登记账簿的依据。财政总预算会计的会计凭证不分收、付、转三种专用格式,一律采用通用记账凭证。记账凭证应按制度的规定进行编制和执行,有关人员必须履行自己的职责;月末,应将记账凭证按顺序号整理,连同所附的原始凭证加上封面,装订成册保管。

3. 会计账簿。财政总预算会计的账簿是核算和监督各项预算收支、往来款项和国库存款的工具。为了核算各级政府财政资金,总预算会计应根据需要设置以下账簿:

(1) 总账。总账是用以核算资金活动的总括情况,平衡账务,控制和核对各种明细账的账簿。总账格式采用三栏式账簿,并按会计科目名称设置账户。

(2) 明细账。明细账是用以对总账有关科目进行明细核算,可选用三栏式或多栏式账簿。总预算会计需要设置的主要明细账有:收入明细账、支出明细账、往来明细账。

总预算会计的会计账簿在使用和发生错误修改时,必须符合有关制度的规定。

第二节　财政总预算收入概述

财政总预算收入也称为财政收入,是国家为实现其职能,根据法令和法规所取得的非偿还性资金,是一级财政的资金来源。国家的债务是属于财政收入还是债务?按我国现行制度规定,由于这项债务是财政资金的一个重要来源,我国不将其列入"一般预算收入",而是列入"债务收入"。但也有一些国家坚持认为,政府的债务与其他债务没有本质的区别,到期也需要还本付息,因而不应当列为收入,而是应当作为负债处理。因此,不同的国家对这项收入的会计处理是不同的。

一、财政收入的分类

正确地对财政收入进行分类是建立会计核算制度的基础。在我国,根据不同的需要,对财政收入有不同的分类方法。

1. 按照政府取得财政收入来源和性质,根据《2007年政府预算收支分类》的规定,结合国际通行的分类方法,政府收入分为类、款、项、目四级。其中,类、款两级科目设置情况如下：

(1)税收收入。分设20款：增值税、消费税、营业税、企业所得税、企业所得税退税、个人所得税、资源税、固定资产投资方向调节税、城市维护建设税、房产税、印花税、城镇土地使用税、土地增值税、车船使用和牌照税、船舶吨税、车辆购置税、关税、耕地占用税、契税、其他税收收入。

(2)社会保险基金收入。分设6款：基本养老保险基金收入、失业保险基金收入、基本医疗保险收入、工伤保险基金收入、生育保险基金收入、其他社会保险基金收入。

(3)非税收入。分设8款：政府性基金收入、专项收入、彩票资金收入、行政事业性收费收入、罚没收入、国有资本经营收入、国有资源(资产)有偿使用收入、其他收入。

(4)贷款转贷回收本金收入。分设4款：国内贷款回收本金收入、国外贷款回收本金收入、国内转贷回收本金收入、国外转贷回收本金收入。

(5)债务收入。分设2款：国内债务收入、国外债务收入。

(6)转移性收入。分设9款：返还性收入、财力性转移支付收入、专项转移支付收入、政府性基金转移收入、彩票公益金转移收入、预算外转移收入、单位间转移收入、上年结余收入、调入资金。

2.按照财政收入的管理权限，我国的财政收入可以分为中央财政收入和地方财政收入。

3.按照纳入预算管理和资金核算的要求，财政收入也可以分为一般预算收入、基金预算收入、专用基金收入、资金调拨收入和财政周转金收入等。

4.按照取得收入的稳定性，可将财政收入分为正常性收入和临时性收入。

5.按照收入取得的依据，可将财政收入分为政府公共财政收入和国有资产经营收入。

6.按照财政体制，取得的收入可以分为本级财政收入和非本级财政收入。

二、财政收入的收纳机构

为了组织预算收入的征收、监督和出纳工作，国家设立了专门机构，即收入机关和国家金库。

(一)收入机关

收入机关是具体负责预算收入征收和监督的机构。我国的收入机关有财政机关、税务机关和海关。

1.税务机关。负责征收工商税、国营企业所得税、能源交通建设税以及按规定由税务机关负责征收的其他预算收入。

2.海关。负责征收关税，以及代征的进出口产品的增值税、消费税。

3.财政机关。负责征收国有企业上缴利润、农牧业税、耕地占用税、契税、国库券以及其他收入。

4.不属于上述范围的预算收入,以国家指定的负责征收单位为征收机关。如排污费由环保部门负责征收,水资源税由城建部门征收等。

(二)国家金库的组织机构及其职权

1.国家金库的组织机构。国家金库简称"国库",是国家预算资金的唯一的收纳、划分和报解机关,是国家预算及其执行工作的重要组成部分。一切预算收入都必须缴入国库,一切预算支出都必须从国库支拨。

我国的国库制度一向采用委托制,即国家金库由中国人民银行代理。原则上一级财政设立一级国库。国库设总金库、分金库、中心支金库、支金库四级(简称总库、分库、中心支库、支库)。中国人民银行总行负责经理总库;各省、自治区、直辖市分行经理分库;省辖市、自治州和成立一级财政的地区,由市、地(州)分、支行经理中心支库;县(市)支行(城市区办事处)经理支库;计划单列市分行可设置分库,其业务受省分库领导。支库以下可设置国库经收处,业务由专业银行的分机构办理,负责收纳报解财政库款。国库经收处不是一级独立的国库,其业务工作受支库领导。

2.国家金库的职责。国库工作是国家预算管理工作的重要组成部分,是办理国家预算收支的重要基础工作,各级国库在实现国家预算收支任务中,要充分发挥执行、促进和监督作用。

根据《国库条例实施细则》的规定,国库的基本职责有:

(1)准确及时地收纳各项预算收入。根据国家财政管理体制规定的收入级次和上级财政机关确定的分成留解比例,正确、及时地办理各级财政库款的划分和留解,以保证各级财政预算的运用。

(2)按照财政制度的有关规定和银行的开户管理办法,为各级财政机关开立账户;根据同级财政机关填发的拨款凭证,办理库款的支拨。

(3)对各级财政库款和预算收入进行账务核算,按期向上级国库和同级财政机关、收入机关报送日报、月报和年度决算报表,定期同财政、收入机关对账,以保证数字准确一致。

(4)协助财政收入机关组织预算收入及时缴库,根据收入机关填发的凭证核收滞纳金,根据国家税法协助财税机关扣收个别单位屡催不缴的应缴预算收入,按照国家财政制度的规定监督库款的退付。

(5)组织管理和检查指导下级国库和国库经收处的工作,总结交流经验,及时解决存在的问题。

(6)办理国家交办的同国库有关的其他工作。

3.国家金库的权限。为了保证各级国库正确履行职责,完成国家交办的各种

任务,必须对国库赋予相应的权限。国库的主要权限有:

(1)各级国库有权监督检查国库经收处和其他收入机关所收之款,是否按规定全部缴入国库;发现拖延或违法不缴的,应及时查究处理。

(2)各级财政机关要正确执行国家财政管理体制规定的预算收入划分办法和分成留解比例;对于擅自变更上级财政机关规定的分成留解比例的,国库拒绝执行。

(3)各级财政、收入机关应按国家统一规定的退库范围、项目和审批程序办理退库;对不符合规定的,国库有权拒绝执行。

(4)监督财政存款的开户和财政库款的支拨;对违反财政制度规定的,国库有权拒绝执行。

(5)任何单位和个人强令国库办理违反国家规定的事项,国库有权拒绝执行,并及时向上级报告。

(6)国库的各种缴库、退库凭证的格式、尺寸,各联的颜色、用途以及填写内容,应按规定办理;对不符合规定的缴退库凭证或填写不准确、不完整的凭证,国库有权拒绝执行。

三、预算收入的收纳、划分和报解

各级预算收入的收纳、划分和报解,应通过国家金库,按《中华人民共和国国家金库条例》、《中华人民共和国国家金库条例实施细则》的规定办理。

(一)预算收入的收纳

1.预算收入的缴库方式。我国幅员辽阔,预算缴库单位众多。要使缴款人或纳税人能方便地将应缴预算的收入足额缴纳入库,保证各项建设事业的资金需要,就需要确定科学、合理的库款缴纳方式。按现行国库制度的规定,目前我国预算收入的缴库方式有就地缴库、集中缴库和税务机关、海关自收汇缴三种。

(1)就地缴库。是由基层缴款单位或缴款人直接向当地国库或国库经收处缴纳预算收入的一种缴款方式。采用这种方式,既可方便缴库与及时缴库,又有利于国家及时取得预算收入。目前国有企业上缴的利润、承包费以及各种税收收入大多采用这种方式。

(2)集中缴库。是由基层缴款单位将应缴预算收入通过银行汇解到上级主管部门,由主管部门汇总向国库或国库经收处缴纳库款的一种缴库方式。目前采用这种缴库方式的单位不多,一是由主管部门统一核算盈亏的企业,如铁道、邮电等部门;二是某些零星的其他收入,因收入数额很小,为便于收入对账,一般也采用这种方式。交款单位采用集中交款方式的,要经同级财政部门同意,并不得擅自变更缴款方式,否则国库应予以制止。

(3)自收汇缴。是由缴款人或缴款单位直接向基层税务机关、海关缴纳税款,由税务机关、海关将所收款项汇总缴入国库或国库经收处的一种缴库方式。目前,对农村集贸市场、个体商贩及农民缴纳的小额税款,对城镇居民和个体工商户的小额税款,一般由税务机关自收汇缴;海关对入境旅客、船员的行李物品、邮递物品以及对边境小额贸易征收的进口税,海关查处走私及违章案件的罚没收入,一般由海关自收汇缴。采用自收汇缴方式,既方便了缴款人缴款,也有利于防止预算收入的散失,保证国家及时取得收入。

2.预算收入的缴款凭证。预算收入在缴入国库时,必须填制缴款凭证,即缴款书。它是国库办理收纳预算收入唯一合法的原始凭证,也是各级财政机关、税务机关、海关、国库、银行以及缴款单位分析检查预算收入任务完成情况,进行记账统计的重要基础资料。缴款书一般分为工商税收专用缴款书、一般缴款书和其他缴款书。

(1)工商税收专用缴款书。工商税收专用缴款书共分六联:第一联为收据(代完税凭证),国库收款盖章后退缴款单位或纳税人;第二联为付款凭证,由缴款单位开户行作付出传票;第三联为收款凭证,由收款国库作收入传票;第四联为回执,国库收款盖章后退征收机关;第五联为报查,国库收款盖章后退基层征收机关;第六联为存根,由征收机关根据需要增加,由税务机关留存。

各级税务机关征收的各项税收,除涉外税收、国有企业所得税外,均使用工商税收专用缴款书。

(2)一般缴款书。实行利润承包的国有企业上缴利润等收入,各机关、事业单位上缴有关收入等使用一般缴款书。一般缴款书一式五联,一至四联的用途与工商税收专用缴款书相同;第五联为报查,国库收款盖章后退回同级财政部门。

(3)其他专用缴款书。

其他专用缴款书包括国营企业所得税专用缴款书,涉外税收专用缴款书,海关专用缴款书,其他不属于税收、利润和其他收入的缴款书等。

(二)预算收入的划分

基层国库在收到预算收入后,应根据国家预算管理体制的规定,将预算收入在中央与地方预算之间,以及地方各级预算之间进行正确地划分。

国家预算管理体制是预算管理的重要制度,它规定国家预算分级管理的基本原则,划分各级政权之间在预算管理方面的职责、权益以及预算收支的范围,侧重于解决中央与地方预算之间以及地方上下级之间的分配关系。这种体制将国家预算收入分为中央预算固定收入、地方预算固定收入、中央与地方共享收入三类。

1.中央预算固定收入。主要包括:关税、消费税、海关代征消费税和增值税、中央企业所得税、地方银行和外资银行及非银行金融企业所得税、铁道部门、各银行总行、各保险总公司等集中缴纳的收入(包括营业税、所得税、利润和城市维护建设税)、中央企业上缴利润等。外贸企业出口退税,全部由中央财政负担。

2.地方预算固定收入。主要包括:营业税(不含铁道部门、各银行总行、各保险总公司集中缴纳的营业税)、地方企业所得税(不含上述地方银行和外资银行及非银行金融企业所得税），地方企业上缴利润，个人所得税，城镇土地使用税，固定资产投资方向调节税，城市维护建设税（不含铁道部门、各银行总行、各保险总公司集中缴纳的部分），房产税，车船使用税，印花税，农牧业税，对农业特产收入征收的农业税（简称农业特产税），耕地占用税，遗产税和赠予税，土地增值税，国有土地有偿使用收入等。

3.中央与地方共享收入。包括：增值税、资源税、证券交易税。增值税中央分享75%，地方分享25%。资源税按不同的资源品种划分，大部分资源税作为地方收入，海洋石油资源税作为中央收入。证券交易税，中央与地方各分享50%。

（三）预算收入的报解

预算收入的报解，就是通过基层国库向上级财政部门或上级国库报告预算收入情况，并将划分后属于上级财政的预算收入缴到相应总库、分库和中心支库。

金库对预算收入的划分和报解，应做到及时、准确，严格执行规定的比例。每天要根据“缴款书”编制“预算收入日报表”，再根据“预算收入日报表”、“分成收入计算日报表”，经审核无误后，连同缴款书回执联，送同级财政部门，同时向上级金库解交库款。

“预算收入日报表”、“分成收入计算日报表”格式和内容如表3-2、3-3所示。

表3-2　　预算收入日报表

级次　　　　年　月　日　　　　第　号

预算科目	本日收入

国库（公章）　　　　复核　　　　制表

表 3-3　　分成收入计算日报表

级次　　年　月　日　　第　号

分成项目	本日收入	本年累计
收入总额		
60%地(市)级分成		
40%县级分成		

国库(公章)　　复核　　制表

四、预算收入的退库

预算收入退库是指在预算收入执行过程中,经本级政府财政部门批准,将已入库的预算收入退还给原缴款单位和个人。退库属于减少政府预算收入,需要认真审核。办理退库时,必须遵守国家金库条例及其实施细则规定的退库范围和审批程序。凡是不符合规定的收入退库,各级财政机关、税务机关和海关不得办理审批手续,各级国库对不符合规定的退库有权拒绝办理。

(一)预算收入退库的原则

一切预算收入均应及时足额地缴入国库。已缴入国库的收入数额,属于正当理由需要办理退库的,应遵循以下原则:

1.缴入国库的一切国家预算收入,不按规定、不经财政机关或其授权机关批准,不能从国库中退库支款。有正当理由,符合国家规定退库的,也必须按照规定的程序办理退库手续。

2.办理收入退库,必须由申请退库的单位提出书面申请,经财政机关或主管收入机关审查批准后,开给退还书并办理退库。各级财政机关和国库,均不能以落实收入为由,自行办理收入退库以及随便预提收入专户存储等。

3.中央预算收入的退库,应从中央国库中退付;地方预算收入退库,应从地方国库中退付;中央预算和地方预算分成收入的退库,应按照规定的分成比例,分别从中央国库和地方国库中退付,不能混淆预算级次。

4.国库对于库款的退付,应根据正式的退库凭证办理,不能凭电话通知或白条办理。

(二)办理收入退库的范围

办理预算收入退库是一项严肃而慎重的工作,一定要按照国家规定的范围来办事。目前国家规定退库的范围是:

1.由于工作疏忽,发生技术性差错需要退库的。如计算错误,收入多交、少交;中央预算收入和地方预算收入发生混淆等。

2.企业单位改变隶属关系,办理财务结算需要办理退库。如中央下划地方的企业、事业单位,下划前已缴入中央财政的收入等,应由中央国库全部退还给地方。

3.对少数企业计划性亏损和对企业单位政策性亏损的补贴退库,以及超购粮油加价款,国家批准的粮油差价补贴,农机产品价格差价补贴等。

4.其他经财政部门批准的退库项目。如农业税实行减免,调整价格,修订税率等。

(三)办理收入退库的程序和凭证

符合规定需要办理退库的项目,首先要由缴款单位填写退库申请书,说明退库的理由,送到财政机关或监交机关审查批准后,开给"收入退还书"并加盖公章,然后由交款单位或征收机关凭"收入退还书"到指定的国库办理退库手续。

"收入退还书"是办理收入退库的凭证,一式五联。第一联收款通知,交给收款单位,作为冲销缴款的凭证;第二联付款凭证,由退款金库作出书面传票;第三联收款凭证,由收款单位的开户银行作为收入传票;第四联付款通知,由金库退款后,随预算收入日报表送财政机关;第五联回执,由金库随收入日报表一起送到财政机关或监交机关。各级金库在填制"预算收入日报表"时,应将当天的退库业务分别预算级次,将各科目的收入数与退库数相抵消,收大于退,用蓝字填制,退大于收用红字填制。收入退还书的格式如表 3-4 所示。

表 3-4　收入退还书(报查)

填发日期：　20　年　　月　　日　　　　　　　　　　　　编号：

<table>
<tr><td colspan="3" rowspan="3">收款单位</td><td colspan="3">全称</td><td colspan="2"></td><td colspan="2" rowspan="3">退款单位</td><td colspan="3">机关全称</td><td></td></tr>
<tr><td colspan="3">账号</td><td colspan="2"></td><td colspan="3">预算级次</td><td></td></tr>
<tr><td colspan="3">开户银行</td><td colspan="2"></td><td colspan="3">退款国库</td><td></td></tr>
<tr><td colspan="3">预算科目</td><td colspan="10">金额</td><td></td></tr>
<tr><td>款</td><td>项</td><td>目</td><td>千</td><td>百</td><td>十</td><td>万</td><td>千</td><td>百</td><td>十</td><td>元</td><td>角</td><td>分</td><td></td></tr>
<tr><td></td><td></td><td></td><td></td><td></td><td></td><td></td><td></td><td></td><td></td><td></td><td></td><td></td><td></td></tr>
<tr><td></td><td></td><td></td><td></td><td></td><td></td><td></td><td></td><td></td><td></td><td></td><td></td><td></td><td></td></tr>
<tr><td colspan="3">合计</td><td></td><td></td><td></td><td></td><td></td><td></td><td></td><td></td><td></td><td></td><td></td></tr>
<tr><td colspan="14">人民币(大写)</td></tr>
<tr><td colspan="8">(填发机关盖章)
负责人　复核员　经办员</td><td colspan="6">退库情况记录：</td></tr>
</table>

第一联　由退款国库盖章后退签发机关

同预算收入的缴库方式一样,除错收个人的款项退给现金外,一律采用转账退付。

五、预算收入错误的更正

各级财政机关、收入机关和国库，在办理预算收入的收纳、退还、报解时，都应当加强复核、防止差错。如有错误，无论是本月还是以前月份发生的，都由发现错误的单位在发现错误的当日按《国库条例实施细则》的规定，填制“更正通知书”，通知有关单位共同更正。

第一种是预算级次错误的更正。凡将上级预算收入更正为本级预算收入的，应补作记账凭单，据以登账；凡将本级预算收入更正为上级预算收入的，应作一红字记账凭单，冲销错记本级的预算收入。

第二种是预算科目错误的更正。发生的错误是一般预算科目使用错误，更正时先将原错误科目的预算收入冲销，再补记正确科目的收入。

第三节　财政总预算收入

各级财政总预算会计办理预算收入的核算，主要包括一般预算收入、基金预算收入、专用基金收入、资金调拨收入和财政周转金收入等。

一、一般预算收入

(一)一般预算收入的概念和内容

一般预算收入是通过一定的形式和程序，由各级财政部门组织的纳入预算管理的各项收入。一般预算收入的内容包括：增值税、消费税、营业税、企业所得税、企业所得税退税、个人所得税、资源税、固定资产投资方向调节税、城市维护建设税、房产税、印花税、城镇土地使用税、土地增值税、车船使用和牌照税、船舶吨税、车辆购置税、屠宰税、筵席税、关税、农业税、农业特产税、牧业税、耕地占用税、契税、国有资产经营收益、国有企业计划亏损补贴、行政性收费收入、罚没收入、土地和海域有偿使用收入、专项收入和其他收入。

(二)一般预算收入的核算

为了核算和监督各级财政部门组织纳入预算的一般预算收入的执行情况，应设置“一般预算收入”账户。该账户属于收入类账户，贷方登记预算收入日报表所列当日预算收入数，当日收入为负数时以红字登记。该科目平时贷方余额，表示一般预算收入的累计数，年终结账时将本科目贷方余额全数转入“预算结余”科目，结账后本科目无余额。

[例3-1] 20××年6月市财政部门发生如下经济业务：

1.根据国库报来的“预算收入日报表”当日税收收入共计 200 万元。应编制会计分录：

借:国库存款　　2 000 000

　贷:一般预算收入　　2 000 000

2.收到国库报来的收入日报表、分成收入计算表及所附的缴款书和收入退还书,列示当日收入为 20 000 元,其中上解 60%,市留成 40%,应编制会计分录：

(1) 借:国库存款　　8 000

　　贷:一般预算收入　　8 000

(2) 借:上解支出　　12 000

　　贷:一般预算收入　　12 000

二、基金预算收入

(一)基金预算收入的概念和内容

基金预算收入是按规定收取、转入或通过当年财政安排,由财政管理并具有指定用途的政府性基金。主要内容包括：

1.工业交通部门基金收入。包括电力建设基金收入、三峡工程建设基金收入、养路费收入、公路客货运附加费收入、铁路建设基金收入、民航基础设施建设基金收入、邮电附加费收入、港口建设收入、市话初装费收入、民航机场管理建设费收入、下放港口以港养港收入、烟草商业专营利润收入、碘盐基金收入、散装水泥专项资金收入、贴费收入、邮政补贴专项资金收入、墙体材料专项基金收入、铁路建设附加费收入、适航基金收入、煤代油基金收入等。

2.商贸部门基金收入。包括外贸发展基金收入、国家茧丝绸发展风险基金收入等。

3.文教部门基金收入。包括农村教育附加收入、文化事业建设费收入、地方教育附加收入、地方教育基金收入等。

4.社会保险基金收入。包括基本养老保险基金收入、失业保险基金收入、基本医疗保险基金收入、工伤保险基金收入、生育保险基金收入等。

5.农业部门基金收入。包括新菜地开发基金收入、育林基金专项收入、灌溉水资源灌排工程补偿费收入、中央水利建设基金收入、地方水利建设基金收入、库区维护建设基金收入等。

6.土地有偿使用收入。包括国有土地使用权有偿使用收入、新增建设用土地有偿使用费收入等。

7.政府住房基金收入。包括上缴管理费用、住房金融利润、其他收入等。

8.其他部门基金收入。包括旅游发展基金收入、援外合资合作基金收入、对外工程保函基金收入等。

9.地方财政税费附加收入。包括农牧业附加收入、城镇公共事业附加收入、渔业建设附加收入、其他附加收入等。

基金是专用性较强的资金,基金预算收入的确定应以缴入国库数或总预算会计实际收到数额为准,在实际管理中要坚持收入按标准、支出按规定,专款专用,自求平衡,单独核算的原则。收入按国家规定标准取得,不得擅自扩大范围提高标准;支出要坚持专款专用,保证相关事业的资金需要;各项资金要单独核算,争取做到量入为出、自求平衡、略有节余。

(三)基金预算收入的核算

为了核算和监督各级财政部门组织的基金预算收入的执行情况,应设置“基金预算收入”账户。该账户属于收入类账户,用于核算各级政府财政部门管理的政府性基金预算收入。贷方登记取得基金预算收入及基金预算收入存款利息收入,借方登记年终转入“基金预算结余”账户的数额。平时余额在贷方,反映当年基金预算收入累计数,年终应将该账户贷方余额全数转入“基金预算结余”账户。

[例3-2]某市财政20××年5月发生如下经济业务:

1.收到国库报来的预算收入日报表,其中,政府住房基金收入8 000元,商贸部门基金收入2 000元。应编制会计分录:

借:国库存款	10 000	
贷:基金预算收入		10 000

2.收到基金预算收入在银行的存款利息收入900元。应编制会计分录:

借:国库存款	900	
贷:基金预算收入		900

三、专用基金收入

(一)专用基金收入的概念和管理要求

专用基金收入是指财政总预算会计按规定设置或取得的各项具有专门用途的资金收入,如粮食风险基金收入。

设置专用基金的目的是保证一定数量的财政资金能够满足某项专门用途。资金的主要来源有两个:一是上级财政部门拨入的,二是本级财政当年预算安排的支出。

为保证专款专用,以防止资金被挤占或挪用,在管理上对这类资金有特殊要求:(1)专用基金一般在指定银行开设专户,对资金进行专户管理,以保证资金不被挤占和挪用。(2)专用基金的使用要求专款专用,资金具有严格的限定性,不能随意改变资金的用途。

(二)专用基金收入的核算

设置“专用基金收入”账户,用来核算财政部门按规定设置或取得的专用基金收入。该账户是收入类账户,贷方登记取得的专用基金收入,借方登记专用基金收入的退回或转出数。平时余额在贷方,反映专用基金收入的累计数,年终应将该账户贷方余额全部转入“专用基金结余”账户。

[例3-3] 某县财政20××年9月发生如下经济业务:

1.收到市财政安排的专用基金收入20 000元。应编制会计分录:

借:其他财政存款　　20 000

　贷:专用基金收入　　20 000

2.当年财政安排专用基金50 000元并专户存储。应编制会计分录:

借:一般预算支出　　50 000

　贷:国库存款　　50 000

同时记:

借:其他财政存款　　50 000

　贷:专用基金收入　　50 000

四、资金调拨收入

资金调拨收入是指中央财政与地方财政、地方财政上下级财政等不同级次财政之间的调拨资金,是平衡各级预算收支、落实预算的管理体制的一种手段。它有两种情况:一种是上下级财政之间预算资金调拨,这种调拨是通过上级补助和下级上解实现的;另一种是同级财政预算内外资金调拨,即将预算外资金调入预算内用于弥补预算赤字,平衡预算收支。包括补助收入、上解收入和调入资金等。

(一)补助收入

补助收入是上级财政按财政管理体制规定或因专项需要而补助本级财政的款项。它包括:税收返还,按财政体制规定由上级财政补助的款项,上级财政对本级财政的专项补助和临时性补助等。

为核算上级财政部门拨来的补助款,应设置“补助收入”账户。该账户属于收入类账户,贷方登记实际收到的上级财政拨来的补助款,借方登记退还上级补助数及年终转出数。平时贷方余额反映上级补助收入累计数,年终时该账户贷方余额应按补助资金性质分别转入“预算结余”或“基金预算结余”账户。该账户应按补助资金性质设置明细账。

[例3-4] 20××年8月某市财政发生如下经济业务:

1.收到省财政拨来的居民粮油价格补助款50 000元。应根据有关拨款凭证,编制会计分录:

借:国库存款　　50 000

　贷:补助收入——基金预算补助　　50 000

2.因急需向上级财政借入500 000元,后经上级研究决定,作为对本级财政的

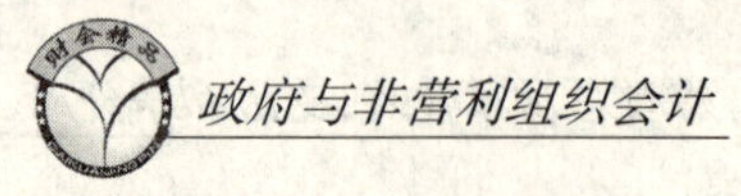

补助款项。应编制会计分录：

借入时：

借：国库存款　500 000

　　贷：与上级往来　500 000

转为补助时：

借：与上级往来　500 000

　　贷：补助收入——一般预算补助　500 000

(二)上解收入

上解收入是按财政管理体制规定，由下级财政解交给本级财政的款项。包括：按体制规定由国库在下级预算收入中直接划解给本级财政的款项；按财政管理体制结算后由下级财政补缴给本级财政的款项和各种专项上解款项等。

为核算下级财政上交的预算上解款，应设置“上解收入”账户。贷方登记收到下级上解收入款，借方登记收入退还及年终转出。平时贷方余额表示下级上解收入的累计数。该账户应按上解地区设置明细账户。

[例 3－5] 某市财政发生如下经济业务：

1.收到所属县财政上交的上解收入 10 万元。应编制会计分录：

借：国库存款　100 000

　　贷：上解收入　100 000

2.年终结算时，将应解未解的甲县财政 5 万元款项作为往来处理。应编制会计分录：

借：与下级往来　50 000

　　贷：上解收入　50 000

(三)调入资金

调入资金是指各级财政部门为平衡一般预算收支从基金预算的“地方财政税费附加”以及按规定从其他渠道调入预算内的资金。

为核算调入的资金，应设置“调入资金”账户。贷方登记调入数，借方登记年终转入“预算结余”数。平时贷方余额表示调入资金累计数。

[例 3－6] 某市财政 20××年 7 月从地方财政附加税费结余中调入资金 10 万元，用于平衡预算收支。应编制会计分录：

借：国库存款——一般预算存款　100 000

　　贷：调入资金　100 000

同时记：

借：调出资金　100 000

　　贷：国库存款——基金预算存款　100 000

第四节 财政总预算支出概述

财政总预算支出也称为财政支出，是指一级政府为实现其职能而对财政资金的再分配。财政支出是政府为履行其职能而花费的资金总和，它是通过财政拨款的方式实现的。

一、财政总预算会计支出的分类

（一）按照政府活动的不同功能和政策目标分类

根据《2007年政府预算收支分类》的规定，结合国际通行做法，政府支出分为类、款、项三级。其中，类、款两级科目设置情况如下：

1.一般公共服务。分设32款：人大事务、政协事务、政府办公厅（室）及相关机构事务、发展与改革事务、统计信息事务、财政事务、税收事务、审计事务、海关事务、人事事务、纪检监察事务、人口与计划生育事务、商贸事务、知识产权事务、工商行政管理事务、食品和药品监督管理事务、质量技术监督与检验检疫事务、国土资源事务、海洋管理事务、测绘事务、地震事务、气象事务、民族事务、宗教事务、港澳台侨事务、档案事务、共产党事务、民主党派及工商联事务、群众团体事务、彩票事务、国债事务、其他一般公共服务支出。

2.外交。分设8款：外交管理事务、驻外机构、对外援助、国际组织、对外合作与交流、对外宣传、边界勘界联检、其他外交支出。

3.国防。分设3款：现役部队及国防后备力量、国防动员、其他国防支出。

4.公共安全。分设10款：武装警察、公安、国家安全、检察、法院、司法、监狱、劳教、国家保密、其他公共安全支出。

5.教育。分设10款：教育管理事务、普通教育、职业教育、成人教育、广播电视教育、留学教育、特殊教育、教师进修及干部继续教育、教育附加及基金支出、其他教育支出。

6.科学技术。分设9款：科学技术管理事务、基础研究、应用研究、技术研究与开发、科技条件与服务、社会科学、科学技术普及、科技交流与合作、其他科学技术支出。

7.文化体育与传媒。分设6款：文化、文物、体育、广播影视、新闻出版、其他文化体育与传媒支出。

8.社会保障和就业。分设17款：社会保障和就业管理事务、民政管理事务、财政对社会保险基金的补助、补充全国社会保障基金、行政事业单位离退休、企业关闭破产补助、就业补助、抚恤、退役安置、社会福利、残疾人事业、城市居民最低生活保障、其他城镇社会救济、农村社会救济、自然灾害生活救助、红十字事业、其他社会保障和就业支出。

9.社会保险基金支出。分设6款:基本养老保险基金支出、失业保险基金支出、基本医疗保险基金支出、工伤保险基金支出、生育保险基金支出、其他社会保险基金支出。

10.医疗卫生。分设10款:医疗卫生管理事务、医疗服务、社区卫生服务、医疗保障、疾病预防控制、卫生监督、妇幼保健、农村卫生、中医药、其他医疗卫生支出。

11.环境保护。分设10款:环境保护管理事务、环境监测与监察、污染防治、自然生态保护、天然林保护、退耕还林、风沙荒漠治理、退牧还草、已垦草原退耕还草、其他环境保护支出。

12.城乡社区事务。分设10款:城乡社区管理事务、城乡社区规划与管理、城乡社区公共设施、城乡社区住宅、城乡社区环境卫生、建设市场管理与监督、政府住房基金支出、国有土地使用权出让金支出、城镇公用事业附加支出、其他城乡社区事务支出。

13.农林水事务。分设7款:农业、林业、水利、南水北调、扶贫、农业综合开发、其他农林水事务支出。

14.交通运输。分设4款:公路水路运输、铁路运输、民用航空运输、其他交通运输支出。

15.工业商业金融等事务。分设18款:采掘业、制造业、建筑业、电力、信息产业、旅游业、涉外发展、粮油事务、商业流通事务、物资储备、金融业、烟草事务、安全生产、国有资产监管、中小企业事务、可再生能源、能源节约利用、其他工业商业金融等事务支出。

16.其他支出。分设3款:预备费、年初预留、其他支出。

17.转移性支出。分设9款:返还性支出、财力性转移支付、专项转移支付、政府性基金转移支付、彩票公益金转移支付、预算外转移支出、预算单位间转移支出、调出资金、年终结余。

(二)按照政府支出的经济性质和具体用途分类

根据《2007年政府预算收支分类》的规定,政府支出设类、款两级,科目设置情况如下:

1.工资福利支出。分设7款:基本工资、津贴补贴、奖金、社会保障缴费、伙食费、伙食补助费、其他工资福利支出。

2.商品和服务支出。分设30款:办公费、印刷费、咨询费、手续费、水费、电费、邮电费、取暖费、物业管理费、交通费、差旅费、出国费、维修(护)费、租赁费、会议费、培训费、招待费、专用材料费、装备购置费、工程建设费、作战费、军用油料费、军队其他运行维护费、被装购置费、专用燃料费、劳务费、委托业务费、工会经费、福利费、其他商品和服务支出。

3.对个人和家庭的补助。分设14款:离休费、退休费、退职(役)费、抚恤金、生活补助、救济费、医疗费、助学金、奖励金、生产补贴、住房公积金、提租补贴、购房补贴、其他对个人和家庭的补助支出。

4.对企事业单位的补贴。分设4款:企业政策性补贴、事业单位补贴、财政贴息、其他对企事业单位的补贴支出。

5.转移性支出。分设2款:不同级政府间转移性支出、同级政府间转移性支出。

6.赠与。分设2款:对国内的赠与、对国外的赠与。

7.债务利息支出。分设6款:国库券付息、向国家银行借款付息、其他国内借款付息、向国外政府借款付息、向国际组织借款付息、其他国外借款付息。

8.债务还本支出。分设2款:国内债务还本、国外债务还本。

9.基本建设支出。分设9款:房屋建筑物购建、办公设备购置、专用设备购置、交通工具购置、基础设施建设、大型修缮、信息网络购建、物资储备、其他基本建设支出。

10.其他资本性支出。分设9款:房屋建筑物购建、办公设备购置、专用设备购置、交通工具购置、基础设施建设、大型修缮、信息网络购建、物资储备、其他资本性支出。

11.贷款转贷及产权参股。分设6款:国内贷款、国外贷款、国内转贷、国外转贷、产权参股、其他贷款转贷及产权参股支出。

12.其他支出。分设5款:预备费、预留、补充全国社会保障基金、未划分的项目支出、其他支出。

二、预算支出的管理与核算要求

财政总预算会计在管理和核算预算支出时必须认真遵守以下要求:

1.按预算拨款。严格执行《中华人民共和国预算法》,办理拨款支出必须以预算为准。

2.按时拨款。对主管部门提出的季度分月用款计划及“款”、“项”填制的“预算经费请拨单”,认真审核。根据经审核批准的拨款申请,结合库款余存情况按时向用款单位拨款。“预算经费请拨单”的格式如下表3-5所示。

表3-5 预算经费请拨单

年第 季度 份 金额单位:元

申请单位名称(全称)		开户行及账号		
预算科目	本季批准计划数	本季累计已领数	本次申请拨款数	批准拨款数

3.财政总预算会计应根据预算管理要求和拨款的实际情况,分“款”、“项”核算,列报当期预算支出。

4.主管会计单位应按计划控制用款,不得改变资金用途。“款”、“项”之间如确需调剂,应填制“科目流用申请书”,报经同级财政部门核准后使用。财政总预算会计凭核定的流用数调整预算支出明细账。

5.财政总预算会计不得列报超预算的支出;不得任意调整预算支出科目;未拨付的经费确需在当年预留的支出,应严格控制,并按规定的审批程序办理。

三、预算支出的列报基础

预算支出的列报基础,也称列报口径。它回答财政总预算会计对于各项预算支出以什么数字作为列支依据的问题。为了真实地反映财政预算结余和简化会计核算,财政总预算会计应按下列报基础列报预算支出:

1.实行限额管理的基本建设支出按用款单位的银行支出数列报支出。不实行限额管理的基本建设支出按拨付用款单位的拨款数列报支出。

2.对行政事业单位的非包干性支出和专项支出,平时按财政拨款数列报支出,清理结算收回拨款时,再冲销已列支出。对于收回以前年度已列支出的款项,除财政支出另有规定者外,应冲销当年支出。

3.除以上两款以外的其他各项支出均以财政拨款数列报支出。

4.凡是拨款以后各期的经费,不得直接按预拨数列作本期支出,而应作为预拨款项处理。到期后,再按上述1~3的列报基础转列支出。

第五节 财政总预算支出

各级财政总预算会计办理预算支出的核算,主要包括一般预算支出、基金预算支出、专用基金支出、资金调拨支出和财政周转金支出等内容。

一、一般预算支出

(一)一般预算支出的概念与内容

一般预算支出是指国家对集中的预算收入有计划地分配和使用而安排的支出。一般预算支出的内容包括:基本建设支出、企业挖掘改造资金、地质勘探费、科技三项费用、流动资金、支援农业生产支出、农业综合开发支出、农林水利气象等部门的事业费、工业交通等部门的事业费、流通部门事业费、文体广播事业费、教育事业费、科学事业费、卫生经费、其他部门的事业费、抚恤和社会福利救济费、行政事业单位离退休经费、社会保障补助支出、国防支出、行政管理费、外交外事支出、武装警察部队支出、公检法司支出、城市维护费、政策性补贴支出、对外援助支出、支援不发达地区支出、海域开发建设和场地使用费支出、车辆税费支出、专项支出和其他支出。

(二)一般预算支出的核算

为了核算和监督各级财政部门组织纳入预算的一般预算支出的执行情况,应设置"一般预算支出"账户。该账户属于支出类账户,借方登记按列报口径发生的支出数,贷方登记支出收回或冲销转账数。该账户平时借方余额,表示一般预算支出的累计数,年终结账时将本账户借方余额全部转入"预算结余"账户,结账后无余额。

[例 3－7] 某市财政局 20××年 12 月发生如下经济业务:

1.按审核后的"预算经费请拨单"拨给文化局包干经费 90 万元。应编制会计分录:

借:一般预算支出——文体广播事业费　　900 000
　　贷:国库存款　　900 000

2.将上月预拨市教委的教育事业费 25 万元转列本月支出。应编制会计分录:

借:一般预算支出——教育事业费　　250 000
　　贷:预拨经费　　250 000

3.收到市基本建设财务处的拨款月报,本月基本建设共支出 80 万元。应编制会计分录:

借:一般预算支出——基本建设支出　　800 000
　　贷:基建拨款——基建财务处　　800 000

4.拨付卫生局非包干某专项经费 50 万元。应编制会计分录:

借:一般预算支出——卫生经费　　500 000
　　贷:国库存款　　500 000

5.上述专项任务完成,实际使用专项经费 46 万元,结余 4 万元缴回国库。应编制会计分录:

借:国库存款 40 000

贷:一般预算支出——卫生经费 40 000

6.上月已作为一般预算支出核算的向法院拨付的30万元经费,经审查不应由一般预算资金支付,已通知收回。应编制会计分录:

借:国库存款 300 000

贷:一般预算支出——公检法司支出 300 000

7.年末结账,"一般预算支出"账户借方余额865万元。应编制会计分录:

借:预算结余 8 650 000

贷:一般预算支出 8 650 000

二、基金预算支出

(一)基金预算支出的概念与内容

基金预算支出是指用基金预算收入安排的支出。主要内容包括:

1.工业交通部门基金支出。包括电力建设基金支出、三峡工程建设基金支出、养路费支出、公路客货运附加费支出、铁路建设基金支出、民航基础设施建设基金支出、邮电附加费支出、港口建设费支出、市话初装费支出、民航机场管理建设费支出、下放港口以港养港支出、烟草商业专营利润支出、碘盐基金支出、散装水泥专项资金支出、贴费支出、邮政补贴专项资金支出、墙体材料专项基金支出、铁路建设附加费支出、适航基金支出、煤代油基金支出等。

2.商贸部门基金支出。包括外贸发展基金支出、国家茧丝绸发展风险基金支出等。

3.文教部门基金支出。包括农村教育附加费支出、文化事业建设费支出、地方教育附加支出、地方教育基金支出等。

4.社会保险基金支出。包括基本养老保险基金支出、失业保险基金支出、基本医疗保险基金支出、工伤保险基金支出、生育保险基金支出等。

5.农业部门基金支出。包括新菜地开发基金支出、育林基金专项支出、灌溉水源灌溉排工程补偿费支出、中央水利建设基金支出、地方水利建设基金支出、库区维护建设基金支出等。

6.土地有偿使用支出。包括城市土地开发建设支出、耕地开发专项支出等。

7.政府住房基金支出。包括住房补贴支出、廉租住房支出、管理费用支出等。

8.其他部门基金支出。包括旅游发展基金支出、援外合资合作基金支出、对外工程保函基金支出等。

9.地方财政税费附加支出。包括农牧业税附加支出、城镇公用事业附加支出、渔业建设附加支出、其他附加支出等。

(二)基金预算支出的核算

为了核算和监督各级财政部门组织纳入预算的基金预算支出的执行情况，应设置“基金预算支出”账户。该账户属于支出类账户，借方登记发生的基金支出数，贷方登记支出收回或冲销转账数。该账户平时借方余额，表示基金预算支出的累计数，年终结账时将本账户借方余额全部转入“基金预算结余”账户，结账后无余额。

[例 3－8] 某市财政局 20××年 12 月发生如下经济业务：

1.拨给铁路部门铁路建设基金 80 万元。应编制会计分录：

借：基金预算支出——工业交通部门基金支出　　800 000

　贷：国库存款　　800 000

2.年终结账“基金预算支出”账户借方余额 460 万元。应编制会计分录：

借：基金预算结余　　4 600 000

　贷：基金预算支出　　4 600 000

三、专用基金支出

(一)专用基金支出的概念

专用基金支出是指用专用基金收入安排的支出，如粮食风险基金等。它是用于特定项目的开支，必须按规定用途拨付，专款专用，先收后支，量入为出。

(二)专用基金支出的核算

为了核算和监督各级财政部门组织纳入预算的专用基金支出的执行情况，应设置“专用基金支出”账户。该账户属于支出类账户，借方登记发生的基金支出数，贷方登记支出收回或冲销转账数。该账户平时借方余额，表示专用基金支出的累计数，年终结账时将本账户借方余额全部转入“专用基金结余”账户，结账后无余额。

[例 3－9] 某市财政局 20××年 12 月发生如下经济业务：

1.按规定向粮食部门拨付粮食风险基金 63 万元。应编制会计分录：

借：专用基金支出——粮食风险基金　　630 000

　贷：其他财政存款　　630 000

2.年终结账“专用基金支出”账户借方余额 780 万元。应编制会计分录：

借：专用基金结余　　7 800 000

　贷：专用基金支出　　7 800 000

四、资金调拨支出

资金调拨支出是指根据财政管理体制规定在各级财政间进行资金调拨以及在本级财政各项资金间进行调剂所形成的支出，包括补助支出、上解支出和调出资金等。

(一)补助支出

补助支出是指本级财政按财政管理体制规定或因专项、临时性资金需求等原因对下级财政进行补助而形成的支出，包括税收返还支出、体制补助支出、专项补助支出、临时性资金需求补助支出等。

为核算补助支出业务，财政总预算会计应设置“补助支出”账户。该账户属于支出类账户，借方登记发生的补助支出数或从“与下级往来”账户转入数，贷方登记退转的补助支出数或冲销转账数。该账户平时借方余额，表示补助支出的累计数，年终结账时将本账户借方余额全部转入“预算结余”账户，结账后无余额。

[例 3-10] 某市财政局 20××年 12 月发生如下经济业务：

1.按文件规定向所属县财政局拨付税收返还款项 38 万元。应编制会计分录：

	借方	贷方
借：补助支出——一般预算补助	380 000	
贷：国库存款		380 000

2.将所属某县财政借款 30 万元，转作对该县的一般预算补助。应编制会计分录：

	借方	贷方
借：补助支出——一般预算补助	300 000	
贷：与下级往来——某县		300 000

3.年终结账“补助支出——一般预算补助”账户借方余额 68 万元。应编制会计分录：

	借方	贷方
借：预算结余	680 000	
贷：补助支出		680 000

（二）上解支出

上解支出是指根据财政管理体制规定由本级财政上交给上级财政的支出，包括本级财政按体制结算划解的体制上解、专项上解和其他上解等。

为核算上解支出业务，财政总预算会计应设置“上解支出”账户。该账户属于支出类账户，借方登记发生的上解支出数，贷方登记退转的上解支出数或冲销转账数。该账户平时借方余额，表示上解支出的累计数，年终结账时将本账户借方余额全部转入“预算结余”账户，结账后无余额。

[例 3-11] 某市财政局 20××年 12 月发生经济业务如下：

1.按规定向上级财政上解某专项资金 50 万元。应编制会计分录：

	借方	贷方
借：上解支出	500 000	
贷：国库存款		500 000

2.年终结账时“上解支出”账户借方余额 360 万元。应编制会计分录：

	借方	贷方
借：预算结余	3 600 000	
贷：上解支出		3 600 000

（三）调出资金

调出资金是指为平衡一般预算支出，从基金预算的地方财政税费附加收入结余及其他按规定可以调入的资金中调到一般预算的资金。

为核算调出资金业务，财政总预算会计应设置“调出资金”账户。该账户属于支出类账户，借方登记调出基金预算结余数，贷方登记冲销转账数。该账户平时借方余额，表示调出资金的累计数，年终结账时将本账户借方余额全部转入“基金预算结余”账户，结账后无余额。

[例3－12] 某市财政局20××年12月发生经济业务如下：

1. 为平衡一般预算，从基金预算结余中调出资金30万元。应编制会计分录：

借：调出资金　　300 000

　　贷：国库存款——基金预算存款　　300 000

2. 年终“调出资金”账户借方余额56万元。应编制会计分录：

借：基金预算结余　　560 000

　　贷：调出资金　　560 000

五、财政周转金支出

财政周转金支出是指地方财政部门从上级借入财政周转金所支付的占用费以及周转金管理使用过程中按规定开支的相关费用。

为核算财政周转金支出业务，财政总预算会计应设置“财政周转金支出”账户。该账户属于支出类账户，借方登记支付的利息和占用费、财政周转金管理费等相关支出，贷方登记冲销转账数。该账户平时借方余额，表示已支付的周转金手续费和占用费，年终结账时将本账户借方余额全部转入“财政周转金收入”账户对冲，结账后无余额。

[例3－13] 某市财政局20××年12月发生如下经济业务：

1. 向上级财政支付借入财政周转金的利息5万元。应编制会计分录：

借：财政周转金支出　　50 000

　　贷：其他财政存款　　50 000

2. 年终结账，全年财政周转金支出18万元冲减财政周转金收入。应编制会计分录：

借：财政周转金收入　　180 000

　　贷：财政周转金支出　　180 000

第六节　财政总预算净资产

一、净资产的概念和内容

财政总预算净资产是指一级政府财政所掌握的资产净值,即资产减负债后的净值。财政总预算会计核算的净资产是本级政府财政部门所掌管的资产净值,它包括各项结余、预算周转金和财政周转金等。

二、结余的核算

结余是财政各种收支的执行结果,是本年度收入减去支出后的差额。它包括预算结余、基金预算结余和专用基金结余。各项结余每年年终分别结算一次,平时不结算。

为核算各级财政机关的各项结余,应设置"预算结余"、"基金预算结余"和"专用基金结余"三个净资产类账户。

"预算结余"账户反映各级财政预算收支的年终执行结果。借方登记"一般预算支出"、"补助支出——一般预算补助"、"上解支出"等账户年末的借方余额转入数,贷方登记"一般预算收入"、"补助收入——一般预算补助"、"调入资金"等账户年末贷方余额转入数。该账户年终贷方余额,反映本年度的预算滚存结余,该结余转入下年度账。

"基金预算结余"账户反映各级财政管理政府性基金收支的年终执行结果。借方登记"基金预算支出"、"补助支出——基金预算补助"、"调出资金"等账户年末借方余额转入数,贷方登记"基金预算收入"、"补助收入——基金预算补助"等账户年末贷方余额转入数。该账户年终贷方余额,反映本年度的基金预算滚存结余,该结余转入下年度账。

"专用基金结余"账户反映各级财政专用基金收支的年终执行结果。借方登记"专用基金支出"账户年末借方余额转入数,贷方登记"专用基金收入"账户年末贷方余额转入数。该账户年终贷方余额,反映本年度专用基金的滚存结余,该结余转入下年度账。

[例 3-14] 20××年年末,某市财政局总预算账户的各项收入和支出余额如表 3-6 所示。

表 3－6　　收入、支出余额表　　单位:万元

收入类账户	余额	支出类账户	余额
一般预算收入	200 000	一般预算支出	30 000
基金预算收入	4 000	基金预算支出	3 200
专用基金收入	17 400	专用基金支出	1 620
补助收入	10 000	补助支出	1 060
其中:一般预算补助	9 600	其中:一般预算补助	660
基金预算补助	400	基金预算补助	400
上解收入	1 600	上解支出	200
调入资金	600	调出资金	600

(1)将有关一般预算收入的各账户余额,转入“预算结余”账户。应编制会计分录:

借:一般预算收入　　2 000 000 000
　补助收入——一般预算补助　　96 000 000
　上解收入　　16 000 000
　调入资金　　6 000 000
　贷:预算结余　　2 118 000 000

(2)将有关一般预算支出的各账户余额,转入“预算结余”账户。应编制会计分录:

借:预算结余　　308 600 000
　贷:一般预算支出　　300 000 000
　　补助支出——一般预算补助　　6 600 000
　　上解支出　　2 000 000

(3)将有关基金预算收入的各账户余额,转入“基金预算结余”账户。应编制会计分录:

借:基金预算收入　　40 000 000
　补助收入——基金预算补助　　4 000 000
　贷:基金预算结余　　44 000 000

(4)将有关基金预算支出的各账户余额,转入“基金预算结余”账户。应编制会计分录:

借:基金预算结余　　42 000 000
　贷:基金预算支出　　32 000 000
　　补助支出——基金预算补助　　4 000 000
　　调出资金　　6 000 000

(5)将有关专用基金收入的各账户余额,转入"专用基金结余"账户。应编制会计分录:

借:专用基金收入　　174 000 000

　贷:专用基金结余　　174 000 000

(6)将有关专用基金支出的各账户余额,转入"专用基金结余"账户。应编制会计分录:

借:专用基金结余　　16 200 000

　贷:专用基金支出　　16 200 000

三、预算周转金的核算

预算周转金是指各级财政为调剂预算年度内预算收支的季节性差异,保证及时供应预算资金而设置的周转资金。

各级财政的预算收支通常存在着季节性差异。虽然预算年度内的预算收支可以做到基本平衡,但年度内各月份或各季度之间的预算收支往往是不平衡的,不是收大于支,就是支大于收。此外,由于收入是逐月收到的,而支出拨款通常集中于月初,财政资金从征收、报解到转拨也需要一定的时间,因此,各级财政为了平衡预算收支的季节性差异,保证按计划及时供应预算资金,必须设置相应的预算周转金。

预算周转金可以从本级财政预算净结余中设置和补充,也可以由上级财政部门拨入。一般来讲,新成立的一级财政,原来没有预算周转金,上级财政在财力许可的范围内会拨入相应数额的预算周转金。其后,其财政收支逐步增大,对预算周转金的需求也逐步增加,该级财政应从本级的预算结余中逐步补充预算周转金。

为核算各级财政机关的预算周转金业务,应设置"预算周转金"账户。该账户属于净资产类账户,贷方登记预算周转金的设置和补充数,借方登记预算周转金的核减数或上级收回数(一般很少发生)。该账户贷方余额反映历年累计的预算周转金。

另外,为了减少会计核算工作量,财政总会计一般不单独为预算周转金设置专门存款户,而是在"国库存款"中统一核算。由于预算周转金是供预算周转使用的,因此,它不能用来安排支出,也不能随意减少。当动用预算周转金时,作为国库存款的减少。若"国库存款"账户的余额小于"预算周转金"账户的余额,则说明已经动用了预算周转金。

[例3-15]某市财政局20××年12月发生如下经济业务:

1.收到上级财政拨来的预算周转金25万元。应编制会计分录:

借:国库存款　　250 000

　贷:预算周转金　　250 000

2.为了增强预算资金调度,用预算结余增加预算周转金16万元。应编制会计分录:

借:预算结余　　160 000

　贷:预算周转金　　160 000

3.上级财政收回预算周转金20万元。应编制会计分录:

借:预算周转金　　200 000

　贷:国库存款　　200 000

四、财政周转基金的核算

财政周转金是指财政部门用于放贷的资金。它由本级财政资金或向上级财政借入的资金构成。前者相当于资本金,称为财政周转基金;后者称为借入周转金。财政周转基金是指各级财政部门按规定设置供有偿周转使用的资金,其来源渠道主要有两个:一是由财政预算安排,这部分财政周转基金在财政列报预算支出时转入;二是年终结算后由财政周转金收入减财政周转金支出后的净收入转入。

财政周转金筹措后,财政贷款投入运行,财政部门即可获取利息收入。同时,财政部门因向上级财政部门借入财政周转金,也需支付利息或占用费。财政部门在财政贷款运行中发生的贷款坏账损失,按规定应及时进行相应处理,退出财政周转金。

为核算各级财政机关的财政周转金业务,财政总预算会计除了应设置"财政周转金收入"和"财政周转金支出"账户外,还应设置"财政周转基金"、"借出财政周转金"、"借入财政周转金"、"财政周转金放款"、"待处理财政周转金"等账户。

[例3-16]某市财政局20××年12月发生的经济业务如下:

1.按核定预算拨付财政周转基金56万元;向省财政借入周转金24万元,设置财政周转金。应编制会计分录:

(1)借:一般预算支出　　560 000

　贷:国库存款　　560 000

借:其他财政存款　　560 000

　贷:财政周转基金　　560 000

(2)借:其他财政存款　　240 000

　贷:借入财政周转金　　240 000

2.借给下属甲县财政支农周转金15万元;借给市养猪场支农周转金10万元。应编制会计分录:

借:借出财政周转金——甲县　　150 000

　财政周转金放款——养猪场　　100 000

　贷:其他财政存款　　250 000

3.收回借给甲县的支农周转金本金15万元,利息4万元。应编制会计分录:

借:其他财政存款　190 000
　贷:借出财政周转金——甲县　150 000
　　财政周转金收入　40 000

4.借给养猪场的支农周转金到期,对方无力偿还。应编制会计分录:

借:待处理财政周转金　100 000
　贷:财政周转金放款　100 000

5.年末向省财政支付到期的借入财政周转金本金20万元,利息3万元。应编制会计分录:

借:借入财政周转金　200 000
　财政周转金支出　30 000
　贷:其他财政存款　230 000

6.年终结账,财政周转金支出15万元,财政周转金收入20万元,结余5万元转增财政周转基金。应编制会计分录:

借:财政周转金收入　200 000
　贷:财政周转金支出　150 000
　　财政周转基金　50 000

7.经批准,按规定程序核销养猪场支农周转金10万元。应编制会计分录:

借:财政周转基金　100 000
　贷:待处理财政周转金　100 000

8.经财政检查发现,周转金设置规模过大,收回财政周转金25万元。应编制会计分录:

借:国库存款　250 000
　贷:一般预算支出　250 000
借:财政周转基金　250 000
　贷:其他财政存款　250 000

小知识:

政府预算的产生

英国是资本主义发展最早、议会制度形成也最早的国家。在14世纪,英国的新兴资产阶级、城市市民和广大农民就起来反对封建君主横征暴敛,要求对国王的课税权进行一定的限制。此后,新兴资产阶级力量进一步强大,他们充分利用议会同封建统治者争夺国家财政权。

他们通过议会审查国家的财政收支,要求政府各项收支必须事先作计划,经议会审查通过,才能执行,从而限制了封建君主的财政权。1640年资产阶级革命后,英国的财政权受到议会的完全控制。到1688年,英国资产阶级还进一步规定皇室年俸由议会决定,国王的私人支出与政府的财政支出要区别开来,不得混淆。1689年通过的《权利法案》重申,不经议会批准王室政府不得强迫任何人纳税或作其他缴纳;还规定了征税收入和使用预算支出必须经过议会批准,并采用按年分配收支,在年前做出收支计划,提请议会审批和监督的办法,另外规定了国家机关和官吏在处理国家财政收支上的权限和责任,以及须遵守的法令和规章。英国的预算制度,从公元14世纪出现新兴资产阶级后,经过几百年的时间,到18世纪才发展成为典型的资本主义政府预算。

摘自:刘明慧:《政府预算管理》,北京:经济科学出版社2004年版。

什么是政府收入分类?

政府收入是预算年度内通过一定的形式和程序,有计划地筹措到的归国家支配的资金,是国家参与国民收入分配的主要形式,是国家实现职能的财力保障。

政府收入分类是将各类政府收入按其性质进行归类和层次划分,以便全面、准确、明细地反映政府收入的总量、结构及来源情况。

2007年政府收入分类的主要特点是什么?

一、从涵盖范围看,改革后的收入分类全面反映政府收入的来源和性质,不仅包括预算内收入,还包括预算外收入、社会保险基金收入等应属于政府收入范畴的各项收入。

二、从分类方法看,原收入分类只是各种收入的简单罗列,如各项税收、行政事业性收费、罚没收入等。新的收入分类按照科学标准和国际通行做法将政府收入划分为税收收入、社会保险基金收入、非税收入、贷款转贷回收本金收入、债务收入以及转移性收入等,这些为进一步加强收入管理和数据统计分析创造了有利条件。

三、从分类结构看,原收入分类分为类、款、项三级,改革后分为类、款、项、目四级,多了一个层次。四级科目逐级细化,以满足不同层次的管理需要。

政府收支分类改革经历了哪些主要过程?

根据财政部反映的情况,1999年8月,国务院有关领导指出:“要着手进行政府收支分类改革,为细化预算编制、推行国库集中收付和政府采购制度创造有利条件。”

遵照国务院领导的指示精神以及全国人大等有关方面的要求,财政部从1999年底启动政府收支分类改革研究工作。

在此期间,改革小组深入研究了政府收支分类国际经验,分析了我国现行科目体系存在的矛盾和问题,结合公共财政、部门预算、国库集中收付等财政改革对科目体系的新要求,按照“公开透明、符合国情、便于操作”的原则,在全国人大、中央有关部门、地方财政部门、世界银行、国际货币基金组织等各有关方面的积极支持和配合下,经过反复修改和完善,于2004年底完成《政府收支分类改革方案(征求意见稿)》的前期设计工作。

考虑到政府收支分类改革是一项涉及面广、又比较复杂的工作,本着积极稳妥的原则,财政部于2005年选择交通部、科技部、中纪委、国家中医药管理局、水利部、环保局6个中央部门以及天津、河北、湖北、湖南、海南5个省市,进行了政府收支分类改革模拟试点。试点部门和地区就新科目在预算编制、执行等环节的使用以及新旧科目的数据转换方面进行了模拟检验,对方案的合理性和可行性给予了充分肯定,并提出了修改意见。根据模拟试点及此后征求中央各部门意见情况,改革方案又做了进一步的修改和完善。

2005年12月27日,政府收支分类改革方案报经国务院批准。

摘自:财政部预算司:《政府收支分类改革问题解答》。

第四章 财政总预算资产和负债

第一节 财政总预算资产

一、财政总预算会计资产的含义和特点

(一)财政总预算会计资产的含义

总预算会计的资产是各级政府财政掌管或控制的能以货币计量的经济资源,包括财政性存款、有价证券、暂付及应收款、预拨款、财政周转金放款、借出财政周转金以及待处理财政周转金等。

(二)财政总预算会计资产的特点

1.资产取得的无偿性和非经营性。财政总预算资产主要是将物质生产部门的一部分收入以税收等方式集中起来,是对社会产品的一种再分配,主要用于国家的行政管理、经济建设、国防建设以及教、科、文、卫、体等各方面事业的发展,目的不是为了盈利,而在于实现应有的社会效益。由此形成的资产必然是无偿和非经营性的。

2.没有实物资产,货币资金是资产的主要组成部分。财政机关主要是筹集和分配各项财政资金,妥善解决财政资金库存和用款单位需要的矛盾,在保证按计划及时供应资金的基础上,合理调度资金,提高资金使用效益。而无论是财政资金的筹集还是财政资金的分配,都是通过资金活动来完成的,货币资金成为总预算会计资产的重要部分。

3.资产的所有权属于各级政府。财政部门作为各级政府的会计核算部门,代表政府履行职能,而资产的所有权仍归政府。

二、货币资金的核算

(一)财政性存款管理原则

财政性存款是指各级政府财政部门代表政府所掌握的财政资金,包括国库存

款及其他财政存款。财政性存款的支配权属于同级政府财政部门,并由总预算会计负责管理,统一收付。总预算会计在管理财政性存款中,应遵循以下原则:

1.集中资金,统一调度。各种应由财政部门掌管的资金都应纳入总预算会计的存款账户。调度资金,应根据事业进度和资金使用情况,保证满足计划内各种正常支出的需要,并要充分发挥资金效益,把资金用活用好 。

2.严格控制存款开户。财政部门的预算资金除财政部门有明确规定的外,一律由总预算会计统一在国库或指定的银行开立存款账户,不得在国家规定之外将预算资金或其他财政资金任意转存其他金融机构。

3.根据年度预算或季度分月用款计划拨付资金,不得办理超预算、无用款计划的拨款。

4.转账结算。总预算会计的各种支拨凭证,都只能用转账结算,不得提取现金。

5.在存款余额内支付,不得透支。

(二)财政性存款的核算

为了核算财政性存款,各级政府财政部门应设置"国库存款"、"其他财政存款"账户。

"国库存款"账户是资产类账户,用于核算各级总预算会计在国库的预算资金(含一般预算和基金预算)存款。借方登记国库存款的增加数,贷方登记国库存款的减少数,借方余额反映国库存款的结存数。为了便于管理,"国库存款"科目应按"一般预算存款"、"基金预算存款"设置明细账户,进行明细分类核算。

"其他财政存款"账户属于资产类账户,用于核算各级总预算会计未列入"国库存款"账户反映的各项财政性存款,包括财政周转金、未设国库的乡(镇)财政在专业银行的预算资金存款以及部分由财政部门指定存入专业银行的专用基金存款等。借方登记增加数,贷方登记减少数。期末余额在借方,表示其他财政存款的结存数。该账户可以按交存的地点和资金性质分设明细账户,进行明细核算。

[例4-1] 某市财政局20××年4月发生如下经济业务:

1.收到国库报来的"预算收入日报表",当日税收收入20万元,养路费收入5万元。根据"预算收入日报表"编制会计分录如下:

借:国库存款——一般预算存款　　200 000
　贷:一般预算收入　　200 000
借:国库存款——基金预算存款　　50 000
　贷:基金预算收入　　50 000

2.按规定通过本级预算支出安排取得专用基金4万元,存入其他财政存款账户。编制会计分录如下:

借:一般预算支出 40 000
　　贷:国库存款 40 000

同时:

借:其他财政存款 40 000
　　贷:专用基金收入 40 000

三、有价证券的核算

(一)有价证券的含义

有价证券是指各级政府购买的中央财政以信用方式发行的国家公债。各级政府财政部门只能用各项财政结余购买国家指定由地方各级政府购买的有价证券。

(二)有价证券的管理和核算的要求

1.只能用各项财政结余(包括一般预算结余和基金预算结余)资金购买国家指定的有价证券。

2.支付购买有价证券的资金不能列作支出。

3.当期有价证券兑付的利息,以及转让有价证券取得的收入与有价证券账面成本的差额,应按购入有价证券时的资金来源分别计入一般预算收入和基金预算收入。

4.购入的有价证券(含债券收购单)应视同货币资金妥善保管,防止损失。

(三)会计处理

为了反映有价证券的购买、兑付情况,应设置"有价证券"账户。该科目属于资产类科目,借方登记有价证券的购入数,贷方登记本金的兑付数,借方余额反映有价证券的实际库存数。该账户可以按有价证券的种类和资金性质设置明细账户进行明细核算。

有价证券应按取得时实际支付的价款入账,当期取得有价证券的兑付利息以及有价证券转让取得的收入与账面成本的差额,根据购买时的资金性质,分别计入一般预算收入、基金预算收入。

[例 4-2] 某市财政 20××年 9 月发生如下经济业务:

1.用一般预算结余购买有价证券 60 万元,用基金预算结余购买有价证券 10 万元。应编制会计分录:

借:有价证券——一般预算结余购入 600 000
　　　　　——基金预算结余购入 100 000
　　贷:国库存款——一般预算存款 600 000
　　　　　　——基金预算存款 100 000

2.收到上项有价证券的利息收入 16 万元,其中,用一般预算结余购买有价证券的利息收入 12 万元,用基金预算结余购买有价证券的利息收入 4 万元。应编制

会计分录:

借:国库存款——一般预算存款 120 000

——基金预算存款 40 000

贷:一般预算收入 120 000

基金预算收入 40 000

四、在途款的核算

(一)在途款的概念

由于库款的报解需要一定的时间,年终会出现国库经收处或各级国库已经在年度前收纳,以及在清理期交纳属于本年收入的款项,但尚未转到支库或尚未报解到各该上级国库的各种收入,这些款项称为在途款。

(二)在途款的核算

为了反映在途款,应设置"在途款"账户。该账户是资产类账户,用于核算决算清理期和库款报解整理期内发生的上下年度收入、支出业务及需要通过该账户过渡处理的资金。借方登记发生数,贷方登记冲转数,年终余额结转下年新账。

[例4-3] 某县财政在库款报解整理期内收到属于上一年度的一般预算收入2万元。

1.在上年度账上,应编制会计分录:

借:在途款 20 000

贷:一般预算收入 20 000

2.在新年度账上,应编制会计分录:

借:国库存款——一般预算存款 20 000

贷:在途款 20 000

五、暂付及应收款项的核算

暂付及应收款属于往来结算中形成的债权,包括暂付款和与下级往来等。

(一)暂付款的核算

暂付款是各级财政部门借给所属单位或其他单位临时急需的款项。它有可能收回,也有可能转化为支出。

为了反映暂付款的发生和收回情况,应设置"暂付款"账户。该账户是资产类账户,借方登记借出的款项,贷方登记收回或转作预算支出数。该账户可以按资金性质及单位名称设置明细账户进行明细核算,应及时清理;年终,该账户原则上应无余额。

[例4-4] 某县财政局20××年3月发生如下经济业务:

1.暂借给卫生局30万元,用于发放设备购置费。应编制会计分录:

借:暂付款——市卫生局　　300 000

　　贷:国库存款　　300 000

2.经审批上项借款转作对卫生局的经费。应编制会计分录:

借:一般预算支出　　300 000

　　贷:暂付款　　300 000

(二)与下级往来的核算

与下级往来是指在预算执行过程中发生的本级与下级财政之间的尚未结算、暂挂"往来"的款项。与下级往来往往有两种情况:一种是与下级财政之间发生的资金调度往来,二是体制结算中应由下级财政上缴而未缴的收入数。

为了正确地核算与下级往来情况,总预算会计应设置"与下级往来"账户,借方登记发生和增加的与下级往来的债权;贷方登记减少和清偿的与下级往来的款项;余额一般在借方,反映下级财政尚未归还或上缴的款项。

[例 4-5] 某市财政局 20××年 1 月发生如下经济业务:

1.借给下属县财政局临时周转借款 50 万元,已经办理了资金划拨手续。应编制会计分录:

借:与下级往来——某县财政局　　500 000

　　贷:国库存款　　500 000

2.经决定将借给县财政局的借款转作对该县的补助支出。应编制会计分录:

借:补助支出——一般预算补助　　500 000

　　贷:与下级往来　　500 000

六、预拨款项的核算

预拨款项是财政部门按照规定预拨给用款单位的待结算资金,指已经拨付给有关部门,但尚未列入支出的款项,包括预拨经费和基建拨款。

(一)预拨款项的概念

预拨经费是财政部门用预算资金拨付给行政、事业单位,尚未在当期列作预算支出的经费。凡是在年度预算执行中,总预算会计用预算资金预拨出应在以后各期列支的款项,以及会计年度终了前预拨款给用款单位的下年度经费款,均应作为预拨经费管理。

基建拨款是财政部门按基本建设计划预拨给受托经办基本建设支出的专业银行或拨付基本建设财务管理部门的基本建设款项。

预拨款项属于资产类,而不是支出类科目,这就意味着它不属于正式支出,而是属于特殊类型的资金暂付,因此,预拨经费必须按规定办理有关手续。

(二)预拨款项管理的要求

1.对事业、行政单位的拨款,应按照单位领报关系转拨,不得向无预算资金领报关系的单位转拨预算资金;不同预算级次的单位之间不能领报经费。

2.凡是有主管部门的单位,不能作为主管会计单位直接与各级财政部门发生领报关系。

3.要根据核定的年度预算和季度分月用款计划拨付,不得办理超预算超计划拨款。

4.根据事业进度和资金使用情况拨付。既要保证资金的需要,又要防止资金的积压和浪费。

(三)预算拨款方式

财政部门对用款单位的预算拨款方式有:

1.划拨资金。即财政机关根据主管单位的申请按月开出预算拨款凭证,通知国库将财政存款划转到申请单位所在银行的存款户,由主管单位按规定用途办理转拨或支用,月末由用款单位编报单位预算支出报表的一种拨款办法。

2.限额拨款。是财政部门根据用款单位申请,在核定的年度预算内分期给用款单位下达用款额度,由主管单位在额度内支用或转拨限额,月末由银行系统编报银行支出月报,报告银行支出情况,并和财政部门进行资金结算的拨款方式。该种拨款方式主要适用于中央级事业行政单位的经费拨款和建设银行的基建拨款。

(四)会计处理

为了核算预拨款项的拨付、使用情况,总预算会计应设置"预拨经费"和"基建拨款"账户。

"预拨经费"账户属于资产类账户,用于核算财政部门预拨给行政事业单位、尚未列为预算支出的经费。借方登记预拨的经费,贷方登记收回或转列支出的经费,期末余额在借方,表示尚未转列支出或尚待收回的预拨经费数。该账户应按用款单位设置明细账户进行明细核算。

"基建拨款"账户属于资产类账户,用于核算拨付给经办基本建设支出的专业银行或拨付基本建设财务管理部门的基本建设拨款和贷款数。借方登记拨出数,贷方登记基本建设财务管理部门或受委托的专业银行拨付给建设单位数及缴回财政数。余额在借方,反映尚未列报支出数。该账户应按拨款单位设置明细账。

[例4-6] 某市财政20××年3月发生如下经济业务:

1.按用款计划,向市教委预拨经费40万元。根据预算拨款凭证回单应编制会计分录:

借:预拨经费——市教委　　400 000

　贷:国库存款　　400 000

定期根据教委上报的"银行支出数",应编制会计分录:

借:一般预算支出　　400 000

　贷:预拨经费——市教委　　400 000

2.根据基本建设计划向建设银行拨付基建资金限额500万元。应编制会计分录：

借：基建拨款　　5 000 000

　贷：国库存款　　5 000 000

月末基本建设银行报来银行支出数200万元。应编制会计分录：

借：一般预算支出　　2 000 000

　贷：基建拨款　　2 000 000

七、财政周转金贷款的核算

(一)财政周转金的设置与管理

财政周转金是指各级财政部门设置的以信用方式有偿周转使用的各种财政资金。

随着经济体制改革的逐步深入，财政分配制度也面临着重大改革，逐渐出现了一些有偿分配的特殊分配方式。财政周转金并不是从社会上筹集、吸收的资金。它的来源主要有三个方面：(1)由当年预算安排支出形成；(2)由上级追加和本单位管理形成；(3)由按规定收取的资金占用费收入形成。

财政周转金作为财政资金中有偿使用的资金，财政部门必须加强管理。财政周转金管理的原则是：

1.控制规模。即要把财政周转金的规模控制在一定的指标内，不让财政周转金这种财政资金的有偿分配形式影响财政资金无偿分配的基本分配形式。

2.限定投向。即要对财政周转金的投向进行限制，让其投向与财政无偿分配的方向相一致，不能投向非财政项目。

3.健全制度。即要健全财政周转金的各种管理和核算办法，做到统一制度、统一管理。否则，将会影响财政周转金甚至影响整个财政工作的健康运行。

4.加强监督。即要建立相应的制约机制，对财政周转金的运行过程进行监督，使其更好地发挥应有的效益。

与财政周转金有关的业务主要有财政周转金放款、借出财政周转金和待处理财政周转金等。

(二)会计处理

为了核算财政周转金的投放情况，应设置“财政周转金放款”、“借出财政周转金”、“待处理财政周转金”账户。

“财政周转金放款”账户属于资产类账户，用于核算财政对用款单位的有偿资金的拨出、贷付和收回情况。借方登记拨付数，贷方登记收回数，借方余额反映财政会计掌握的财政有偿资金放款数。该账户应按贷放款的对象设置明细科目。

“借出财政周转金”账户属于资产类账户，用于核算上级财政部门借给下级财政部门的周转金的借出和收回情况。借方登记借给下级财政部门的财政周转金；

贷方登记下级财政部门归还的财政周转金；期末余额在借方，反映借出财政周转金尚未收回数。该账户按借款对象设置明细账。

“待处理财政周转金”账户用来核算经审核已经成为呆账，但尚未按规定程序报批核销的逾期财政周转金转入和核销情况。借方登记待处理财政周转金转入数；贷方登记待处理财政周转金核销数。该账户按债务单位设置明细账户。

[例 4-7] 某市财政 20××年 3 月发生如下经济业务：

1.借给某高校有偿使用资金 20 万元，1 年期，年利率 5%，已经办妥划款手续。应编制会计分录：

借：财政周转金放款——某高校　　200 000
　贷：其他财政存款　　200 000

收回本金及利息时，

借：其他财政存款　　210 000
　贷：财政周转金放款——某高校　　200 000
　　财政周转金收入　　10 000

若该校无力偿还财政周转金，经查明属于呆账，则根据有关凭证编制会计分录：

借：待处理财政周转金　　200 000
　贷：财政周转金放款　　200 000

按规定程序核销该笔呆账时，则根据有关凭证编制会计分录：

借：财政周转基金　　200 000
　贷：待处理财政周转金　　200 000

2.借给所属某县财政局财政周转金 10 万元，1 年期，年利率 2%。应编制会计分录：

借：借出财政周转金　　100 000
　贷：其他财政存款　　100 000

收回本金及利息时，

借：其他财政存款　　102 000
　贷：借出财政周转金　　100 000
　　财政周转金收入　　2 000

第二节　财政总预算负债

一、负债的概念及内容

负债是各级政府财政所承担的能以货币计量，需以资产偿付的债务。各级政府的债务一般包括三种类型债务:一是各级政府财政部门与各预算单位之间发生的应付及暂收款项,二是上下级财政之间在结算过程中发生的债务,三是按法定的程序及核定的预算举借的债务。各级政府财政应对发生的各项债务及时结算。属于应付暂收及不明性质的款项应及时清理转账。

二、负债的特性

负债是政府在实现其职能的过程中形成的。由于财政总预算会计职能的特殊性,因此总预算会计的负债有其独特的特点:

1.主要是上下级之间的资金转移,以及政府利用信用形式的债务。

2.负债的主体是政府,不会造成债权人的损失。

3.负债的偿付形式主要是货币资金。

三、暂收款的核算

暂收款项是在预算执行期间,财政部门与预算单位之间临时发生的应付、暂收款。

为了核算暂收款,财政部门应设置"暂存款"账户。该账户属于负债类账户,用于核算各级财政部门临时发生的应付、暂收和收到性质不明的款项。贷方登记收到暂存款数;借方登记冲转退还或转作收入数;期末余额在贷方,表示尚未结清的暂存款数额。该账户按资金的性质、债权单位设置明细账户进行明细核算。

[例 4-8] 某县财政会计收到国库交来的"预算收入日报表",内列性质不明的收入 5 000 元。应编制会计分录:

借:国库存款　　5 000

　　贷:暂存款　　5 000

经查明,上项收入为行政单位上缴的行政性收费收入。应编制会计分录:

借:暂存款　　5 000

　　贷:一般预算收入　　5 000

四、借入款的核算

借入款是中央财政和地方财政按照国家法律、国务院的规定以举借的国内外债务。

我国经济正处于高速发展阶段,经济发展对资金的需求量很大,而目前国家财政收入不足,使得国家财政出现赤字,弥补财政赤字主要有两种方式:一是举借债务;二是采取向中央银行透支方式,但后者凭空增加货币流通量,会引起通货膨胀,如果政府不增加投入就会造成基础设施建设不到位,将严重制约经济的持续稳定发展。政府需要通过借入款来进行宏观调控,促进经济的健康稳定发展。鉴于资金需求量的不断扩大,我国国债的发行额从1981年的147.81亿元增长到2003年的6 029.24亿元,增长了40.79倍;国债余额从1981年的228.81亿元累计到2002年的13 836亿元,增长了60.47倍。同时外债的数量也不断增加,从1985年的158.3亿美元增加到2002年的1 936.3亿美元。

“借入款”是负债类账户,用于核算中央财政和地方财政按照国家法律、国务院规定以向社会发行债券等方式举借的债务。贷方登记发行债券或举借债务收到的款项;借方登记到期归还的债务;期末余额在贷方,表示尚未偿还的债务。该账户按债券的种类或债权人设置明细账户进行明细分类核算。

[例4-9] 财政部根据国家法律和有关规定,向社会公开发行一年期国债100万元,年利率为6%,有关业务及账务处理如下:

1.发行债券时:

	借方	贷方
借:国库存款	1 000 000	
贷:借入款		1 000 000

2.到期还本付息时:

	借方	贷方
借:借入款	1 000 000	
一般预算支出	60 000	
贷:国库存款		1 060 000

五、与上级往来的核算

上下级财政之间在结算过程中,经常发生待结算的往来款项,包括从上级财政部门借入款项、体制结算中发生的应交未交款项。

为了核算待结算款项,应设置“与上级往来”账户。该账户是负债类账户,用于核算上下级财政之间的待结算款项。贷方登记向上级财政部门借入款或应上缴未缴款;借方登记偿还数、转作补助收入数及体制结算中上级的补给数;贷方余额反映本级财政欠上级财政的借款数额。该账户按资金性质和上级财政部门的名称设置明细账户,进行明细分类核算。

[例4-10] 某市财政向省财政厅借入临时资金20万元,已经存入银行。根据预算收入日报表,应编制会计分录:

	借方	贷方
借:国库存款	200 000	
贷:与上级往来		200 000

经省财政厅批准,将上项借入款转为对本市的补助。应编制会计分录:

	借方	贷方
借:与上级往来	200 000	
贷:补助收入		200 000

六、借入财政周转金的核算

借入财政周转金与借出财政周转金相对应,是指下级财政部门向上级财政部门借入的财政周转金。

为核算借入财政周转金业务,财政总预算会计应设置“借入财政周转金”账户。该账户属于负债类账户。贷方登记借入财政周转金;借方登记偿还的财政周转金;期末余额在贷方,表示尚未归还的财政周转金数。

[例 4-11] 某市财政向省财政借入财政周转金 10 万元。应编制会计分录:

借:其他财政存款　　100 000

　贷:借入财政周转金　　100 000

归还财政周转金和利息 10.5 万元。应编制会计分录:

借:借入财政周转金　　100 000

　财政周转金支出　　5 000

　贷:其他财政存款　　105 000

小知识:

美国联邦政府会计相关背景知识回答

问:美国的政府预算采用收付实现制,政府会计采用权责发生制,请专家进一步解释一下预算的收付实现制和会计的权责发生制这两者之间的关系,特别是会计的权责发生制对预算的意义。

答:从传统意义上讲,在很大程度上,人们把制定预算作为防止相关人员和经理滥用资金的一种控制手段。比如说,国会认为某个项目在今年所需要的资金是 100 万美元,他们就会规定今年可以在这个项目上花费 100 万美元,这时预算会计就要防止在这个项目上的花费超过 100 万美元。也就是说,如果国会给某个项目批准了 100 万美元,那么他们就希望能有一套防止费用在这个项目上超支的体系。如果这个项目开始了一段时间,项目经理发现已经花费了 50 万美元,还剩下 50 万美元,那么项目经理在以后项目的实施过程中就会关注现金支出。不久,项目经理可能会意识到:既然我们只记录现金,那么我们就可以订购 100 万美元的货物,但不在今年付款,这样我们就不算超出预算。由于这个原因,所以规定发生了变化,预算开始同时跟踪现金支出和公开的债务,以此来保证在某个特定的年度,花费的资金和订购货物的价值不会超过 100 万美元。但是在权责发生制会计里,我们并不跟踪花费支出或订购,我们跟踪的是花费和应付的项目,也就是现金支出和负债。

另一个例子是政府给雇员的养老金,政府设立一项退休金计划,雇员为政府工作一年,就为自己增加一定的养老金数额,当雇员退休时,政府有义务在退休雇员的有生之年,向他们支付数量可观的养老金。如果是在预算的基础上进行核算,那么就无法确认政府对雇员的负债,因为这个数额是随着雇员工作的年限而不断增加的。如果是以权责发生制为基础,那么就应该每年应计雇员所获得的福利,因为这是雇员挣得福利期间的一项费用。

比尔·布罗德斯先生补充:就美国政府和私营部门的预算程序再补充一点。所有级别的政府部门都要做预算,对预算的审议批准可以是一年一次,也可以是两年一次。预算最初是由相应的立法部门批准。某些州和地方一级政府机构如果超支了预算,那么当地的法律可能就会让政府主管人员去坐牢,因为超出了该年所允许的预算支出。州和地方政府可以每年修改预算,我所居住的县去年一共变动了13次预算。每一次当他们将增加开支和筹集收入时,他们都必须做一个新的预算。企业也有预算,但预算主要是为了衡量该年的经营,比如说一个企业在年初采用了一个预算,在年末的时候要把预算和实际运行的结果进行比较,看一看差异在哪里。而且对私营部门来讲,这种预算并不是一种法律文件,但对于州、地方政府及联邦政府来讲,预算是一个法律文件,是具有法律效力的。我在谈到预算的时候尽量用比较简单的词汇来描述这一过程,但实际上,预算的制定过程是非常复杂的。在政府机构为个人提供住房、教育和农业贷款方面,我们将预算程序进行了修改,为的是影响这些机构的行为。因为直接贷款对美国政府的成本比较高,所以,美国政府倾向于用贷款担保这种方式来取代原有的直接贷款。在贷款项目方面,我们已经转变为使用以权责发生制为基础的预算,我们现在正在考虑对保险项目做同样的转变,但是现在还没有转变。我们预算中真正的、唯一的同收付实现制偏离的就是贷款项目。

摘自:财政部会计司编制:《美国政府及非营利组织会计讲座》,北京:中国财政经济出版社2002年版,第28~34页。

政府收支分类改革是否改变现行的预算管理方式?

新的政府收支分类体系为预算管理方式的改进和完善创造了更为有利的条件。但是,此次政府收支分类改革并不改变现有预算管理方式。考虑到管理需要和工作方便,我们在统一的政府收支分类的基础上,拆分出了一般预算收支科目、基金预算收支科目、债务预算收支科目。这样,各级财政部门即可用新的政府收支分类科目继续分别编制政府预算的统计汇总。新科目的具体使用,可依照中央和地方各级预决算编制的有关要求进行。

摘自:财政部预算司编:《政府收支分类改革问题解答》。

第五章　财政总预算会计报表

第一节　财政总预算会计报表概述

一、财政会计报表的概念

财政总预算会计报表是各级财政收支执行情况及其结果的定期书面报告，是各级领导机关和上级财政部门了解情况、掌握政策、指导预算执行工作的重要资料，也是编制下年度预算的基础。财政总预算会计报表包括资产负债表、预算执行情况表和财政周转金表。

二、年终清理结算

为了便于编制政府财政总预算会计报表，保证报表的编制质量，各级财政会计在每年年终时，应对全年的各项预算收支和往来账项及时进行清理和结算。

年终清理是指年度终了时，财政总预算会计对全年的各项预算收支及其有关财务活动进行全面清查和整理的工作。年终清理的内容主要包括核对年度预算收支数、清理本年预算收支款项、组织征收机关和国库进行年度对账、清理核对当年拨款支出、清理往来款项、清理财政周转金收支。

年终结算是指财政总预算会计在年终清理的基础上，按照财政管理体制的有关规定，结清上、下级政府财政总预算会计之间的预算调拨（上解、补助）收支和往来款项。年终结算的内容主要包括体制结算、转移支付结算、政策性拨款结算、预算执行情况变化的结算、专项拨款补助结算、上下级往来结算等。各级财政总预算会计应按财政管理体制的要求，计算出当年应补助、应上解和应返还的数额，与已补助、已上解和已返还的数额进行比较，结合借垫款项，计算出全年最后应补助或应退回的数额，填制“年终财政决算结算单”（见表 5 - 1），经核对无误后，作为年终财政结算凭证，并据以入账。

各级财政总预算会计对年终决算清理期内发生的会计事项，应当划清会计年度。属于清理上年度的会计事项，记入上年度账内；属于新年度的会计事项，记入新年度账内，防止错记和漏记。

表 5-1　　　　某市财政决算结算单

项目		金额	项目		金额
市财政决算平衡情况	一、收入总计		资金结算情况	一、应得资金数	
	其中：决算收入			二、已得资金数	
	税收返还			三、应上解数	
	专项补助			四、应欠补助数	
	结算补助				
	上年结余				
	二、支出总计				
	其中：决算支出				
	体制上解支出				
	专项上解支出				
	三、年终滚存结余（扣除预算周转金）				

三、年终结账

财政总预算会计经过年终清理和结算，把各项结算收支记入旧账后，即可办理年终结账。年终结账包括年终转账、结清旧账和记入新账三个环节。

年终转账的目的是将资产负债表下半部分的收入和支出类账户余额都结转入相关结余科目。在这一环节，首先应计算出各账户 12 月份的合计数和全年的累计数，结出 12 月末各账户的余额，并编制转账前资产负债表，进行试算平衡；然后编制记账凭证，将收入和支出类账户的年末余额结转为零，从而使旧账自然过渡到新账。

在结清旧账环节，首先应结出各个账户借方和贷方的全年合计数，并在下面画双红线，表示该账户已全部结清；然后编制转账后资产负债表，进行试算平衡。对于有余额的账户，结清旧账时应在账户的“摘要”栏内注明“结转下年”字样，表示旧账结束，转入新账。

在记入新账环节，应根据本年度各总账账户和明细账账户年终转账后余额编制年终决算资产负债表和有关明细表，将各账户余额直接记入新年度有关总账和明细账账户预留空行的余额栏内，并在“摘要”栏内注明“上年结转”字样，以区别于新年度的发生额。各级财政部门编制的本级决算草案，经本级人民代表大会常务委员会或本级人民代表大会审查后，如需更正原报决算草案中有关收入和支出的数字,则需要相应调整旧账,重新办理结清旧账和计入新账。

[例 5-1] 某市财政 20××年 12 月末转账前的有关账户余额(单位:千元)如表 5-2 所示,试进行年终结账。

表 5-2

资产部类

科目名称	合 计	一般预算	基金预算	专用基金
资 产:				
国库存款	19 100	10 000	9 100	
其他财政存款	17 700			17 000
有价证券	6 000	4 200	1 800	
在途款	100	100		
暂付款	15 400	15 400		
与下级往来	3 400	3 000	400	
预拨经费	10 000	8 000	2 000	
基建拨款	6 400	6 400		
财政周转金放款	4 000			
借出财政周转金	8 000			
资产合计	90 100			
支 出:				
一般预算支出	244 000	244 000		
基金预算支出	10 800		10 800	
专用基金支出	2 400			2 400
补助支出	11 200	4 000	7 200	
上解支出	370 920	370 920		
调出资金	6 000		6 000	
支出合计	645 320	618 920	24 000	2 400
资产部类总计	735 420			

负债部类 续表

负债:				
暂存款	11 400			
与上级往来	7 720			
负债合计	19 120			
净资产:				
预算结余	26 400			
基金预算结余	15 200			
专用基金结余	200			
预算周转金	11 000			
财政周转基金	12 400			
净资产合计	65 200			
收入:				
一般预算收入	572 000	572 000		
基金预算收入	22 700		22 700	
专用基金收入	4 000			4 000
补助收入	46 400	42 000	4 400	
调入资金	6 000	6 000		
收入合计	651 100	620 000	27 100	4 000
负债部类总计	735 420			

1.一般预算部分

(1)结转收入类账户贷方余额至“预算结余”账户。应编制会计分录:

借:一般预算收入 572 000 000
　　补助收入——一般预算补助 42 000 000
　　调入资金 6 000 000
　　贷:预算结余 620 000 000

(2)结转支出类账户借方余额至“预算结余”账户。应编制会计分录:

借:预算结余 618 920 000
　　贷:一般预算支出 244 000 000
　　　　补助支出——一般预算补助 4 000 000
　　　　上解支出 370 920 000

2.基金预算部分

(1)结转收入类账户贷方余额至“基金预算结余”账户。应编制会计分录:

借:基金预算收入 22 700 000
　　补助收入——基金预算补助 4 400 000
　　贷:基金预算结余 27 100 000

(2)结转支出类账户借方余额至“基金预算结余”账户。应编制会计分录：

借:基金预算结余 24 000 000

　　贷:基金预算支出 10 800 000

　　　　补助支出——基金预算补助 7 200 000

　　　　调出资金 6 000 000

3.专用基金部分

(1)结转收入类账户贷方余额至“专用基金结余”账户。应编制会计分录：

借:专用基金收入 4 000 000

　　贷:专用基金结余 4 000 000

(2)结转支出类账户借方余额至“专用基金结余”账户。应编制会计分录：

借:专用基金结余 2 400 000

　　贷:专用基金支出 2 400 000

4.经本级政府批准,从预算结余中补充本级预算周转金50万元。应编制会计分录：

借:预算结余 500 000

　　贷:预算周转金 500 000

5.结账、转账后,编制的年终资产负债表如表5-3所示。

表5-3 资产负债表(年终转账后)

编报单位:××市财政局　　20××年12月31日　　金额单位:千元

资产部类			负债部类		
科目名称	年初数	期末数	科目名称	年初数	期末数
资产			负债		
国库存款		19 100	暂存款		11 400
其他财政存款		17 700	与上级往来		7 720
有价证券		6 000	借入款		
在途款		100	借入财政周转金		
暂付款		15 400	负债合计		19 120
与下级往来		3 400	净资产		
预拨经费		10 000	预算结余		26 980
基建拨款		6 400	基金预算结余		18 300
财政周转金放款		4 000	专用基金结余		1 800
借出财政周转金		8 000	预算周转金		11 500
待处理财政周转金			财政周转基金		12 400
			净资产合计		70 980
资产部类总计		90 100	负债部类总计		90 100

第二节　资产负债表

在财政总预算会计中，资产负债表是反映本级财政在某一特定日期财务状况的报表。它是根据资产、负债和净资产之间的相互关系，按一定的分类标准和一定的顺序，把本级财政在特定日期的资产、负债、净资产各项目进行适当排列，并对日常工作中形成的大量数据高度浓缩整理后编制而成的。按照编报的时间，资产负债表分为月报和年报两种。

一、月报

月报是反映月末本级财政财务状况的报表。资产负债表月报一般格式如表5－4所示。

财政总预算会计以执行政府财政总预算为中心，在预算年度中期，会计报表主要用以反映收支预算的执行情况，并通过反映收支预算的执行情况反映本级财政的财力变化以及国家财经政策的执行情况和效果，因此，财政总预算会计各月末不结转各项收支账户的余额，待年终一次将各项收支账户的余额结转至有关的净资产账户，以反映本级财政年终财政收支的平衡情况和财力状况。鉴于此，资产负债表的月报采用了“资产 ＋ 支出 ＝ 负债 ＋ 净资产 ＋ 收入”的平衡公式。

二、年报

年报是反映年末本级财政财务状况的报表。资产负债表年报一般格式如表5－5所示。

由于财政总预算会计在年末已将各项收支账户的余额结转至有关的净资产账户，各项收支账户的余额为零，因此，资产负债表年报中就只有资产、负债和净资产三个会计要素，其平衡公式为“资产 ＝ 负债 ＋净资产”。

以上资产负债表的一般格式中包含了财政周转金部分的相应内容。如果财政周转金由专门的机构管理，财政总预算会计也可以单独编报财政周转金部分的资产负债表。

各级财政总预算会计在编报资产负债表时，应先编出本级财政的资产负债表，然后再将其与经审核无误的所属下级财政总预算会计编报的资产负债表进行汇总，编出本级财政的汇总资产负债表。在编报汇总资产负债表时，财政总预算会计应将本级财政的“与下级往来”科目与下级财政的“与上级往来”科目、本级财政的“上解收入”科目与下级财政的“上解支出”科目、本级财政的“补助支出”科目与下级财政的“补助收入”科目等核对无误后相互冲销，以免重复汇总。

表 5－4

资产负债表

编报单位：　　　　　　　　年　月　日　　　　　　　　金额单位：万元

资产部类			负债部类		
科目名称	年初数	期末数	科目名称	年初数	期末数
资产			负债		
国库存款			暂存款		
其他财政存款			与上级往来		
有价证券			借入款		
在途款			借入财政周转金		
暂付款			负债合计		
与下级往来			净资产		
预拨经费			预算结余		
基建拨款			基金预算结余		
财政周转金放款			专用基金结余		
借出财政周转金			预算周转金		
待处理财政周转金			财政周转基金		
资产合计			净资产合计		
支出			收入		
一般预算支出			一般预算收入		
基金预算支出			基金预算收入		
专用基金支出			专用基金收入		
补助支出			补助收入		
上解支出			上解收入		
调出资金			调入资金		
财政周转金支出			财政周转金收入		
支出合计			收入合计		
资产部类总计			负债部类总计		

表 5－5　　　　资产负债表(年报)

编报单位:　　　　　　年　月　日　　　　　　金额单位:万元

资产部类			负债部类		
科目名称	年初数	期末数	科目名称	年初数	期末数
资产			负债		
国库存款			暂存款		
其他财政存款			与上级往来		
有价证券			借入款		
在途款			借入财政周转金		
暂付款			负债合计		
与下级往来			净资产		
预拨经费			预算结余		
基建拨款			基金预算结余		
财政周转金放款			专用基金结余		
借出财政周转金			预算周转金		
待处理财政周转金			财政周转基金		
			净资产合计		
资产部类总计			负债部类总计		

第三节　预算执行情况表

预算执行情况表是反映财政总预算收支情况及其结果的报表。按照编报时间,预算执行情况表分月报和年报等。

一、月报

月报是反映自年初至本月末止预算收支执行情况的报表,包括预算收入和预算支出两部分。按收支配比要求,月报可分为一般预算收入执行情况表、一般预算支出执行情况表、基金预算收支执行情况表。也可以将一般预算收、支执行情况表合并编报。

月报的列报内容通常要求列报到预算收支科目的“款”级科目。月报在报送时,还需要附上本月收支预算执行情况的文字说明。各级财政部门在收到下级财政部门上报的月报后,应将其与本级月报进行汇总,然后将经过汇总后的月报上报上级财政部门。月报的报送要及时,省级财政一般要求在月后五日内将一般预算收支执行情况表报送到财政部。月“一般预算收入执行情况表”、月“一般预算支出执行情况表”的参考格式分别如表5－6、5－7所示。

表5－6　　一般预算收入执行情况表

编报单位:　　年　月　　金额单位:万元

项　　目	当月数	累计数
一、各项税收收入		
增值税		
营业税		
资源税		
企业所得税		
个人所得税		
其他税收收入		
二、国有企业计划亏损补贴		
三、行政性收费收入		
四、专项收入		
五、其他各项收入		
收入合计		
返还性收入		
财力性转移支付收入		
专项转移支付收入		
调入资金及计划单列市上解收入等		
上年结转及结余收入		
收入总计		

表 5-7　　　　一般预算支出执行情况表

编报单位:　　　　　　　　　　年　月　　　　　　　　　　金额单位:万元

项　　目	当月数	累计数
一、基本建设支出		
二、企业挖潜改造资金		
三、地质勘探费		
四、科技三项费用及科学支出		
五、农林水利和气象支出		
六、工业交通流通等部门事业费		
七、文体广播事业费		
八、教育支出		
九、医疗卫生支出		
十、其他部门事业费		
十一、抚恤和社会福利救济		
十二、行政事业单位离退休支出		
十三、社会保障补助支出		
十四、行政管理费		
十五、公检法司支出		
十六、政策性补贴支出		
十七、专项支出		
十八、其他各项支出		
十九、预备费		
支出合计		
返还性支出		
财力性转移支付支出		
专项转移支付支出		
调出资金及补助计划单列市支出等		
结转下年支出		
累计净结余		
支出总计		

月"基金预算收支执行情况表"的格式与月"一般预算收支执行情况表"的格式基本相同。

各省、自治区、直辖市上报到财政部的月报,应按照财政部每年制发的月报格式规定编制，不得自行增删或变动报表项目。

二、年报

年报，即各级政府决算或政府财政收支决算，是反映整个预算年度内政府财政预算收支执行情况及其结果的报表。年报是各级政府全年政治经济活动在财政上的集中反映。各级政府的预算执行情况表年报主要由财政收支决算总表、一般预算收入执行情况表、一般预算支出执行情况表、基金预算收入执行情况表、基金预算支出执行情况表等组成。

（一）一般预算收支总表

一般预算收支总表是反映各级财政部门决算收入、决算支出以及决算结余的总体情况的报表。“预算数”填列当年预算的最后调整数。“收入决算数”和“支出决算数”，应当根据年终结账前预算收入明细账和支出明细账的全年支出数填列。财政总预算会计在汇总本级财政收支决算总表与下级财政收支决算总表时，应将本级财政与下级财政之间的对应科目相互冲销。一般预算收支总表中的各项收入数和支出数对“收入决算明细表”和“支出决算明细表”中的有关数字起统驭作用。“一般预算收支总表”的参考格式如表5－8所示。

表5－8　　______年一般预算收支总表

编报单位：　　　　　　　　　　　　　　　　　　　　金额单位：万元

收入			支出		
项　目	预算数	决算数	项　目	预算数	决算数
一、税收收入			一、一般公共服务		
增值税			人大事务		
营业税			政协事务		
企业所得税			政府办公厅（室）及相关机构事务		
企业所得税退税			发展与改革事务		
个人所得税			统计信息事务		
资源税			财政事务		
固定资产投资方向调节税			税收事务		
城市维护建设税			审计事务		
房产税			海关事务		
印花税			人事事务		
城镇土地使用税			纪检监察事务		
土地增值税			人口与计划生育事务		
车船使用和牌照税			商贸事务		
耕地占用税			知识产权事务		
契税			工商行政管理事务		

续表

其他税收收入			食品和药品监督管理事务		
二、非税收入			质量技术监督与检验检疫事务		
专项收入			国土资源事务		
行政事业性收费收入			海洋管理事务		
罚没收入			测绘事务		
国有资本经营收入			地震事务		
国有资源(资产)有偿使用收入			气象事务		
其他收入			民族事务		
			宗教事务		
			港澳台侨事务		
			档案事务		
			共产党事务		
			民主党派及工商联事务		
			群众团体事务		
			彩票事务		
			国债事务		
			其他一般公共服务支出		
			二、外交		
			对外合作与交流		
			其他外交支出		
			三、国防		
			现役部队及国防后备力量		
			其他国防支出		
			四、公共安全		
			武装警察		
			公安		
			国家安全		
			检察		
			法院		
			司法		
			监狱		
			劳教		
			国家保密		
			其他公共安全支出		
			五、教育		
			教育管理事务		
			普通教育		

续表

			职业教育		
			成人教育		
			广播电视教育		
			留学教育		
			特殊教育		
			教师进修及干部继续教育		
			教育附加及基金支出		
			其他教育支出		
			六、科学技术		
			科学技术管理事务		
			基础研究		
			应用研究		
			技术研究与开发		
			科技条件与服务		
			社会科学		
			科学技术普及		
			科技交流与合作		
			其他科学技术支出		
			七、文化体育与传媒		
			文化		
			文物		
			体育		
			广播影视		
			新闻出版		
			其他文化体育与传媒支出		
			八、社会保障和就业		
			社会保障和就业管理事务		
			民政管理事务		
			财政对社会保险基金的补助		
			行政事业单位离退休		
			企业关闭破产补助		
			就业补助		
			抚恤		
			退役安置		
			社会福利		
			残疾人事业		
			城市居民最低生活保障		
			其他城镇社会救济		
			农村社会救济		
			自然灾害生活救助		

续表

				红十字事业		
				其他社会保障和就业支出		
				九、医疗卫生		
				医疗卫生管理事务		
				医疗服务		
				社区卫生事务		
				医疗保障		
				疾病预防控制		
				卫生监管		
				妇幼保健		
				农村卫生		
				中医药		
				其他医疗卫生支出		
				十、环境保护		
				环境保护管理事务		
				环境监测与监察		
				污染防治		
				自然生态保护		
				森林保护		
				退耕还林		
				风沙荒漠治理		
				退牧还草		
				已垦草原退耕还草		
				其他环境保护支出		
				十一、城乡社区事务		
				城乡社区管理事务		
				城乡社区规划与管理		
				城乡社区公共设施		
				城乡社区住宅		
				城乡社区环境卫生		
				建设市场管理与监督		
				其他城乡社区事务支出		
				十二、农林水事务		
				农业		
				林业		
				水利		
				南水北调		
				扶贫		
				农业综合开发		
				其他农林水事务支出		
				十三、交通运输		

续表

			公路水路运输		
			其中：车辆购置税支出		
			铁路运输		
			民用航空运输		
			其他交通运输支出		
			十四、工业商业金融等事务		
			采掘业		
			制造业		
			建筑业		
			电力		
			信息产业		
			旅游业		
			涉外发展		
			粮油事务		
			商业流通事务		
			物资储备		
			金融业		
			烟草事务		
			安全生产		
			国有资产监管		
			中小企业事务		
			可再生能源		
			能源节约利用		
			其他工业商业金融等事务支出		
			十五、其他支出		
			预备费		
			年初预留		
			住房改革支出		
			其他支出		
当年一般收入合计			当年一般预算支出合计		
转移性收入			转移性支出		
上级补助收入			上解上级支出		
增值税和消费税税收返还收入			体制上解支出		
所得税基数返还收入			出口退税专项上解支出		
营业税基数返还收入			专项上解支出		
其他税收返还收入					

续表

体制补助收入					
一般性转移支付补助收入			补助下级支出		
民族地区转移支付补助收入			增值税和消费税税收返还支出		
调整工资转移支付补助收入			所得税基数返还支出		
农村义务教育补助收入			其他税收返还支出		
农村税费改革补助收入			体制补助支出		
缓解县乡困难转移支付补助收入			一般性转移支付补助支出		
结算补助收入			民族地区转移支付补助支出		
其他财力性转移支付收入			调整工资转移支付补助支出		
专项补助收入			农村义务教育补助支出		
			农村税费改革补助支出		
			缓解县乡困难转移支付补助支出		
			结算补助支出		
下级上解收入			其他财力性转移支付支出		
体制上解收入			专项补助支出		
出口退税专项上解收入					
专项上解收入					
			调出资金		
上年节余收入			年终结余		
其中:结转			结转		
调入资金			净结余		
收入总计			支出总计		

(二)一般预算收入执行情况表

一般预算收入执行情况表是反映各级财政部门决算收入明细情况的报表。该表的数字应根据财政总预算会计登记的一般预算收入明细账的全年预算收入数填列。在该表中,预算科目一般需要填列到一般预算收入科目的“款”级科目,有的甚至需要填列到“项”级科目。财政总预算会计在将本级收入决算明细表与下级收入决算明细表进行汇总时,应将本级财政与下级财政之间的对应科目进行冲销。“一般预算收入执行情况表”的参考格式如表 5-9 所示。

表 5-9 ______年一般预算收入执行情况表

编报单位: 金额单位:万元

项 目	上年决算数	本年预算数	本年执行数		
			金额	占预算%	比上年增长%
一、各项税收收入					
增值税					
营业税					
资源税					
企业所得税					
个人所得税					
其他税收收入					
二、国有企业计划亏损补贴					
三、行政性收费收入					
四、专项收入					
五、其他各项收入					
本年收入合计					
返还性收入					
财力性转移支付收入					
专项转移支付收入					
调入资金及计划单列市上解收入等					
上年结转及结余收入					
收入总计					

(三)一般预算支出执行情况表

一般预算支出执行情况表是反映各级财政部门决算支出明细情况的报表。该表的数字应根据财政总预算会计登记的一般预算支出明细账的全年预算支出数填列。在该表中,预算科目一般需要填列到一般预算支出科目的“款”级科目。各级财政总预算会计在将本级年一般预算支出执行情况表与下级年一般预算支出执行

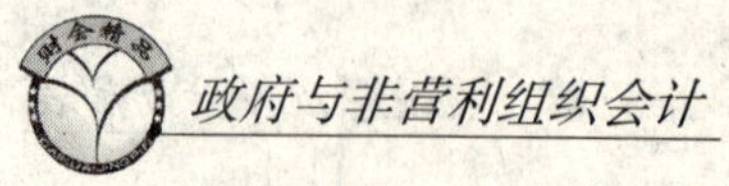

情况表进行汇总时,应将本级财政与下级财政之间的对应科目进行冲销。"一般预算支出执行情况表"的参考格式如表5-10所示。

表5-10　　______年一般预算支出执行情况表

编报单位:　　　　金额单位:万元

项　　目	上年决算数	本年预算数	本年执行数		
			金额	占预算%	比上年增长%
一、基本建设支出					
二、企业挖潜改造资金					
三、地质勘探费					
四、科技三项费用及科学支出					
五、农林水利和气象支出					
六、工业交通流通等部门事业费					
七、文体广播事业费					
八、教育支出					
九、医疗卫生支出					
十、其他部门事业费					
十一、抚恤和社会福利救济					
十二、行政事业单位离退休支出					
十三、社会保障补助支出					
十四、行政管理费					
十五、公检法司支出					
十六、政策性补贴支出					
十七、专项支出					
十八、其他各项支出					
十九、预备费					
本年支出合计					
返还性支出					
财力性转移支付支出					
专项转移支付支出					
调出资金及补助计划单列市支出等					
结转下年支出					
累计净结余					
支出总计					

(四)财政收支决算分级表

财政收支决算分级表是反映地方财政收支决算中分级收支决算情况的报表。该表的收支数字应根据所属地方各级财政收支决算的数字分别填列。其中,“乡级”栏填列县属乡收支决算合计数,“县级”栏填列县本级收支决算数,“地级”栏填列地本级与地级直属乡收支决算合计数,“省级”栏填列省本级收支决算数。省、地、县、乡级的收支决算数合计,应与“财政收支决算总表”、“收入决算明细表”、“支出决算明细表”中的有关数字一致。“财政收支决算分级表”的参考格式如表5－11所示。

表5－11　财政收支决算分级表

收入							支出						
预算科目	决算数合计	省级	地级	其中:地级直属乡	县级	乡级	预算科目	决算数合计	省级	地级	其中:地级直属乡	县级	乡级
一、工商税收类 二、农牧业税和耕地占用税类 三、企业所得税类 四、国有企业上缴利润类 五、国有企业计划亏损补贴类 六、基本建设贷款归还收入类 七、其他收入类 ……							一、基本建设支出类 二、企业挖潜改造资金类 三、地质勘探费类 四、科技三项费用类 五、流动资金类 六、支援农业生产支出类 七、农林水利气象等部门的事业费类 ……						
本年收入合计							本年支出合计						

(五)基金预算收支执行情况表

基金预算收支决算总表是反映各级财政部门管理的政府性基金决算收入、决算支出以及决算结余总体情况的报表。该表应按政府预算收支科目中的基金预算收支科目分类填列预算数和决算数。其中，预算数根据当年安排的基金预算收支数填列，决算数根据年终结账前基金预算收入明细账和基金预算支出明细账中的全年预算收入数和全年预算支出数填列。财政总预算会计在汇总本级基金预算收支决算总表与下级基金预算收支决算总表时，应将本级财政与下级财政之间的对应科目进行冲销。基金预算收支决算总表中的各项收入数和支出数对“基金收支明细表”中的有关数字起统驭作用。基金预算收支决算总表的一般格式与“财政收支决算总表”的一般格式基本相同。

基金预算收支执行情况表是反映各级财政部门管理的政府性基金决算收入和决算支出明细情况的报表。该表的数字应根据财政总预算会计登记的基金预算收入明细账和基金预算支出明细账的数字填列。财政总预算会计在汇总本级年基金预算收支执行情况表与下级年基金预算收支执行情况表时，应将本级财政与下级财政之间的对应科目进行冲销。年基金预算收入执行情况表和支出执行情况表的参考格式如表5-12、5-13所示。

表5-12 ______年政府性基金预算收入执行情况表

编报单位：

金额单位：万元

项目	上年决算数	本年预算数	本年执行数		
			金额	占预算%	比上年增长%
一、工业交通部门基金收入					
其中：养路费收入					
二、文教部门基金收入					
其中：文化事业建设费收入					
三、农业部门基金收入					
其中：地方水利建设基金收入					
四、土地有偿使用收入					
五、其他基金收入					
本年收入合计					
上年结转及结余收入					
补助收入					
调入资金					
收入总计					

表 5-13　　______年政府性基金预算支出执行情况表

编报单位:　　　　　　　　　　　　　　　　　　　　　　　　　　　金额单位:万元

项　　目	上年决算数	本年预算数	本年执行数		
			金额	占预算%	比上年增长%
一、工业交通部门基金支出					
其中:养路费支出					
二、商贸部门基金支出					
其中:外贸发展基金支出					
三、文教部门基金支出					
其中:文化事业建设费支出					
四、农业部门基金支出					
其中:地方水利建设基金支出					
五、土地有偿使用支出					
六、其他部门基金支出					
本年支出合计					
调出资金等					
年终累计结余					
支出总计					

第四节　财政周转金报表

财政周转金报表主要包括“财政周转金收支情况表”、“财政周转金投放情况表”、“财政周转基金变动情况表”等。

一、财政周转金收支情况表

财政周转金收支情况表用于反映各级财政管理的财政周转金的收入、支出和结余情况。该表分左右两方,左方反映财政周转金的利息收入和占用费收入情况;右方反映财政周转金的占用费支出和业务费支出情况,各项收支应按具体项目填列。该表的编报要求应按财政部的规定办理。财政周转金收支情况表的参考格式如表 5-14 所示。

表 5-14　　财政周转金收支情况表

财政周转金收入		财政周转金支出	
项目	金额	项目	金额
利息收入 占用费收入		占用费支出 业务费支出 其中:1. 2.	
收入合计		支出合计	

二、财政周转金投放情况表

财政周转金投放情况表用于反映年度财政周转金规模、财政周转金放款、财政周转金借出和回收情况。其参考格式如表 5-15 所示。

表 5-15　　财政周转金投放情况表

项目	年初数	本期增加数	本期减少数	期末数	项目	年初数	本期借（放）出数	本期回收数	期末数
财政周转基金 向上级借入					财政周转金放款 1. 2. 3. …… 借出财政周转金 1. 2. 3. ……				
合计					合计				

三、财政周转基金变动情况表

财政周转基金情况变动表用于反映财政周转基金年度内增减变动情况。其中,“财政周转基金年初数”加上“本年预算安排”数、“本年占用费及利息转入”数、“上级拨入”数和“其他增加”数,减去“本年核销数”即为“财政周转基金期末数”。填报本表时,有关预算安排增加数和其他增加数应按实有项目列出细目。待处理财政周转金的“本年核销数”是指按规定的程序报经批准核销的数额;未经批准,不得自行核销。“财政周转基金变动情况表”的参考格式如下表 5-16 所示。

表 5-16 财政周转基金变动情况表

序 号	项 目	金额	序号	项 目	金额
1	财政周转基金年初数		15	待处理财政周转金年初数	
2	本年预算安排		16	本年增加数	
3	1.		17	本年减少数	
4	2.		18	其中:	
5	3.		19	收回数	
6	……		20	本年核销数	
7	本年占用费及利息转入				
8	上级拨入				
9	其他增加				
10	1.				
11	2.				
12	3.				
13	……				
14	财政周转基金期末数		21	待处理财政周转金期末数	

小知识:

美国联邦政府会计相关背景知识回答

问:联邦政府的合并财务报表由谁来编制,包括哪些单位?

答:目前联邦政府的合并财务报表中包括大约 70 个机构,在这 70 个机构中有 24 个主要的政府行政机构,它们占到整个政府活动的 99%。其他的一些纳入合并范围的小机构虽然数量很多,但是就资产规模和业务量来说占的比重并不大。美国政府全年的预算大概有 2 万亿元,在 2 万亿的预算中,国防支出大概占到 4 000

亿,社会保障大概占4 000亿,医疗和退伍军人的福利大概占2 000多亿,应付利息有大约几千亿。可以看出,这5个机构的支出就构成了必须支付的总预算的一半。每一个机构先编制自己的财务报表,然后由执行检查官审计,审计后的财务报表要交付给财政部,由财政部编制合并财务报表。

问:美国政府成本报表收入栏中的收入是否纳入预算?

答:回答是肯定的,这部分收入是包括在预算中的,它们是预期的收入,和成本一样,在某种程度上是不可控的。但是我们可以预测在某些方面需要的成本水平以及通过某些活动我们可以获得的收入水平。某些时候,根据收入的情况,成本的预算是可以变动的,比如说,如果收入增长,那么成本也可以增长;如果收入下降,那么成本也必须下降。

问:审计政府财务会计报表时,联邦政府和州政府会计政策不一致时如何处理?

答:公认会计原则对同一交易事项的会计处理选择性并不是很大,因此我们并没有面临不同的会计原则问题。即便在某些情况下对同一事项有不同的处理方法,但是在目前的实践当中还没有出现机构之间就同一会计问题的处理大不相同的情况。

问:联邦政府包括三个部分,即立法机构、司法机构和行政机构,请问联邦政府的合并财务报表中是否包括这三个部分?

答:联邦政府的合并财务报表并不包括联邦政府的所有部门。但是全部的立法机构和司法机构总计不到联邦政府的1%,所以即使没有立法机构和司法机构,我们仍然有联邦政府中的99%的部分。不过,某些立法和司法部门也会提交它们的财务报表,将其纳入到合并范围内。这样的部门包括会计总署,会计总署是立法机构中的一大组成部分;也包括国会印刷所,它也是立法机构中的一大组成部分,所以虽然我不知道精确的数字是多少,但我猜想联邦政府的合并财务报表中包括联邦政府中99.7%~99.8%的部分。

摘自:财政部会计司编:《美国政府及非营利组织会计讲座》,北京:中国财政经济出版社2002年版,第28~34页。

第六章 行政单位收入和支出

第一节 行政单位会计概述

一、行政单位会计概念

行政单位会计属于单位会计的一部分,是适用于行政单位的一门专业会计,它是以货币为主要计量单位,对行政单位预算资金和其他资金的运作过程进行核算的专业会计,是行政单位预算管理的基础工作。

行政单位是指进行国家行政管理,组织经济、文化建设,维护社会公共秩序的单位。通常包括:

1.行政机关。指从事国家行政工作的机关,即各级人民政府及其所属各行政部门。行政机关是国家权力的执行机关,通常也称政府机关。国务院是国家的最高行政机关。

2.国家权力机关。指行使国家权力的机关,即各级人民代表大会及其常务委员会。全国人民代表大会是国家的最高权力机关。

3.审判机关和检察机关。指行使国家审判职能和检察职能等的机关,即各级人民法院和各级人民检察院等。最高人民法院是国家的最高审判机关,最高人民检察院是国家的最高检察机关。

4.政党组织。指中国共产党、各民主党派以及共青团、妇联、工会等组织。

尽管行政单位各级组织名称不同,但它们有一个共同特点,即这些组织都属于非物质生产部门,不能自行取得其开展业务活动所需要的资金,财政部门的预算拨款是其主要资金来源。因此,对于这些组织来讲,执行单位预算,按照预算取得和使用财政资金,使财政资金发挥其应有的社会效益,是它们进行财务管理和组织会计核算时必须遵循的基本要求。

二、行政单位会计的特点

行政单位会计的业务活动内容、具体会计任务与事业单位会计和企业会计不同,主要体现在:

1.会计核算对象不同。企业会计核算的对象是企业经营资金的运作及其结果。事业单位会计不仅要核算预算资金的运作及其结果,而且还要核算经营资金运作情况及其结果。而行政单位会计核算的内容是经费的领拨、使用和结果。

2.会计记账基础不同。由于事业单位既有专业业务活动及其辅助活动,又有在专业业务活动及其辅助活动之外的经营活动,这就决定了同一事业单位会计核算既采用“权责发生制”,同时又可能采用“收付实现制”的双重记账基础。而行政单位没有经营性业务活动,所以行政单位会计核算只采用“收付实现制”一种记账基础。企业会计对于收入费用的确认采用“权责发生制”为记账基础,在编制现金流量表时,采用“收付实现制”为记账基础,同一企业会计核算以“权责发生制”为主,“收付实现制”为辅。

3.会计核算原则不同。由于行政单位的业务活动不是以盈利为目的,所以,在会计确认和计量方面与企业会计核算原则不同,诸如不采用谨慎性、划分收益性支出与资本性支出和配比原则等。

4.会计核算简单。行政单位的业务活动目标是行使政府职能,不要求进行成本核算。根据《事业单位会计制度》的规定,事业单位应视情况进行内部成本核算,设置“成本费用”账户进行成本费用的归集和成本计算。企业会计必须按照规范的成本计算方法,确定成本项目,设置“生产成本”和“制造费用”等成本账户,进行成本费用的归集和成本计算。

5.资金来源单一。事业单位的资金来源渠道既有预算拨款,又可以自己创造收益,甚至与一般企业一样,还能从银行和其他渠道获得资金。行政单位的资金来源渠道单一,其会计以财政拨款的核算为中心,财务收支必须服从预算管理。

三、行政单位会计组织系统

根据机构建制和经费领报关系,行政单位会计组织系统分为主管会计单位、二级会计单位和基层会计单位。

1.主管会计单位是指向同级财政部门领报经费并发生预算管理关系,有下一级会计单位的行政单位。

2.二级会计单位是指向主管会计单位或上一级会计单位领报经费,并发生预算管理关系,有下一级会计单位的行政单位。

3.基层会计单位是指向上一级会计单位领报经费,并发生预算管理关系,没有下级会计单位的行政单位。向同级财政部门领报经费,没有下级会计单位的,视同基层会计单位。主管会计单位、二级会计单位和基层会计单位实行独立会计核算，负责组织管理本部门、本单位的全部会计工作。不具备独立核算条件的行政单位，实行单据报账制度，作为“报销单位”管理。

同时负有财政总预算会计职能的行政单位(各级财政部门)，本单位会计与财政总预算会计必须由分别独立的会计机构进行分别核算。两个独立的会计机构必须在人员配备、职责分工、核算范围等方面严格分开，以保证各自工作的独立性和准确性。

四、行政单位会计科目、会计凭证和会计账簿

(一)行政单位会计的会计科目

行政单位会计的会计科目是对行政单位会计核算对象的具体内容进行科学分类，是行政单位会计设置会计科目、确定核算内容的依据。财政部制定的《行政单位通用会计科目表》如表 6－1 所示。

表 6－1　　行政单位会计科目表

序　号	编　号	科　目	序　号	编　号	科　目
	一、资产			三、净资产	
1	101	现　金	13	301	固定基金
2	102	银行存款	14	303	结　余
3	103	有价证券			
4	104	暂付款		四、收入	
5	105	库存材料	15	401	拨入经费
6	106	固定资产	16	404	预算外资金收入
	二、负 债		17	407	其他收入
7	201	应缴预算款			
8	202	应缴财政专户款			
9	203	暂存款		五、支 出	
10	211	应付工资	18	501	经费支出
11	212	应付地方(部门)津贴补贴	19	502	拨出经费
12	213	应付其他个人收入	20	503	结转自筹基建

(二)会计凭证

在各项经济业务发生时，行政单位应取得或填制原始凭证，并根据审核无误的原始凭证填制记账凭证。

1. 原始凭证。行政单位会计的原始凭证主要有收款凭证，借款凭证，预算拨款凭证，固定资产调拨单，开户银行转来的收、付款凭证，往来结算凭证，库存材料的出库、入库单，其他足以证明会计事项发生的凭证和文件。

2. 记账凭证。记账凭证是由会计人员依据审核后的原始凭证填制的，并作为

登记会计账簿的直接依据的凭证。行政单位的记账凭证有两种:一种是专用记账凭证,它包括收款凭证、付款凭证和转账凭证;另一种是不分收、付、转的通用记账凭证。目前各单位普遍采用“通用记账凭证”。

3.会计账簿。行政单位会计的账簿是核算和监督各项收支、往来款项和各种财产物资的工具。行政单位会计应根据需要设置以下账簿:

(1) 总账。总账是用以核算资产、负债、净资产及收入、支出、结余的总括情况,平衡账务,控制和核对各种明细账的账簿。总账格式一般采用借、贷、余三栏式账簿,并按会计科目名称设置账户。

(2) 明细账。明细账用以对总账有关科目进行明细核算,可选用三栏式、多栏式和数量金额式账簿。行政单位会计需要设置的主要明细账有:收入明细账、支出明细账、往来明细账和财产物资明细账。

(3) 序时账。行政单位应设置序时账簿,包括现金日记账和银行存款日记账。

第二节　行政单位收入

收入是指行政单位为开展业务活动依法取得的非偿还性资金。行政单位会计核算的收入包括拨入经费、预算外资金收入和其他收入等。

一、拨入经费

拨入经费是指行政单位按照经费领报关系,由财政部门或上级单位拨入的预算经费。

(一)经费领拨的原则

拨入经费是行政单位的主要资金来源,是行政单位开展业务活动的基本财力保证,因此,行政单位应按正确的原则领拨经费,保证预算资金的及时供应,同时对经费领拨活动进行核算和监督。在行政单位领拨经费时,应遵循的原则是:

1.按单位预算和用款计划申请取得拨入经费。在预算年度开始之前,行政单位必须根据行政任务,按照勤俭节约的原则编制经费预算,报上级主管部门或财政部门核定。根据批准的预算编制季度分月用款计划,申请取得经费。上级主管部门或财政部门根据季度分月用款计划拨款,不得办理无预算、超计划的拨款。如果确实需要追加拨款,应编制追加预算,并经主管部门或财政部门批准。

2.按业务活动进度和资金结余情况申请取得拨入经费。为保证完成行政工作任务的资金需要,同时又防止资金积压,提高资金的使用效率,财政部门或主管部门除根据季度分月用款计划拨款外,还应结合行政工作任务的执行进度、资金的结余情况拨付经费。

3.按规定用途申请取得拨入经费。各行政单位应按预算规定的用途申请拨经费,不能随意改变资金的支出用途。对于要改变资金用途的,必须经过批准。

4.按预算级次申请取得拨入经费。各行政单位应按国家规定的预算级次逐级领拨经费。各主管部门不能向没有经费领拨关系的单位拨款。同级主管部门之间也不应发生经费领报关系。

(二)拨入经费的核算

为了反映和核算拨入经费业务,行政单位会计应设置"拨入经费"总账账户。当收到拨入经费时,借记"银行存款"账户,贷记"拨入经费"账户;当交回经费时,作反向会计分录。期末余额表示拨入经费的累计数。年终结账时,将拨入经费的贷方余额(不含收到财政部门预拨的下年度经费)转入"结余",该账户无余额。"拨入经费"科目在"基本支出"和"项目支出"两个二级科目下,应按《2007 年政府收支分类科目》中"支出功能分类科目"的"项"级科目设置明细账。

[例 6-1] 某行政单位 20××年 12 月发生如下经济业务:

1.收到财政部门拨入的经常性经费 350 000 元,项目经费 150 000 元。应编制会计分录:

借:银行存款　　500 000

　贷:拨入经费——基本支出——行政运行　　350 000

　　拨入经费——项目支出——行政设施建设　　150 000

2.年终结账前的累计拨入经费总额 5 800 000 元,其中,基本支出 4 500 000 元,项目支出 1 300 000 元,进行年终结转。应编制会计分录:

借:拨入经费 ——基本支出　　4 500 000

　　　　——项目支出　　1 300 000

　贷:结余　　5 800 000

二、预算外资金收入

预算外资金收入是指财政部门从财政专户核拨给行政单位的预算外资金,以及经财政部门核准不上缴预算外资金财政专户,而直接由行政单位按计划使用的预算外资金。

为了反映和核算预算外资金收入业务,行政单位会计应设置"预算外资金收入"总账账户。当收到从财政专户核拨的预算外资金时,借记"银行存款"账户,贷记"预算外资金收入"账户。实行按比例上缴预算外资金财政专户办法,当收到预算外资金时,借记"银行存款"账户,贷记"应缴财政专户款"、"预算外资金收入"账户。实行结余上缴预算外资金财政专户办法,收到预算外资金时,借记"银行存款"账户,贷记"预算外资金收入"账户。年终将结余的预算外资金上缴时,借记"预算外资金收入"账户,贷记"应缴财政专户款"账户。年终结账时,将"预算外资金收入”的累计余额转账时，借记“预算外资金收入”账户，贷记“结余”账户。年终结账后无余额。

该账户在“基本支出”和“项目支出”两个二级科目下，应按《2007年政府收支分类科目》中“支出功能分类科目”的“项”级科目设置明细账。

但应注意的是，收到财政专户核拨的属于应返还所属单位的预算外资金时，应通过“暂存款”账户核算，不通过“预算外资金收入”账户核算。

[例6-2] 某行政单位收到从财政专户核拨的预算外资金65 000元，其中，所属单位的预算外资金15 000元。应编制会计分录：

借：银行存款　　65 000
　　贷：预算外资金收入——基本支出——行政运行　　15 000
　　　　暂存款　　50 000

行政单位上缴财政专户款的上缴办法有三种：

1.全额上缴。即行政单位收取的预算外资金，全部上缴专户，支出由财政另行核拨。

2.结余上缴。即行政单位按财政部门核定的预算外资金收支结余数上缴财政专户。

3.比例上缴。即行政单位收取的预算外资金，按财政部门核定的比例，将部分预算外资金上缴财政专户。

[例6-3] 某行政单位收到预算外资金23 000元，款项存入银行。应编制会计分录：

如果采用全额上缴办法，在收到预算外资金时：

借：银行存款　　23 000
　　贷：应缴财政专户款　　23 000

实际上缴时：

借：应缴财政专户款　　23 000
　　贷：银行存款　　23 000

如果采用比例上缴办法，上缴比例为30%，在收到预算外资金时：

借：银行存款　　23 000
　　贷：应缴财政专户款　　6 900
　　　　预算外资金收入——基本支出——行政运行　　16 100

如果采用结余上缴办法，在收到预算外资金时：

借：银行存款　　23 000
　　贷：预算外资金收入——基本支出——行政运行　　23 000

定期计算出预算外资金结余，上缴财政专户，假定预算外资金结余5 400元。应编制会计分录：

借:预算外资金收入——基本支出——行政运行　　5 400
　　贷:应缴财政专户款　　5 400

实际上缴时:

借:应缴财政专户款　　5 400
　　贷:银行存款　　5 400

三、其他收入

其他收入是指行政单位按规定收取的其他各项收入,以及其他来源形成的收入,包括不需上缴财政的零星杂项收入、有偿服务收入、有价证券及银行存款利息收入等。

为了核算其他收入业务,行政单位会计应设置"其他收入"账户。当收到其他收入时 ,借记"现金"等账户,贷记"其他收入"账户。年终转账时,借记"其他收入"账户,贷记"结余"账户,结账后无余额。

第三节　行政单位支出

支出是行政单位为开展业务活动而发生的各项资金耗费及损失。行政单位会计核算的支出包括经费支出、拨出经费和结转自筹基建等。

一、经费支出

经费支出是行政单位在开展业务活动中发生的各项支出。它是行政单位支出的主要考核对象。

(一)经费支出的分类

为了对经费支出的内容进行分析和考核,从而有针对性地加强对行政单位经费支出的管理,行政单位应对经费支出进行分类。

为了适应预算管理与改革的需要,根据《财政部关于政府收支分类改革后行政事业单位会计核算问题的通知》(财会[2006]10 号),依据财政部 2006 年发布并于 2007 年 1 月 1 日起执行的《2007 年政府预算收支科目》的规定,将行政单位经费支出内容进行重新调整。调整后的经费支出的分类情况如下:

1.按支出的对象分类,可以分为人员支出、公用支出和对个人及家庭补助支出。

人员支出反映单位开支的在职职工和临时聘用人员的各类劳动报酬,以及为上述人员缴纳的各项社会保险费等。

公用支出反映单位购买商品和劳务的支出。

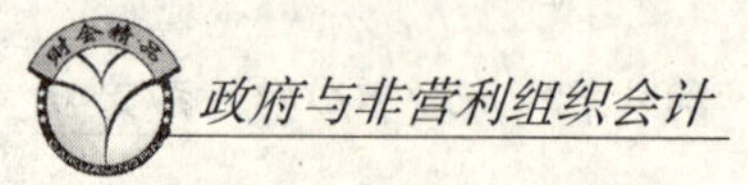

对个人和家庭的补助支出反映政府对个人和家庭的无偿性补助支出。

2.按支出用途分类，即按《2007年政府预算收支科目》中的“一般预算支出科目”的“类”级科目分类，可以分为12个“类”，96个“款”。分别是：

(1)工资福利支出。反映单位开支的在职职工和临时聘用人员的各类劳动报酬，以及为上述人员缴纳的各项社会保险费等。

工资福利支出分设7款：基本工资、津贴补贴、奖金、社会保障缴费、伙食费、伙食补助费、其他工资福利支出。

①基本工资。反映国家统一规定的基本工资，包括公务员的职务工资、级别工资；机关工人的岗位(技术等级)工资；行政单位工作人员的岗位工资、薪级工资；各类学校毕业生试用期工资；军队(武警)军官、文职干部的职务(专业技术等级)工资、军衔(级别)工资、基础工资和军龄工资；军队士官的军衔等级工资、基础工资和军龄工资等。

②津贴补贴。反映单位在基本工资之外按国家统一规定开支的机关事业单位职工艰苦边远地区津贴、地区附加津贴、岗位性津贴、军人津贴和其他各种补贴等。岗位性津贴包括警衔津贴、人民警察执勤岗位津贴、海关工作人员津贴、人民法院办案人员岗位津贴、纪检监察办案人员津贴、税务工作人员税收征收津贴、人民检察院办案人员岗位津贴、审计人员工作补贴、政府特殊津贴、专利审查人员岗位津贴、教龄津贴、中小学教师班主任津贴、特级教师津贴、特教津贴、护龄津贴、卫生防疫津贴、运动员津贴、艰苦气象台(站)津贴、艰苦岛屿作业津贴、艰苦广播电视台(站)津贴、广播电视天线工岗位津贴、地质勘探野外工作津贴、环境保护监测津贴、农业事业单位工作人员有毒有害保健津贴、法院毒物化验人员保健津贴、林业系统有毒有害工作人员岗位津贴、殡葬岗位津贴；军人津贴包括部队义务兵津贴、军人职业津贴、军官士官文职人员的教龄津贴、护龄津贴、运动员津贴等。其他各种补贴是指按有关规定发放的其他各种补贴。

③奖金。反映单位按规定开支的各类奖金，如国家统一规定的机关事业单位年终一次性奖金、运动员奖金等。

④社会保障缴费。反映单位为职工缴纳的基本养老、基本医疗、失业、工伤、生育等社会保险费，残疾人就业保障金，军队(含武警)为军人缴纳的伤亡、退役、医疗等社会保险费。

⑤伙食费。反映军队、武警义务兵、供给制学员伙食费和干部、士官灶差补助等支出。

⑥其他工资福利支出。反映上述项目未包括的人员支出，如各种加班工资，病假两个月以上期间的人员工资，编制外长期聘用人员、长期临时工工资，公务员及参照和依照公务员制度管理的单位工作人员转入企业工作并按规定参加企业职工基本养老保险后给予的一次性补贴等。

(2)商品和服务支出。反映单位购买商品和服务的支出(不包括用于购买固定资产的支出、战略性和应急储备支出,但军事方面的耐用消费品和设备的购置费、军事性建设费以及军事建筑物的购置费等在本科目中反映)。

商品和服务支出分设30款:办公费、印刷费、咨询费、手续费、水费、电费、邮电费、取暖费、物业管理费、交通费、差旅费、出国费、维修(护)费、租赁费、会议费、培训费、招待费、专用材料费、装备购置费、工程建设费、作战费、军用油料费、军队其他运行维护费、被装购置费、专用燃料费、劳务费、委托业务费、工会经费、福利费、其他商品和服务支出。

①办公费。反映单位购买按财务会计制度规定不符合固定资产确认标准的办公用品、书报杂志等支出。

②印刷费。反映单位的印刷费支出。

③咨询费。反映单位咨询方面的支出。

④手续费。反映单位支付的各类手续费支出。

⑤水费。反映单位支付的水费、污水处理费等支出。

⑥电费。反映单位的电费支出。

⑦邮电费。反映单位开支的信函、包裹、货物等物品的邮寄费及电话费、电报费、传真费、网络通讯费等。

⑧取暖费。反映单位取暖用燃料费、热力费、炉具购置费、锅炉临时工的工资、节煤奖以及由单位支付的在职职工和离休人员宿舍取暖费等。

⑨物业管理费。反映单位开支的办公用房、职工及离退休人员宿舍等的物业管理费,包括综合治理、绿化、卫生等方面的支出。

⑩交通费。反映单位车船等各类交通工具的租用费、燃料费、维修费、过桥过路费、保险费、安全奖励费等(军用油料费除外)。

⑪差旅费。反映单位工作人员出差的住宿费、旅费、伙食补助费、杂费,干部及大中专学生调遣费,调干家属旅费补助等。

⑫出国费。反映单位工作人员出国的住宿费、旅费、伙食补助费、杂费等支出。

⑬维修(护)费。反映单位日常开支的固定资产(不包括车、船等交通工具)修理和维护费用,网络信息系统运行与维护费用,以及按规定提取的修购基金。

⑭租赁费。反映租赁办公用房、宿舍、专用通讯网以及其他设备等方面的费用。

⑮会议费。反映会议中按规定开支的房租费、伙食补助费以及文件资料的印刷费、会议场地租用费等。

⑯培训费。反映各类培训支出。按标准提取的“职工教育经费”也在本科目中反映。

⑰招待费。反映单位按规定开支的各类接待(含外宾接待)费用。

⑱专用材料费。反映单位购买日常专用材料的支出。具体包括药品及理疗耗材,农用材料,兽医用品,实验室用品,专用服装,消耗性体育用品,专用工具和仪器,艺术部门专用材料和用品,广播电视台发射台发射机的电力、材料等方面的支出。

⑲装备购置费。反映军队(含武警)购置装备的支出。

⑳工程建设费。反映军队(含武警)工程建设方面的支出。

㉑作战费。反映军队(含武警)作战、防卫方面的支出。

㉒军用油料费。反映军队(含武警)军事装备的油料支出。其他交通支出列入交通费。

㉓军队其他运行维护费。反映军队(含武警)的其他运行维护费。

㉔被装购置费。反映法院、检察院、政府各部门以及军队(含武警)的被装购置支出。

㉕专用燃料费。反映用作业务工作设备的车、船等设施的油料支出。

㉖劳务费。反映支付给单位和个人的劳务费用,如临时聘用人员、钟点工工资,稿费、翻译费、评审费等。

㉗委托业务费。反映因委托外单位办理业务而支付的委托业务费。

㉘工会经费。反映单位按规定提取的工会经费。

㉙福利费。反映单位按规定提取的福利费。

㉚其他商品和服务支出。反映上述科目未包括的日常公用支出,如行政赔偿费和诉讼费、会员费、来访费、广告宣传费、其他劳务费及离休人员特需费、公用经费等。

(3)对个人和家庭的补助。反映政府用于对个人和家庭的补助支出。

对个人和家庭的补助分设 14 款:离休费、退休费、退职(役)费、抚恤金、生活补助、救济费、医疗费、助学金、奖励金、生产补贴、住房公积金、提租补贴、购房补贴、其他对个人和家庭的补助支出。

①离休费。反映行政事业单位和军队移交政府安置的离休人员的离休费、护理费和其他补贴。

②退休费。反映行政事业单位和军队移交政府安置的退休人员的退休费和其他补贴。

③退职(役)费。反映行政事业单位退职人员的生活补贴,一次性支付给职工或军官、军队无军籍退职职工、运动员的退职补助,一次性支付给军官、文职干部、士官、义务兵的退役费,按月支付给自主择业的军队转业干部的退役金。

④抚恤金。反映按规定开支的烈士遗属、牺牲病故人员遗属的一次性和定期抚恤金,伤残人员的抚恤金,离退休人员等其他人员的各项抚恤金。

⑤生活补助。反映按规定开支的优抚对象定期定量生活补助费,退役军人生

活补助费，行政事业单位职工和遗属生活补助，因公负伤等住院治疗、住疗养院期间的伙食补助费，长期赡养人员补助费，由于国家实行退耕还林禁牧舍饲政策补偿给农牧民的现金、粮食支出，农村党员、复员军人以及村干部的补助支出，看守人员的伙食费、药费等。

⑥救济费。反映按规定的城乡贫困人员、灾民、归侨、外侨及其他人员的生活救济费，包括城市居民的最低生活保障费，随同资源枯竭矿山破产但未参加养老保险统筹的矿山所属集体企业退休人员按最低生活保障标准发放的生活费，农村“五保”供养对象、贫困户、麻风病人的生活救济费，精简退职老弱残职工救济费，福利、救助机构发生的收养费以及救助支出等。实物形式的救济也在此科目中反映。

⑦医疗费。反映行政事业单位在职职工、离退休人员的医疗费，军队移交政府安置的离退休人员的医疗费，学生医疗费，优抚对象医疗补助，以及按国家规定资助农民参加新型农村合作医疗的支出和对城乡贫困家庭的医疗救助支出。

⑧助学金。反映各类学校学生助学金、奖学金、学生贷款、出国留学(实习)人员生活费，青少年业余体校学员伙食补助费和生活费补贴，按照协议由我方负担或享受我方奖学金的来华留学生、进修生生活费。

⑨奖励金。反映政府各部门的奖励支出，如对个体私营经济的奖励、计划生育目标责任奖励、独生子女父母奖励等。

⑩生产补贴。反映各种对个人发放的生产补贴支出，如国家对农民发放的农机具购置补贴、良种补贴、粮食直补以及发放给残疾人的各种生产经营补贴等。

⑪住房公积金。反映行政事业单位、军队(含武警)按在职职工工资总额的一定比例为职工缴纳的住房公积金。

⑫提租补贴。反映按房改政策规定的标准，行政事业单位、军队(含武警)向职工(含离退休人员)发放的租金补贴。

⑬住房补贴。反映按房改政策规定，行政事业单位、军队(含武警)向职工(含离退休人员)发放的购房补贴。

⑭其他对个人和家庭的补助支出。反映未包括在上述科目的对个人和家庭的补助支出，如婴幼儿补贴、职工探亲旅费、退职人员及随行家属路费、符合条件的退役回乡义务兵一次性建房补助、符合安置条件的城镇退役士兵自谋职业的一次性经济补助费、对农户的生产经营补贴等。

(4)对企事业单位的补贴。反映政府对各类企业、事业单位及民间非营利组织的补贴。

对企事业单位的补贴分设4款：企业政策性补贴、事业单位补贴、财政贴息、其他对企事业单位的补贴支出。

①企业政策性补贴。反映对企业的政策性补贴。

②事业单位补贴。反映对事业单位的补贴支出。

③财政贴息。反映国家财政对国家重点支持的企业和项目给予的贷款利息补助。

④其他对企事业单位的补贴支出。反映除上述项目以外其他对企事业单位的补贴支出。

(5)转移性支出。反映政府的转移性支出。

转移性支出分设2款:不同级政府间转移性支出、同级政府间转移性支出。

①不同级政府间转移性支出。反映不同级政府间的转移性支出。

②同级政府间转移性支出。反映同级政府间的转移性支出。

(6)赠与。反映对国内外政府、组织等提供的援助、捐赠以及缴纳国际组织会费等方面的支出。

赠与下设2款:对国内的赠与、对国外的赠与。

①对国内的赠与。反映对国内组织、政府等提供的捐赠支出。

②对国外的赠与。反映对国际组织、国外政府等提供的双边援助,交纳的会费以及有关捐赠方面的支出。

(7)债务利息支出。反映政府及各预算单位的债务利息支出。

债务利息支出分设6款:国库券付息、向国家银行借款付息、其他国内借款付息、向国外政府借款付息、向国际组织借款付息、其他国外借款付息。

①国库券付息。反映当年用于偿还国内债务利息的支出。

②向国家银行借款付息。反映向国家银行借款的付息支出。

③其他国内借款付息。反映向其他国内借款的付息支出。

④向国外政府借款付息。反映当年用于偿还国外政府借款的利息支出。

⑤向国际组织借款付息。反映当年用于偿还向国际组织借款的利息支出。

⑥其他国外借款付息。反映当年用于偿还其他国外借款的利息支出。

(8)债务还本支出。反映政府归还各类借款本金方面的支出。债务利息列入“债务利息支出”,不在此科目反应。

债务还本支出下设2款:国内债务还本、国外债务还本。

①国内债务还本。反映政府归还各类国内借款本金方面的支出。

②国外债务还本。反映政府归还各类国外借款本金方面的支出。

(9)基本建设支出。反映各级发展与改革部门集中安排的用于购置固定资产、战略性和应急性储备、土地和无形资产,以及构建基础设施、大型修缮所发生的支出。

基本建设支出分设9款:房屋建筑物购建、办公设备购置、专用设备购置、交通工具购置、基础设施建设、大型修缮、信息网络购建、物资储备、其他基本建设支出。

①房屋建筑物购建。反映用于购买、自行建造办公用房、仓库、职工生活用房、教学科研用房、学生宿舍、食堂等建筑物(含附属设施,如电梯、通讯线路、水气管道

等)的支出。

②办公设备购置。反映用于购置并按会计制度规定纳入固定资产核算范围的办公家具和办公设备的支出。

③专用设备购置。反映用于购置具有专门用途、并按会计制度规定纳入固定资产核算范围的各类专用设备的支出,如通信设备、发电设备、交通监控设备、卫星转发器、气象设备、进出口监管设备等。

④交通工具购置。反映用于购置各类交通工具(如小汽车、摩托车等)的支出(含车辆购置税)。

⑤基础设施建设。反映用于农田设施、道路、铁路、桥梁、水坝和机场、车站、码头等公共基础设施建设方面的支出。

⑥大型修缮。反映按财务会计制度规定允许资本化的各类设备、建筑物、公共基础设施等大型修缮的支出。

⑦信息网络购建。反映政府用于信息网络方面的支出,如计算机硬件、软件购置、开发、应用支出等。如果购建的计算机硬件、软件等不符合会计制度规定的固定资产确认标准,不在此科目反映。

⑧物资储备。反映政府、军队为应付战争、自然灾害或意料不到的突发事件而提前购置的具有特殊重要性的军事用品、石油、医药、粮食等战略性和应急性物质储备支出。

⑨其他基本建设支出。反映著作权、商标权、专利权等无形资产购置支出,以及其他上述科目中未包括的资本性支出,如娱乐、文化和艺术原作的使用权,购买国内外影片播映权,购置图书等。

(10)其他资本性支出。反映非各级发展与改革部门集中安排的用于购置固定资产、战略性和应急性储备、土地和无形资产,以及购建基础设施、大型修缮和财政支持企业更新改造所发生的支出。

其他资本性支出分设9款:房屋建筑物购建、办公设备购置、专用设备购置、交通工具购置、基础设施建设、大型修缮、信息网络购建、物资储备、其他资本性支出。

①房屋建筑物购建。反映用于购买、自行建造办公用房、仓库、职工生活用房、教学科研用房、学生宿舍、食堂等建筑物(含附属设施,如电梯、通讯线路、水气管道等)的支出。

②办公设备购置。反映用于购置并按会计制度规定纳入固定资产核算范围的办公家具和办公设备的支出。

③专用设备购置。反映用于购置具有专门用途、并按会计制度规定纳入固定资产核算范围的各类专用设备的支出,如通信设备、发电设备、交通监控设备、卫星转发器、气象设备、进出口监管设备等。

④交通工具购置。反映用于购置各类交通工具(如小汽车、摩托车等)的支出

(含车辆购置税)。

⑤基础设施建设。反映用于农田设施、道路、铁路、桥梁、水坝和机场、车站、码头等公共基础设施建设方面的支出。

⑥大型修缮。反映按会计制度规定允许资本化的各类设备、建筑物、公共基础设施等大型修缮的支出。

⑦信息网络购建。反映政府用于信息网络方面的支出,如计算机硬件、软件购置、开发、应用支出等。如果购建的计算机硬件、软件等不符合会计制度规定的固定资产确认标准,不在此科目反映。

⑧物资储备。反映政府、军队为应付战争、自然灾害或意料不到的突发事件而提前购置的具有特殊重要性的军事用品、石油、医药、粮食等战略性和应急性物质储备支出。

⑨其他资本性支出。反映著作权、商标权、专利权等无形资产购置支出,以及其他上述科目中未包括的资本性支出,如娱乐、文化和艺术原作的使用权,购买国内外影片播映权,购置图书等。

(11)贷款转贷及产权参股。反映政府部门发放的贷款和向企业参股投资方面的支出。

贷款转贷及产权参股分设6款:国内贷款、国外贷款、国内转贷、国外转贷、产权参股、其他贷款转贷及产权参股支出。

①国内贷款。反映政府部门向国内有关单位发放的贷款(如农业开发资金中有偿使用部分在此科目反映)。

②国外贷款。反映政府部门向国际组织和国外政府提供的贷款(如援外支出中的有偿使用部分在此科目反映)。

③国内转贷。中央与地方共用科目。反映政府部门向外国政府、国外金融机构或上级政府借款转贷给下级政府、相关部门和企业的款项。

④国外转贷。反映政府部门向外国政府、国内金融机构借款转贷给国外有关机构和企业的款项。

⑤产权参股。反映政府购买国际组织股权和对企业投资参股的支出。由于政策性原因对其给予补贴,不在此科目反映。

⑥其他贷款转贷及产权参股支出。反映除上述项目以外其他用于贷款转贷及产权参股方面的支出。

(12)其他支出。反映不能划分到上述科目的其他支出。

其他支出分设5款:预备费、预留、补充全国社会保障基金、未划分的项目支出、其他支出。

①预备费。财政部门专用。

②预留。有预算分配权的部门专用。

③补充全国社会保障基金。反映由国有股减持收入和其他财政资金补充全国社会保障基金的支出。

④未划分的项目支出。反映未按上述科目细分的项目支出。

⑤其他支出。反映除上述项目以外的其他支出。

(二)经费支出的核算

为了反映和核算经费支出业务,行政单位应设置“经费支出”总账账户。行政单位实际发生支出时,借记“经费支出”账户,贷记“现金”、“银行存款”等账户;支出收回或冲销时,借记有关账户,贷记“经费支出”账户。年终结账时,将经费支出的累计发生额转账时,借记“结余”账户,贷记“经费支出”账户。转账后无余额。该账户在“基本支出”、“项目支出”两个二级科目下,应按《2007 年政府收支分类科目》中“支出经济分类科目”的“款”级科目设置明细账。

[例 6-4] 某行政单位 20××年 12 月发生如下经济业务:

1.以银行存款支付水电费 3 800 元。应编制会计分录:

借:经费支出——基本支出——水电费　　3 800

　贷:银行存款　　3 800

2.领用材料 700 元,维修办公用房。应编制会计分录:

借:经费支出——基本支出——维修费　　700

　贷:材料　　700

3.以现金 1 000 元,支付职工生活困难补助。应编制会计分录:

借:经费支出——基本支出——救济费　　1 000

　贷:现金　　1 000

4.以银行存款 55 000 元购置办公设备一套,已经交付使用。应编制会计分录:

借:经费支出——项目支出——办公设施购置费　　55 000

　贷:银行存款　　55 000

同时:

借:固定资产——一般设备　　55 000

　贷:固定基金　　55 000

5.收回本年度已经列支的办公费 400 元。应编制会计分录:

借:现金　　400

　贷:经费支出——基本支出——办公费　　400

6.年终经费支出累计余额 6 050 000 元,进行年终结账。应编制会计分录:

借:结余　　6 050 000

　贷:经费支出　　6 050 000

二、拨出经费

拨出经费是行政单位根据核定的预算拨付给其所属单位的预算资金。

为了反映和核算拨出经费业务，行政单位会计应设置“拨出经费”总账账户。当向所属单位转拨经费时，借记“拨出经费”账户，贷记“银行存款”账户；收回拨出的经费时，作反向会计分录。年终结账时，将拨出经费累计余额转账时，借记“结余”账户，贷记“拨出经费”账户。结账后无余额。该账户按所属拨款单位设置明细账户进行明细核算。

[例 6－5] 某行政单位将从财政部门获得的经费拨款按核定的预算转拨给其所属单位 80 000 元。应编制会计分录：

借：拨出经费　　80 000
　贷：银行存款　　80 000

三、结转自筹基建

结转自筹基建是行政单位经批准，用拨入经费以外的资金安排基本建设，其所筹集并转存建设银行的资金。

为了反映和核算自筹基建业务，行政单位会计应设置“结转自筹基建”总账账户。当将自筹资金转存建设银行时，借记“结转自筹基建”账户，贷记“银行存款”；自筹项目完成，剩余的资金收回时，作反向会计分录。年终结账时，将自筹基建累计余额转账时，借记“结余”账户，贷记“结转自筹基建”账户。年终结账后无余额。

[例 6－6] 某行政单位经批准将一部分资金 200 000 元按基建计划转入建设银行。应编制会计分录：

借：结转自筹基建　　200 000
　贷：银行存款　　200 000

小知识：

基层行政机关与附属事业单位在机构、人员、经费等方面的交叉问题如何处理？

基层行政机关因机构精简，人员较少，有些存在与下属事业单位人、财、物交叉使用的现象。有关支出应尽可能按行政事业分别编制预算，如确实难以划分，可都视作行政单位支出，列入相关功能分类科目。

行政机关干部培训支出如何反映?

行政机关干部培训支出应按不同情况分别列示:

一、属于在基本支出范围内核定的支出,在"行政运行"科目反映。

二、对本系统干部的培训支出如有关功能分类未单独设置科目,可在相关功能分类的"其他"项级科目反映。

三、属某一功能方面的专项培训支出,在该项工作对应的功能分类科目反映。如用于农业系统管理干部和专业技术人员的培训、农民培训等方面的支出,列"农林水事务"类、"农业"款下的"技能培训"项级科目。

各部门的离退休经费如何反映?

考虑目前的管理体制和实际情况,"行政事业单位离退休"只反映实行归口管理的离退休经费,未实行归口管理的离退休经费仍在有关部门对应的支出功能科目反映。

摘自:财政部预算司编:《政府收支分类改革问题解答》,2006年2月。

第七章 行政单位资产、负债和净资产

第一节 行政单位资产

行政单位的资产是行政单位占有或使用的,能以货币计量的经济资源,包括流动资产和固定资产等。

一、流动资产

流动资产是指行政单位占有或使用的可以在一年内变现或耗用的资产,包括现金、银行存款、暂付款、库存材料和有价证券等。

(一)现金

现金是指存放在单位财会部门的库存现金。它是流动性最强的流动资产并具有普遍可接受性,因此,行政单位必须加强现金的管理。

为了反映和核算现金收付业务,行政单位会计应设置"现金"总账账户。当实际收到现金时,借记"现金"账户,贷记有关账户;支出现金时,借记有关支出等账户,贷记"现金"账户。期末余额表示库存现金数。

[例7-1] 某行政单位20××年1月发生如下经济业务:

1.以现金400元,购买办公用品,予以报销。应编制会计分录:

借:经费支出——基本支出——办公费　　400

　贷:现金　　400

2.职工出差,预借款项1 000元,以现金予以支付。应编制会计分录:

借:暂付款　　1 000

　贷:现金　　1 000

行政单位应设置"现金日记账",由出纳员根据收付款凭证,逐日逐笔登记。每日业务终了,结出当日现金的收入、支出合计数和结余数,并与库存现金核对,做到账实相符。

(二)银行存款

银行存款是存放在开户银行或其他金融机构的货币资金。行政单位的银行存款主要来源是财政拨款，它是行政单位行使行政职能的物质保证。根据有关规定，行政单位必须严格银行存款的开户管理，禁止多头开户。预算经费应由财务部门统一在同级财政部门或上级主管部门指定的银行开户，不得自行转移资金。

行政单位在办理银行存款开户时，应当遵循银行规定的申请开户程序。行政单位应填写银行规定的"开户申请书"，经同级财政部门或上级主管部门审查同意后，连同盖有单位公章和主管人员印章的印签卡，送开户银行办理开户手续。开户银行审查同意后，行政单位即在该银行开户。

行政单位在银行开户后，必须严格遵守银行规定的管理要求：

1.严格遵守银行的各项结算制度和现金管理制度，接受银行的监督和管理。

2.银行存款只能供本单位使用，不准出租、出借或转让银行存款户。

3.各种收付款凭证必须如实填写款项的来源或用途，不得弄虚作假，套取现金。

4.银行存款户必须有足够的资金以供支付，不准签发空头支票和其他远期支票。

根据银行结算制度的规定，银行结算方式主要包括银行汇票、银行本票、商业汇票、汇兑、支票、委托收款、异地托收承付等。由于行政单位涉及银行存款结算的业务主要是由预算资金的领拨和经费的支用所引起的，因此，在实际工作中，行政单位经常使用的银行结算方式主要是支票和汇兑。除此之外，还有办理预算拨款的预算拨款凭证等。

预算拨款凭证是财政部门与主管部门或基层单位之间办理预算拨款时使用的一种结算凭证。主管部门或基层单位收到银行转来的"预算拨款凭证"收款通知时，据以编制收款凭证。为了反映和核算银行存款业务，行政单位会计应设置"银行存款"总账账户及"银行存款日记账"。

[例 7-2] 某行政单位 20××年 1 月发生如下经济业务：

1.收到财政部门拨入经费 400 000 元，同时向所属会计单位拨出经费 50 000 元。应编制会计分录：

收到拨入经费时：

　　借：银行存款　　　　400 000

　　　　贷：拨入经费——基本支出——行政运行　　　　400 000

向所属单位拨出经费时：

　　借：拨出经费　　　　50 000

　　　　贷：银行存款　　　　50 000

2.收到预算外资金 60 000 元，按规定采用结余上缴的办法。应编制会计分录：

　　借：银行存款　　　　60 000

　　　　贷：预算外资金收入——基本支出——行政运行　　　　60 000

银行存款的记录应定期与开户银行的对账单核对,保证账实相符。对于出现的未达账项应编制银行存款余额调节表,调节相符。

行政单位应按开户银行、存款种类分别设置"银行存款日记账",并由出纳员根据收付款凭证,按照业务发生的顺序逐笔登记,每日终了结出银行存款余额。有外币业务的行政单位,应按不同币种设置"银行存款日记账",进行明细核算。

(三)暂付款

暂付款是行政单位在业务活动中与其他单位、所属单位或本单位职工发生的临时待结算资金。对行政单位的债权,要加强其管理,应做到制定相应的审批制度,建立暂付款收回的责任制。暂付款应及时结算,不得长期挂账,避免发生损失。

为了反映和核算暂付款业务,行政单位会计应设置"暂付款"总账账户。当发生暂付应收款时,借记"暂付款"账户,贷记"现金"、"银行存款"等账户;收回时作反向会计分录。期末余额表示尚未结算的应收款。该账户应按单位名称或个人名称设置明细账户进行明细核算。

[例 7-3] 某行政单位职工预借差旅费 800 元。出差回来,报销 560 元,剩余的现金交回。应编制会计分录:

借:经费支出——基本支出——差旅费	560	
现金	240	
贷:暂付款		800

(四)库存材料

库存材料是行政单位购入并验收入库,拟陆续耗用的材料物资,如一次购入大宗的办公用品等。

行政单位的库存材料是流动资产的重要组成部分,因此,应加强对库存材料的管理,主要应做好:一是建立健全库存材料的收、发、存管理手续制度,保证其安全完整;二是应定期对库存材料盘点,保证账实相符。

行政单位对库存材料按实际成本计价,即以发票价格或调拨价格计价。对于购进过程中发生的运杂费,直接计入有关支出,不计入材料价格。对于发出库存材料的单位价格计算方法,可以用先进先出法或加权平均法。

为了反映和核算库存材料业务,行政单位会计应设置"库存材料"总账账户。购入材料验收入库时,借记"库存材料"账户,贷记"银行存款"等账户;发出材料时,借记"经费支出"等账户,贷记"材料"账户。期末余额表示库存材料数。该账户应按材料品名或规格设置明细账户进行明细核算。

库存材料定期盘点,出现盘盈或盘亏时,经批准后调整"经费支出"账户。

[例 7-4] 某行政单位 20××年 12 月发生如下经济业务:

1.购入材料一批,价值 5 000 元,以银行存款支付,同时以现金支付运费 100 元。应编制会计分录:

借:库存材料　　5 000
　　经费支出——基本支出——其他　　100
　　贷:银行存款　　5 000
　　　　现金　　100

2.年末经盘点发现盘盈A材料2公斤,每公斤5元;盘亏B材料1公斤,每公斤2元。应编制会计分录:

(1)借:库存材料——A材料　　10
　　　贷:经费支出——基本支出——其他　　10

(2)借:经费支出——基本支出——其他　　2
　　　贷:库存材料——B材料　　2

(五)有价证券

有价证券是行政单位以结余的资金购买的国库券。

行政单位购买有价证券,不同于事业单位对外投资。由于行政单位是从事国家行政管理的机构,其资金来源除了财政拨款外,基本没有其他资金来源,而财政拨款也基本满足公务活动的资金需要,很难有资金可以从事投资业务,取得投资收益。因此,对行政单位购买有价证券应严格管理,要求:

1.必须用结余的资金购买,不得把购买有价证券列入支出预算,用当年经费购买。

2.购买的有价证券应视同货币资金妥善保管,不得把购买的有价证券列入支出。

3.购买有价证券取得的利息或转让的价差收入,列入其他收入,不得截留计入“小金库”。

为了反映和核算有价证券业务,行政单位会计应设置“有价证券”总账账户。购买有价证券时,按实际付款额,借记“有价证券”账户,贷记“银行存款”账户;到期收回本金及利息时,借记“银行存款”账户,贷记“有价证券”、“其他收入”账户。期末余额表示未到期的有价证券的本金数。该账户可以按国库券的种类设置明细账户进行明细核算。

[例7-5]某行政单位以银行存款购买国库券20 000元。应编制会计分录:

借:有价证券　　20 000
　　贷:银行存款　　20 000

该有价证券到期,收回本金及利息共20 650元。应编制会计分录:

借:银行存款　　20 650
　　贷:有价证券　　20 000
　　　　其他收入　　650

二、固定资产

固定资产是指使用年限在一年以上,单位价值在规定标准以上,并在使用中保持其原有实物形态的资产。单位价值虽然不足规定标准,但耐用年限在一年以上的大批同类资产,也视为固定资产管理,如专业图书馆的藏书,单位图书馆、阅览室的图书,行政单位办公用的桌椅、家具等。

(一)固定资产的分类

行政单位固定资产的分类,一般可以分为6类:

1.房屋建筑物。是指行政单位占有或使用的房屋、建筑物及其附属设施。其中,房屋包括办公用房、业务用房、库房、职工宿舍用房、职工食堂等,建筑物一般包括道路、水塔、围墙等,附属设施一般包括房屋等建筑物内的电梯、通讯线路、输电线路、水气管道等。

2.专用设备。是指行政单位根据业务活动需要购置的各种具有专门性能和专门用途的设备,如通讯设备、发电设备、交通监控设备、气象设备、卫星转发器等。行政单位的专用设备单位价值应在800元以上。

3.一般设备。是指行政单位用于业务活动需要的通用设备,如办公用的家具、交通工具。行政单位的一般设备单位价值应在500元以上。

4.文物陈列品。是指博物馆、展览馆、纪念馆等行政单位的各种文物和陈列品。如古物、字画、纪念物品等。

5.图书。指专业图书馆、文化馆贮藏的书籍,以及行政单位贮藏的统一管理使用的批量业务用书,如单位图书馆、阅览室的图书等。

6.其他固定资产。指以上各类未包括的固定资产。

行政单位应根据固定资产的标准和分类,结合本单位的实际情况,制定固定资产目录,进行核算和管理。

(二)固定资产的计价

行政单位的固定资产应按实际成本计价。由于行政单位的固定资产可能从不同的渠道取得,其实际成本的构成也不同。

1.购入固定资产,应按实际支付的买价、运杂费、安装费等计价,车辆购置税计入固定资产的成本。

2.自制固定资产,按实际开支的工、料、费计价。

3.在原有基础上进行改建和扩建固定资产,应以改建、扩建过程中发生的支出,减去改建、扩建过程中的变价收入后的净增加值,增加固定资产成本。

4.接受捐赠的固定资产,应按照同类固定资产的市场价格或根据提供的有关凭证计价。接受捐赠时发生的相关费用,应当计入固定资产成本。

5.已经投入使用但尚未办理移交手续的固定资产,可先按估价入账,待确定实际价值后，再进行调整。

6.无偿调入的固定资产，不能查明原因的，估价入账。

为了反映和核算固定资产，行政单位会计应设置“固定资产”和“固定基金”账户。当取得固定资产时，借记“固定资产”账户，贷记“固定基金”账户，同时借记“经费支出”账户，贷记“银行存款”账户；减少固定资产时，借记“固定基金”账户，贷记“固定资产”账户。期末余额表示行政单位所有固定资产的价值总额。固定资产应按类别进行明细核算。

[例7-6] 某行政单位20××年8月发生如下经济业务：

1.以银行存款购入一套专用设备，价值35 500元，设备已交付使用。应编制会计分录：

借：固定资产——专用设备　　35 500
　　贷：固定基金　　35 500

同时：

借：经费支出——项目支出——专用设备购置费　　35 500
　　贷：银行存款　　35 500

2.报废固定资产一项，其账面价值31 000元，报废残值收入5 000元，清理费支出2 000元，均以银行存款收付。应编制会计分录：

核销账面价值：

借：固定基金　　31 000
　　贷：固定资产——一般设备　　31 000

收到残值收入：

借：银行存款　　5 000
　　贷：其他收入　　5 000

支付清理费用：

借：经费支出——基本支出——其他　　2 000
　　贷：银行存款　　2 000

第二节　行政单位负债

负债是行政单位承担的能以货币计量、需要以资产偿付的债务。行政单位的负债包括应缴预算款、应缴财政专户款、暂存款、应付工资、应付地方(部门)津贴补贴和应付其他个人收入等。

一、应缴预算款

应缴预算款是行政单位按规定取得的应上缴国家预算的款项。其主要内容包括:

1.行政单位代收的纳入预算管理的政府性基金。按照有关规定,从1996年起,将养路费、车辆购置附加费、铁路建设基金、电力建设基金、三峡工程建设基金、新菜地开发基金、公路建设基金、民航基础设施建设基金、农村教育事业附加费、邮电附加、港口建设费、市话初装基金、民航机场管理建设费等13项数额较大的政府性基金纳入财政预算管理。

2.纳入预算管理的行政性收费。指行政单位在行使管理职能的过程中,依据国家法律、法规向公民、法人和其他经济组织收取的行政性费用,如各级公安、司法、民政、工商行政管理等行政单位为发放各种证照、簿册而向有关单位和个人收取的工本费、手续费、商标注册费、企业登记费、公证费等费用。根据有关规定,行政性收费实行中央、省两级审批制度。省以下各级人民政府及其部门无权审批设立行政性收费项目或调整收费标准。

3.罚没款项。指行政事业单位依据国家法律、法规,对公民、法人和其他经济组织实施经济处罚所取得的各种罚款、没收款、没收财物变价款以及行政事业单位取得的无主财物变价款等。

行政单位收取的各种应缴预算款项应及时上缴预算,不得截留或挪作他用。

为了反映和核算应缴预算款业务,行政单位会计应设置"应缴预算款"总账账户。当收取应缴预算的各种款项时,借记"银行存款"账户,贷记该账户;实际上缴时,作反向会计分录。期末余额表示应缴未缴的预算款。按预算管理规定,年终应缴预算款项不得有余额,须在年终清缴。该账户应按应缴预算的内容设置明细账户进行明细核算。

[例7-7] 某行政单位按规定取得行政性收费2 000元,存入银行。应编制会计分录:

借:银行存款	2 000	
贷:应缴预算款——行政性收费		2 000

将上项预算款上缴国库:

借:应缴预算款——行政性收费	2 000	
贷:银行存款		2 000

二、应缴财政专户款

应缴财政专户款是指行政单位按规定代收的应上缴财政专户的预算外资金。

为了加强对行政单位预算外资金的管理,财政部门规定对单位的预算外资金实行收支两条线管理办法，即收到预算外资金，先按规定上缴财政专户统一管理；使用预算外资金，由单位向财政部门申请，财政部门根据单位收支情况核拨预算外资金。行政单位上缴财政专户的预算外资金的范围应按财政部门规定办理。

行政单位上缴财政专户款的上缴办法有三种：全额上缴、结余上缴和比例上缴。

为了反映和核算应缴财政专户款的业务，行政单位会计应设置"应缴财政专户款"总账账户。当收到应缴财政专户款的预算外资金时，借记"银行存款"账户，贷记"应缴财政专户款"账户；实际上缴时，作反向会计分录；实行结余上缴办法，定期结出预算外资金，借记"预算外资金收入"账户，贷记该账户。收到财政专户核拨的预算外资金时，借记"银行存款"账户，贷记"预算外资金收入"账户。期末余额表示应缴未交的预算外资金。年终该账户不得有余额，年终应清缴。该账户应按预算外资金的类别设置明细账户进行明细核算。

[例7－8] 某行政单位收取预算外资金8 000元，按规定列入预算外资金管理，采用不同的上缴办法。应编制会计分录：

1.全额上缴办法：

在收到预算外资金时：

	借方	贷方
借：银行存款	8 000	
贷：应缴财政专户款		8 000

实际上缴时：

	借方	贷方
借：应缴财政专户款	8 000	
贷：银行存款		8 000

2.结余上缴办法：

在收到预算外资金时：

	借方	贷方
借：银行存款	8 000	
贷：预算外资金收入 ——基本支出——行政运行		8 000

定期算出预算外资金结余：假定结余2 000元

	借方	贷方
借：预算外资金收入——基本支出——行政运行	2 000	
贷：应缴财政专户款		2 000

3.比例上缴办法，假定核定上缴比例30%，在收到预算外资金时：

	借方	贷方
借：银行存款	8 000	
贷：预算外资金收入——基本支出——行政运行		5 600
应缴财政专户款		2 400

三、暂存款

暂存款是行政单位在业务活动中与其他单位或个人发生的待结算款项。行政单位应将暂存款、应缴预算款、应缴财政专户款分清，不得混淆。对于暂存款应及时结算，不应长期挂账。为了反映和核算暂存款业务，行政单位会计应设置"暂存款"总账账户。当收到暂收应付款时，借记"现金"、"银行存款"等账户，贷记"暂存款"账户；结算暂存款时，借记"暂存款"账户，贷记有关账户。期末余额表示尚未结算的暂存款。该账户应按债权单位或个人设置明细账户进行明细核算。

[例 7-9]某行政单位 2007 年 1 月收到某单位租用设备交纳的保证金 1 500 元。应编制会计分录：

	借方	贷方
借：现金	1 500	
贷：暂存款		1 500

归还押金时，编制与上述会计分录相反方向的会计分录。

四、应付工资（离退休费）

应付工资是指行政单位按国家统一规定发放给在职人员的职务工资、级别工资、年终一次性奖金。离退休费是指按国家统一规定发放给离退休人员的离休、退休费及经国务院或人事部、财政部批准设立的津贴补贴。

为了反映和核算应付工资业务，行政单位会计应设置"应付工资"总账账户，按"在职人员"、"离休人员"和"退休人员"设置二级科目进行明细核算。

[例 7-10] 某行政单位发放在职职工工资，基本工资 150 000 元，奖金 47 000 元。按规定代扣代交个人所得税 370 元，代扣代交个人住房公积金 2 300 元。应编制会计分录：

	借方	贷方
借：经费支出——基本支出——基本工资	150 000	
——基本支出——奖金	47 000	
贷：暂存款——代扣个人所得税		370
——代扣住房公积金		2 300
应付工资——在职人员		194 330

发放工资时：

	借方	贷方
借：应付工资——在职人员	194 330	
贷：现金		194 330

实际上缴代扣款时：

	借方	贷方
借：暂存款——代扣个人所得税	370	
——代扣住房公积金	2 300	
贷：银行存款		2 670

五、应付地方（部门）津贴补贴

应付地方（部门）津贴补贴是指各地区各部门各单位出台的津贴补贴。

为了反映和核算应付地方(部门)津贴补贴业务,行政单位会计应设置“应付地方(部门)津贴补贴”总账账户,并按“在职人员”、“离休人员”和“退休人员”设置二级科目进行明细核算。

[例 7－11] 某行政单位发放在职职工地方性津贴 50 000 元,离休人员 10 000 元,退休人员 8 000 元。应编制会计分录:

借:经费支出——基本支出——津贴补贴　68 000
　贷:应付地方(部门)津贴补贴——在职人员　50 000
　　　　——离休人员　10 000
　　　　——退休人员　8 000

发放时:

借:应付地方(部门)津贴补贴——在职人员　50 000
　　　　——离休人员　10 000
　　　　——退休人员　8 000
　贷:现金　68 000

六、应付其他个人收入

应付其他个人收入是指按国家规定发给个人除应付工资、应付地方(部门)津贴补贴以外的收入,包括误餐费、夜餐费、出差人员伙食补助费、市内交通费、出国人员伙食费、公杂费、个人国外零用费、发放给个人的一次性奖励等。

为了反映和核算应付其他个人收入业务,行政单位会计应设置“应付其他个人收入”总账账户,并按“在职人员”、“离休人员”和“退休人员”设置二级科目进行明细核算。

[例 7－12] 某行政单位发放在职职工误餐费 3 000 元。应编制会计分录:

借:经费支出——基本支出——伙食补助费　3 000
　贷:应付其他个人收入——在职人员　3 000

发放时:

借:应付其他个人收入——在职人员　3 000
　贷:现金　3 000

第三节　行政单位净资产

一、净资产

净资产是指行政单位的资产减去负债后的差额,包括固定基金和结余。

固定基金是行政单位固定资产所占用的基金。由于行政单位的固定资产不计提折旧,因此,行政单位的固定基金在数量上始终与固定资产相等。

为了反映和核算固定基金业务,行政单位会计应设置"固定基金"总账账户。固定基金随着固定资产的增加而增加,随着固定资产的减少而减少。"固定资产"账户余额与"固定基金"账户始终相等。有关业务举例,参见关于"固定资产业务的核算"。

二、结余

结余是行政单位各项收入与各项支出相抵后的余额。行政单位结余每年年终结算一次,它是单位全年收支相抵后的最终财务成果。行政单位的结余全部转入下年使用。

为了反映和核算结余,行政单位会计应设置"结余"总账账户。年终,将各项收入结转时,借记"拨入经费"、"预算外资金收入"、"其他收入"账户,贷记"结余"账户;将各项支出结转时,借记"结余"账户,贷记"拨出经费"、"经费支出"、"结转自筹基建"账户。年终该账户的贷方余额表示行政单位的历年累计结余。有专项资金的行政单位,应设置"经常性结余"和"专项结余"两个明细账户进行明细核算。

[例7-13] 某行政单位年终收支账户余额如下:"拨入经费"账户余额770 000元,其中基本支出570 000元;"预算外资金收入"账户余额125 000元;"其他收入"账户余额5 000元;"经费支出"账户余额750 000元;"拨出经费"账户余额50 000元;"结转自筹基建"账户余额50 000元,将上述收支账户余额结转"结余"账户。应编制会计分录:

先将各项收入账户结转:

	借方	贷方
借:拨入经费——基本支出	570 000	
——项目支出	200 000	
预算外资金收入	125 000	
其他收入	5 000	
贷:结余		900 000

再将各项支出账户结转:

	借方	贷方
借:结余	850 000	
贷:拨出经费		50 000
经费支出——基本支出		750 000
结转自筹基建		50 000

该行政单位本年度收支结余50 000元(900 000-850 000)。

小知识：

美国政府及非营利组织会计问题解答

问:美国政府预算是以收付实现制为基础的,我想知道美国政府累计赤字的数额是多少,这个累计赤字和美国政府资产负债表上反映的负债有什么联系?

答:值得一提的是我们的资产负债表是以权责发生制为基础编制的,但是表中不包括一些可能被认为是资产的某些资源,以及某些可能被认为是负债的义务。现行的资产负债表的负债部分即使没有包括社会保障和医疗保险这部分负债,负债的总额也已远远超过了资产。虽然现在美国资产负债表上的负债已远远超过了资产部分,但是在美国,人们仍然认为将自己的存款借给联邦政府是有效的、合适的和安全的。同样,外国人也愿意将钱借给美国联邦政府。借款给政府的人中,没有一个人没有获得本金的偿付和利息的支付。在过去的两年,美国政府通过税收增加了2万多亿美元的收入。我相信提高税收可以获得更多的收入,所以政府有能力保持它的预算平衡。或者政府也可以通过适当的借款来保持预算平衡,借款数额应该是国民生产总值的一个可接受的百分比。

问:美国政府是何时采用权责发生制的?权责发生制是修订的权责发生制还是完全的权责发生制?

答:从1997年开始,对联邦政府的合并财务报表开始运用权责发生制,对于主要政府机构的机构本身报表从1996年开始运用完全权责发生制的。当描述我们作为完全的权责发生制来使用的体系时,会认识到在这里面有一些专门针对政府的特殊部分。尤其要指出的是所得税收入的会计处理。我们只有在实际收到税收或者与纳税人就额外应纳税额达成协议的时候才能确认所得税收入。

问:政府会计为什么使用权责发生制,使用权责发生制的目的是什么,预算对政府会计起什么作用?

答:权责发生制能够更好地反映有关经济事项的潜在实质。在权责发生制下,负债的记录是在负债发生的时候而不是政府承诺将支付的时候。对资产的确认,是资产在未来使用期间能为企业带来利益,所以在每一个使用期间都要反映该项资产的消耗状况。因此,人们能够衡量政府单位的财务状况,并知道该政府单位多年的经营是改善了财务状况,还是恶化了财务状况。预算是一种非常重要的短期的计划性文件,它告诉你,你今年要花多少钱,花费的计划是什么。但是预算信息不反映每年应计的潜在资产和负债,而这些潜在的资产和负债有助于为政府的长期财务状况提供帮助。如果没有权责发生制会计,在美国很多商业企业可能很多年以前就已经破产了。我们是从应计的资产和负债里面展望企业未来的发展趋势的,以此来决定它在近期内或几年之内能否生存。20世纪60年代末,约翰·林基当选为纽约市市长,他在新年的第一天宣誓就职,那一天非常冷,很多人看了他的就职典礼。地铁司机希望政府提高他们的工资,他们决定去跟政府谈判,如果政府不同意,他们就在新年就职典礼时举行罢工。约翰说预算中拿不出钱来给地铁工人增加工资,他建议,如果工人不同意,他将大大提高他们的退休金。增加退休金不需要现金支付,不影响预算,但是这项计划在未来25年里会花费纽约市民上亿的资金。权责发生制会计反映了这项决定所带来的后果,但预算不能反映。

摘自:财政部会计司编:《美国政府及非营利组织会计讲座》,北京:中国财政经济出版社2002年版,第28~34页。

第八章　行政单位会计报表

第一节　行政单位会计报表概述

会计报表是反映行政单位财务状况和预算执行结果的书面文件。通过阅读和分析行政单位的会计报告,能了解行政单位预算收支执行好坏及其存在的问题和原因,为行政管理当局提供有关财务会计方面的信息。

一、会计报表的种类

会计报表是行政单位会计报告的主要组成部分。会计报表按不同的标准有不同的分类。

1.行政单位的会计报表按编报时间,可以分为月报、季报和年报。

月报是反映行政单位截止报告月度资金活动情况和经费收支情况的报表。月报要求编报资产负债表、支出明细表。

季报是分析、检查行政单位季度资金活动情况和经费收支情况的报表,应在月报的基础上详细地反映单位经费收支全貌。各行政单位的季报,要求在月报的基础上加报基本数字表。

年报(年度决算)是全面反映年度资金活动和经费收支执行结果的报表。年度决算报表的种类和要求等按照财政部门和上级单位下达的有关决算编审规定组织执行。

2.行政单位会计报表按报表反映的经济内容,可以分为资产负债表、收入支出总表、经费支出明细表、附表等。

资产负债表是反映行政单位在某一特定日期财务状况和经费收支情况的会计报表,包括资产、负债、净资产、收入、支出五个项目。

收入支出总表是反映行政单位年度收支总规模的报表。它由收入、支出和结余三个部分构成。

经费支出明细表是反映行政单位在一定时期内预算执行情况的报表。

除此之外,还有一些附表,即根据财政部门或主管部门的要求编制报送的补充性报表,如基本数字表等。

3.行政单位会计报表按编制层次,可以分为单位会计报表和汇总会计报表。

单位会计报表是反映各行政单位财务状况和经费收支预算执行情况的会计报表。

汇总会计报表是各主管会计单位根据本级会计报表和经审查过的所属单位会计报表汇总编制,反映主管单位及所属单位总的财务状况和经费收支预算执行情况的会计报表。

二、会计报表编制要求

行政单位会计报表的编制,要保证数字准确,内容完整,报送及时。会计报表必须经会计主管人员和机关负责人审阅并加盖公章后上报。财政部门和上级主管单位对于屡催不报的单位,有权暂停其预算拨款或预算外资金的拨付。

基层单位的会计报表,应根据登记完整、核对无误的账簿记录和其他有关资料编制,切实做到账表相符,不得估列编报。

主管会计单位除了根据会计账簿记录和有关资料编制本级的会计报表外,还应根据本级会计报表和经审查过的所属单位会计报表,编制汇总会计报表。

三、年终清理结算和结账

为了便于编制行政单位会计报表,保证报表的编制质量,各级行政单位会计在每年年终时,应对全年的各项预算收支和往来账项及时进行清理和结账。

1.年终清理结算。年终清理结算是指年度终了时,对单位全年预算资金和其他资金收支活动进行全面清理、核对、整理和结算的工作。

年终清理结算的内容主要包括核对年度预算数字和预算领拨数字、清理债权债务等往来结算款项、清理财产物资、清理货币资金。

2.年终结账。各行政单位在年终清理结算的基础上进行年终结账。年终结账包括年终转账、结清旧账和记入新账三个环节。

第二节　行政单位会计报表

一、资产负债表

(一)资产负债表的定义及编制依据

资产负债表是反映行政单位在某一特定日期财务状况的报表。行政单位的资产负债表应于每月末、每季末、每年末编报。其中月报和季报采用“资产 + 支出 =

负债+净资产+收入”的平衡等式,反映行政单位月末或季末的资产、负债和净资产的实有数以及至本月末或本季末止收入和支出的累计数;年报采用“资产=负债+净资产”的平衡等式,反映行政单位年末资产、负债和净资产的实有数。月报和季报中的收入、支出累计数应与收入支出总表中的数字一致。

(二)资产负债表的编制

1.资产负债表的编制方法。资产负债表月报的各项目应根据审核无误的总账账簿记录填列。由于行政单位收支平时不结转,各项收支账户月末均有余额,所以,资产负债表月报中包括收入和支出项目。

年度终了,由于行政单位将有关的收入和支出全部转入相应的结余,因此,资产负债表的年报中收入和支出两个会计要素就没有余额,只有资产、负债和净资产三个会计要素。报表中的年初数是指行政单位年初的资产、负债和净资产各项的数额。年初数根据上年决算后结转本年的各账户“期初数”填列。期末数是指行政单位月末或季末有关资产、负债和净资产、收入、支出各项目的数字,或年末有关资产、负债、净资产各项目的数字。期末数根据月末、季末或年末各有关账户的余额填列。

资产负债表中的有关数字应与其他报表中相应数字一致。

上级行政单位在编制汇总报表时,应将本行政单位资产负债表中的“拨出经费”与所属单位资产负债表中相应“拨入经费”数字进行对冲,其他数字直接相加汇总。

2.行政单位资产负债表(月报)的格式如表8-1所示。

3.资产负债表(年报)的编制。行政单位在年度终了前,应根据财政部门或主管部门的决算编审工作要求,对各项收支账目、往来款项、货币资金和财产物资进行全面清理结算,并在此基础上办理年终结账,编制决算。

年报的编制分年终清理、年终结账和编制报表三个步骤。

将年终各项收入账户贷方余额转入“结余”账户。应编制会计分录:

借:拨入经费	4 400 000	
预算外资金收入	490 000	
其他收入	50 000	
贷:结余		4 940 000

表 8－1　　资产负债表(结账前)

编报单位：　　年 月 日　　单位:元

科目编号	资产部类	年初数	期末数	科目编号	负债部类	年初数	期末数
	一、资产类	1 005 000	2 180 000		二、负债类	45 000	80 000
101	现金	2 500	3 750	201	应缴预算款		
102	银行存款	115 000	203 250	202	应缴财政专户款		
103	有价证券	50 000	100 000	203	暂存款	45 000	80 000
104	暂付款	80 000	107 500	206	应付工资		
105	库存材料	32 500	70 500	207	应付地方(部门)津贴补贴		
106	固定资产	725 000	1 695 000	208	应付其他个人收入		
					三、净资产类	960 000	1 695 000
				301	固定基金	725 000	1 695 000
				303	结余	235 000	
	五、支出类		4 770 000	401	四、收入类		4 940 000
501	经费支出		3 825 000	404	拨入经费		4 400 000
502	拨出经费		500 000	407	预算外资金收入		490 000
505	结转自筹基建		445 000		其他收入		50 000
	资产部类总计	1 005 000	5 945 000		负债部类总计	1 005 000	5 945 000

将各项支出账户借方余额转入“结余”账户。应编制会计分录:

借:结余　　4 770 000

　贷:经费支出　　3 825 000

　　拨出经费　　500 000

　　结转自筹基建　　445 000

年终转账后,进行试算平衡,据以编制年终资产负债表。其格式如表 8－2 所示。

表 8－2　　资产负债表(结账后)

编报单位：　　×年 12 月 31 日　　单位:元

科目编号	资产部类	年初数	期末数	科目编号	负债部类	年初数	期末数
	一、资产类	1 005 000	2 180 000		三、负债类	45 000	80 000
101	现金	2 500	3 750	201	应缴预算款		
102	银行存款	115 000	203 250	202	应缴财政专户款		
	其中:外币存款			203	暂存款	45 000	80 000
103	有价证券	50 000	100 000	211	应付工资		
	其中:国债			212	应付地方(部门)津贴补贴		
104	暂付款	80 000	107 500	213	应付其他个人收入		
105	库存材料	32 500	70 500		四、净资产类	960 000	2 100 000
106	固定资产	725 000	1 695 000	301	固定基金	725 000	1 695 000
				303	结余	235 000	405 000
	二、预拨下年经费				五、预收下年经费		
	资产部类总计	1 005 000	2 180 000		负债部类总计	1 005 000	2 180 000

二、收入支出决算表

(一)收入支出决算表的定义和意义

收入支出决算表是反映行政单位年度收支总规模的报表。

收入支出决算表可以反映行政单位各项收入和支出按计划完成的情况,还可以反映行政单位收入和支出的结构、行政单位当年取得的结余以及以前年度的结余等。通过分析收入支出决算表,可以肯定行政单位在预算执行中所取得的成绩,同时可以及时发现单位在预算执行中存在的问题,以便采取措施,保证行政单位的各项收支按预算顺利完成。

收入支出决算表按单位实有各项收支项目汇总列示。其格式如表 8－3 所示。

表 8-3　　　　收入支出决算表

编报单位:　　　　　　　　年　　　　　　　　单位:万元

项目				上年结余			本年收入	本年支出	收支结余	年末结余		
科目编码			科目名称	合计	经常性结余	专项结余			行政结余	合计	经常性结余	专项结余
类	款	项	栏次	1	2	3	6	7	9	17	18	19
			合计	23.5	23.5		494	477	17	40.5	40.5	

(二)收入支出决算表的编制方法

本表反映单位本年度行政性收入、支出、结余及结余分配等情况。根据单位行政账目的收入支出总账、明细账的实际发生数,按预算科目分“类”、“款”、“项”分析填列。

1.科目编码、名称。按照《2007年政府预算收支科目》一般预算支出科目和基金预算支出科目“类”、“款”、“项”的编码和名称填列。

预算单位取得的除财政拨款以外的各项收支,应按照单位开展专业业务活动的性质,按照《2007年政府预算收支科目》中相关预算支出科目选择填列科目编码和名称。

2.上年结余。反映单位上年结转本年使用的经常性结余、专项结余等。

(1)经常性结余:反映行政单位基本支出收支相抵后结转本年使用的累计余额。

(2)专项结余:反映单位从财政部门或上级单位等取得,需要结转本年继续使用的项目支出收支累计余额。

3.年末余额。反映单位结转下年的经常性结余、专项结余。一般不应有负数。

4.基本平衡公式:

1栏各行=(2+3)栏各行;17栏各行=(18+19)栏各行=(6-7)栏各行。

三、收入决算表

(一)收入决算表的定义和意义

收入决算表是反映行政单位本年度取得的收入情况的报表。

收入决算表反映行政单位各项收入按计划完成的情况和收入的结构。通过分析收入决算表,可以及时发现单位在预算执行中存在的问题,以便采取措施,保证行政单位的各项收入按预算顺利完成。

收入决算表按单位实有各项收入项目汇总列示。其格式如表 8-4 所示。

表 8-4 收入决算表

编报单位: 年 单位:元

<table>
<tr><td colspan="4">项目</td><td rowspan="2">本年收入合计</td><td rowspan="2">财政拨款</td><td rowspan="2">预算外资金收入</td><td colspan="3">其他收入</td></tr>
<tr><td colspan="3">科目名称</td><td>科目编码</td><td>小计</td><td>其中:从其他部门取得的财政拨款</td><td>其中:非本级财政拨款</td></tr>
<tr><td rowspan="2">类</td><td rowspan="2">款</td><td rowspan="2">项</td><td>栏次</td><td>1</td><td>2</td><td>3</td><td>9</td><td>10</td><td>11</td></tr>
<tr><td>合计</td><td>4 940 000</td><td>4 400 000</td><td>490 000</td><td>50 000</td><td></td><td>50 000</td></tr>
<tr><td></td><td></td><td></td><td></td><td></td><td></td><td></td><td></td><td></td><td></td></tr>
<tr><td></td><td></td><td></td><td></td><td></td><td></td><td></td><td></td><td></td><td></td></tr>
<tr><td></td><td></td><td></td><td></td><td></td><td></td><td></td><td></td><td></td><td></td></tr>
<tr><td></td><td></td><td></td><td></td><td></td><td></td><td></td><td></td><td></td><td></td></tr>
<tr><td></td><td></td><td></td><td></td><td></td><td></td><td></td><td></td><td></td><td></td></tr>
<tr><td></td><td></td><td></td><td></td><td></td><td></td><td></td><td></td><td></td><td></td></tr>
<tr><td></td><td></td><td></td><td></td><td></td><td></td><td></td><td></td><td></td><td></td></tr>
</table>

(二)收入决算表的编制方法

本表根据单位行政账目的收入总账、明细账的实际发生数,按预算科目分“类”、“款”、“项”分析填列。

1.财政拨款。反映单位本年度取得的本级财政拨款。其中:中央单位仅指一般预算拨款,地方单位包括一般预算拨款和纳入预算管理的政府性基金拨款。实行国库集中支付改革并执行财政部财库[2004]190 号文件的预算单位,本年度财政拨款等于单位实际收到的本年预算财政拨款和结存在国库的本年预算指标之和。

一级预算单位收到的应拨给下级单位使用的款项,年终决算时尚未拨出的,在编制报表时列为本单位财政拨款。

2.预算外资金收入。填列行政单位收到的财政预算外专户实际核拨数(单位未缴留用的预算外资金在此反映,需附说明)。

3.其他收入。填列单位取得的除上述范围以外的各项收入,包括未纳入预算外财政专户管理的投资收益、利息收入、捐赠收入等。各单位"从其他部门取得的财政拨款"(从本级财政以外的"同级单位"取得的财政拨款)和"非本级财政拨款"也包括在本项内。

4.基本平衡公式:

1栏各行=(2+3+9)栏各行

四、支出决算表

(一)支出决算表的定义和意义

支出决算表是反映行政单位本年度支出情况的报表。

支出决算表反映行政单位用收入安排的支出实际发生数以及支出的结构。通过分析支出决算表,可以及时发现单位支出中存在的问题,以便采取措施,保证行政单位的各项支出按预算顺利完成。

支出决算表按单位实有各项支出项目汇总列示。其格式如表8-5所示。

表8-5　　支出决算表

编报单位:　　年　　单位:元

项目				本年支出合计	基本支出	项目支出				结转自筹基建
科目编码			科目名称			小计	行政类项目支出	基本建设类项目支出	其他类项目支出	
类	款	项	栏次	1	2	3	4	5	6	10
			合计	4 770 000	4 325 000					445 000

(二)支出决算表的编制方法

本表根据单位行政账目的支出总账、明细账的实际发生数,按预算科目分"类"、"款"、"项"分析填列。

1.基本支出。反映单位为保障其机构正常运转、完成日常工作任务而发生的各项支出。

2.项目支出。反映单位为完成其特定的行政工作任务或事业发展目标，在基本支出之外发生的各项支出。本表中项目支出包括行政类项目支出、其他类项目支出等。行政类项目支出和其他类项目支出还应在项目支出决算相关报表中反映。

(1)行政类项目支出。反映由行政费开支的项目支出。行政类项目主要包括国家批准设立的有关事业发展专项计划、工程、基金项目，大型修缮、大型购置、大型会议项目，专项业务项目和其他项目。

(2)基本建设类项目支出。指按照国家关于基本建设管理的规定，用基本建设资金安排的项目。

(3)其他类项目支出。反映除行政类项目支出和基本建设类项目支出之外的项目支出。其他类项目主要包括：科技三项费用、政策性补贴、对外援助、支援不发达地区等资金安排的项目。

3.基本平衡公式：

3栏各行=(4+5+6)栏各行；1栏各行=(2+3+10)栏各行。

五、基本支出决算明细表

(一)基本支出决算明细表的定义和意义

基本支出决算明细表是反映行政单位本年度基本支出明细的报表。

基本支出决算明细表反映行政单位一定时期内的基本支出明细发生数。通过分析基本支出明细决算表，可以及时发现单位基本支出中各明细项目存在的问题，以便采取措施，保证行政单位各项基本支出的合理性。

基本支出决算明细表按单位实有各项基本支出的明细项目汇总列示。其格式如表8-6所示。

表 8-6

基本支出明细决算表

编报单位：　　　　　　　　　　　　年　　　　　　　　　　　　单位：元

项目				合计	人员支出						公用支出																							对个人和家庭的补助支出								
科目编码			科目名称		小计	基本工资	津贴	奖金	社会保障缴费	其他	小计	办公费	印刷费	水电费	邮电费	取暖费	交通费	差旅费	会议费	培训费	招待费	福利费	劳务费	就业补助费	租赁费	物业管理费	维修费	专用材料费	办公设备购置费	专用设备购置费	交通工具购置费	图书资料购置费	其他	小计	离休费	退休费	退职（役）费	抚恤和生活补助	医疗费	住房补贴	助学金	其他
类	款	项	栏次	1	2	3	4	5	6	7	8	9	10	11	12	13	14	15	16	17	18	19	20	21	22	23	24	25	26	27	28	29	30	31	32	33	34	35	36	37	38	39
			合计																																							

(二)基本支出决算明细表的编制方法

本表根据单位行政账目支出明细账的实际发生数,按预算科目分“类”、“款”、“项”分析填列。

1.本表中人员支出、公用支出、对个人和家庭的补助支出根据《2007年政府预算收支科目》中一般预算支出“目”级科目规定的核算内容填列。

2.基本平衡公式:

1栏各行=(2+8+31)栏各行;2栏各行=(3+4+5+6+7)栏各行;8栏各行=(9+10+……+30)栏各行;31栏各行=(32+33+……+39)栏各行。

六、项目支出决算表

(一)项目支出决算表的定义和意义

项目支出决算表是反映行政单位行政类项目和其他类项目支出情况的报表。

项目支出决算表反映行政单位行政类项目和其他类项目各项目收支情况。通过分析项目支出决算表,可以及时发现单位资金来源和结构,以及本年度的实际支出数与结余分配情况,以便采取措施,保证行政单位的各项项目支出按预算顺利完成。

项目支出决算表按单位实有项目支出汇总列示。其格式如表8-7所示。

表8-7　项目支出决算表

编报单位:　　年　　单位:元

<table>
<tr><td colspan="4">项　目</td><td colspan="5">资金来源</td><td rowspan="2">实际支出　数</td><td rowspan="2">年终结余</td></tr>
<tr><td colspan="3">科目编码</td><td>科目名称(项目)</td><td>合计</td><td>上年结转</td><td>财政拨款</td><td>预算外资　金</td><td>其他资金</td></tr>
<tr><td rowspan="2">类</td><td rowspan="2">款</td><td rowspan="2">项</td><td>栏　次</td><td>1</td><td>2</td><td>3</td><td>4</td><td>5</td><td>6</td><td>7</td></tr>
<tr><td>合计</td><td></td><td></td><td></td><td></td><td></td><td></td><td></td></tr>
<tr><td></td><td></td><td></td><td></td><td></td><td></td><td></td><td></td><td></td><td></td><td></td></tr>
<tr><td></td><td></td><td></td><td></td><td></td><td></td><td></td><td></td><td></td><td></td><td></td></tr>
<tr><td></td><td></td><td></td><td></td><td></td><td></td><td></td><td></td><td></td><td></td><td></td></tr>
<tr><td></td><td></td><td></td><td></td><td></td><td></td><td></td><td></td><td></td><td></td><td></td></tr>
<tr><td></td><td></td><td></td><td></td><td></td><td></td><td></td><td></td><td></td><td></td><td></td></tr>
</table>

(二)项目支出决算表的编制方法

本表根据单位账目支出明细账的实际发生数,按预算科目分“类”、“款”、“项”分析填列。

1.资金来源。填列行政类项目支出和其他类项目支出的资金来源情况。其中:

(1)上年结转。填列单位上一年度安排用于行政类项目和其他类项目的资金结转到本年度使用部分。

(2)财政拨款。填列单位本年度安排用于行政类项目和其他类项目的财政拨款。

(3)预算外资金。填列单位安排行政类项目支出和其他类项目支出的预算外资金。

(4)其他资金。填列单位安排行政类项目支出和其他类项目支出的其他资金。

2.实际支出数。填列单位本年度行政类项目和其他类项目的实际支出数。

3.年末结余。填列单位从财政部门和上级单位等取得,并需结转下年继续使用的项目收支累计余额。

4.基本平衡公式:

1栏各行=(2+3+4+5)栏各行;7栏各行=(1-6)栏各行。

七、项目支出决算明细表

(一)项目支出决算明细表的定义和意义

项目支出决算明细表是反映行政单位本年度行政类项目和其他类项目支出明细情况的报表。

通过分析项目支出决算明细表,可以及时发现单位本年度项目支出明细的实际支出数,有利于发现不合理支出,并及时采取措施,以保证行政单位的各项项目支出按预算顺利完成。

项目支出决算明细表按实有项目的明细支出汇总列示。其格式如表8-8所示。

表 8－8

项目支出决算明细表

年

编报单位：　　　　　　　　　　　　　　　　　　　　　　　　单位：元

项目				合计	人员支出						公用支出																							对个人和家庭的补助支出								
科目编码			科目名称		小计	基本工资	津贴	奖金	社会保障缴费	其他	小计	办公费	印刷费	水电费	邮电费	取暖费	交通费	差旅费	会议费	培训费	招待费	福利费	劳务费	就业补助费	租赁费	物业管理费	维修费	专用材料费	办公设备购置费	专用设备购置费	交通工具购置费	图书资料购置费	其他	小计	离休费	退休费	退职（役）费	抚恤和生活补助	医疗费	住房补贴	助学金	其他
类	款	项	栏次	1	2	3	4	5	6	7	8	9	10	11	12	13	14	15	16	17	18	19	20	21	22	23	24	25	26	27	28	29	30	31	32	33	34	35	36	37	38	39
			合计																																							

（二）项目支出决算明细表的编制方法

本表根据单位账目支出明细账的实际发生数，按预算科目分“类”、“款”、“项”分析填列。

本表中人员支出、公用支出、对个人和家庭的补助支出根据《2007年政府预算收支科目》中一般预算支出目级科目规定的核算内容填列。

基本平衡公式：

1栏各行 = (2 + 8 + 31)栏各行；2栏各行 = (3 + 4 + 5 + 6 + 7)栏各行；8栏各行 = (9 + 10 + …… + 30)栏各行；31栏各行 = (32 + 33 + …… + 39)栏各行。

八、其他会计报表

除此之外，行政单位还应该提供基本数字表，以反映行政单位职工数量和人员构成等项指标。它可以为编制单位的年度预算提供必要的资料。其基本格式如表8－9、8－10所示。

表8－9　基本数字表（一）

预算科目				国家职工（人）		集体职工（人）		离退休人员（人）4		学生学员年初数
类	款	项	名称	年初数	本月增加	年初数	本月增加	年初数	本月增加	

表8－10　基本数字表（二）

预算科目				机动车辆（辆）		房屋建筑物（平方米）		专用设备		其他资料	
类	款	项	科目名称	小计	其中：小汽车	年初数	其中：危房	金额（万元）	数量（台）		

九、会计报表说明书

行政单位在报送月报、季报和年报时，都应当编写报表说明书。报表说明书包括报表编制技术说明和报表分析说明两个内容。

报表编制技术说明，主要包括采用的主要会计处理方法，特殊事项的会计处理方法，会计处理方法的变更情况、变更原因以及对收支情况和结果的影响。

报表分析说明，一般包括基本情况，影响预算执行、资金活动的原因，经费支出、资金活动趋势，管理中存在的问题和改进措施，以及对主管会计单位工作意见和建议等。

小知识：

美国政府及非营利组织会计问题解答

问：是否编制合并现金流量表?

答：尽管我们认为现金流量表是有用的，而且以后我们可能会要求提供现金流量表，但现在我们不要求提供现金流量表。

问：在资产负债表的负债部分有两个项目，一个是应付联邦雇员和退伍军人的福利费，一个是应付福利费。请问这两个项目是如何计量的?

答：在资产负债表中，应付联邦雇员和退伍军人的福利费是27 000多亿美元，应付福利费是700多亿美元，这两项负债的基本含义是不同的。应付福利费是在各种福利计划下该月应付的总和，包括社会保障、医疗保险和其他福利计划。在该月末，政府将支付700多亿美元的福利支付。应付福利费与长期的应付联邦雇员和退伍军人的大规模的养老金福利没有关系。

摘自：财政部会计司编：《美国政府及非营利组织会计讲座》，北京：中国财政经济出版社2002年版，第28～34页。

第三篇

非营利单位会计

第九章　事业单位收入和支出

第一节　事业单位会计概述

一、事业单位会计概念

事业单位会计是核算、反映和监督各级各类事业单位预算执行情况及其结果的专业会计。

事业单位是指受国家机关领导，一般不具有生产职能，但直接或间接地为上层建筑服务，为生产建设和人民生活服务的单位。事业单位与企业的区别在于它不具有社会生产职能，即便是提供的服务与社会生产有关，也是间接服务，这一点与企业生产职能有很大的区别。事业单位与行政单位的区别在于它不具有政府行政管理职能。事业单位主要有以下几类：

1.农林、水利、气象等部门的事业单位；

2.工业、交通等部门的事业单位；

3.商业部门的事业单位；

4.文化、出版、文物、教育等部门的事业单位；

5.社会保障、卫生等部门的事业单位；

6.科学研究事业单位；

7.其他事业单位。

以上事业单位尽管所属行业或部门不尽相同，各自所从事的业务活动也存在着差异，但它们共有的特点是不直接创造财富、不以盈利为目的、不具有社会管理职能，从而区别于企业和行政单位。虽然事业单位不直接创造财富，但是，他们对于整个社会生产却起着基础性作用，是国民经济不可缺少的组成部分。由于事业单位类型的复杂性，为了进一步规范事业单位的会计核算行为，强化事业单位会计的管理与监督职能，财政部于 1997 年 5 月发布了《事业单位会计准则》和《事业单位会计制度》。根据《事业单位会计准则》、《事业单位会计制度》的规定，《事业单位会计准则》和《事业单位会计制度》适用于各级各类国有事业单位,非国有事业单位可以参照执行。对于纳入企业会计核算体系的事业单位以及事业单位的附属企业,执行企业会计制度,不执行《事业单位会计准则》和《事业单位会计制度》。本章内容所涉及的事业单位,仅指纳入预算管理的国有事业单位,不包括非国有事业单位、实行企业化管理的事业单位以及事业单位的附属企业。

二、事业单位会计的特点

事业单位会计的业务活动内容、具体会计任务与行政单位会计和企业会计不同,其主要特点包括:

1. 资金(收入)来源多渠道。行政单位的资金主要来源于财政拨入经费。企业的资金主要来源于商品销售收入和其他业务收入。由于事业单位组织结构本身具有多层次的特点,就单个事业单位来看,资金来源渠道比较多,主要有:财政补助收入、上级补助收入、事业收入、附属单位缴款和其他收入等。

2. 支出使用多渠道。由于事业单位资金来源的多渠道,造成资金使用的途径比较多,主要有事业支出、上缴上级支出、对附属单位补助支出、销售税金等。

3. 两种会计基础并用。在会计核算方面,行政单位采用收付实现制,企业采用权责发生制。事业单位一般采用收付实现制,但经营性收支业务核算可采用权责发生制。

4. 成本核算要求不同。根据《事业单位会计制度》的规定,事业单位应视情况进行内部成本核算,设置“成本费用”账户进行成本费用的归集和成本计算。行政单位会计不要求进行成本核算;企业会计必须按照规范的成本计算方法,确定成本项目,设置“生产成本”和“制造费用”等成本账户,进行成本费用的归集和成本计算。

5. 设置专用基金。事业单位会计要设置各种专用基金,如修购基金、医疗基金、职工福利基金等。行政单位会计和企业会计则不设置专用基金。

三、事业单位会计的任务

事业单位会计是预算会计组成体系必不可少的组成部分。在执行和完成预算中,应完成的主要任务包括:

1. 积极组织收入,及时、合理地供应资金和使用资金。事业单位应根据国家有关政策和收费标准,因地制宜地组织收入,不断扩大服务项目,提高服务质量,开展增收节支,减轻财政负担。事业单位在预算执行过程中,要坚持量入为出的原则,少花钱,多办事,努力提高资金使用效益。

2. 处理单位日常会计事项。事业单位会计根据《事业单位会计准则》和《事业单位会计制度》的规定,对日常的会计事项应进行及时的会计处理,及时报送会计报告,充分发挥会计在经济管理中的职能作用。

3.实行会计监督,维护财经纪律。事业单位会计在预算执行过程中,要根据有关的财经政策和财务制度进行会计核算,保护国家资金和财产物资的安全与完整。

4.反映事业单位预算执行情况,参与经营决策。事业单位会计人员要通过对会计事项的处理,如实反映事业单位预算执行情况,把事业单位的各项资金和财产全部纳入单位预算,统一核算,统一管理,参与事业单位计划的编制及经营决策,发挥会计的预测、决策职能。

5.指导和监督所属单位的会计工作。主管会计单位和二级会计单位的会计人员除做好本级会计工作以外,还要定期或不定期地对基层单位会计工作进行检查、监督,保证事业单位会计核算质量。

四、事业单位的会计科目、会计凭证和账簿

设置会计科目、填制会计凭证、登记会计账簿是事业单位会计核算体系的重要组成内容。

(一)通用会计科目

每个事业单位在记账以前都必须首先根据它的业务特点并按照资产、负债、净资产、收入、支出和结余会计要素的具体内容,确定需要设置的账户及其名称,从而形成会计科目。会计科目是对事业单位会计核算对象,按照业务内容或用途进行科学分类而形成的项目。按 1997 年 7 月财政部发布的《事业单位会计制度》的规定,会计科目如表 9-1 所示。

表 9-1　会计科目表

序号	编号	科目名称	序号	编号	科目名称
		一、资产类			二、负债类
1	101	现金	12	201	借入款项
2	102	银行存款	13	202	应付票据
3	105	应收票据	14	203	应付账款
4	106	应收账款	15	204	预收账款
5	108	预付账款	16	207	其他应付款
6	110	其他应收款	17	208	应缴预算款
7	115	材料	18	209	应缴财政专户款
8	116	产成品	19	210	应交税金
9	117	对外投资	21	211	应付工资
10	120	固定资产	22	212	应付地方(部门)津贴补贴
11	124	无形资产	23	213	应付其他个人收入
		五、支出类			三、净资产类
33	501	拨出经费	24	301	事业基金

续表

34	502	拨出专款	25	302	固定基金
35	503	专款支出	26	303	专用基金
36	504	事业支出	27	306	事业结余
37	505	经营支出	28	307	经营结余
38	509	成本费用	29	308	结余分配
39	512	销售税金			四、收入类
40	516	上缴上级支出	30	401	财政补助收入
41	517	对附属单位补助	31	403	上级补助收入
42	520	结转自筹基建	32	404	拨入专款
			33	405	事业收入
			34	406	财政专户返还收入
			35	409	经营收入
			36	412	附属单位缴款
			37	423	其他收入

(二)会计凭证

在各项经济业务发生时,事业单位应取得或填制原始凭证,并根据审核无误的原始凭证填制记账凭证。

1.原始凭证。事业单位会计的原始凭证主要有收款收据,借款凭证,预算拨款凭证,各种税票,材料出、入库单,固定资产入库单,开户银行转来(或退回)的收、付款凭证,往来结算凭证,其他足以证明会计事项发生的凭证和文件。

2.记账凭证。记账凭证是由会计人员依据审核后的原始凭证填制的,并作为登记会计账簿的直接依据的凭证。事业单位的记账凭证有两种:一种是专用记账凭证,它包括收款凭证、付款凭证和转账凭证;另一种是不分收、付、转,只有一种格式的通用记账凭证。目前各单位普遍采用"通用记账凭证"。

3.会计账簿。事业单位会计的账簿是核算和监督各项收支、往来款项和各种财产物资的工具。事业单位会计应根据需要设置以下账簿:

(1)总账。总账是用以核算资产、负债、净资产及收入、支出的总括情况,平衡账务,控制和核对各种明细账的账簿。总账格式一般采用借、贷、余三栏式账簿,并按会计科目名称设置账户。

(2)明细账。明细账用以对总账有关科目进行明细核算,可选用三栏式、多栏式和数量金额账簿。事业单位会计需要设置的主要明细账有:收入明细账、支出明细账、往来明细账和财产物资明细账。

(3)序时账。事业单位应设置序时账簿,包括现金日记账和银行存款日记账。

第二节　事业单位收入

事业单位的收入是指事业单位为开展业务活动，依法取得的非偿还性资金，包括财政补助收入、上级补助收入、拨入专款、事业收入、经营收入及附属单位缴款和其他收入等。

一、财政补助收入

(一)财政补助收入的概念及其管理

财政补助收入是指事业单位按核定的预算和经费领报关系，从财政部门或通过主管部门从财政部门取得的各类事业经费。财政补助收入不包括国家对事业单位的基本建设投资。

为加强对财政补助收入的管理，主管部门应编制季度分月用款计划。用款单位应根据核定的年度预算及国家预算收支科目所列“款”、“项”编制季度分月用款计划，并按预算级次以及经财政部门核定的用款计划分月填制“预算经费请拨单”向同级财政部门申请拨款。事业单位在使用财政补助资金时，应按计划控制用款，不得随意改变资金的用途。“款”、“项”用途需要调整时，应填写科目流用申请表，报经财政部门批准后使用。

(二)财政补助收入的核算

为了反映和核算财政补助收入业务，事业单位会计设置“财政补助收入”总账账户。收到财政补助收入时，借记“银行存款”账户，贷记“财政补助收入”账户；缴回财政补助收入时，作相反的会计分录。年终，将“财政补助收入”账户的累计净发生额转入“事业结余”账户。该账户年终结账后一般无余额。如果有贷方余额，表示收到预拨的下年度预算补助款项。“财政补助收入”科目在“基本支出”和“项目支出”两个二级科目下，应按《2007 年政府收支分类科目》中“支出功能分类科目”的“项”级科目设置明细账。

[例 9－1] 某科研单位 20××年 12 月发生如下经济业务：

1.按核定的预算和经费领报关系，向财政部门申请取得本月预算经费 450 000 元。应编制会计分录：

借：银行存款　　450 000

　　贷：财政补助收入——基本支出——行政运行　　450 000

2.按财政部门的要求，将多余的经费 4 000 元交回财政部门。应编制会计分录：

借：财政补助收入——基本支出——行政运行　　4 000

　　贷：银行存款　　4 000

3.年终,将“财政补助收入”全年贷方累计净发生额850 000元结转。应编制会计分录:

借:财政补助收入——基本支出——行政运行　　850 000

贷:事业结余　　850 000

[例9-2] 某事业单位按核定的预算和经费领报关系,收到主管部门拨来的本月经费95 000元。应编制会计分录:

借:银行存款　　95 000

贷:财政补助收入——基本支出——行政运行　　95 000

二、上级补助收入

上级补助收入是事业单位从上级部门取得的非财政补助收入。它是事业单位的上级单位用自身组织的收入或集中的下级单位收入拨给事业单位的资金,是上级单位用于调剂附属单位资金收支余缺的机动财力。事业单位通过上级单位从财政部门取得的预算经费,不能作为上级补助收入,应作为财政补助收入处理。

为了反映和核算上级补助收入业务,事业单位会计应设置“上级补助收入”总账账户。当收到上级单位补助款时,借记“银行存款”账户,贷记“上级补助收入”账户;交回上级补助收入时,作相反的会计分录。年终将该账户贷方累计净发生额转入“事业结余”账户。该账户年终结账后无余额。

[例9-3] 某学校20××年12发生如下经济业务:

1.接到银行通知,收到上级单位拨来的补助款项60 000元。应编制会计分录:

借:银行存款　　60 000

贷:上级补助收入　　60 000

2.年终,该学校将上级补助收入的累计余额150 000元进行结转。应编制会计分录:

借:上级补助收入　　150 000

贷:事业结余　　150 000

三、拨入专款

(一)拨入专款的管理

拨入专款是事业单位收到财政部门、上级单位或其他单位拨入的具有指定用途并需要单独报账的专项资金。

事业单位对拨入的专项资金应遵循专款专用的原则,要按照指定的用途使用,不能随意改变用途;应遵循单独核算的原则,即对于收到的专项资金,应根据拨款单位的要求单独核算,及时报告专项资金的使用情况;对于完成项目的专项资金应按规定办理核销手续,对于剩余的专项资金应按拨款单位的要求处理。

(二)拨入专款的核算

为了反映和核算拨入专款业务,事业单位会计应设置"拨入专款"总账账户。当收到拨入专款时,借记"银行存款"账户,贷记"拨入专款"账户;交回专款拨款时,作相反的会计分录。年终结账时,对于已完成的项目,将"拨入专款"账户与"拨出专款"、"专款支出"账户对冲后,如有余额按拨款单位的规定办理。该账户应按资金来源和项目设置明细账户,进行明细核算。

[例9-4] 某文化事业单位20××年发生如下经济业务:

1.收到主管部门拨入的专项资金300 000元,用于办公设施的改造。应编制会计分录:

借:银行存款　　300 000
　贷:拨入专款——办公设施改造　　300 000

2.该专项资金用于项目支出280 000元,均以银行存款支付。项目改造已完成。应编制会计分录:

借:专款支出——办公设施改造　　280 000
　贷:银行存款　　280 000

同时:

借:拨入专款——办公设施改造　　280 000
　贷:专款支出——办公设施改造　　280 000

3.对于剩余的专项资金20 000元(300 000~280 000元),按主管部门规定,全部留归本单位。应编制会计分录:

借:拨入专款——办公设施改造　　20 000
　贷:事业基金——一般基金　　20 000

4.如果剩余的专项资金20 000元,按规定60%上缴主管部门,40%留归本单位。应编制会计分录:

借:拨入专款——办公设施改造　　20 000
　贷:银行存款　　12 000
　　事业基金——一般基金　　8 000

[例9-5] 某事业单位20××年发生如下经济业务:

1.收到财政部门拨入专项资金100 000元,用于专门项目的建设。应编制会计分录:

借:银行存款　　100 000
　贷:拨入专款——某项目　　100 000

2.使用该专项资金40 000元,用于项目支出。应编制会计分录:

借:专款支出——某项目　　40 000
　贷:银行存款　　40 000

3.年终该专门项目尚未完成,暂不结转。

四、事业收入

(一)事业收入及其种类

事业收入是指事业单位除财政专户返还收入外,开展各项专业业务活动及其辅助活动所取得的收入。

事业收入的种类,因事业单位的类型不同,从事不同的专业业务活动及其辅助活动,因而事业收入包括的内容不同,主要有:

1.中小学的事业收入。包括义务教育阶段学生缴纳的杂费,非义务教育阶段缴纳的学费,住宿学生缴纳的住宿费等,以及按规定向学生收取的其他费用收入。

2.高等学校的事业收入。包括教学收入、科研收入。教学收入是指开展教学活动取得的收入,有学历和非学历教育收费、培养费、住宿费;科研收入是指开展科研活动取得的收入,有承接科技项目、开展科研协作、转让科技成果、进行技术咨询所取得的收入。

3.广播电视事业单位的事业收入。包括广告收入、有线电视收入、节目交换收入、合作合拍收入、节目传输收入、门票收入、技术服务收入、无形资产转让收入等。

4.文化事业单位的事业收入。包括演出收入、演出分成收入、技术服务收入、委托代培收入、复印复制收入、无形资产转让收入、外接人员劳务收入、合作分成收入等。

5.医院的事业收入。包括医疗收入、药品收入、其他收入等。

6.科学事业单位的事业收入。包括科研收入、技术收入、学术活动收入、科普活动收入、试制产品收入等。

7.文物事业单位的事业收入。包括门票收入、展览收入、文物勘探发掘收入、文物维修设计收入、文物修复(或复制)收入、文物咨询鉴定收入、影视拍摄收入、文物导游收入、无形资产转让收入等。

8.体育事业单位的事业收入。包括竞技体育比赛收入、门票收入、出售广播电视转播权收入、广告赞助收入、体育技术服务收入、体育相关业务收入、无形资产转让收入等。

(二)事业收入的管理

事业收入是事业单位开展专业业务活动及其辅助活动取得的收入。其中,按照国家有关规定应上缴财政的资金和应缴入财政专户管理的预算外资金,以及从财政专户核拨的预算外资金,不列入事业收入。收到应返还所属单位的预算外资金,主管单位应作为其他应付款核算。事业单位在从事正常专业业务活动及其辅助活动过程中,应按照国家规定的收费标准向社会服务对象收取费用,以补偿服务过程中的材料物资耗费。对于不实行内部成本核算的事业单位,以收付实现制为标准计算确定本期事业收入。对于实行内部成本核算的事业单位,应以权责发生制为标准确定本期事业收入。

(三)事业收入的核算

为了反映和核算事业收入业务,事业单位会计应设置"事业收入"总账账户。当取得事业收入时,借记"银行存款"、"应收账款"账户,贷记"事业收入"账户。从事的事业活动属于增值税纳税范围的,且为一般纳税人,还应实行价外增值税的核算。年终,将事业收入的累计余额结转,借记"事业收入"账户,贷记"事业结余"账户。单位收到部分经财政部门核准不上缴财政专户的预算外资金,也在该账户核算。经财政部门批准,预算外资金实行比例上缴财政专户的事业单位取得的事业收入,应当按核定的上缴比例贷记"应缴财政专户款"账户;实行结余办法上缴财政专户的,平时取得的预算外资金全部直接计入"事业收入",年终将结余的预算外资金收入转入应缴财政专户款,借记"事业收入"账户,贷记"应缴财政专户款"账户。年终结账后无余额。事业收入应按收入的种类或来源设置明细账户,进行明细核算。

[例9-6] 某事业单位20××年发生如下经济业务:

1.开展专业业务活动取得收入15 000元,款项存入银行。应编制会计分录:

借:银行存款　　15 000

　贷:事业收入　　15 000

2.年终,"事业收入"账户贷方累计余额3 500 000元,进行年终转账。应编制会计分录:

借:事业收入　　3 500 000

　贷:事业结余　　3 500 000

[例9-7] 某事业单位通过开展专业业务活动取得收入40 000元,款项存入银行。该项收入属于预算外资金收入,按规定比例60%应上缴财政专户统一管理。应编制会计分录:

借:银行存款　　40 000

　贷:事业收入　　16 000

　　应缴财政专户款　　24 000

[例9-8] 某事业单位20××年发生如下经济业务:

1.取得的预算外资金实行结余上缴财政专户办法。取得预算外资金收入20 000元,款项存入银行。应编制会计分录:

借:银行存款　　20 000

　贷:事业收入　　20 000

2.年终预算外资金结余2 000元。应编制会计分录:

借:事业收入　　2 000

　贷:应缴财政专户款　　2 000

同时：

借：应缴财政专户款 2 000

贷：银行存款 2 000

五、财政专户返还收入

财政专户返还收入是指事业单位收到的从财政专户核拨的预算外资金。

为了核算和反映事业单位收到的从财政专户核拨的预算外资金，事业单位应设置“财政专户返还收入”账户，在账户下设置“基本支出”和“项目支出”二级明细科目，并在“基本支出”和“项目支出”科目下按照《2007 年政府收支分类科目》“支出功能分类科目”的“项”级科目设置明细科目，进行明细核算。

[例 9-9] 某事业单位 20××年 11 月发生如下经济业务：

1.收到预算外资金 10 000 元，全额上缴。应编制会计分录：

借：银行存款 10 000

贷：应缴财政专户款 10 000

2.当月收到财政专户返还款 5 000 元。应编制会计分录：

借：银行存款 5 000

贷：财政专户返还收入——基本支出——行政运行 5 000

六、经营收入

(一)经营收入的概念

经营收入是指事业单位在专业业务活动及辅助活动之外开展非独立核算经营活动所取得的收入。它是开展经营活动取得的收入，不是专业业务活动取得的收入。经营收入属于非独立核算的经营活动收入，不是独立核算的经营活动收入，如果是独立核算的经营活动收入应列入附属单位缴款。对于经营收入一般采用权责发生制确认。

(二)经营收入的核算

为了反映和核算经营收入业务，事业单位会计应设置“经营收入”总账账户。当取得经营收入时，借记“银行存款”、“应收账款”、“应收票据”等账户，贷记“经营收入”账户。如果所从事的经营活动属于增值税纳税范围，是一般纳税人的，还应实行价外增值税的核算，应贷记“应交税金——应交增值税(销项税额)账户。如果发生销售退货，作相反的会计分录。年终，将“经营收入”账户贷方累计余额结转时，借记“经营收入”账户，贷记“经营结余”账户。年终转账后无余额。经营收入可以根据经营收入的种类设置明细账户，进行明细核算。

[例 9-10] 某科研事业单位 20××年发生如下经济业务：

1.经营的出租业务活动获得租金收入 8 000 元，存入银行。应编制会计分录：

借:银行存款　　8 000

　　贷:经营收入　　8 000

2.开展非独立核算的商品销售活动,取得销售收入5 200元,款项存入银行,该单位为小规模纳税人。应编制会计分录:

不含税收入=5 200÷(1+4%)=5 000(元)

应交增值税=5 000×4%=200(元)

借:银行存款　　5 200

　　贷:经营收入　　5 000

　　　　应交税金——应交增值税　　200

如果为一般纳税人,则编制会计分录:

不含税收入=5 200÷(1+17%)=4 444.44(元)

应交增值税=4 444.44×17%=755.56(元)

借:银行存款　　5 200

　　贷:经营收入　　4 444.44

　　　　应交税金——应交增值税(销项税额)　　755.56

3.年终,经营收入累计贷方余额230 000元,进行年终转账。应编制会计分录:

借:经营收入　　230 000

　　贷:经营结余　　230 000

七、附属单位缴款

附属单位缴款是指事业单位附属的独立核算单位,按规定标准或比例向事业单位缴纳的各项收入,包括附属的事业单位上缴的收入和附属的企业上缴利润等。

附属的独立核算单位,一般是指具有独立的法人资格的单位。如果是非独立核算事业单位开展活动取得的收入,应当作为经营收入处理,而不是作为附属单位缴款;如果是事业单位对附属单位进行投资所获得的投资收益,则属于事业单位的其他收入,也不属于附属单位缴款;如果收到附属单位归还事业单位垫付的费用,如房租、水电费等,也不属于附属单位缴款范围,而是应收款项的收回。

为了反映和核算附属单位缴款业务,事业单位会计应设置"附属单位缴款"总账账户。当收到附属单位缴款时,借记"银行存款"账户,贷记"附属单位缴款"账户;退回附属单位缴款时,作相反的会计分录。年终,将"附属单位缴款"账户贷方累计余额结转时,借记"附属单位缴款"账户,贷记"事业结余"账户。年终转账后无余额。该账户可以按缴款单位设置明细账户,进行明细核算。

[例9-11] 某事业单位20××年发生如下经济业务:

1.收到其所属企业上缴的收入31 000元,款项存入银行。应编制会计分录:

借:银行存款　　31 000

　　贷:附属单位缴款——某单位　　31 000

2.年终,“附属单位缴款”账户贷方累计余额47 000元,进行年终转账。应编制会计分录:

借:附属单位缴款　　47 000

　　贷:事业结余　　47 000

八、其他收入

其他收入是指事业单位除上述收入以外的收入,如对外投资收益、临时的固定资产出租收入、接受外单位捐赠未限定用途的财物、存款利息收入、其他单位对本单位的补助以及零星的杂项收入等。

为了反映和核算其他收入业务,事业单位会计应设置“其他收入”总账账户。当取得其他收入时,借记“银行存款”、“现金”等账户,贷记“其他收入”账户。年终,将“其他收入”累计余额进行年终结转时,借记“其他收入”账户,贷记“事业结余”账户。年终结账后无余额。该账户可以按收入的内容设置明细账户,进行明细核算。

[例9-12] 某事业单位20××年发生如下经济业务:

1.出售废旧物品收入现金565元现金。应编制会计分录:

借:现金　　565

　　贷:其他收入　　565

2.对外进行债券投资到期,收回本金50 000元,利息3 500元。款项存入银行。应编制会计分录:

借:银行存款　　53 500

　　贷:对外投资——债券投资　　50 000

　　　　其他收入——投资收益　　3 500

同时:

借:事业基金——投资基金　　50 000

　　贷:事业基金——一般基金　　50 000

3.年终,“其他收入”贷方累计余额24 500元,进行年终转账。应编制会计分录:

借:其他收入　　24 500

　　贷:事业结余　　24 500

第三节　事业单位支出

支出是事业单位为开展业务活动和其他活动所发生的各项资金耗费及损失,

包括事业支出、经营支出、上缴上级支出及对附属单位补助支出等。从广义上讲，主管会计单位和二级会计单位的拨出经费和拨出专款，也属于事业单位的支出。

一、事业支出

(一)事业支出及其分类

事业支出是指事业单位开展各项专业业务活动及其辅助活动所发生的支出。事业支出是事业单位支出的主要内容，也是事业单位会计核算的主要内容，它是考核事业成果和资金使用效益的依据。事业单位应根据财政补助收入、上级补助收入、事业收入、经营收入和其他收入等情况统筹安排事业支出，其中，财政补助收入、上级补助收入、事业收入和其他收入等只能用于事业支出，不得用于经营活动的支出。

事业单位的专业业务活动较为复杂，事业支出的内容和项目较多，为便于分析各项事业支出的范围和特点，以便加强对事业支出的管理与核算，有必要对事业支出进行适当的分类。为了适应预算管理与改革的需要，根据《财政部关于政府收支分类改革后行政事业单位会计核算问题的通知》(财会[2006]10 号)，依据财政部 2006 年发布并于 2007 年 1 月 1 日起执行的《2007 年政府预算收支科目》的规定，将事业单位经费支出内容进行了重新调整。调整后的支出分类情况如下：

1.按支出的对象分类，可以分为人员支出、公用支出和对个人及家庭补助支出。

人员支出反映单位开支的在职职工和临时聘用人员的各类劳动报酬，以及为上述人员缴纳的各项社会保险费等。

公用支出反映单位购买商品和劳务的支出。

对个人和家庭的补助支出反映政府对个人和家庭的无偿性补助支出。

2.按支出的用途分类，即按《2007 年政府预算收支科目》中的“一般预算支出科目”的“类”级科目分类，可以分为 12 个“类”，96 个“款”。分别是：

(1)工资福利支出。反映单位开支的在职职工和临时聘用人员的各类劳动报酬，以及为上述人员缴纳的各项社会保险费等。

工资福利支出分设 7 款：基本工资、津贴补贴、奖金、社会保障缴费、伙食费、伙食补助费、其他工资福利支出。

①基本工资。反映国家统一规定的基本工资，包括公务员的职务工资、级别工资；机关工人的岗位(技术等级)工资；事业单位工作人员的岗位工资、薪级工资；各类学校毕业生试用期工资；军队(武警)军官、文职干部的职务(专业技术等级)工资、军衔(级别)工资、基础工资和军龄工资；军队士官的军衔等级工资、基础工资和军龄工资等。

②津贴补贴。反映单位在基本工资之外按国家统一规定开支的机关事业单位

职工艰苦边远地区津贴、地区附加津贴、岗位性津贴、军人津贴和其他各种补贴等。岗位性津贴包括警衔津贴、人民警察执勤岗位津贴、海关工作人员津贴、人民法院办案人员岗位津贴、纪检监察办案人员津贴、税务工作人员税收征收津贴、人民检察院办案人员岗位津贴、审计人员工作补贴、政府特殊津贴、专利审查人员岗位津贴、教龄津贴、中小学教师班主任津贴、特级教师津贴、特教津贴、护龄津贴、卫生防疫津贴、运动员津贴、艰苦气象台(站)津贴、艰苦岛屿作业津贴、艰苦广播电视台(站)津贴、广播电视天线工岗位津贴、地质勘探野外工作津贴、环境保护监测津贴、农业事业单位工作人员有毒有害保健津贴、法院毒物化验人员保健津贴、林业系统有毒有害工作人员岗位津贴、殡葬岗位津贴;军人津贴包括部队义务兵津贴、军人职业津贴、军官士官文职人员的教龄津贴、护龄津贴、运动员津贴等;其他各种补贴是指按有关规定发放的其他各种补贴。

③奖金。反映单位按规定开支的各类奖金,如国家统一规定的机关事业单位年终一次性奖金、运动员奖金等。

④社会保障缴费。反映单位为职工缴纳的基本养老、基本医疗、失业、工伤、生育等社会保险费,残疾人就业保障金,军队(含武警)为军人缴纳的伤亡、退役、医疗等社会保险费。

⑤伙食费。反映军队、武警义务兵、供给制学员伙食费和干部、士官灶差补助等支出。

⑥伙食补助费。反映单位发给职工的伙食补助费,如午餐补助等。

⑦其他工资福利支出。反映上述项目未包括的人员支出,如各种加班工资,病假两个月以上期间的人员工资,编制外长期聘用人员、长期临时工工资,公务员及参照和依照公务员制度管理的单位工作人员转入企业工作并按规定参加企业职工基本养老保险后给予的一次性补贴等。

(2)商品和服务支出。反映单位购买商品和服务的支出(不包括用于购买固定资产的支出、战略性和应急储备支出,但军事方面的耐用消费品和设备的购置费、军事性建设费以及军事建筑物的购置费等在本科目中反映)。

商品和服务支出分设30款:办公费、印刷费、咨询费、手续费、水费、电费、邮电费、取暖费、物业管理费、交通费、差旅费、出国费、维修(护)费、租赁费、会议费、培训费、招待费、专用材料费、装备购置费、工程建设费、作战费、军用油料费、军队其他运行维护费、被装购置费、专用燃料费、劳务费、委托业务费、工会经费、福利费、其他商品和服务支出。

①办公费。反映单位购买按财务会计制度规定不符合固定资产确认标准的办公用品、书报杂志等支出。

②印刷费。反映单位的印刷费支出。

③咨询费。反映单位咨询方面的支出。

④手续费。反映单位支付的各类手续费支出。

⑤水费。反映单位支付的水费、污水处理费等支出。

⑥电费。反映单位的电费支出。

⑦邮电费。反映单位开支的信函、包裹、货物等物品的邮寄费及电话费、电报费、传真费、网络通讯费等。

⑧取暖费。反映单位取暖用燃料费、热力费、炉具购置费、锅炉临时工的工资、节煤奖以及由单位支付的在职职工和离休人员宿舍取暖费等。

⑨物业管理费。反映单位开支的办公用房、职工及离退休人员宿舍等的物业管理费,包括综合治理、绿化、卫生等方面的支出。

⑩交通费。反映单位车船等各类交通工具的租用费、燃料费、维修费、过桥过路费、保险费、安全奖励费等(军用油料费除外)。

⑪差旅费。反映单位工作人员出差的住宿费、旅费、伙食补助费、杂费,干部及大中专学生调遣费,调干家属旅费补助等。

⑫出国费。反映单位工作人员出国的住宿费、旅费、伙食补助费、杂费等支出。

⑬维修(护)费。反映单位日常开支的固定资产(不包括车船等交通工具)修理和维护费用,网络信息系统运行与维护费用,以及按规定提取的修购基金。

⑭租赁费。反映租赁办公用房、宿舍、专用通讯网以及其他设备等方面的费用。

⑮会议费。反映会议中按规定开支的房租费、伙食补助费以及文件资料的印刷费、会议场地租用费等。

⑯培训费。反映各类培训支出。按标准提取的"职工教育经费"也在本科目中反映。

⑰招待费。反映单位按规定开支的各类接待(含外宾接待)费用。

⑱专用材料费。反映单位购买日常专用材料的支出,具体包括药品及理疗耗材,农用材料,兽医用品,实验室用品,专用服装,消耗性体育用品,专用工具和仪器,艺术部门专用材料和用品,广播电视台发射台发射机的电力、材料等方面的支出。

⑲装备购置费。反映军队(含武警)购置装备的支出。

⑳工程建设费。反映军队(含武警)工程建设方面的支出。

㉑作战费。反映军队(含武警)作战、防卫方面的支出。

㉒军用油料费。反映军队(含武警)军事装备的油料支出。其他交通支出列入交通费。

㉓军队其他运行维护费。反映军队(含武警)的其他运行维护费。

㉔被装购置费。反映法院、检察院、政府各部门以及军队(含武警)的被装购置支出。

㉕专用燃料费。反映用作业务工作设备的车、船等设施的油料支出。

㉖劳务费。反映支付给单位和个人的劳务费用,如临时聘用人员、钟点工工资,稿费、翻译费,评审费等。

㉗委托业务费。反映因委托外单位办理业务而支付的委托业务费。

㉘工会经费。反映单位按规定提取的工会经费。

㉙福利费。反映单位按规定提取的福利费。

㉚其他商品和服务支出。反映上述科目未包括的日常公用支出,如行政赔偿费和诉讼费、会员费、来访费、广告宣传费、其他劳务费及离休人员特需费、公用经费等。

(3)对个人和家庭的补助。反映政府用于对个人和家庭的补助支出。

对个人和家庭的补助分设 14 款:离休费、退休费、退职(役)费、抚恤金、生活补助、救济费、医疗费、助学金、奖励金、生产补贴、住房公积金、提租补贴、购房补贴、其他对个人和家庭的补助支出。

①离休费。反映行政事业单位和军队移交政府安置的离休人员的离休费、护理费和其他补贴。

②退休费。反映行政事业单位和军队移交政府安置的退休人员的退休费和其他补贴。

③退职(役)费。反映行政事业单位退职人员的生活补贴,一次性支付给职工或军官、军队无军籍退职职工、运动员的退职补助,一次性支付给军官、文职干部、士官、义务兵的退役费,按月支付给自主择业的军队转业干部的退役金。

④抚恤金。反映按规定开支的烈士遗属、牺牲病故人员遗属的一次性和定期抚恤金,伤残人员的抚恤金,离退休人员等其他人员的各项抚恤金。

⑤生活补助。反映按规定开支的优抚对象定期定量生活补助费,退役军人生活补助费,行政事业单位职工和遗属生活补助,因公负伤等住院治疗、住疗养院期间的伙食补助费,长期赡养人员补助费,由于国家实行退耕还林禁牧舍饲政策补偿给农牧民的现金、粮食支出,农村党员、复员军人以及村干部的补助支出,看守人员的伙食费、药费等。

⑥救济费。反映按规定的城乡贫困人员、灾民、归侨、外侨及其他人员的生活救济费,包括城市居民的最低生活保障费,随同资源枯竭矿山破产但未参加养老保险统筹的矿山所属集体企业退休人员按最低生活保障标准发放的生活费,农村五保供养对象、贫困户、麻风病人的生活救济费,精简退职老弱残职工救济费,福利、救助机构发生的收养费以及救助支出等。实物形式的救济也在此科目中反映。

⑦医疗费。反映行政事业单位在职职工、离退休人员的医疗费,军队移交政府安置的离退休人员的医疗费,学生医疗费,优抚对象医疗补助,以及按国家规定资助农民参加新型农村合作医疗的支出和对城乡贫困家庭的医疗救助支出。

⑧助学金。反映各类学校学生助学金、奖学金、学生贷款、出国留学(实习)人员生活费,青少年业余体校学员伙食补助费和生活费补贴,按照协议由我方负担或享受我方奖学金的来华留学生、进修生生活费。

⑨奖励金。反映政府各部门的奖励支出,如对个体私营经济的奖励、计划生育目标责任奖励、独生子女父母奖励等。

⑩生产补贴。反映各种对个人发放的生产补贴支出,如国家对农民发放的农机具购置补贴、良种补贴、粮食直补以及发放给残疾人的各种生产经营补贴等。

⑪住房公积金。反映行政事业单位、军队(含武警)按在职职工工资总额的一定比例为职工缴纳的住房公积金。

⑫提租补贴。反映按房改政策规定的标准,行政事业单位、军队(含武警)向职工(含离退休人员)发放的租金补贴。

⑬住房补贴。反映按房改政策规定,行政事业单位、军队(含武警)向职工(含离退休人员)发放的购房补贴。

⑭其他对个人和家庭的补助支出。反映未包括在上述科目的对个人和家庭的补助支出,如婴幼儿补贴、职工探亲旅费、退职人员及随行家属路费、符合条件的退役回乡义务兵一次性建房补助、符合安置条件的城镇退役士兵自谋职业的一次性经济补助费、对农户的生产经营补贴等。

(4) 对企事业单位的补贴。反映政府对各类企业、事业单位及民间非营利组织的补贴。

对企事业单位的补贴分设 4 款:企业政策性补贴、事业单位补贴、财政贴息、其他对企事业单位的补贴支出。

①企业政策性补贴。反映对企业的政策性补贴。

②事业单位补贴。反映对事业单位的补贴支出。

③财政贴息。反映国家财政对国家重点支持的企业和项目给予的贷款利息补助。

④其他对企事业单位的补贴支出。反映除上述项目以外其他对企事业单位的补贴支出。

(5)转移性支出。反映政府的转移性支出。

转移性支出分设 2 款:不同级政府间转移性支出、同级政府间转移性支出。

①不同级政府间转移性支出。反映不同级政府间的转移性支出。

②同级政府间转移性支出。反映同级政府间的转移性支出。

(6)赠与。反映对国内外政府、组织等提供的援助、捐赠以及缴纳国际组织会费等方面的支出。

赠与下设 2 款:对国内的赠与、对国外的赠与。

①对国内的赠与。反映对国内组织、政府等提供的捐赠支出。

②对国外的赠与。反映对国际组织、国外政府等提供的双边援助,交纳的会费以及有关捐赠方面的支出。

(7)债务利息支出。反映政府及各预算单位的债务利息支出。

债务利息支出分设6款:国库券付息、向国家银行借款付息、其他国内借款付息、向国外政府借款付息、向国际组织借款付息、其他国外借款付息。

①国库券付息。反映当年用于偿还国内债务利息的支出。

②向国家银行借款付息。反映向国家银行借款的付息支出。

③其他国内借款付息。反映向其他国内借款的付息支出。

④向国外政府借款付息。反映当年用于偿还国外政府借款的利息支出。

⑤向国际组织借款付息。反映当年用于偿还向国际组织借款的利息支出。

⑥其他国外借款付息。反映当年用于偿还其他国外借款的利息支出。

(8)债务还本支出。反映政府归还各类借款本金方面的支出。债务利息列入“债务利息支出”,不在此科目反应。

债务还本支出下设2款:国内债务还本、国外债务还本。

①国内债务还本。反映政府归还各类国内借款本金方面的支出。

②国外债务还本。反映政府归还各类国外借款本金方面的支出。

(9)基本建设支出。反映各级发展与改革部门集中安排的用于购置固定资产、战略性和应急性储备、土地和无形资产,以及构建基础设施、大型修缮所发生的支出。

基本建设支出分设9款:房屋建筑物购建、办公设备购置、专用设备购置、交通工具购置、基础设施建设、大型修缮、信息网络购建、物资储备、其他基本建设支出。

①房屋建筑物购建。反映用于购买、自行建造办公用房、仓库、职工生活用房、教学科研用房、学生宿舍、食堂等建筑物(含附属设施,如电梯、通讯线路、水气管道等)的支出。

②办公设备购置。反映用于购置并按财务会计制度规定纳入固定资产核算范围的办公家具和办公设备的支出。

③专用设备购置。反映用于购置具有专门用途、并按财务会计制度规定纳入固定资产核算范围的各类专用设备的支出,如通信设备、发电设备、交通监控设备、卫星转发器、气象设备、进出口监管设备等。

④交通工具购置。反映用于购置各类交通工具(如小汽车、摩托车等)的支出(含车辆购置税)。

⑤基础设施建设。反映用于农田设施、道路、铁路、桥梁、水坝和机场、车站、码头等公共基础设施建设方面的支出。

⑥大型修缮。反映按财务会计制度规定允许资本化的各类设备、建筑物、公共基础设施等大型修缮的支出。

⑦信息网络购建。反映政府用于信息网络方面的支出，如计算机硬件、软件购置、开发、应用支出等。如果购建的计算机硬件、软件等不符合财务会计制度规定的固定资产确认标准，不在此科目反映。

⑧物资储备。反映政府、军队为应付战争、自然灾害或意料不到的突发事件而提前购置的具有特殊重要性的军事用品、石油、医药、粮食等战略性和应急性物质储备支出。

⑨其他基本建设支出。反映著作权、商标权、专利权等无形资产购置支出，以及其他上述科目中未包括的资本性支出，如娱乐、文化和艺术原作的使用权，购买国内外影片播映权，购置图书等。

(10)其他资本性支出。反映非各级发展与改革部门集中安排的用于购置固定资产、战略性和应急性储备、土地和无形资产，以及购建基础设施、大型修缮和财政支持企业更新改造所发生的支出。

其他资本性支出分设9款：房屋建筑物购建、办公设备购置、专用设备购置、交通工具购置、基础设施建设、大型修缮、信息网络购建、物资储备、其他资本性支出。

①房屋建筑物购建。反映用于购买、自行建造办公用房、仓库、职工生活用房、教学科研用房、学生宿舍、食堂等建筑物(含附属设施，如电梯、通讯线路、水气管道等)的支出。

②办公设备购置。反映用于购置并按财务会计制度规定纳入固定资产核算范围的办公家具和办公设备的支出。

③专用设备购置。反映用于购置具有专门用途、并按财务会计制度规定纳入固定资产核算范围的各类专用设备的支出，如通信设备、发电设备、交通监控设备、卫星转发器、气象设备、进出口监管设备等。

④交通工具购置。反映用于购置各类交通工具(如小汽车、摩托车等)的支出(含车辆购置税)。

⑤基础设施建设。反映用于农田设施、道路、铁路、桥梁、水坝和机场、车站、码头等公共基础设施建设方面的支出。

⑥大型修缮。反映按财务会计制度规定允许资本化的各类设备、建筑物、公共基础设施等大型修缮的支出。

⑦信息网络购建。反映政府用于信息网络方面的支出，如计算机硬件、软件购置、开发、应用支出等，如果购建的计算机硬件、软件等不符合财务会计制度规定的固定资产确认标准的，不在此科目反应。

⑧物资储备。反映政府、军队为应付战争、自然灾害或意料不到的突发事件而提前购置的具有特殊重要性的军事用品、石油、医药、粮食等战略性和应急性物质储备支出。

⑨其他资本性支出。反映著作权、商标权、专利权等无形资产购置支出，以及

其他上述科目中未包括的资本性支出,如娱乐、文化和艺术原作的使用权,购买国内外影片播映权,购置图书等。

(11)贷款转贷及产权参股。反映政府部门发放的贷款和向企业参股投资方面的支出。

贷款转贷及产权参股分设6款:国内贷款、国外贷款、国内转贷、国外转贷、产权参股、其他贷款转贷及产权参股支出。

①国内贷款。反映政府部门向国内有关单位发放的贷款(如农业开发资金中有偿使用部分在此科目反映)。

②国外贷款。反映政府部门向国际组织和国外政府提供的贷款(如援外支出中的有偿使用部分在此科目反映)。

③国内转贷。中央与地方共用科目。反映政府部门向外国政府、国外金融机构或上级政府借款转贷给下级政府、相关部门和企业的款项。

④国外转贷。反映政府部门向外国政府、国内金融机构借款转贷给国外有关机构和企业的款项。

⑤产权参股。反映政府购买国际组织股权和对企业投资参股的支出。由于政策性原因对其给予补贴,不在此科目反应。

⑥其他贷款转贷及产权参股支出。反映除上述项目以外其他用于贷款转贷及产权参股方面的支出。

(12)其他支出。反映不能划分到上述经济科目的其他支出。

其他支出分设5款:预备费、预留、补充全国社会保障基金、未划分的项目支出、其他支出。

①预备费。财政部门专用。

②预留。有预算分配权的部门专用。

③补充全国社会保障基金。反映由国有股减持收入和其他财政资金补充全国社会保障基金的支出。

④未划分的项目支出。反映未按上述科目细分的项目支出。

⑤其他支出。反映除上述项目以外的其他支出。

(二)事业支出的管理

事业单位对事业支出的管理,应本着以下要求进行:

1.严格执行国家财政财务制度。事业单位必须严格执行国家规定的各项财政财务制度,不得违反财政财务制度的规定办理事业支出。

2.勤俭节约,提高资金使用效益。事业单位提倡勤俭办事业,反对铺张浪费,节约使用每一笔事业经费;花少钱,办多事,提高资金使用效益。

3.保持合理的支出结构。事业单位的基本支出、项目支出之间应当保持一个合理的支出结构,人员支出、日常公用支出、对个人和家庭的补助支出之间应当保持合理的支出结构。事业单位应控制人员支出，相对增加日常公用支出的比例，以促进事业发展。

4.划清事业支出与经营支出的界线。有经营活动的事业单位应划清事业支出与经营支出的界线，合理归集；不能分清的，应按一定标准进行分配，不得相互挤占。

（三）事业支出的列支口径

事业支出的列支口径，应按以下规定列支：

1.发放给个人的工资、津贴、补贴和抚恤金、救济费等，应根据实有人数和实际发放金额，并在取得本人签收的凭证后列支。

2.购买办公用品，可以直接列支。购入其他材料，可以在领用时列报支出。

3.社会保险缴费、医疗费、福利费等，按规定的标准和实有人数每月计算提取，直接列支。

4.固定资产修购基金按规定的比例计提，直接列报支出。

5.购入固定资产，经验收后列报支出，同时作固定资产入账。

6.其他各项费用，均以实际报销数列支。

（四）事业单位事业支出的核算

为了反映和核算事业支出业务，事业单位会计应设置“事业支出”总账账户。当发生事业支出时，借记“事业支出”账户，贷记“现金”、“银行存款”等账户；当收回当年发生的支出时，冲减事业支出。年终，将“事业支出”累计余额转账时，借记“事业结余”账户，贷记“事业支出”账户。年终结账后无余额。该账户明细账户的设置，应根据《2007年政府预算收支科目》中的规定，在“事业支出”科目下设“基本支出”和“项目支出”二级明细科目，并在二级明细科目下按《2007年政府预算收支科目》“支出经济分类科目”的“款”级科目设置明细科目，进行明细核算。

[例9－13] 某事业单位20××年发生如下经济业务：

1.以现金450元购买办公用品，直接由各职能科室领用。应编制会计分录：

借：事业支出——基本支出——办公费　　450

　贷：现金　　450

2.以银行存款3 700元支付水费。应编制会计分录：

借：事业支出——基本支出——水费　　3 700

　贷：银行存款　　3 700

3.以银行存款支付办公楼的大修费54 000元。应编制会计分录：

借：事业支出——项目支出——大型修缮修　　54 000

　贷：银行存款　　54 000

4.报销职工差旅费1 350元，以现金支付。应编制会计分录：

借：事业支出——基本支出——差旅费　　1 350

　贷：现金　　1 350

5.以银行存款300 000元,购置电梯一套。应编制会计分录:

借:事业支出——项目支出——房屋建筑物购建　300 000

　贷:银行存款　300 000

同时:

借:固定资产——房屋建筑物　300 000

　贷:固定基金　300 000

6.以银行存款3 000元缴纳职工基本养老保险费。应编制会计分录:

借:事业支出——基本支出——社会保障缴费　3 000

　贷:银行存款　3 000

7.计提本月职工福利费4 200元。应编制会计分录:

借:事业支出——基本支出——福利费　4 200

　贷:专用基金——职工福利费　4 200

8.计提本月职工住房公积金5 300元。应编制会计分录:

借:事业支出——基本支出——住房公积金　5 300

　贷:专用基金——其他基金　5 300

9.以银行存款5 000元支付办公用房屋的租金。应编制会计分录:

借:事业支出——基本支出——租赁费　5 000

　贷:银行存款　5 000

10.购置小汽车一辆,买价150 000元,车辆购置税15 000元,以银行存款支付。小汽车已交付使用。应编制会计分录:

借:事业支出——项目支出——交通工具购置　165 000

　贷:银行存款　165 000

同时:

借:固定资产——一般设备　165 000

　贷:固定基金　165 000

11.用银行存款支付当月电话费32 800元。应编制会计分录:

借:事业支出——基本支出——电话通讯费　32 800

　贷:银行存款　32 800

12.年终将"事业支出"借方累计余额7 650 000元(基本支出7 000 000)元结转。应编制会计分录:

借:事业结余　7 650 000

　贷:事业支出——基本支出　7 000 000

　　　　　　——项目支出　650 000

实行内部成本核算的事业单位开展专业业务活动及其辅助活动发生的应列入劳务或产品成本的各项费用,应先通过"成本费用"账户进行归集,完成劳务或产品时,从"成本费用"账户转入"产成品"账户,结转已销业务成本或产品成本时,再从"产成品"账户转入"事业支出"账户。

二、经营支出

经营支出是指事业单位在专业业务活动及其辅助活动之外开展非独立核算经营活动发生的支出,包括人员支出、日常公用支出、对个人和家庭补助支出、固定资产购建和大修理支出等。各项经营支出的内容比照事业支出。

为了反映和核算经营支出业务,事业单位会计应设置"经营支出"总账账户。当发生各项经营支出时,借记"经营支出"账户,贷记"银行存款"等有关账户。有销售业务的单位,结转已销产品的成本时,借记"经营支出"账户,贷记"产成品"账户;年终,将"经营支出"的累计余额结转,借记"经营结余"账户,贷记"经营支出"账户。年终结账后无余额。该账户的明细核算可以比照事业支出。

[例 9-14] 某事业单位 20××年发生如下经济业务:

1.开展经营活动,以现金 310 元购买办公用品,财会部门予以报销。办公用品直接由有关科室领用。应编制会计分录:

借:经营支出——基本支出——办公费　　310

　贷:现金　　310

2.经营活动领用专用材料一批,价值 1 500 元。应编制会计分录:

借:经营支出——基本支出——专用材料费　　1 500

　贷:材料　　1 500

3.以银行存款 30 000 元购置经营活动用办公用设备一台,已交付使用。应编制会计分录:

借:经营支出——项目支出——办公设备购置　　30 000

　贷:银行存款　　30 000

同时:

借:固定资产——一般设备　　30 000

　贷:固定基金　　30 000

4.年终"经营支出"累计余额 480 000 元,进行年终结账。应编制会计分录:

借:经营结余　　480 000

　贷:经营支出　　480 000

三、拨款支出和专款支出

事业单位的拨款支出,是指因主管会计单位和二级会计单位根据预算管理关系,向所属下级单位拨出的款项,包括拨出经费和拨出专款。专款支出是事业单位对具有指定用途的并需要单独报账的资金实际使用发生的支出。

(一)拨出经费

拨出经费是指事业单位按核定的预算拨付所属单位的预算资金。

事业单位对附属单位拨出的非财政性资金补助以及需要单独报账的专项资金,不属于拨出经费。

为了反映和核算拨出经费业务,事业单位会计应设置“拨出经费”总账账户。当事业单位拨出经费时,借记“拨出经费”账户,贷记“银行存款”账户;收回拨出的经费时,作相反的会计分录;年终,将“拨出经费”账户的累计余额转账时,借记“事业结余”账户,贷记“拨出经费”账户。年终结账后一般无余额,如果有余额则是预拨下年度经费。该账户可以按所属单位的名称设置明细账户进行明细核算。

[例 9-15] 某事业单位 20××年发生如下经济业务:

1. 根据预算管理关系,向所属单位拨出经费 100 000 元。应编制会计分录:

	借方	贷方
借:拨出经费——某单位	100 000	
贷:银行存款		100 000

2. 年终“拨出经费”累计余额 560 000 元,进行年终结账。应编制会计分录:

	借方	贷方
借:事业结余	560 000	
贷:拨出经费		560 000

(二)拨出专款

拨出专款是指主管部门或上级单位拨付给所属单位的需要单独报账的专项资金。主管部门或上级单位拨付给所属单位的不需要单独报账的资金,不属于拨出专款范围。

为了反映和核算拨出专款业务,事业单位会计应设置“拨出专款”账户。当向所属单位拨出专项资金时,借记“拨出专款”账户,贷记“银行存款”账户;收回拨出专款时,作相反的会计分录。所属单位专项资金使用结束,核销其专项资金时,借记“拨入专款”账户。贷记“拨出专款”账户。如果专项资金不属于上级拨入的,系用自有资金向所属单位的拨出专款,按资金渠道借记有关账户,贷记该账户。该账户如有余额,表示所属单位尚未核销的专项资金。该账户按所属单位名称或项目设置明细账户进行明细核算。

[例 9-16] 某事业单位 20××年发生如下经济业务:

1. 向所属单位转拨上级拨入的专项资金 230 000 元,已办理划款手续。应编制会计分录:

	借方	贷方
借:拨出专款——某单位	230 000	
贷:银行存款		230 000

2. 所属单位的专项资金的用途完成,实际使用专款 220 000 元,按规定,剩余的专款应交回。应编制会计分录:

借:拨入专款　　220 000
　银行存款　　10 000
　贷:拨出专款——某单位　　230 000

如果所属单位剩余的专项资金,按规定全部留归所属单位,则应编制会计分录:

借:拨入专款　　230 000
　贷:拨出专款——某单位　　220 000
　　事业基金　　10 000

如果剩余的资金,50%留归所属单位,50%交回,则应编制会计分录:

借:拨入专款　　220 000
　银行存款　　5 000
　贷:拨出专款——某单位　　220 000
　　事业基金　　5 000

[例 9-17] 某事业单位 20××年发生如下经济业务:

1.以自有资金向所属单位拨出专项资金 50 000 元。项目结束后,所属单位实际使用 48 000 元,剩余的资金交回。

(1)拨出专款时,应编制会计分录:

借:拨出专款——某单位　　50 000
　贷:银行存款　　50 000

(2)项目结束后,应编制会计分录:

借:事业支出　　48 000
　银行存款　　2 000
　贷:拨出专款——某单位　　50 000

拨出的专项资金,在年终时如果专项用途尚未结束,暂不结转。

(三)专款支出

专款支出是指事业单位使用财政部门、上级单位或其他单位拨入的指定项目用途并需单独报账的专项资金所发生的支出。

事业单位拨给所属单位需要单独报账的专项资金,以及事业单位使用不需要单独报账的资金所发生的支出,均不属于专款支出。事业单位的专款支出主要有科研课题经费、挖潜改造资金、科技三项费用等指定用途的支出。

为了反映和核算专款支出业务,事业单位会计应设置“专款支出”总账账户。当实际发生专款支出时,借记“专款支出”账户,贷记“银行存款”、“材料”等账户。项目完成,核销专项资金时,借记“拨入专款”账户,贷记“专款支出”账户。该账户应按专款的项目设置明细账户,进行明细核算。

[例 9-18] 某事业单位 20××年发生如下经济业务:

1.用专项资金购置甲专项工程所需设备一台,价值13 200元。设备已交付。应编制会计分录:

借:专款支出——专项工程甲　13 200
　贷:银行存款　13 200

同时:

借:固定资产——专用设备　13 200
　贷:固定基金　13 200

2.以银行存款5 000元支付工程款项,同时领用工程用材料3 000元。应编制会计分录:

借:专款支出——专项工程甲　8 000
　贷:银行存款　5 000
　　材料　3 000

3.专项工程完成,实际支出48 650元,余款3 400元,经批准留归本单位使用。应编制会计分录:

借:拨入专款　48 650
　贷:专款支出——专项工程甲　48 650

同时:

借:拨入专款　3 400
　贷:事业基金——一般基金　3 400

四、上缴上级支出与对附属单位补助支出

(一)上缴上级支出

上缴上级支出是指事业单位按规定的标准或比例上缴上级单位的支出。

为了反映和核算上缴上级支出业务,事业单位会计应设置"上缴上级支出"账户。当上缴上级款项时,借记"上缴上级支出"账户,贷记"银行存款"等账户。年终,将上缴上级支出累计余额结转时,借记"事业结余"账户,贷记"上缴上级支出"账户。年终结账后无余额。

[例9-19] 某事业单位20××年发生如下经济业务:

1.按规定的标准,上缴上级主管单位款项3 000元。应编制会计分录:

借:上缴上级支出　3 000
　贷:银行存款　3 000

2.年终结账前"上缴上级支出"累计发生21 000元。年终结账,应编制会计分录:

借:事业结余　21 000
　贷:上缴上级支出　21 000

(二)对附属单位补助支出

对附属单位补助支出是指事业单位用非财政预算资金对附属单位补助发生的支出。

为了反映和核算对附属单位补助支出业务，事业单位会计应设置"对附属单位补助"总账账户。当事业单位对附属单位补助时，借记"对附属单位补助"账户，贷记"银行存款"等账户；收回补助时作相反的会计分录。年终结账，将该账户累计余额结转时，借记"事业结余"账户，贷记"对附属单位补助"账户。年终结账后无余额。该账户可以按附属单位名称设置明细账户进行明细核算。

[例9－20] 某事业单位20××年发生如下经济业务：

1.用自有资金对附属单位一次性补助20 000元。应编制会计分录：

借：对附属单位补助	20 000	
贷：银行存款		20 000

2.年终该单位将对附属单位补助结转。应编制会计分录：

借：事业结余	20 000	
贷：对附属单位补助		20 000

五、成本费用

(一)成本费用的意义

成本费用是指实行内部成本核算的事业单位发生的应列入劳务(或产品)成本的各项费用，主要包括业务活动过程中耗费的各种材料、支付给职工的工资及按规定计提的福利费等。

所谓的内部成本核算是指只对事业单位内部管理使用的成本核算。这种成本核算对外既不计算也不报告，成本核算内容没有企业那么完整，各种成本费用的界限无法划分，计算分配方法也难以严格。事业单位实行内部成本核算的目的，是加强事业单位的内部管理，正确反映单位财务状况和事业成果，提高单位成本核算意识，提高资金使用效益，而不是为了计算盈亏。事业单位实行内部成本核算，实质上是加强支出管理的一种手段，同时也是向企业财务管理过渡的事业单位在过渡阶段采用的一种不完全的成本核算办法。事业单位实行内部成本核算，能为考核事业成果、制定收费标准、筹集资金、进行经济决策提供有用的会计信息。

事业单位可以根据开展业务活动及其他活动的实际需要，实行内部成本核算。根据规定，主要从事应用研究开发和科技服务的科学事业单位，以及其他有条件的科学事业单位，可根据专业业务及其辅助活动、生产经营活动以及经济管理的实际需要，实行内部成本核算。

(二)成本费用的计算程序

1.确定成本对象。成本对象是指成本费用归集对象。事业单位进行成本费用的计算，首先应确定成本计算对象，以便归集费用、计算成本。由于事业单位从事的业务活动内容的广泛性，因此，不同的事业单位，其成本计算对象也不完全相同。事业单位的成本计算对象可以是专项工作或专项工程，如以专项课题、项目等为成本计算对象进行成本费用核算。

2.划分成本项目。成本项目是指在成本费用的开支范围内，对成本费用按对象进行分类。事业单位的成本项目包括人员费用、日常公用费用、对个人和家庭补助费用等。

3.确定成本计算期。成本计算期是指成本计算的起止日期。事业单位的成本计算期可以是定期的，也可以是不定期的，通常是产品生产以月为成本计算期，工作项目以研究周期为成本计算对象。

4.成本费用的归集与分配。成本费用的归集与分配的原则是：直接费用直接计入成本计算对象，间接费用通过分配计入成本计算对象。

5.成本计算单与成本计算表的编制。成本计算单是成本费用归集的载体。成本计算单按成本计算对象开设，按成本项目划分专栏。成本计算表根据成本计算单编制。通过成本计算表可以计算出各成本计算对象的总成本和单位成本。

（三）成本费用的核算

实行内部成本核算的事业单位会计应设置“成本费用”总账账户。事业单位在业务活动或经营活动中发生成本费用时，借记“成本费用”科目，贷记“银行存款”、“材料”等有关科目。劳务成果（或产品）验收入库时，借记“产成品”科目，贷记“成本费用”科目。该科目应按经营类别或产品品种设置明细科目进行明细核算。

应注意的是，实行内部成本核算的事业单位以及事业单位内部实行成本核算的部门，其成本费用必须按用途分别归集到事业支出和经营支出的相应科目中。事业支出的成本费用与经营支出的成本费用核算应当分别进行。

［例9-21］某科学事业单位20××年对新产品的研究开发实行成本核算的业务如下：

1.该科学事业单位研究开发新产品甲产品，耗用材料24 530元。应编制会计分录：

借：成本费用——甲产品　　24 530
　贷：材料　　24 530

2.发放工资320 000元，其中研究开发新产品的人员工资150 000元，其余为其他人员工资。应编制会计分录：

借：成本费用——甲产品　　150 000
　　事业支出——基本支出——基本工资　　170 000
　贷：应付工资　　320 000
借：应付工资　　320 000
　贷：现金　　320 000

3.以银行存款支付水费共6 300元,其中研究新产品应分摊水费2800元。应编制会计分录:

借:成本费用——甲产品　　2 800

事业支出——基本支出——水电费　　3 500

贷:银行存款　　6 300

4.新产品研究完成,验收入库,等待试销。其实际成本177 330元。应编制会计分录:

借:产成品——甲产品　　177 330

贷:成本费用——甲产品　　177 330

5.如果研究开发完成,没有生产出新产品,则其实际成本予以结转。应编制会计分录:

借:事业支出——基本支出——其他支出　　177 330

贷:成本费用——甲产品　　177 330

六、销售税金和结转自筹基建

(一)销售税金

销售税金是指事业单位提供劳务或销售产品应负担的税金及附加,包括营业税、城市维护建设税、资源税和教育费附加。

为了反映和核算销售税金业务,事业单位会计应设置"销售税金"总账账户。事业单位按规定计算出应负担的销售税金及附加时,借记"销售税金"账户,贷记"应交税金"、"其他应付款"账户;期末将该账户余额转账时,借记"事业结余"或"经营结余"等账户,贷记"销售税金"账户。年终结账后无余额。该账户应按产品(或商品)类别或品种设置明细账户进行明细核算。

[例9-22]某事业单位对外开展有偿服务的经营活动,取得收入30 000元。按规定应按5%缴纳营业税,按7%缴纳城市维护建设税,按3%缴纳教育费附加。应交税费计算如下:

应交营业税额 = 30 000 × 5% = 1 500(元)

应交城市维护建设税额 = 1 500 × 7% = 105(元)

应交教育费附加 = 1 500 × 3% = 45(元)

应交税费共计 = 1 500 + 105 + 45 = 1 650(元)

应编制会计分录:

借:销售税金　　1 650

贷:应交税金——应交营业税　　1 500

——应交城市维护建设税　　105

其他应付款——教育费附加　　45

期末,事业单位销售税金累计余额52 000元,进行期末结账。应编制会计分录:

借:经营结余　　52 000
　贷:销售税金　　52 000

(二)结转自筹基建

结转自筹基建是事业单位经批准,用财政补助收入以外的资金安排的自筹基本建设,其所筹集并转存建设银行的资金。

事业单位用自筹资金安排基本建设,应先落实资金来源,并按审批权限,报经有关部门批准,列入基本建设计划。事业单位应在保证正常事业支出需要以及正常预算平衡的基础上,统筹安排自筹基建支出,并报主管部门和财政部门批准。事业单位核定的自筹基建资金,纳入基本建设财务管理。

为了反映和核算自筹基建支出业务,事业单位会计应设置“结转自筹基建”总账账户。当将自筹基建资金转入建设银行时,借记“结转自筹基建”账户,贷记“银行存款”账户。年终,将该账户累计余额结转时,借记“事业结余”账户,贷记“结转自筹基建”账户。年终结账后无余额。

[例9-23]某事业单位经批准,用自筹资金安排基本建设,将自筹资金650 000元,转存建设银行。应编制会计分录:

借:结转自筹基建　　650 000
　贷:银行存款　　650 000

年终,某事业单位结转自筹基建账户累计余额800 000元,进行年终转账。应编制会计分录:

借:事业结余　　800 000
　贷:结转自筹基建　　800 000

小知识:

新一轮改革的取向选择

我国已故会计学家阎达五教授曾指出:会计按其主体是否以营利为动机作为基本依据,分为两大领域,一是营利组织——企业会计领域,另一个是非营利组织会计领域。尽管从广义的角度看政府会计也属于非营利组织会计的范畴,但在实践中通常称其为政府会计,而我们所说的非营利组织会计通常是狭义的概念,即不包括政府会计在内的其他非营利组织的会计。

为了讨论的方便,本文采纳这种狭义的分类,即不包括政府会计在内的其他非营利组织的会计。我国过去提到的预算会计实际上只包括政府会计和政府资助的公立非营利组织会计。在传统的会计体系中没有民间非营利组织的一席之地。这次提出民间非营利组织的概念并为其设立会计制度,可以说是整合我国会计领域,健全会计规范体系的一项重大举措。

摘自:荆新、王建英、陈勇、戴军:《新一轮改革的取向选择》,《财务会计》2004。

事业单位的基本支出和专项业务支出如何反映?

在政府收支分类中,针对事业单位的不同特点,“项”级科目的设置采用了不同的方法:有些按职能设置,如“教育”类下“普通教育”款下的“小学教育”、“中学教育”等“项”级科目;有些按事业单位的活动设置,如“文化体育与传媒”类“体育”款下的“体育竞赛”、“体育训练”等。

项级科目设置不同,单位支出的列示方法也存在差别。对于按职能设置的,不论单位的基本支出,还是专项业务支出,统一反映在一个功能科目中。如小学的所有支出都在“小学教育”科目反映。对于按活动设置的,则要按单位支出,列不同的项级科目。如体育部门所属各运动队的支出,属于训练的,列入“体育训练”;属于竞赛费用,列入“体育竞赛”。

事业单位的业务支出如何反映?

事业单位的业务支出如大中专学校、就业培训中心用于学生的公用支出、购买教学仪器的支出都可在相应的经济分类科目中反映。其中:学校用于学生的公用支出分别列入“商品和服务支出”类下的“水费”、“电费”、“邮电费”、“取暖费”、“物业管理费”等科目;购买教学仪器支出根据仪器价值大小分别列入“商品和服务支出”类下的“专用材料费”科目或“其他资本性支出”类下的“专用设备购置”科目。

摘自:财政部预算司编:《政府收支分类改革问题解答》。

第十章 事业单位资产、负债和净资产

第一节 事业单位资产

资产是事业单位占有或使用的能以货币计量的经济资源。事业单位的资产包括流动资产、对外投资、固定资产和无形资产等。

一、流动资产

流动资产是指事业单位可以在一年内变现或者耗用的资产,包括现金、银行存款、应收款项、预付款项及存货等。

(一)现金与银行存款

1.现金及其核算。现金是指库存现金,即存放在事业单位会计部门的现金。现金主要用于事业单位的日常零星开支的需要。同时,现金又是流动性最强的货币性资产,它可以作为即付媒介,投入流通,进行交换。因此,事业单位应加强对现金的管理。对现金的管理主要包括:

(1)遵守库存限额管理规定。事业单位现金库存限额由银行进行核定。银行核定现金限额时,一般不超过事业单位 3~5 天的日常零用现金量。特殊情况可以多于 5 天,但最长不超过 15 天。事业单位对于超过现金库存限额的现金应送存银行。

(2)遵守现金的开支范围规定。根据有关规定,事业单位可以用现金进行支付的范围包括:职工工资、津贴;个人劳动报酬,包括稿费、讲课费等;根据国家规定支付给个人的科学技术、文化艺术、体育等各项奖金;各种劳保、福利费用和国家规定的个人的其他支出;向个人收购农副产品和其他物资的价款;出差人员随身携带的差旅费;结算金额起点以下的零星开支;中国人民银行确定需要支付现金的其他支出。事业单位对于不属于现金开支范围的支出,必须通过银行转账支付。

(3)严格现金收付手续制度。事业单位对于现金收支,都必须以合法的原始凭证为依据。出纳员收付现金时,应当在原始凭证上加盖“现金收讫”和“现金付讫”

字样的戳记。

(4)不得坐支现金。坐支是指用收入的现金直接办理现金的支付。对于收入的现金应及时送存银行,需要支付现金时,从库存限额内支付,或从银行提现后支付。因特殊原因需要坐支的,应事先报经开户银行审批,由开户银行核定坐支范围和坐支金额,由开户银行监督。

(5)坚持实行内部牵制制度。为了现金的安全,防止差错和弊端,应将会计与出纳分开,即“钱账分管”制度。现金的收付、结算、审核和登记等工作不能由一人完成。会计管账不管钱,出纳管钱不管账。

(6)实行定期对账制度。事业单位对于现金收付应当及时入账。每日业务终了,出纳员应当结算出现金的账面余额,并与实际库存现金进行核对。每月末,要进行现金实地盘点,保证现金账实相符。

为了反映和核算现金业务,事业单位会计应设置“现金”总账账户。收到现金时,借记“现金”账户,贷记有关账户。该账户借方余额表示库存现金的数额。

[例 10-1] 某事业单位 20××年发生如下经济业务:

(1)职工出差,预借差旅费 850 元,以现金支付。应编制会计分录:

借:其他应收款 850
　　贷:现金 850

(2)职工出差回来,报销差旅费 650 元,交回现金 200 元。应编制会计分录:

借:事业支出——基本支出——差旅费 650
　　现金 200
　　贷:其他应收款 850

(3)以现金 385 元,购买办公用品,予以报销。应编制会计分录:

借:事业支出——基本支出——办公费 385
　　贷:现金 385

事业单位应设置“现金日记账”,并由出纳员根据有关收付款凭证,按照每日业务发生的顺序逐笔登记。每日业务终了,应当结出当日的现金收入合计、支出合计和结余数,并将结余数与实际库存数核对,做到账款相符,然后编制“库存现金日报表”。有外币现金收付的事业单位,现金应分别按各种币种设置“现金日记账”,进行现金明细核算。

2.银行存款及其核算。银行存款是事业单位存入银行和其他金融机构的各种款项。事业单位应加强对银行存款账户的管理,由会计部门统一在银行开户,不允许多头开户,以保证事业单位收支统管工作的顺利进行。

事业单位按规定在银行开户后,必须严格遵守开户银行的各项管理制度,接受银行的监督。事业单位的各项业务收支,除了按规定可以用现金结算的之外,一律通过银行办理转账结算。银行转账结算方式主要有:支票、银行汇票、银行本票、商业汇票、汇兑、托收承付、委托收款结算。

为了反映和核算银行存款业务，事业单位会计应设置“银行存款”总账账户。事业单位将款项存入银行或其他金融机构时，借记“银行存款”账户，贷记有关账户；从银行提取存款时，借记有关账户，贷记“银行存款”账户。该账户的借方余额表示事业单位的银行存款数额。

[例 10-2] 某事业单位 20××年发生如下经济业务：

(1)收到财政部门拨入的事业经费 250 000 元，已接到银行收账通知。应编制会计分录：

借：银行存款　　250 000

　贷：财政补助收入——基本支出——行政运行　　250 000

(2)以银行存款 14 000 元，购买办公用一般设备。设备已交付使用。应编制会计分录：

借：事业支出——项目支出——办公设备购置　　14 000

　贷：银行存款　　14 000

同时：

借：固定资产——一般设备　　14 000

　贷：固定基金　　14 000

(3)以银行存款 210 000 元，发放职工工资。应编制会计分录：

借：事业支出——基本支出——基本工资　　210 000

　贷：银行存款　　210 000

(4)以银行存款 2 000 元，购买专业业务活动用材料，材料验收入库。应编制会计分录：

借：材料　　2 000

　贷：银行存款　　2 000

事业单位应按开户银行和其他金融机构的名称以及存款种类等，分别设置银行存款日记账。银行存款日记账由出纳员根据收付款凭证，按业务发生的顺序逐笔登记，每日业务终了应结出余额。有外币存款的事业单位，应在“银行存款”总账账户下分别按币种设置“银行存款日记账”，对银行存款进行明细核算。

事业单位发生的外币业务，应当按当日中国人民银行公布的人民币外汇汇率，将外币金额折合为人民币记账，同时登记外国货币的金额和折合率。年度终了(或季末、月末)，事业单位应将外币账户余额按照期末中国人民银行公布的人民币外汇汇率折合成人民币，作为期末人民币余额。调整后的各外币户人民币余额与原账面余额的差额，作为汇兑损益，列入事业支出。

[例 10-3] 某事业单位 20××年发生如下经济业务：

(1)年初银行存款美元账户的余额 4 000 美元，人民币的汇率 1:8.2。账面人民币余额32 800元。该事业单位某日收到事业活动收入600美元，当日美元与人民币的汇率1:8.4。应编制会计分录：

借：银行存款——美元户　　5 040

　　贷：事业收入　　5 040

(2)发生外事活动，发生招待费400美元，当日汇率1:8.3。应编制会计分录：

借：事业支出——基本支出——招待费　　3 320

　　贷：银行存款——美元户　　3 320

(3)期末，美元与人民币的汇率为1:8.2，该事业单位的银行存款美元户余额为4 200美元，汇兑损益为80元。应编制会计分录：

借：事业支出——基本支出——其他支出　　80

　　贷：银行存款——美元户　　80

为了保证银行存款的账实相符，事业单位的银行存款日记账必须定期与银行对账单核对。一般每月核对一次。事业单位银行存款日记账的账面余额与银行对账单的余额如果有差异，应逐笔核对，查找原因，作出相应的处理。属于未达账项的，应编制银行存款余额调节表，调节相符。银行存款余额调节表如表10－1所示。

表10－1　　银行存款余额调节表　　单位：元

项　　目	金　额	项　　目	金　额
银行存款日记账余额		银行对账单余额	
加：单位未记的收入款项		加：银行未记的收入款项	
减：单位未记的支出款项		减：银行未记的支出款项	
调节后的日记账余额		调节后的对账单余额	

(二)应收及预付款项

应收及预付款项是指事业单位因销售货物或提供劳务等形成的应收或预付的款项，包括应收票据、应收账款、预付账款、其他应收款等。

1.应收票据。应收票据是指事业单位从事经营活动、销售产品而收到的商业汇票，包括商业承兑汇票和银行承兑汇票。

为了核算应收票据业务，事业单位会计应设置“应收票据”总账账户。事业单位收到票据时，借记“应收票据”账户，贷记“经营收入”等账户。票据到期，收到票据款项时，借记“银行存款”账户，贷记“应收票据”账户。事业单位持未到期的应收票据向银行申请贴现时，借记“银行存款”账户，贷记“应收票据”账户，贴现息借记“经营支出”账户；期末借方余额表示未到期的应收票据金额。事业单位应设置应收票据备查簿，逐笔登记每笔应收票据的种类、号码和出票日期、票面金额、付款人、承兑人、背书人的名称，到期日、收款日等资料。

[例10－4] 某事业单位2007年发生如下经济业务：

(1)开展经营活动，向某单位销售产品一批，款项共计4 300元，收到一张期限为3个月、票面金额为4 300元的商业承兑汇票。应编制会计分录：

借:应收票据　　4 300

　贷:经营收入　　4 300

(2)商业承兑汇票到期，收到全部款项。应编制会计分录：

借:银行存款　　4 300

　贷:应收票据　　4 300

(3)因提供经营服务，收到一张票面金额为50 000元、期限为4个月、票面利率3%的商业承兑汇票。该事业单位因急需资金，提前一个月向银行申请贴现，银行的贴现率为2%。收到商业承兑汇票时，应编制会计分录：

借:应收票据　　50 000

　贷:经营收入　　50 000

申请贴现：

票据的到期价值＝50 000×(1＋3%×4/12)＝50 500(元)

贴现息＝50 500×2%×1/12＝84.17(元)

实得贴现资金＝50 500－84.17＝50 415.83(元)

应编制会计分录：

借:银行存款　　50 415.83

　贷:应收票据　　50 000

　　其他收入　　415.83

2.应收账款。应收账款是指事业单位因对外提供劳务、开展有偿服务及销售产品业务而形成的应收款项，如医院应向病人收取的医疗费、药费等，学校应向学生收取的学费等。应收账款是事业单位在其主要业务活动中形成的应收取的款项；非主要业务活动中形成的应收取的款项，如应收取的保证金、应收取的利息等，应属于其他应收款，而不属于应收账款。

为了反映和核算应收账款业务，事业单位会计应设置“应收账款”总账账户。事业单位发生应收账款时，借记“应收账款”账户，贷记“事业收入”、“经营收入”等账户；收回应收账款时，借记“银行存款”账户，贷记“应收账款”账户。期末借方余额表示待结算的应收账款的累计数额。该账户可以按单位名称设置明细账户，进行明细分类核算。

[例10－5] 某事业单位20××年发生如下经济业务：

(1)对外提供技术服务，应向某单位收取劳务费15 000元。该事业单位进行内部成本核算。应编制会计分录：

借:应收账款 15 000

　贷:事业收入 15 000

(2)从事经营活动,对外销售产品一批,价款30 000元,增值税5 100元。款项尚未收取。应编制会计分录:

借:应收账款 35 100

　贷:经营收入 30 000

　　应交税金——应交增值税(销项税额) 5 100

(3)收到银行收账通知,收回销售货款30 000元入账。应编制会计分录:

借:银行存款 30 000

　贷:应收账款 30 000

3.预付账款。预付账款是指事业单位按照购货、劳务合同的规定预付给供货单位的款项。预付账款和应收账款都是事业单位的资产,但是,二者发生的环节不同。预付账款是在购货环节发生的;而应收账款是在销售环节发生的。预付账款是先款后货,而应收账款是先货后款。所以,应将预付账款和应收账款分别设置账户进行核算。

为了核算预付账款业务,事业单位会计应设置"预付账款"总账账户。当发生预付账款时,借记"预付账款"账户,贷记"银行存款"账户;收到货物时,借记"材料"等账户,贷记"预付账款"账户;预付账款与实际收到货物款项之间的差额,通过"预付账款"账户进行多退少补的账务处理。期末借方余额表示尚未结算的预付款项。该账户可以按单位名称设置明细账户进行明细分类核算。预付款业务不多的事业单位,可以不设置预付账款账户,发生预付款时,通过"应收账款"账户核算。

[例10-6]某事业单位向某公司订购一批货物,价值68 000元,按协议先向公司预付货款40 000元。待收到货物时再补付所剩的款项。应编制会计分录:

借:预付账款 40 000

　贷:银行存款 40 000

收到货物时:

借:材料 68 000

　贷:预付账款 40 000

　　银行存款 28 000

4.其他应收款。其他应收款是事业单位除了应收票据、应收账款、预付账款以外的其他应收款项等,包括借出款项,支付的押金、保证金,替职工代垫的各种款项等。其他应收款一般不是在事业单位主要业务活动中形成,与主要业务活动没有直接关系,且金额一般不很大。

为了核算其他应收款业务,事业单位会计应设置"其他应收款"总账账户。发生其他应收款时,借记该账户,贷记"现金"、"银行存款"等账户;收回时,借记有关账户,贷记该账户。该账户可以按单位名称设置明细账户进行明细核算。

[例 10-7] 某事业单位 20××年发生如下经济业务:

(1)向某业务部门签发一张现金支票 700 元,作备用金。应编制会计分录:

借:其他应收款　　700

　贷:银行存款　　700

(2)为购买办公用品,向某公司支付包装物押金 340 元。应编制会计分录:

借:其他应收款　　340

　贷:现金　　340

(3) 归还包装物,收回押金:

借:现金　　340

　贷:其他应收款　　340

(三)存货

存货是事业单位在业务活动及其他活动过程中为耗用或者为销售而储存的各种资产,包括材料、产成品等。

1.材料。材料是指事业单位库存的物资材料及未达到固定资产标准的工具、器具、低值易耗品等。对于随买随用的办公用品,在购入时直接列入支出,不作为材料核算和管理。

事业单位对于材料的计价,应分别情况确定:如果所购的材料是为自用,应以含税价及运杂费计价;非自用的购入材料应按《中华人民共和国增值税暂行条例》规定,属于一般纳税人的,以不含税价格计价;如果购入材料为经营活动耗用,应该按《中华人民共和国增值税暂行条例》的规定,属于一般纳税人的,应以不含税价格及运杂费计价,属于小规模纳税人的应以含税价格及运杂费计价。

事业单位发出材料,可以根据实际情况采用先进先出法或加权平均法确定其实际成本。

先进先出法是指假定先购进的存货先发出,并根据这种假设对发出存货和期末存货进行计价的方法。

加权平均法是指用各批购进材料的数量与期初材料的数量分别进行加权平均,以计算加权平均单价,再据以对发出材料和期末库存材料进行计价的方法。加权平均法的计算公式为:

加权平均单价 =(期初库存材料成本 + 本期购进材料成本)÷(期初库存数量 + 本期购进数量)

期末结存材料成本 = 加权平均单价 × 期末库存材料数量

本期发出材料的成本 = 加权平均单价 × 发出材料数量

或:本期发出存货成本 = 期初结存材料成本 + 本期购进材料成本 - 期末结存材料成本

为了反映和核算材料业务,事业单位会计应设置“材料”总账账户。当购入材料验收入库时,借记“材料”账户,贷记“银行存款”等账户;材料出库时,根据其实际成本,借记“事业支出”、“经营支出”、“成本费用”等账户,贷记“材料”账户。属于一般纳税人购入材料时,借记“材料”、“应交税金——应交增值税(进项税额)”账户,贷记“银行存款”等账户。该账户期末余额表示事业单位的材料实际库存成本。该账户可以按材料种类规格设置明细账户进行明细分类核算。

[例 10-8] 某事业单位 20××年发生如下经济业务:

(1)购进自用材料一批,其价款 40 000 元,增值税 6 800 元,运杂费 300 元,均以银行存款支付,材料验收入库。应编制会计分录:

借:材料　　47 100
　贷:银行存款　　47 100

(2)购进一批非自用材料,价款 20 000 元,增值税 3 400 元,运杂费 300 元,全部款项以银行存款支付,材料验收入库。假定该单位为一般纳税人,应编制会计分录:

借:材料　　20 300
　应交税金——应交增值税(进项税额)　　3 400
　贷:银行存款　　23 700

(3)领用材料一批,用于修理办公设备,用先进先出法计算其实际成本 3 500 元。应编制会计分录:

借:事业支出——基本支出——维修费　　3 500
　贷:材料　　3 500

(4)发出劳动保护用品一批,其实际成本 4 250 元。应编制会计分录:

借:事业支出——基本支出——专用材料购置费　　4 250
　贷:材料　　4 250

(5)经营活动领用材料一批,其实际成本 2 800 元。应编制会计分录:

借:经营支出——基本支出　　2 800
　贷:材料　　2 800

事业单位的材料应定期盘点,至少每年盘点一次。对于盘盈或盘亏的数额,应通过“事业支出”或“经营支出”账户加以调整。

2.产成品。产成品是事业单位生产完工并验收入库的产品。从事劳务活动的事业单位,其劳务成果可视同产成品。

为了反映和核算产成品业务,事业单位会计应设置“产成品”总账账户。当生产完工验收入库产品时,借记该账户,贷记“成本费用”账户;产品出库时,按其实际成本,借记“事业支出”、“经营支出”等账户,贷记该账户。期末借方余额表示实际库存产品的成本。该账户应按产品的品名或规格设置明细账户,进行明细分类核算。期末盘点产成品,盘盈或盘亏,应调整“事业支出”或“经营支出”账户。

[例 10-9] 某事业单位 20××年发生如下经济业务:

(1)生产 A 产品,完工验收入库,其实际生产成本 3 400 元。应编制会计分录:

借:产成品 3 400

贷:成本费用 3 400

(2)业务活动耗用 A 产品 50 件,其实际成本 1 520 元。应编制会计分录:

借:事业支出——基本支出——其他支出 1 520

贷:产成品 1 520

(3)从事经营活动,领用产成品一批,其实际成本 2 430 元。应编制会计分录:

借:经营支出——基本支出——其他支出 2 430

贷:产成品 2 430

(4)销售经营产品一批,销售额共计 5 800 元(含税),该产品的实际成本 4 950 元。(该单位为小规模纳税人)应编制会计分录:

借:银行存款 5 800

贷:经营收入 5 800

同时结转销售成本:

借:经营支出——基本支出 4 950

贷:产成品 4 950

(5)年终盘点,事业活动用产品盘亏 2 件,其实际成本 50 元,经批准予以核销。应编制会计分录:

借:事业支出——基本支出——其他支出 50

贷:产成品 50

二、对外投资

事业单位的对外投资是指事业单位利用货币资金、实物和无形资产等方式向其他单位的投资。事业单位的投资按投资对象,可以分为债券投资和其他投资;按投资性质,可以分为债权性投资和权益性投资。

(一)对外投资的计价

事业单位可以以不同的方式对外投资,不同的投资方式,对外投资的计价不同。如果以银行存款对外投资,以实际付款总额计价;以实物对外投资,应按评估价计价,实物的账面成本与评估价的差额,计入事业基金——投资基金。

(二)对外投资的核算

为了反映和核算对外投资业务,事业单位会计应设置“对外投资”总账账户。

当事业单位以银行存款对外投资时,以实际付款总额借记“对外投资”账户,贷记“银行存款”账户,同时,借记“事业基金——一般基金”账户,贷记“事业基金——

投资基金”账户。当事业单位以无形资产对外投资时，按年估价，借记“对外投资”账户。贷记“无形资产”等账户；无形资产评估价和其账面价值的差额，借记或贷记“事业基金——投资基金”账户，同时，按无形资产的账面价，借记“事业基金——一般基金”账户，贷记“事业基金——投资基金”账户。当事业单位以固定资产对外投资时，按评估价，借记“对外投资”账户，贷记“事业基金——投资基金”账户，同时，按固定资产的账面价，借记“固定基金”账户，贷记“固定资产”账户。

当事业单位以原材料对外投资时，属于一般纳税人的事业单位，应按合同协议价，借记“对外投资”账户，按材料账面价（不含税）贷记“材料”、“应交税金——应交增值税（销项税额）”账户，按合同协议确定的价值扣除材料账面价与应交增值税的差额，借记或贷记“事业基金——投资基金”账户，同时，按材料的账面价借记“事业基金——一般基金”账户，贷记“事业基金——投资基金”账户；属于小规模纳税人的事业单位以材料对外投资，按合同协议确定的价值，借记“对外投资”账户，按材料账面价（含税），贷记“材料”账户，合同协议价与材料账面价值的差额借记或贷记“事业基金——投资基金”账户，同时，按材料账面价，借记“事业基金——一般基金”账户，贷记“事业基金——投资基金”账户。

该账户的期末余额表示对外投资的实际成本。该账户应按投资种类设置明细账户，进行明细核算。

事业单位对外投资的投资收益，记入“其他收入”账户。

[例 10－10] 某事业单位 20××年发生如下经济业务：

1. 以银行存款 50 000 元购入国库券，期限 3 年，年利率 2.5%。到期一次收回本金及利息。应编制会计分录：

借：对外投资——债券投资	50 000	
贷：银行存款		50 000

同时：

借：事业基金——一般基金	50 000	
贷：事业基金——投资基金		50 000

债券到期，收回本金及利息共计 50 375 元：

借：银行存款	50 375	
贷：对外投资		50 000
其他收入		375

同时：

借：事业基金——投资基金	50 000	
贷：事业基金——一般基金		50 000

2. 以材料对外投资，其账面成本 30 000 元，评估价 35 000 元。该单位为小规模纳税人。应编制会计分录：

借:对外投资——其他投资　　35 000
　贷:材料　　30 000
　　事业基金—投资基金　　5 000

同时:

借:事业基金——一般基金　　30 000
　贷:事业基金——投资基金　　30 000

3.以无形资产对外投资,其账面成本 55 000 元,评估价 53 000 元。应编制会计分录:

借:对外投资——其他投资　　53 000
　事业基金——投资基金　　2 000
　贷:无形资产　　55 000

同时:

借:事业基金——一般基金　　55 000
　贷:事业基金——投资基金　　55 000

4.事业单位属于一般纳税人,该单位以材料投资,该批材料的协议价为 60 000 元(不含税),不含税的账面价 50 000 元。增值税为 17%。应编制会计分录:

借:对外投资——其他投资　　70 200
　贷:材料　　50 000
　　应交税金——应交增值税(销项税额)　　10 200
　　事业基金——投资基金　　10 000

同时:

借:事业基金——一般基金　　50 000
　贷:事业基金——投资基金　　50 000

三、固定资产

固定资产是指使用年限在一年以上,单位价值在规定标准以上,并在使用中保持其原有实物形态的资产。单位价值虽然未达规定标准,但耐用年限在一年以上的大批同类资产,也视为固定资产,如专业图书馆的藏书,单位图书馆、阅览室的图书,事业单位办公用的桌椅、家俱等。

(一)固定资产的分类

事业单位的固定资产,一般可以分为六类:

1.房屋建筑物。是指事业单位占有或使用的房屋、建筑物及其附属设施。其中,房屋包括办公用房、业务用房、库房、职工宿舍用房、职工食堂等,建筑物一般包括道路、水塔、围墙等,附属设施一般包括房屋建筑物内的电梯、通讯线路、输电线路、水气管道等。

2.专用设备。是指事业单位根据业务活动需要购置的各种具有专门性能和专门用途的设备,如通讯设备、发电设备、交通监控设备、气象设备、卫星转发器等。事业单位的专用设备单位价值应在800元以上。

3.一般设备。是指事业单位用于业务活动需要的通用设备,如办公用的家俱、交通工具。事业单位的一般设备单位价值应在500元以上。

4.文物陈列品。是指博物馆、展览馆、纪念馆等事业单位的各种文物和陈列品,如古物、字画、纪念物品等。

5.图书。指专业图书馆、文化馆贮藏的书籍,以及事业单位贮藏的统一管理使用的批量业务用书,如单位图书馆、阅览室的图书等。

6.其他固定资产。指以上各类未包括的固定资产。

事业单位应根据固定资产的标准和分类,结合本单位的实际情况,制定固定资产目录,进行核算和管理。

(二)固定资产的计价

事业单位的固定资产应按实际成本计价。由于事业单位的固定资产可能从不同的渠道取得,其实际成本的构成不同。

1.购入固定资产,应按实际支付的买价、运杂费、安装费等计价,车辆购置税应计入固定资产的成本。

2.自制固定资产,按实际开支的工、料、费计价。

3.在原有基础上进行改建和扩建固定资产,应以改建、扩建过程中发生的支出,减去改建、扩建过程中的变价收入后的净增加值,增加固定资产成本。

4.购建固定资产的借款利息,以及外币借款的汇兑差额,在固定资产办理竣工决算之前发生的,应计入固定资产价值;办理竣工决算之后发生的,则计入当期支出。(注:目前企业财务会计中,对于固定资产专门借款费用,是按照《借款费用准则》进行处理的,即固定资产达到可使用状态前发生的利息支出,计入固定资产成本;达到可使用状态后的利息支出,计入当期费用。事业单位固定资产的借款利息,也应参照《借款费用准则》处理。)

5.融资租入固定资产,按租赁协议确定的设备价款、运杂费和安装费等计价。

6.接受捐赠的固定资产,应按照同类固定资产的市场价格或根据提供的有关凭证计价。接受捐赠时发生的相关费用,应当计入固定资产成本。

7.已经投入使用但尚未办理移交手续的固定资产,可先按估价入账,待确定实际价值后再进行调整。

(三)固定资产的核算

为了反映和核算固定资产业务,事业单位会计应设置"固定资产"、"固定基金"总账账户。

当购置固定资产时,借记"固定资产"账户,贷记"固定基金"账户,同时,按照购置固定资产的资金来源,借记“事业支出”、“专用基金”、“专款支出”等账户,贷记“银行存款”账户。接受捐赠固定资产时,借记“固定资产”账户,贷记“固定基金”账户。融资租入固定资产时,借记“固定资产”账户,贷记“其他应付款”账户;支付租金时,借记“有关支出”账户,贷记“固定基金”账户,同时借记“其他应付款”账户,贷记“银行存款”账户。当事业单位处置固定资产时,借记“固定基金”账户,贷记“固定资产”账户;处置固定资产的收入,借记“现金”等账户,贷记“专用基金”账户。

“固定资产”账户应按固定资产类别设置明细账户进行明细核算。

[例10-11] 某事业单位20××年发生如下经济业务:

1.用预算经费购置办公设备一套,价值15 300元,运杂费120元,以银行存款支付,设备验收入库。应编制会计分录:

借:事业支出——项目支出——办公设备购置费　　15 420
　贷:银行存款　　15 420

同时:

借:固定资产——一般设备　　15 420
　贷:固定基金　　15 420

2.以专项拨款购置一辆小汽车,价值230 000元,车辆购置税23 000元,以银行存款支付,汽车验收交付使用。应编制会计分录:

借:专款支出　　253 000
　贷:银行存款　　253 000

同时:

借:固定资产——一般设备　　253 000
　贷:固定基金　　253 000

3.接受捐赠一台发电设备,价值58 000元。应编制会计分录:

借:固定资产——专用设备　　58 000
　贷:固定基金　　58 000

4.融资租入办公用房一幢,价值3 000 000元,融资租入期限为10年,每年以经费支付租金300 000元。应编制有关会计分录:

借:固定资产——房屋建筑物　　3 000 000
　贷:其他应付款　　3 000 000

支付租金时:

借:事业支出——项目支出——建筑物购置费　　300 000
　贷:固定基金　　300 000

同时:

借:其他应付款　　300 000
　贷:银行存款　　300 000

5.处置旧设备一套,其账面价值32 000元,处置收入3 000元现金,存入银行。应编制会计分录:

借:固定基金　　32 000
　　贷:固定资产——一般设备　　32 000
借:银行存款　　3 000
　　贷:专用基金——修购基金　　3 000

6.以固定资产对外投资,其账面价值450 000元,评估价值430 000元。应编制会计分录:

借:对外投资——其他投资　　430 000
　　贷:事业基金——投资基金　　430 000

同时:

借:固定基金　　450 000
　　贷:固定资产——一般设备　　450 000

7.年终盘点,盘亏一般设备一项,价值1 400元,经批准核销。应编制会计分录:

借:固定基金　　1 400
　　贷:固定资产——一般设备　　1 400

四、无形资产

无形资产是指不具有实物形态但能为事业单位提供某种权利的资产,主要包括单位在科学研究、生产技术、产品设计、出版发行等方面的某种特许权利。它虽然没有实物形态,但能在较长时间内为单位使用并带来较大收益。

(一)无形资产的计价

事业单位无形资产的取得,按来源分,有购入的无形资产、自创的无形资产和接受捐赠的无形资产等。从不同来源取得的无形资产,其计价方法不同。从外部购入的无形资产,应按购入时发生的实际成本计价;接受捐赠的无形资产,应按评估价计价。商誉为不可确指无形资产,不能脱离单位实体而单独存在,只有在单位兼并或收购时才进行商誉的核算。

(二)无形资产的核算

为了反映和核算无形资产业务,事业单位会计应设置"无形资产"总账账户。当取得无形资产时,借记"无形资产"账户,贷记"银行存款"等账户;摊销无形资产时,借记"事业支出"、"经营支出"等账户,贷记"无形资产"账户;转让无形资产时,借记"银行存款"账户,贷记"经营收入"账户,期末余额表示尚未摊销完的无形资产的价值。该账户可按无形资产的类别设置明细账户进行明细核算。

事业单位的各种无形资产在计价入账后,应进行合理的摊销。不实行内部成本核算的事业单位,其无形资产摊销时,应一次性记入事业支出;实行内部成本核

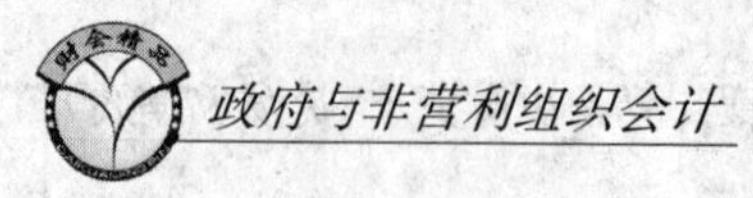

算的事业单位，其无形资产应在收益期内平均摊销。

［例 10－12］某事业单位 20××年发生如下经济业务：

1.以银行存款从外部购入商标权一项，价款 35 600 元，用于开展经营活动。应编制会计分录：

借：无形资产——商标权　　35 600
　　贷：银行存款　　35 600

2.购买的商标权，其摊销期限 5 年，每年摊销额 7 120 元。应编制会计分录：

借：经营支出　　7 120
　　贷：无形资产——商标权　　7 120

3.商标权使用 2 年后转让，获得价款 23 000 元。应编制会计分录：

借：银行存款　　23 000
　　贷：经营收入　　23 000

同时，结转其摊余成本 35 600－7 120×2＝21 360（元）

借：经营支出　　21 360
　　贷：无形资产——商标权　　21 360

4.为开展事业活动，购入专利权一项，价款 32 000 元，以银行存款支付。应编制会计分录：

借：无形资产——专利权　　32 000
　　贷：银行存款　　32 000

该无形资产一次性摊销：

借：事业支出——基本支出——其他支出　　32 000
　　贷：无形资产——专利权　　32 000

第二节　事业单位负债

事业单位的负债是指事业单位承担的能以货币计量，需要以资产或劳务偿付的债务，主要包括借入款项、预收及应付款项和应交款项等。

一、借入款项

借入款项是指事业单位向财政部门、上级单位或金融机构借入的有偿使用的各种款项。事业单位向金融部门借入的款项必须有各种不同形式的担保，如保证、抵押等。

事业单位借入款项时，应遵循如下管理要求：

1.有偿还能力。事业单位在申请借款时，应落实偿还借款的资金来源，不能盲目借款。

2.有经济效益。由于借入款项应偿还，通常还应支付利息，因此，事业单位在申请借款时，必须考虑借入款项的经济效益。

3.符合政策。事业单位的借入款项，必须按国家有关政策使用，不能用于违反国家政策的事项。

4.遵守信用。事业单位借入的款项，必须按合同的规定及时偿还本金及利息。

为了反映和核算借入款项业务，事业单位会计应设置“借入款项”总账账户。当借入款项时，借记“银行存款”账户，贷记该账户；归还时作反方向会计分录。借入款项是有偿使用的，借款利息在实际发生时，根据借款用途不同，分别计入“事业支出”或“经营支出”账户。期末余额表示事业单位已经借入但尚未归还的本金。该账户应按债权单位设置明细账户进行明细核算。

[例 10-13] 某事业单位 20××年发生如下经济业务：

1.向银行借入 300 000 元，购置科研设备。借款期限 3 个月，年利率 2.5%，到期一次性还本付息。应编制会计分录：

借：银行存款　　300 000
　　贷：借入款项——开户银行　　300 000

到期一次性还本付息，利息额 = 300 000 × 2.5% × 1 ÷ 4 = 1 875(元)：

借：借入款项——开户银行　　300 000
　　事业支出——基本支出——其他　　1 875
　　贷：银行存款　　301 875

2.向银行借入 150 000 元，以补充经营周转资金的不足。借款期限 6 个月，年利率 2.5%，到期一次性还本付息。应编制会计分录：

借：银行存款　　150 000
　　贷：借入款项——某银行　　150 000

到期还本付息，利息额 = 150 000 × 2.5% × 6/12 = 1 875(元)：

借：借入款项——某银行　　150 000
　　经营支出　　1 875
　　贷：银行存款　　151 875

二、应付及预收款项

应付及预收款项是指事业单位因购买货物或接受劳务供应等形成的应予以偿还或预收的款项，包括应付票据、应付账款、预收账款和其他应付款等。

(一)应付票据

应付票据是指事业单位在采用商业汇票结算方式下，因对外发生的债务而开出承兑的商业汇票。应付票据通常是因赊购商品、材料等而出具，也可以因抵付应付账款而出具,或因向银行借款而出具。应付票据通常按面值入账。

为了反映和核算应付票据业务,事业单位会计应设置“应付票据”总账账户。当开出承兑票据抵付购货款项时,借记“材料”、“应付账款”账户,贷记“应付票据”账户;支付银行的承兑手续费,计入事业支出或经营支出。到期支付票据的本金及利息时,借记“应付票据”账户和“事业支出”、“经营支出”账户,贷记“银行存款”账户。期末贷方余额表示尚未到期的应付票据本金。事业单位应设置应付票据备查簿,逐笔登记票据的有关详细资料。

[例 10-14] 某事业单位 20××年发生如下经济业务:

1.开展业务活动,购买材料一批,价值 40 000 元,开出 3 个月的银行承兑汇票一张,并支付银行手续费 50 元。应编制会计分录:

	借方	贷方
借:材料	40 000	
贷:应付票据		40 000
借:事业支出——基本支出——其他	50	
贷:银行存款		50

到期支付票据款项:

	借方	贷方
借:应付票据	40 000	
贷:银行存款		40 000

2.从外地购进经营用材料一批,价款 5 000 元,增值税 850 元,开出 3 个月带息商业承兑汇票一张,票面年利率 3%。应编制会计分录:

	借方	贷方
借:材料	5 000	
应交税金——应交增值税(进项税额)	850	
贷:应付票据		5 850

到期支付票据本金及利息共 5 893.88 元:

	借方	贷方
借:应付票据	5 850	
经营支出	43.88	
贷:银行存款		5 893.88

3.以一张面值为 3 480 元的商业承兑汇票,抵付以前所欠某单位的货款。应编制会计分录:

	借方	贷方
借:应付账款	3 480	
贷:应付票据		3 480

(二)应付账款

应付账款是事业单位因购买材料、物资或接受劳务供应而应付供应单位的款项。它是买卖双方在购销活动中,由于取得物资与支付货款时间上不一致而产生的负债。应付账款应按实际发生额(一般是发票金额)入账。

为了反映和核算应付账款业务,事业单位会计应设置“应付账款”总账账户。

当购入材料物资验收入库，但尚未支付款项时，借记“材料”等账户，贷记“应付账款”账户；实际支付款项时，借记“应付账款”账户，贷记“银行存款”或“应付票据”账户。期末贷方余额表示尚未支付的应付款项。该账户应按债权单位名称设置明细账户进行明细核算。

[例 10－15] 某事业单位 20××年发生如下经济业务：

1. 购入专业业务用材料一批，款项共计 7 500 元。材料已经验收入库，但尚未支付款项。应编制会计分录：

借：材料　　7 500
　贷：应付账款　　7 500

2. 实际支付款项时：

借：应付账款　　7 500
　贷：银行存款　　7 500

如果以承兑的商业汇票抵顶应付账款，则：

借：应付账款　　7 500
　贷：应付票据　　7 500

(三)预收账款

预收账款是事业单位按照合同规定，向购货单位或接受劳务供应单位预收的货款。预收账款应在以后以货物或提供劳务等方式偿付，在尚未向付款单位支付货物或提供劳务时，就形成了本单位的一项负债。

为了反映和核算预收款业务，事业单位会计应设置“预收账款”总账账户。当预收购货单位或接受劳务供应单位预付的款项时，借记“银行存款”账户，贷记“预收账款”账户；偿还预收款时，借记“预收账款”账户，贷记“事业收入”、“经营收入”等账户。期末贷方余额表示已经预收但尚未偿付的债务。该账户应按债权单位设置明细账户进行明细核算。如果预收款业务不多，可以不设置该账户，将预收的款项通过“应付账款”账户核算。

[例 10－16] 某事业单位 20××年发生如下经济业务：

1. 开展事业服务活动，向甲单位预先收取 3 000 元定金，存入银行。应编制会计分录：

借：银行存款　　3 000
　贷：预收账款——甲单位　　3 000

2. 向甲单位提供业务服务，应收取服务费 5 300 元，并收到甲单位支付的剩余款项。应编制会计分录：

借：预收账款——甲单位　　3 000
　银行存款　　2 300
　贷：事业收入　　5 300

(四)其他应付款

其他应付款是事业单位应付、暂收其他单位或个人的款项,如租入固定资产的租金、存入保证金、应付统筹退休金、应交个人住房公积金等。其他应付款与事业单位主要业务活动一般无直接的关系,但也是事业单位的一项负债。

为了反映和核算其他应付款业务,事业单位会计应设置"其他应付款"总账账户。当发生暂收、应付的款项时,借记"现金"、"银行存款"、"事业支出"、"经营支出"等账户,贷记其他应付款账户;偿还时,借记其他应付款账户,贷记"银行存款"、"现金"等账户。该账户按债权单位设置明细账户进行明细核算。

[例 10-17] 某事业单位 20××年发生如下经济业务:

1.收到某单位租入固定资产的押金 1 500 元现金。应编制会计分录:

借:现金　　1 500

　贷:其他应付款　　1 500

2.收到劳动保障部门拨入的退离休人员费用 25 000 元,存入银行。应编制会计分录:

借:银行存款　　25 000

　贷:其他应付款——应付退离休费用　　25 000

当以现金实际发放离退休金时:

借:其他应付款——应付离退休费用　　25 000

　贷:现金　　25 000

三、应缴款项

应缴款项是指事业单位按规定应向有关部门上缴的各种款项,包括应缴预算款、应缴财政专户款和应缴税金。

(一)应缴预算款

应缴预算款是事业单位按规定取得的应上缴国家预算的款项。其主要内容包括:

1.事业单位代收的纳入预算管理的政府性基金。按照有关规定,从 1996 年起,将养路费、车辆购置附加费、铁路建设基金、电力建设基金、三峡工程建设基金、新菜地开发基金、公路建设基金、民航基础设施建设基金、农村教育事业附加费、邮电附加、港口建设费、市话初装基金、民航机场管理建设费等 13 项数额较大的政府性基金纳入财政预算管理。

2.纳入预算管理的行政性收费。指事业单位在行使管理职能的过程中,依据国家法律、法规向公民、法人和其他经济组织收取的行政性费用,如各级公安、司法、民政、工商行政管理等行政单位为发放各种证照、簿册而向有关单位和个人收取的工本费、手续费、商标注册费、企业登记费、公证费等费用。根据有关规定,行政性收费实行中央、省两级审批制度。省以下各级人民政府及其部门无权审批设立行政性收费项目或调整收费标准。

3.罚没款项。指事业单位依据国家法律、法规,对公民、法人和其他经济组织实施经济处罚所取得的各种罚款、没收款、没收财物变价款以及行政事业单位取得的无主财物变价款等。

事业单位收取的各种应缴预算款项,应及时上缴预算,不得截留或挪作他用。

为了反映和核算应缴预算款业务,事业单位会计应设置“应缴预算款”总账账户。当收取应缴预算的各种款项时,借记“银行存款”账户,贷记“应缴预算款”账户;实际上缴时,作反向会计分录。期末余额表示应缴未交的预算款。按预算管理规定,年终应缴预算款项不得有余额,须在年终清缴。该账户应按应缴预算的内容设置明细账户进行明细核算。

[例 10-18] 某事业单位按规定取得行政性收费 21 000 元,存入银行。应编制会计分录:

借:银行存款	21 000	
贷:应缴预算款——行政性收费		21 000

将上项预算款上缴国库:

借:应缴预算款——行政性收费	21 000	
贷:银行存款		21 000

(二)应缴财政专户款

应缴财政专户款是指事业单位按规定代收的应上缴财政专户的预算外资金。

为了加强对事业单位预算外资金的管理,财政部门规定对单位的预算外资金实行收支两条线管理办法,即收到预算外资金,先按规定上缴财政专户统一管理;使用预算外资金,由单位向财政部门申请,财政部门根据单位收支情况核拨预算外资金。事业单位上缴财政专户的预算外资金的范围应按财政部门规定办理。

事业单位上缴财政专户款的上缴办法有三种:

1.全额上缴。即事业单位收取的预算外资金,全部上缴专户,支出由财政另行核拨。

2.结余上缴。即事业单位按财政部门核定的预算外资金收支结余数上缴财政专户。

3.比例上缴。即事业单位收取的预算外资金,按财政部门核定的比例,将部分预算外资金上缴财政专户。

为了反映和核算应缴财政专户款的业务,事业单位会计应设置“应缴财政专户款”总账账户。当收到应缴财政专户的预算外资金时,借记“银行存款”账户,贷记“应缴财政专户款”账户;实际上缴时,作反向会计分录;实行结余上缴办法,定期结余预算外资金,借记“事业收入”账户,贷记该账户;收到财政专户核拨的预算外资金时,借记“银行存款”账户,贷记“财政专户返还收入”账户。期末余额表示应缴未交的预算外资金。年终该账户不得有余额,年终应清缴。该账户应按预算外资金的类别设置明细账户进行明细核算。

[例10-19] 某事业单位20××年发生如下经济业务:

1.收取预算外资金80 000元,按规定列入预算外资金管理。采用不同的上缴办法,应编制会计分录:

(1)全额上缴办法:

在收到预算外资金时:

借:银行存款　　80 000

　贷:应缴财政专户款　　80 000

实际上缴时:

借:应缴财政专户款　　80 000

　贷:银行存款　　80 000

(2)结余上缴办法:

在收到预算外资金时:

借:银行存款　　80 000

　贷:事业收入　　80 000

定期算出预算外资金结余。假定结余24 000元:

借:事业收入　　24 000

　贷:应缴财政专户款　　24 000

(3)比例上缴办法:

假定核定上缴比例30%,在收到预算外资金时:

借:银行存款　　80000

　贷:事业收入　　56 000

　　应缴财政专户款　　24 000

2.收到从财政专户核拨的预算外资金7 000元,存入银行。应编制会计分录:

借:银行存款　　7 000

　贷:财政专户返还收入　　7 000

(三)应交税金

应交税金是事业单位按照税法的有关规定应交的各种税金,包括应交增值税、应交消费税、应交营业税、应交城市维护建设税及经营结余应交的所得税等。

为了反映和核算应交税金业务,事业单位会计应设置"应交税金"总账账户。当发生应交税金义务时,借记"销售税金"、"结余分配"账户,贷记"应交税金"账户;实际上缴时,借记该账户,贷记"银行存款"账户。期末余额表示应缴未交的税金。该账户应按税金的种类设置明细账户进行明细核算。

[例10-20] 某事业单位20××年发生如下经济业务:

1.从事有偿服务经营活动,应交营业税4 000元,应交城市维护建设税280元。应编制会计分录:

借:销售税金 4 280

贷:应交税金——应交营业税 4 000

——应交城建税 280

2.从事经营活动销售产品一批,价款3 000元,增值税510元,款项存入银行。应编制会计分录:

借:银行存款 3 510

贷:经营收入 3 000

应交税金——应交增值税(销项税额) 510

3.年终对经营所得计提应交所得税830元。应编制会计分录:

借:结余分配——应交所得税 830

贷:应交税金——应交所得税 830

以银行存款实际上缴各种税金时:

借:应交税金 830

贷:银行存款 830

四、应付工资(离退休费)

应付工资是指事业单位按国家统一规定发放给在职人员的岗位工资、薪级工资、绩效工资,以及经国务院或人事部、财政部批准设立的津贴补贴。离退休费是指按国家统一规定发放给离退休人员的离休、退休费及经国务院或人事部、财政部批准设立的津贴补贴。

为了反映和核算应付工资业务,事业单位会计应设置"应付工资"总账账户,按"在职人员"、"离休人员"和"退休人员"设置二级科目进行明细核算。

[例10-21] 某事业单位发放在职职工工资,基本工资250 000元,奖金67 000元。按规定代扣代交个人所得税1 370元,代扣代交个人住房公积金3 300元。应编制会计分录:

借:事业支出——基本支出——基本工资 250 000

——基本支出——奖金 67 000

贷:暂存款——代扣个人所得税 1 370

——代扣住房公积金 3 300

应付工资——在职人员 312 330

发放工资时:

借:应付工资——在职人员 312 330

贷:现金 312 330

实际上缴代扣款时：

借：暂存款——代扣个人所得税　　1 370
　　　　——代扣住房公积金　　3 300
　贷：银行存款　　4 670

五、应付地方（部门）津贴补贴

应付地方（部门）津贴补贴是指各地区各部门各单位出台的津贴补贴。

为了反映和核算应付地方（部门）津贴补贴业务，事业单位会计应设置"应付地方（部门）津贴补贴"总账账户，并按"在职人员"、"离休人员"和"退休人员"设置二级科目进行明细核算。

［例 10 - 22］某事业单位发放在职职工地方性津贴 40 000 元，离休人员 20 000 元，退休人员 4 000 元。应编制会计分录：

借：事业支出——基本支出——津贴补贴　　64 000
　贷：应付地方（部门）津贴补贴——在职人员　　40 000
　　　　　　　　　　　　　　——离休人员　　20 000
　　　　　　　　　　　　　　——退休人员　　4 000

发放时：

借：应付地方（部门）津贴补贴——在职人员　　40 000
　　　　　　　　　　　　　——离休人员　　20 000
　　　　　　　　　　　　　——退休人员　　4 000
　贷：现金　　64 000

六、应付其他个人收入

应付其他个人收入是指按国家规定发给个人除工资、津贴补贴以外的收入，包括误餐费、夜餐费、出差人员伙食补助费、市内交通费、出国人员伙食费、公杂费、个人国外零用费、发放给个人的一次性奖励等。

为了反映和核算应付其他个人收入业务，事业单位会计应设置"应付其他个人收入"总账账户，并按"在职人员"、"离休人员"和"退休人员"设置二级科目进行明细核算。

［例 10 - 23］某事业单位发放在职职工误餐费 3 000 元。应编制会计分录：

借：事业支出——基本支出——伙食补助费　　3 000
　贷：应付其他个人收入——在职人员　　3 000

发放时：

借：应付其他个人收入——在职人员　　3 000
　贷：现金　　3 000

第三节　事业单位净资产

事业单位的净资产是指资产减去负债后的余额，包括事业基金、固定基金、专用基金和结余等。

一、事业基金

事业基金是事业单位拥有的非限定用途的净资产，主要来源有历年滚存的结余、已完成项目的拨入专款结余、按规定留给本单位的专款结余及对外投资时，投出资产的评估价或合同协议价与账面价值的差额。

事业基金没有限定用途，可以起到平衡预算资金的作用。在使用上，事业基金一般不再安排各项支出，而是用于弥补以后年度的收支差额。

为了反映和核算事业基金业务，事业单位应设置"事业基金"总账账户。该账户按核算的业务内容，设置"一般基金"、"投资基金"明细账户。"一般基金"主要用于核算历年滚存资金结余，"投资基金"用以核算对外投资部分的基金。年终将未分配完的结余转入时，借记"结余分配"账户，贷记"事业基金——一般基金"账户。对于完成项目的拨入专款结余、按规定留归本单位的专款结余，借记"拨入专款"账户，贷记"事业基金——一般基金"账户。用实物资产对外投资时，评估价与账面价的差额的处理，在《对外投资》一章中已介绍过，可参见第一节内容。

[例 10－24] 某事业单位年终对结余进行分配后，尚未分配完的结余 110 000 元，进行结转。应编制会计分录：

借：结余分配——未分配结余　　110 000

　　贷：事业基金——一般基金　　110 000

[例 10－25] 某事业单位专项拨款任务完成，尚有结余的专款 18 000 元，按规定全部留归本单位使用。应编制会计分录：

借：拨入专款　　18 000

　　贷：事业基金——一般基金　　18 000

二、固定基金

固定基金是事业单位因购入、自制、调入、融资租入、接受捐赠以及盘盈固定资产所形成的基金。

为了反映和核算固定基金业务，事业单位会计应设置"固定基金"账户。当固定资产增加时，借记"固定资产"账户，贷记"固定基金"账户；当减少固定资产时，借记"固定基金"账户，贷记"固定资产"账户；融资租入固定资产，按实际支付的租金，借记有关支出账户，贷记“固定基金”账户。

[例 10－26] 某事业单位以经费购置发电设备，价值 85 000 元，以银行存款支付。应编制会计分录：

借：事业支出——项目支出——专用设备购置费　　85 000
　贷：银行存款　　85 000

同时：

借：固定资产——专用设备　　85 000
　贷：固定基金　　85 000

[例 10－27] 某事业单位出售办公设备一项，账面价值 48 000 元，出售收入 52 000元，有关费用 3 100 元，以银行存款收付。应编制会计分录：

冲销账面记录：

借：固定基金　　48 000
　贷：固定资产——一般设备　　48 000

出售收入：

借：银行存款　　52 000
　贷：专用基金——修购基金　　52 000

支付费用：

借：专用基金——修购基金　　3 100
　贷：银行存款　　3 100

三、专用基金

专用基金是事业单位按规定提取具有专门用途的基金，主要包括修购基金、职工福利基金、医疗基金和其他基金等。

修购基金是按收入的一定比例计提，并在维修费中列支后转入的以及固定资产变价收入形成的，专门用于固定资产修购或购置的资金。职工福利基金是按结余的一定比例计提转入的，专门用于单位职工集体福利设施、集体福利待遇的资金。医疗基金是未纳入公费医疗开支范围的事业单位，按财政部门规定的公费医疗经费人均预算定额提取的，并参照公费医疗制度有关规定用于职工公费医疗开支的资金。其他基金是按有关规定计提或设置的其他专用基金，如住房基金等。

专用基金按规定一般不直接参加单位业务经营活动，其运行过程具有相对的独特性，表现在：

1.专用基金的取得或形成，都具有专门的规定。如修购基金按一定比例计提，在列支后转入；职工福利基金从结余中按一定比例计提转入等。

2.各项专用基金都具有专门的用途和使用范围，除财务制度规定外，一般不得挪作他用或相互挤占。

3.专用基金的使用是一次性消耗,没有循环周转,不能通过专用基金的使用而得到补偿。事业单位对专用基金应加强管理,遵循“先提后用,专设账户,专款专用”的原则。“先提后用”是指各项专用基金必须根据规定的来源渠道,在取得了资金后才能使用;“专设账户”是指对各项专用基金应单独设置账户进行管理和核算,不能将不同性质的专用基金混合核算;“专款专用”是指各项专用基金都应按规定的用途使用,不得挪作他用。

为了反映和核算专用基金业务,事业单位会计应设置“专用基金”总账账户。当提取专用基金时,借记“事业支出”、“经营支出”或“结余分配”等账户,贷记“专用基金”账户;当使用专用基金时,借记“专用基金”账户,贷记“银行存款”等账户。期末贷方余额表示专用基金的结余额,其明细账户应按专用基金的种类设置。

[例 10-28]某事业单位 20××年发生如下经济业务:

1.当年累计事业收入 350 万元,累计经营收入 80 万元,按核定的 5%比例计提修购基金。应编制会计分录:

应计提修购基金额 = 350×5% + 80×5% = 17.5 + 4 = 21.5(万元)

借:事业支出——基本支出——维修费　　175 000
　　经营支出——基本支出——维修费　　40 000
　　贷:专用基金——修购基金　　215 000

2.对办公用房的门窗进行全面维修,发生支出 17 000 元。应编制会计分录:

借:专用基金——修购基金　　17 000
　　贷:银行存款　　17 000

3.报废一辆汽车,变价收入 3 900 元,清理费支出 640 元,款项均以银行存款收付。应编制会计分录:

借:银行存款　　3 900
　　贷:专用基金——修购基金　　3 900
借:专用基金——修购基金　　640
　　贷:银行存款　　640

4.年终事业结余 110 000 元,经营结余 80 000 元,所得税率 33%,单位按税后结余的 30%计提职工福利基金。应编制会计分录:

税后结余额 = 110 000 + 80 000×(1-33%) = 110 000 + 77 600 = 187 600(元)

计提职工福利基金 = 187 600×30% = 56 280(元)

借:结余分配——提取专用基金　　56 280
　　贷:专用基金——职工福利基金　　56 280

5.以职工福利基金购置职工食堂用具 2 350 元,以银行存款支付。应编制会计分录:

借:专用基金——职工福利基金　　2 350

　贷:银行存款　　2 350

6.从事专业业务活动人员人数 180 人,从事经营活动人员 60 人,按有关部门核定医疗经费年人均预算定额 400 元计提医疗基金。应编制会计分录:

专业人员计提医疗基金 = 400 × 180 = 72 000(元)

经营人员计提医疗基金 = 400 × 60 = 24 000(元)

借:事业支出——基本支出——医疗费　　72 000

　经营支出——基本支出——医疗费　　24 000

　贷:专用基金——医疗基金　　96 000

7.报销职工医疗费支出共计 43 890 元。应编制会计分录:

借:专用基金——医疗基金　　43 890

　贷:现金　　43 890

8.当月专业业务职工工资总额 260 000 元,按规定 5% 计提职工住房公积金。应编制会计分录:

应计提职工住房公积金 = 260 000 × 5% = 13 000(元)

借:事业支出——基本支出——住房公积金　　13 000

　贷:专用基金——其他基金　　13 000

四、事业单位结余

事业单位结余是事业单位在一定期间各项收入与支出相抵后的余额,主要包括事业结余和经营结余。

(一)事业结余

事业结余是指事业单位各项事业活动收支相抵后的余额。用公式表示:

事业结余 = (财政补助收入 + 上级补助收入 + 附属单位缴款 + 事业收入 + 其他收入) - (拨出经费 + 事业支出 + 上缴上级支出 + 对附属单位补助 + 非经营业务负担的销售税金)

为了反映和核算事业结余,事业单位会计应设置"事业结余"总账账户。期末,计算出结余时,应将"财政补助收入"、"上级补助收入"、"附属单位缴款"、"事业收入"、"其他收入"等账户余额转入该账户,借记"财政补助收入"、"上级补助收入"、"附属单位缴款"、"事业收入"、"其他收入"账户,贷记"事业结余"账户;将"拨出经费"、"事业支出"、"上缴上级支出"、"销售税金"、"对附属单位补助"、"结转自筹基建"账户余额转入该账户,借记"事业结余"科目,贷记"拨出经费"、"事业支出"、"上缴上级支出"、"销售税金(非经营业务)"、"结转自筹基建"、"对附属单位补助"账户。该账户贷方余额,表示当期实现的结余。年度终了,应将当年实现的结余全部转入"结余分配"账户。年终结转后无余额。

[例 10-29] 某事业单位年终各项事业收支账户余额如下：

1.财政补助收入 430 000 元

上级补助收入 60 000 元

附属单位缴款 115 000 元

事业收入 180 000 元

其他收入 25 000 元

拨出经费 140 000 元

事业支出 490 000 元

上缴上级支出 70 000 元

非经营业务的销售税金 15 000 元

对附属单位补助 10 000 元

结转自筹基建 20 000 元

根据收支情况进行年终结账。应编制会计分录：

	借方	贷方
借:财政补助收入	430 000	
上级补助收入	60 000	
附属单位缴款	115 000	
事业收入	180 000	
其他收入	25 000	
贷:事业结余		810 000

同时：

	借方	贷方
借:事业结余	745 000	
贷: 拨出经费		140 000
事业支出		490 000
上缴上级支出		70 000
销售税金——非经营业务		15 000
对附属单位补助		10 000
结转自筹基建		20 000

2.将当年实现的事业结余 65 000 元(810 000 - 745 000)全数转入“结余分配”账户。应编制会计分录：

	借方	贷方
借:事业结余	65 000	
贷:结余分配 ——未分配结余		65 000

(二)经营结余

经营结余是指事业单位各项经营收支相抵后的余额。其中,各项经营活动的收入包括经营收入,各项经营活动的支出包括经营支出和销售税金。

为了反映和核算经营结余,事业单位会计应设置“经营结余”总账账户。在期末计算经营结余时,将“经营收入”账户余额转入该账户,借记“经营收入”账户,贷记“经营结余”账户;将“经营支出”、“销售税金”账户余额转入该账户,借记“经营结余”账户,贷记“经营支出”、“销售税金”账户。年终“经营结余”账户如果是贷方余额,表示当期实现经营结余,将其转入“结余分配”账户;如果“经营结余”账户是借方余额,表示经营亏损,则不结转。

[例 10-30] 某事业单位 20××年年终结账前经营收支账户的余额为:

1.“经营收入”账户贷方余额为 58 000 元

“经营支出”账户借方余额为 38 000 元

“销售税金”账户借方余额为 5 000 元

应编制会计分录:

	借方	贷方
借:经营收入	58 000	
贷:经营结余		58 000

同时:

	借方	贷方
借:经营结余	43 000	
贷:经营支出		38 000
销售税金		5 000

2.年终的结余 15 000 元(58 000 - 43 000)全数转入“结余分配”账户。应编制会计分录:

	借方	贷方
借:经营结余	15 000	
贷:结余分配——未分配结余		15 000

[例 10-31] 某事业单位年终结账前有关经营收支科目余额为:

1.“经营收入”科目贷方余额为 45 300 元

“经营支出”科目借方余额为 38 500 元

“销售税金”科目借方余额为 7 000 元

应编制会计分录:

	借方	贷方
借:经营收入	45 300	
贷:经营结余		45 300

同时:

	借方	贷方
借:经营结余	45 500	
贷:经营支出		38 500
销售税金		7 000

2.当年发生经营亏损 200 元(45 500 - 45 300),因此,不予结转。

(三)结余分配

事业单位的结余应按规定进行分配。其中,经营结余应按规定交纳所得税,然后与事业结余合并,再按一定比例提取职工福利基金。事业单位结余分配后,剩余部分转入事业基金，用于弥补以后年度收支差额。

为了反映和监督结余分配的情况，事业单位会计应设置“结余分配”账户。当将“事业结余”、“经营结余”账户的贷方余额结转时，借记“事业结余”、“经营结余”账户，贷记“结余分配”账户；当分配结余，计提“应交税金”、“专用基金”时，借记“结余分配”账户，贷记“应交税金——应交所得税”、“专用基金”账户。年终，将当年末未分配结余转入“事业基金”账户时，借记“结余分配”账户，贷记“事业基金——一般基金”账户。年终结账后无余额。

“结余分配”账户下设“未分配结余”、“应交所得税”、“计提专用基金”、“结转事业基金”等明细账户进行明细核算。

[例 10－32] 某事业单位年终结账前“事业结余”账户贷方余额 445 000 元，“经营结余”账户贷方余额 263 000 元。根据规定计提所得税 38 000 元，按税后结余的15%计提职工福利基金。应作出有关账务处理：

1. 将“事业结余”、“经营结余”科目余额结转，应编制会计分录：

借：事业结余　　445 000
　　经营结余　　263 000
　　贷：结余分配——未分配结余　　708 000

2. 计提所得税。应编制会计分录：

借：结余分配——应交所得税　　38 000
　　贷：应交税金——应交所得税　　38 000

3. 计提职工福利基金 =（708 000－38 000）×15% = 100 500（元）：

借：结余分配——计提专用基金　　100 500
　　贷：专用基金——职工福利基金　　100 500

4. 将未分配结余转入事业基金，未分配结余 = 708 000－138 500 = 569 500（元）

借：结余分配——结转事业基金　　569 500
　　贷：事业基金——一般基金　　569 500

5. 将已分配结余转入“未分配结余”科目。应编制会计分录：

借：结余分配——未分配结余　　708 000
　　贷：结余分配——应交所得税　　38 000
　　　　　　　　——计提专用基金　　100 500
　　　　　　　　——结转事业基金　　569 500

小知识：

新一轮改革的取向选择之二:会计要素的选择

1.会计要素的基本类型

会计要素是对会计核算内容的一种分类,表现为财务报表的构成项目。目前我国会计界已基本认同政府与非营利组织不仅应该编制资产负债表和收入支出表,也需要编制现金流量表。

将会计核算的内容依据这三张报表进行归类,应该至少包括以下几类会计要素:资产负债表要素、收入支出表要素以及现金流量表要素。目前,会计界对于各类要素中某些具体要素的名称、内涵还有些争议,主要包括:资产减负债后余额的名称和含义、收入的范围、支出还是费用、结余的性质等。笔者认为这些要素的具体名称和内容应根据非营利组织对资金的管理要求而定。对于公立非营利组织建议以基金会计主体设计各类会计要素。下文的说明只涉及有争议的要素。

2.公立非营利组织会计:采用基金会计要素

作为政府会计的一部分,公立非营利组织应采用以基金为会计主体设计会计要素。基金模式即按照法定预算对资源使用的限定,将单位资源分为若干类的基金,表现在财务上,每个基金都拥有独立的资产和资源,并独立运作;表现在会计上,每个基金都有一套完整的账户系统,基金内的账户实现自我平衡,必要时各基金可以编制出独立的财务报表。无法纳入某个基金的多个基金共用资产和资源,如固定资产和共同负债等科目采用单独的账户组进行反映。

基金模式是针对法定预算对资源的限制而产生的,它可以更好地约束国家预算体系中的各个组织和单位对不同法定限制资金的使用状况,以及与各项法定限制资金相配套的其他资源的取得和使用状况,增强政府会计的透明度,为立法机关和公民监督提供必要的前提条件。

由于基金会计是以单个基金为会计主体,因此笔者认为单个基金资产负债表中资产与负债的差额部分称为基金余额似乎更为恰当。它体现一个基金本身的声誉,与任何出资者的权益无关,同时,它体现的是对单个基金财务状况的关注,而不仅仅是单位的总体财务状况。

收入、支出(或费用)的界定应依据基金的性质。如果某个基金是无需保本的(即动本基金),则无需区分资源的流入是来自服务的提供还是出资者的供给,而可从广义的角度将收入界定为增加基金余额的任何资源注入。相应地,由于无需为保本进行配比,对于单个基金非偿债性的资源流出则应界定为支出而非费用。支出与费用最大的差异在于是否包括资本性支出。由于不进行配比,资本性支出失去了资本化的意义。出于资产管理的需要,资本性支出后形成的实物资产需要在基金以外的其他账户组中进行记录。如果某个基金是留本基金,则收入要素的范围与企业收入要素的范围类似,出资者供给的需要留本的资源注入,应排除在收入之外,而直接增加基金余额。与之相应,费用要素也更适应需要进行配比的留本基金。资本性支出应进行资本化,并在会计期间进行摊销。

结余是否为会计要素曾有不小的争论。非营利组织,尤其是政府和公立非营利组织不以营利为目的,不追求结余,甚至也无需留本,更不用对结余在出资者之间进行分配,因此一些国家并不将非营利收支的差额单设一个结余要素。但笔者认为,结余对留本基金而言无疑是必要的,它可以提供保本能力的有关信息;对于更多的动本基金而言也是需要的,介于要素可以与收入和支出要素相配合,系统完整地反映非营利组织的收支状况及其结果,由此也使得收入支出表更为完整。

3.民间非营利组织会计:采用净资产会计要素

民间非营利组织并没有法律强制的预算来限定某类资源的使用,即便许多出资人在供给资金时提出种种限制,但这些限制更多的是针对资金,而非特定的资产。因此,民间非营利组织不一定需要复杂的基金模式,而采用与企业类似的管理模式更符合成本效益原则。民间非营利组织可以以组织整体为会计主体,而不需要按照出资者对资源的限定划分不同的会计主体。但是,民间非营利组织出资者对所供给资金的种种限制必须在会计上予以反映,这一点与公立非营利组织是相同的,也是区别于企业会计的主要特点之一。

在以组织为会计主体的前提下,有关收入要素、支出(或费用)要素的界定与公立非营利组织中的两个要素的界定是相同的,但对于资产与负债差额的界定则存在明显差异。财政部《民间非营利组织会计制度(征求意见稿)》中提出"净资产"要素的提法,笔者非常赞同。尽管有人认为"净资产"好像并没有反映该要素的实质,但要相比混淆的"权益"、"基金"等概念在不同组织中的特定含义,民间非营利组织会计中使用"净资产"要素则更为可取。

民间非营利组织会计使用净资产要素,与企业会计中所有者权益要素的最大差异在于它不需要划分出资人的出资与业务带来的净资产的变化,但它需要反映出资人对资金的不同限制条件。与公立非营利组织相比,"净资产"要素涵盖了组织的所有资产减负债的差额,而不仅仅是某一部分资源的使用状况。然而尽管民间非营利组织不再将资金的限定用基金方式进行约束,但在"净资产"要素中仍需要对这些限定予以反映。这就是说民间非营利组织"净资产"要素的最大特点就是需要按照出资者对资源的限定进行划分,分为永久限定用途净资产、暂付用途净资产以及未限定用途净资产。

摘自:荆新、王建英、陈勇、戴军:《新一轮改革的取向选择》,《财务会计》2004年版,第6页。

第十一章　事业单位会计报表

第一节　事业单位会计报表概述

事业单位会计报表是反映事业单位财务状况和收支情况的书面文件，是财政部门和上级单位了解情况、掌握政策、指导单位预算执行情况的重要资料，也是编制下年度财务收支计划的基础。因此，《事业单位会计制度》要求各单位财务部门必须认真做好会计报表的编审工作。

事业单位会计报表主要包括资产负债表、收入支出表、附表及会计报表附注和收支情况说明书等。对于有专款收支业务的事业单位，应根据财政部门或上级主管部门的要求编报专项资金收支情况表。

一、会计报表的种类

会计报表是事业单位会计报告的主要组成部分。会计报表按不同的标准有不同的分类。

1.事业单位的会计报表按编报时间，可以分为月报、季报和年报。

月报是反映事业单位截止报告月度资金活动情况和经费收支情况的报表。月报要求编报资产负债表、支出明细表。

季报是分析、检查事业单位季度资金活动情况和经费收支情况的报表，应在月报的基础上详细地反映单位经费收支全貌。各事业单位的季报，要求在月报的基础上加报基本数字表。

年报(年度决算)是全面反映年度资金活动和经费收支执行结果的报表。年度决算报表种类和要求等，按照财政部门和上级单位下达的有关决算编审规定组织执行。

2.事业单位会计报表按反映的经济内容，可以分为资产负债表、收入支出总表、经费支出明细表、附表等。

资产负债表是反映事业单位在某一特定日期财务状况和经费收支情况的会计报表，包括资产、负债、净资产、收入、支出五个项目。

收入支出总表是反映事业单位年度收支总规模的报表。它由收入、支出和结余三个部分构成。

事业支出明细表是反映事业单位在一定时期内预算执行情况的报表。

除此之外,还有一些附表,即根据财政部门或主管部门的要求编制报送的补充性报表,如基本数字表等。

3.事业单位会计报表按编制层次,可以分为单位会计报表和汇总会计报表。

单位会计报表是反映各事业单位财务状况和经费收支预算执行情况的会计报表。

汇总会计报表是各主管会计单位根据本级会计报表和经审查过的所属单位会计报表汇总编制,反映主管单位及所属单位总的财务状况和经费收支预算执行情况的会计报表。

二、会计报表编制要求

事业单位会计报表应根据登记完整、核对无误的账簿记录和其他有关资料编制,要求做到数字正确、内容完整、报送及时。在编报会计报表时,应遵循《事业单位会计制度》以下要求:

1.各单位应加强日常会计核算工作,会计报表的数字要根据审核无误的会计账簿记录汇总,切实做到账表相符,有根有据,不得以估列代编。

2.会计报表要层层汇总,上级单位要在编制本级会计报表的基础上,根据本级会计报表和经审查过的所属单位会计报表,编制汇总会计报表,并将上下级之间的对应科目数字冲销后,逐级汇总上报。上报上级单位和同级财政部门的会计报表必须经会计主管人员和单位负责人审阅签章并加盖公章。

3.国有事业单位应按会计制度规定的格式、内容和期限,向财政部门或上级主管部门报送会计报表。中央各部门,各省、自治区、直辖市财政厅(局)可根据工作需要增设会计报表。事业单位内部管理需要的特殊报表,由单位自行规定。

4.会计报表应分月报、季报和年报三种。月份报表应于月份终了后三日报出;季报应于季度终了后五日报出;年报应按财政部门决算通知规定及主管部门要求的格式和期限报出。年报应抄送同级国有资产管理部门。

第二节　事业单位年终清理与结账

事业单位在年度终了前,应根据财政部门或主管部门的决算编审工作要求,对各项收支账目、往来款项、货币资金和财产物资进行全面的年终清理结算,在此基础上办理年度结账,编报决算。

编制年度报表应包括三环节,即年终清理结算、年终转账和编制年报。本节主要介绍年终清理结算和年终转账。

一、年终清理结算

年终清理结算是事业单位对收支及其有关财务活动进行的全面清查、结算和核对工作。包括的内容有：

1.清理、核对年度预算收支数字和各项缴拨款项、上交下拨款项数字。年终前，对财政部门、上级单位和所属各单位之间的全年预算数(包括追加减和上、下划数字)以及应上交、拨补的款项等，都应按规定逐笔进行清理结算，保证上下级之间的年度预算数、领拨经费数和上交、下拨数一致。

为了准确反映各项收支数额，凡属本年度的应拨应缴款项，应当在12月31日前汇达对方。主管会计单位对所属各单位的拨款应截至12月25日，逾期一般不再下拨。

2.清理各项收支款项。凡属本年度的各项收入都应及时入账。本年度的应缴预算款和应缴财政专户的预算外资金收入，应在年终前全部上缴。属于本年度的各项支出，应按规定的支出用途如实列报。年度单位支出决算，一律以基层用款单位截至12月31日的本年实际支出数为准，不得将年终前预拨下年的预算拨款列入本年的支出，也不得以上级会计单位的拨款数代替基层会计单位的实际支出数。

3.清理往来款项。事业单位的往来款项，年终前应尽量清理完毕。按照有关规定应转作各项收入或各项支出的往来款项要及时转入有关账户，编入本年决算。

4.清理货币资金。事业单位年终应及时同开户银行对账，银行存款账面余额应同银行对账单的余额核对相符。现金账面余额应同库存现金核对相符。有价证券账面数字，应同实存的有价证券核对相符。

5.清理财产物资。年终前，应对各项财产物资进行清理盘点。发生盘盈、盘亏的，应及时查明原因，按规定作出处理，调整账务，做到账实相符、账账相符。

二、年终结账

事业单位在年终清理结算的基础上进行年终结账。年终结账包括年终转账、结清旧账和记入新账。

1.年终转账。账目核对无误后，首先计算出各账户借方或贷方的12月份合计数和全年累计数，结出12月末的余额。然后，编制结账前的“资产负债表”(详见本章第三节表11－1)，试算平衡后，再将应对冲结账的各个收支账户的余额按年终冲转办法，填制12月31日的记账凭证，办理结账冲转。

现根据表11－1资料进行年终转账如下：

(1)将各项事业收入账户的期末余额转入“事业结余”账户贷方。应编制会计分录：

借:财政补助收入　613 500

　上级补助收入　250 000

　事业收入　225 000

　其他收入　25 000

　　贷:事业结余　1 113 500

(2)将各项事业支出账户余额转入“事业结余”账户借方。应编制会计分录:

借:事业结余　925 425

　　贷:拨出经费　51 500

　　　事业支出　873 925

(3)将专项资金的支出核销。应编制会计分录:

借:拨入专款　190 000

　　贷:专款支出　190 000

(4)将经营收入结转“经营结余”账户。应编制会计分录:

借:经营收入　300 000

　　贷:经营结余　300 000

(5)将经营支出结转“经营结余”账户。应编制会计分录:

借:经营结余　231 350

　　贷:经营支出　230 000

　　　销售税金　1 350

(6)将“事业结余”账户贷方余额 188 075 元,结转“结余分配”账户。应编制会计分录:

借:事业结余　188 075

　　贷:结余分配——未分配结余　188 075

(7)将“经营结余”账户贷方余额 68 650 元,结转“结余分配”账户。应编制会计分录:

借:经营结余　68 650

　　贷:结余分配——未分配结余　68 650

(8)计提经营所得税 10 297 元。应编制会计分录:

借:结余分配——计提所得税　10 297

　　贷:应交税金——应交所得税　10 297

(9)年终,事业单位按规定比例从当年结余计提职工福利基金 49 285 元。应编制会计分录:

借:结余分配——提取专用基金　49 285

　　贷:专用基金——职工福利基金　49 285

(10)将已分配结余转入“未分配结余”。应编制会计分录:

借:结余分配——未分配结余 59 582
　贷:结余分配——计提所得税 10 297
　　　　　　——提取专用基金 49 285

(11)将未分配结余 197 143 元转入"事业基金"账户。应编制会计分录:

借:结余分配——结转事业基金 197 143
　贷:事业基金——一般基金 197 143
借:结余分配——未分配结余 197 143
　贷:结余分配——结转事业基金 197 143

2.结清旧账。将转账后无余额的账户结出全年累计数,然后在下面画双红线,表示本账户全部结清。对年终有余额的账户,在"全年累计数"下行的"摘要"栏注明"结转下年"字样,再在下面画双红线,表示年终余额转入新账,旧账结束。

3.记入新账。根据本年度各账户余额,编制年终决算"资产负债表"和有关明细表。将报表内各账户的年终余额数(不编制记账凭单),直接记入新年度相应的有关账户,并在"摘要"栏注明"上年结转"字样,以区别新年度发生数。

第三节　事业单位会计报表

一、资产负债表

(一)资产负债表的概念和平衡等式

资产负债表是反映事业单位在某一特定日期财务状况的报表。事业单位资产负债表的基本平衡等式是"资产 = 负债 + 净资产"。事业单位的收支一般在月末不结账,到年终才结账,因此,事业单位资产负债表月报的平衡式通常为"资产 + 支出 = 负债 + 净资产 + 收入"。左边为资产部类,右边为负债部类,左右两边总计金额相等。其基本格式如表 11 - 1 所示。

表 11－1 资产负债表(结账前)

编制单位： ×年 12 月 31 日 单位：元

科目编号	资产部类	年初数	期末数	科目编号	负债部类	年初数	期末数
	一、资产类				二、负债类		
101	现金	490	613	201	借入款项	30500	38125
102	银行存款	58300	135437	202	应付票据	7000	8750
105	应收票据			203	应付账款	2100	2625
106	应收账款			204	预收账款		
110	其他应收款	7400	9750	207	其他应付款	2200	2750
115	材料	85340	106675	208	应缴预算款		
116	产成品	50200	62780	209	应缴财政专户款		
117	对外投资	18000	22500	210	应交税金		
120	固定资产	360000	560000		负债合计	41800	52250
124	无形资产	55400	69250		三、净资产类		
	资产合计	640180	966475	301	事业基金	218380	82500
					其中：		
					一般基金	200380	60000
					投资基金	18000	22500
				302	固定基金	360000	560000
	五、支出类			303	专用基金	20000	150000
501	拨出经费		51500	306	事业结余		
502	拨出专款			307	经营结余		
503	专款支出		190000		净资产合计	598380	657500
504	事业支出		873925				
505	经营支出		230000		四、收入类		
509	成本费用			401	财政补助收入		613500
512	销售税金		1350	403	上级补助收入		250000
516	上缴上级支出			404	拨入专款		190000
517	对附属单位补助			405	事业收入		225000
520	结转自筹基建			409	经营收入		300000
	支出合计		1346775	412	附属单位缴款		
				413	其他收入		25000
					收入合计		1603500
	资产部类合计	640180	2313250		负债部类合计	640180	2313250

(二)资产负债表的编制方法和作用

资产负债表月报的各项目应根据审核无误的总账和有关明细分类账账户的余额填列。由于事业单位收支平时不结转，各项收支账户月末均有余额，所以，资产负债表月报中包括收入和支出项目。

年度终了,由于事业单位将有关的收入和支出全部转入相应的结余,因此,资产负债表的年报中收入和支出两个会计要素就没有余额,只有资产、负债和结余资产三个会计要素。报表中的年初数是指事业单位年初的资产、负债和净资产各项的数额。年初数根据上年决算后结转本年的各账户"期初数"填列。期末数是指事业单位月末或季末有关资产、负债和净资产、收入、支出各项目的数字,或年末有关资产、负债、净资产各项目的数字。期末数根据月末、季末或年末各有关总账和明细账账户的余额填列。

资产负债表中的有关数字应与其他报表中相应数字一致。

通过资产负债表的分析,可以了解事业单位的资产的分布状况及其资金来源情况,可以分析资金的占用结构是否合理。通过对资产负债率的指标分析,还可以反映事业单位利用债权人提供资金开展业务活动的能力,以及债权人提供资金的安全保障程度。

年终转账后,进行试算平衡,据以编制年终资产负债表。其格式如表 11-2 所示。

表 11-2　　资产负债表(结账后)

2007 年 12 月 31 日　　单位:元

资产部类	年初数	期末数	负债部类	年初数	期末数
一、资产合计	640180	966475	四、负债合计	41800	62547
流动资产	201730	315255	借入款项	30500	38125
其中:现金	490	613	应付票据	7000	8750
银行存款	58300	135437	应付账款	2100	2625
对外投资	18000	22500	预收账款		
固定资产原值	360000	560000	其他应付款	2200	2750
减:累计折旧			应缴预算款		
固定资产净值	360000	560000	应缴财政专户款		
财政应返还额度			应缴税金		10297
其他资产	55400	69250	应付工资		
二、预拨下年补助			应付地方(部门)津贴补贴		
三、事业单位支出合计			应付其他个人收入		
			其他负债		
			五、净资产合计	598380	1038928
			事业基金	218380	279643
			固定基金	360000	560000
			专用基金	20000	199285
			其他净资产		
			六、预收下年补助		
			七、事业单位收入合计		
资产部类合计	640180	966475	负债部类合计	640180	966475

二、收入支出决算表

(一)收入支出决算表的定义和意义

收入支出决算表是反映事业单位年度收支总规模的报表。

收入支出决算表可以反映事业单位各项收入和支出按计划完成的情况,还可以反映事业单位收入和支出的结构、事业单位当年取得的结余以及以前年度的结余等。通过分析收入支出决算表,可以肯定事业单位在预算执行中所取得的成绩,同时及时发现单位在预算执行中存在的问题,以便采取措施,保证事业单位的各项收支按预算顺利完成。

收入支出决算表按单位实有各项收支项目汇总列示。其格式如表 11－3 所示。

(二)收入支出决算表的编制方法

本表反映单位本年度行政性收入、支出、结余及结余分配等情况。根据单位事业账目的收入支出总账、明细账的实际发生数,按预算科目分“类”、“款”、“项”分析填列。

1.科目编码、名称:按照《2007 年政府预算收支科目》一般预算支出科目和基金预算支出科目“类”、“款”、“项”的编码和名称填列。

预算单位取得的除财政拨款以外的各项收支,应按照单位开展专业业务活动的性质,按照《2007 年政府预算收支科目》中相关预算支出科目选择填列科目编码和名称。

2.上年结余:反映单位上年结转到本年使用的经常性结余、专项结余、经营结余等。

(1)经常性结余:反映事业单位基本支出收支相抵后结转到本年使用的累计余额。

(2)专项结余:反映单位从财政部门或上级单位等取得,需要结转到本年继续使用的项目支出收支累计余额。

(3)未分配结余:反映事业单位按照国家有关政策规定不能进行分配而需结转到本年使用的基本支出收支相抵后的累积余额。

(4)经营结余:反映事业单位上年度未进行分配并结转到本年使用的经营收支结余,以及按制度规定结转的经营亏损(以负数填报)。企业化管理事业单位的未分配利润也在此填列。

3.年末结余:反映单位结转下年的经常性结余、专项结余、经营结余。除经营亏损、行业会计制度明确可列负结余的情况外,一般不应有负数。本栏数据不包含净资产项下的事业基金和专用基金。

表 11－3

收入支出决算表

年

编报单位：　　　　　　　　　　　　　　　　　　　　　　　　　　　　单位：元

项目				上年结余					本年收入	本年支出	收支结余			用事业基金弥补收支差额	结余分配					年末结余				
科目编码			科目名称	合计	经常性结余	专项结余	未分配结余	经营结余			合计	事业结余	经营收支结余		合计	交纳所得税	提取职工福利基金	转入事业基金	其他	合计	经常性结余	专项结余	未分配结余	经营结余
类	款	项	栏次	1	2	3	4	5	6	7	8	9	10	11	12	13	14	15	16	17	18	19	20	21
			合计																					

4.基本平衡公式:

1栏各行=(2+3+4+5)栏各行;8栏各行=(9+10)栏各行;12栏各行=(13+14+15+16)栏各行;17栏各行=(18+19+20+21)栏各行=(1+6-7+11-12)栏各行。

三、收入决算表

(一)收入决算表的定义和意义

收入决算表是反映事业单位本年度取得的收入情况的报表。

收入决算表反映事业单位各项收入按计划完成的情况和收入的结构。通过分析收入决算表,可以及时发现事业单位在预算执行中存在的问题,以便采取措施,保证事业单位的各项收入按预算顺利完成。

收入决算表按单位实有各项收入项目汇总列示。其格式如表11-4所示。

(二)收入决算表的编制方法

本表根据单位事业账目的收入总账、明细账的实际发生数,按预算科目分"类"、"款"、"项"填列。

1.财政拨款:反映单位本年度取得的本级财政拨款。其中:中央单位仅指一般预算拨款,地方单位包括一般预算拨款和纳入预算管理的政府性基金拨款。实行国库集中支付改革并执行财政部财库[2004]190号文件的预算单位,本年度财政拨款等于单位实际收到的本年预算财政拨款和结存在国库的本年预算指标之和。

一级预算单位收到的应拨给下级单位使用的款项,年终决算时尚未拨出的,在编制报表时列为本单位的财政拨款。

2.预算外资金收入:填列事业单位收到的财政预算外专户实际核拨数(单位未缴留用的预算外资金在此反映的,需附说明)。

3.事业收入:填列事业单位开展专业业务活动及辅助活动取得的收入,其中,预算外资金收入填列事业单位收到的财政预算外专户实际核拨数(单位未缴留用的预算外资金在此反映的,需附说明)。

4.经营收入:填列事业单位在专业业务活动及辅助活动之外开展非独立核算经营活动取得的收入。

5.上级补助收入:填列事业单位从主管部门和上级单位取得的非财政补助收入。

6.附属单位上缴收入:填列事业单位附属的独立核算单位按有关规定上缴的收入。

7.其他收入:填列单位取得的除上述范围以外的各项收入,包括未纳入预算外财政专户管理的投资收益、利息收入、捐赠收入等。各单位"从其他部门取得的财政拨款"(从本级财政以外的"同级单位"取得的财政拨款)和"非本级财政拨款"也包括在本项内。

表 11－4

收入决算表

编报单位：　　　　　　　　　　年　　　　　　　　　　单位：万元

项目				本年收入合计	财政拨款	上级补助收入	事业收入		经营收入	附属单位上缴收入	其他收入		
科目编码			科目名称				小计	其中：预算外资金收入			小计	其中：从其他部门取得的财政拨款	其中：非本级财政拨款
类	款	项	栏次	1	2	4	5	6	7	8	9	10	11
			合计										2.5

8.基本平衡公式:

1栏各行=(2+3+4+5+7+8+9)栏各行。

四、支出决算表

(一)支出决算表的定义和意义

支出决算表是反映事业单位本年度支出情况的报表。

支出决算表反映事业单位用收入安排的支出实际发生数以及支出的结构。通过分析支出决算表,可以及时发现单位支出中存在的问题,以便采取措施,保证事业单位的各项支出按预算顺利完成。

支出决算表按单位实有各项支出项目汇总列示。其格式如表11-5所示。

表11-5　　　　支出决算表

编报单位:　　　　　　年　　　　　　单位:元

<table>
<tr><td colspan="4">项　目</td><td rowspan="2">本年支出合计</td><td rowspan="2">基本支出</td><td colspan="4">项目支出</td><td rowspan="2">上缴上级支出</td><td rowspan="2">经营支出</td><td rowspan="2">对附属单位补助支出</td><td rowspan="2">结转自筹基建</td></tr>
<tr><td colspan="3">科目编码</td><td>科目名称</td><td>小计</td><td>事业类项目支出</td><td>基本建设类项目支出</td><td>其他类项目支出</td></tr>
<tr><td rowspan="2">类</td><td rowspan="2">款</td><td rowspan="2">项</td><td>栏次</td><td>1</td><td>2</td><td>3</td><td>4</td><td>5</td><td>6</td><td>7</td><td>8</td><td>9</td><td>10</td></tr>
<tr><td>合计</td><td></td><td></td><td></td><td></td><td></td><td></td><td></td><td></td><td></td><td></td></tr>
<tr><td></td><td></td><td></td><td></td><td></td><td></td><td></td><td></td><td></td><td></td><td></td><td></td><td></td><td></td></tr>
<tr><td></td><td></td><td></td><td></td><td></td><td></td><td></td><td></td><td></td><td></td><td></td><td></td><td></td><td></td></tr>
<tr><td></td><td></td><td></td><td></td><td></td><td></td><td></td><td></td><td></td><td></td><td></td><td></td><td></td><td></td></tr>
<tr><td></td><td></td><td></td><td></td><td></td><td></td><td></td><td></td><td></td><td></td><td></td><td></td><td></td><td></td></tr>
<tr><td></td><td></td><td></td><td></td><td></td><td></td><td></td><td></td><td></td><td></td><td></td><td></td><td></td><td></td></tr>
<tr><td></td><td></td><td></td><td></td><td></td><td></td><td></td><td></td><td></td><td></td><td></td><td></td><td></td><td></td></tr>
<tr><td></td><td></td><td></td><td></td><td></td><td></td><td></td><td></td><td></td><td></td><td></td><td></td><td></td><td></td></tr>
</table>

(二)支出决算表的编制方法

本表根据单位事业账目的支出总账、明细账的实际发生数,按预算科目分“类”、“款”、“项”分析填列。

1.基本支出:反映单位为保障其机构正常运转、完成日常工作任务而发生的各项支出。

2.项目支出:反映单位为完成其特定的事业工作任务或事业发展目标,在基本支出之外发生的各项支出。本表中项目支出包括事业类项目支出、其他类项目支出等。事业类项目支出和其他类项目支出还应在项目支出决算相关报表中反映。

(1)事业类项目支出:反映由事业费开支的项目支出。事业类项目主要包括国家批准设立的有关事业发展专项计划、工程、基金项目,大型修缮、大型购置、大型会议项目,专项业务项目和其他项目。

(2)基本建设类项目支出:指按照国家关于基本建设管理的规定,用基本建设资金安排的项目。

(3)其他类项目支出:反映除事业类项目支出和基本建设类项目支出之外的项目支出。其他类项目主要包括:科技三项费用、政策性补贴、对外援助、支援不发达地区等资金安排的项目。

3.上缴上级支出:反映实行收入上缴办法的事业单位按规定的定额或比例上缴上级单位的支出。

4.经营支出:反映事业单位在专业活动及辅助活动之外开展非独立核算经营活动发生的支出。

5.对附属单位补助支出:反映事业单位发生的用非财政预算资金对附属单位的补助支出。

6.结转自筹基建:反映事业单位经批准用财政拨款以外的资金安排自筹基本建设,其所筹集并转入基本建设账户的资金。

7.基本建设账和事业账未实行分账核算的单位不需填报5栏和10栏,相关支出在事业类项目支出的对应栏目反映。

8.基本平衡公式:

3栏各行=(4+5+6)栏各行;1栏各行=(2+3+7+8+9+10)栏各行。

五、基本支出决算明细表

(一)基本支出决算明细表的定义和意义

基本支出决算明细表是反映事业单位本年度基本支出明细的报表。

基本支出决算明细表反映事业单位一定时期内的基本支出明细发生数。通过分析基本支出明细决算表,可以及时发现单位基本支出中各明细项目存在的问题,以便采取措施,保证事业单位各项基本支出的合理性。

基本支出决算明细表按单位实有各项基本支出的明细项目汇总列示。其格式如表11-6所示。

表 11－6

基本支出决算明细表

年

编报单位：　　　　　　　　　　　　　　　　　　　　　　　　　　单位：元

项目				合计	人员支出						公用支出																							对个人和家庭的补助支出								
科目编码			科目名称		小计	基本工资	津贴	奖金	社会保障缴费	其他	小计	办公费	印刷费	水电费	邮电费	取暖费	交通费	差旅费	会议费	培训费	招待费	福利费	劳务费	就业补助费	租赁费	物业管理费	维修费	专用材料费	办公设备购置费	专用设备购置费	交通工具购置费	图书资料购置费	其他	小计	离休费	退休费	退职（役）费	抚恤和生活补助	医疗费	住房补贴	助学金	其他
类	款	项	栏次	1	2	3	4	5	6	7	8	9	10	11	12	13	14	15	16	17	18	19	20	21	22	23	24	25	26	27	28	29	30	31	32	33	34	35	36	37	38	39
			合计																																							

(二)基本支出决算明细表的编制方法

本表根据单位事业账目支出明细账的实际发生数,按预算科目分“类”、“款”、“项”分析填列。

1.本表中人员支出、公用支出、对个人和家庭的补助支出根据《2007年政府预算收支科目》中一般预算支出目级科目规定的核算内容填列。

2.本表支出不包括应在“事业单位经营支出”中核算的各项支出。

3.基本平衡公式:

1栏各行=(2+8+31)栏各行;2栏各行=(3+4+5+6+7)栏各行;8栏各行=(9+10+……+30)栏各行;31栏各行=(32+33+……+39)栏各行。

六、项目支出决算表

(一)项目支出决算表的定义和意义

项目支出决算表是反映事业单位事业类项目和其他类项目支出情况的报表。通过分析项目支出决算表,可以及时发现事业单位资金来源和结构,以及本年度的实际支出数与结余分配情况,以便采取措施,保证事业单位的各项项目支出按预算顺利完成。

项目支出决算表按单位实有项目支出汇总列示。其格式如表11-7所示。

表11-7 项目支出决算表

编报单位: 年 单位:元

<table>
<tr><td colspan="4">项目</td><td colspan="5">资金来源</td><td rowspan="2">实际支出数</td><td rowspan="2">结余分配</td><td rowspan="2">年终结余</td></tr>
<tr><td colspan="3">科目编码</td><td>科目名称(项目)</td><td>合计</td><td>上年结转</td><td>财政拨款</td><td>预算外资金</td><td>其他资金</td></tr>
<tr><td rowspan="2">类</td><td rowspan="2">款</td><td rowspan="2">项</td><td>栏次</td><td>1</td><td>2</td><td>3</td><td>4</td><td>5</td><td>6</td><td>7</td><td>8</td></tr>
<tr><td>合计</td><td></td><td></td><td></td><td></td><td></td><td></td><td></td><td></td></tr>
<tr><td></td><td></td><td></td><td></td><td></td><td></td><td></td><td></td><td></td><td></td><td></td><td></td></tr>
<tr><td></td><td></td><td></td><td></td><td></td><td></td><td></td><td></td><td></td><td></td><td></td><td></td></tr>
<tr><td></td><td></td><td></td><td></td><td></td><td></td><td></td><td></td><td></td><td></td><td></td><td></td></tr>
<tr><td></td><td></td><td></td><td></td><td></td><td></td><td></td><td></td><td></td><td></td><td></td><td></td></tr>
<tr><td></td><td></td><td></td><td></td><td></td><td></td><td></td><td></td><td></td><td></td><td></td><td></td></tr>
<tr><td></td><td></td><td></td><td></td><td></td><td></td><td></td><td></td><td></td><td></td><td></td><td></td></tr>
</table>

(二)项目支出决算表的编制方法

本表根据单位账目支出明细账的实际发生数,按预算科目分“类”、“款”、“项”分析填列。

1.资金来源:填列事业类项目支出和其他类项目支出的资金来源情况。其中:

(1)上年结转:填列单位上一年度安排用于事业类项目和其他类项目的资金结转到本年度使用部分。

(2)财政拨款:填列单位本年度安排用于事业类项目和其他类项目的财政拨款。

(3)预算外资金:填列单位安排事业类项目支出和其他类项目支出的预算外资金。

(4)其他资金:填列单位安排事业类项目支出和其他类项目支出的其他资金。

2.实际支出数:填列单位本年度事业类项目和其他类项目的实际支出数。

3.年末结余:填列单位从财政部门和上级单位等取得,并需结转下年继续使用的项目收支累计余额。

4.基本平衡公式:

1栏各行=(2+3+4+5)栏各行;8栏各行=(1-6-7)栏各行。

七、项目支出决算明细表

(一)项目支出决算明细表的定义和意义

项目支出决算明细表是反映事业单位本年度事业类项目和其他类项目支出明细情况的报表。

项目支出决算明细表反映事业单位事业类项目和其他类项目各明细项目的实际支出情况。通过分析项目支出决算明细表,可以及时发现单位本年度项目支出明细的实际支出数,有利于发现不合理支出,并及时采取措施,以保证事业单位的各项项目支出按预算顺利完成。

项目支出决算明细表按实有项目的明细支出汇总列示。其格式如表11-8所示。

(二)项目支出决算明细表的编制方法

本表根据单位账目支出明细账的实际发生数,按预算科目分“类”、“款”、“项”分析填列。

本表中人员支出、公用支出、对个人和家庭的补助支出根据《2007年政府预算收支科目》中一般预算支出目级科目规定的核算内容填列。

基本平衡公式:

1栏各行=(2+8+31)栏各行;2栏各行=(3+4+5+6+7)栏各行;8栏各行=(9+10+……+30)栏各行;31栏各行=(32+33+……+39)栏各行。

表 11－8

项目支出决算明细表

年

编报单位：　　　　　　　　　　　　　　　　　　　　　　　　　　　　　　单位：元

项目				合计	人员支出						公用支出																							对个人和家庭的补助支出								
科目编码			科目名称		小计	基本工资	津贴	奖金	社会保障缴费	其他	小计	办公费	印刷费	水电费	邮电费	取暖费	交通费	差旅费	会议费	培训费	招待费	福利费	劳务费	就业补助费	租赁费	物业管理费	维修费	专用材料费	办公设备购置费	专用设备购置费	交通工具购置费	图书资料购置费	其他	小计	离休费	退休费	退职（役）费	抚恤和生活补助	医疗费	住房补贴	助学金	其他
类	款	项	栏次	1	2	3	4	5	6	7	8	9	10	11	12	13	14	15	16	17	18	19	20	21	22	23	24	25	26	27	28	29	30	31	32	33	34	35	36	37	38	39
			合计																																							

八、事业单位的其他报表

收入支出附表是事业支出明细表和经营支出明细表。其中，事业支出明细表是主要附表之一。它是为了帮助使用者深入了解收入支出表中的支出部分的事业支出项目而以表格的形式所作的补充说明和详细解释。支出明细表的项目应按《2007 年政府收支分类科目》“支出功能分类科目”的“项”级科目设置。

另外，事业单位还应该提供基本数字表，以反映事业单位职工数量和人员构成以及事业成果等项指标。它可以为编制单位的年度预算提供必要的资料，其基本格式如表 11－9、11－10 所示。

表 11－9　　基本数字表(一)

预算科目				国家职工（人）		集体职工（人）		离退休人员（人）		学生学员年初数	事业基金年初余额	修购基金年初余额
类	款	项	名称	年初数	本月增加	年初数	本月增加	年初数	本月增加			

上述基本数字表主要用于高校等事业单位，其他类型的事业单位可根据要求编制不同于上表内容的基本数字表。

表 11－10　　基本数字表(二)

预算科目				机动车辆（辆）		房屋建筑物（平方米）		专用设备		其他资料	
类	款	项	科目名称	小计	其中：小汽车	年初数	其中：危房	金额（万元）	数量（台）		

基本数字表中的有关数字，可根据人事部门和有关业务部门提供的统计数字填列。

九、会计报表附注及收支情况说明书

会计报表附注是为帮助理解会计报表的内容而对报表的有关项目等所作的解释,其内容主要包括:特殊事项的说明、会计报表中有关重要项目的明细资料和其他有助于理解和分析会计报表需要说明的事项。它是事业单位会计报表的有机组成部分。

收支情况说明书是事业单位在对一定时期内收入、支出、结余及其分配情况进行分析总结的基础上所作的数字和文字的说明。它是事业单位会计报表的一个有机组成部分。

事业单位收支情况说明书的内容一般包括:

1.预算和财务收支计划的完成情况,以及预算和财务收支执行过程中存在的问题。

2.收支增减变化情况和原因。

3.在改善业务活动的管理、增收节支方面所作的努力和取得的成绩。

4.目前的收入和支出管理方面存在的问题,以及今后改进工作的计划和建议。

5.结余及其分配情况。

由于收支情况说明书能够以文字加数字的形式,明确而具体地揭示出事业单位当期财务收支活动的过程以及所取得的成绩和存在的问题,从而能够比较全面地揭示出事业单位业务活动的全过程和目前所处的状况,因此,它是使用者了解和评价事业单位财务收支情况、进行有关决策的重要参考资料。

十、财务分析指标

事业单位对报表分析,常用的分析指标主要有:

1.经费自给率。它是衡量事业单位组织收入的能力和满足经常性支出的程度。其计算公式:

经费自给率=(事业收入+经营收入+附属单位缴款+其他收入)÷(事业支出+经营支出)×100%

2.基本支出比率、项目支出比率。它是衡量事业单位支出结构的指标。其计算公式:

基本支出比率=基本支出额/事业支出总额×100%

项目支出比率=项目支出额/事业支出总额×100%

由于基本支出包括人员支出、日常公用支出、对个人和家庭的补助支出,所以,还可以对基本支出结构进行分析,其分析指标有人员支出比率、日常公用支出比率、对个人和家庭的补助支出比率。其计算公式:

人员支出比率=人员支出额/基本支出额×100%

日常公用支出比率 = 日常公用支出额/基本支出额 × 100%

对个人和家庭的补助支出比率 = 对个人和家庭的补助支出额/基本支出额 × 100%

公式中的人员支出、日常公用支出、对个人和家庭的补助支出数可以根据事业支出明细表取得。

通过支出比率的指标分析，可以了解事业单位支出的结构是否合理，事业单位的资金是否能够满足事业发展的需要，以便合理安排资金，合理编制支出预算，更好地发挥预算资金的使用效能。

小知识：

高等学校财务预算

一、高等学校预算办法

高等学校预算是指高等学校根据高等学校事业发展计划和任务编制的年度财政收支计划，由收入预算和支出预算组成。

国家对高等学校实行"核定收支，定额或者定项补助(或上交)，超支不补，节余留用"的预算管理办法。包括下面两种：

1.核定收支

核定收支是指全面核定高等学校的收支，并将其全部纳入高等学校预算统筹安排。高等学校要将全部收入包括财政补助收入和各种非财政补助收入与各项支出统一编列预算，报经主管部门和财政部门核定；主管部门和财政部门根据事业特点、事业发展计划、高等学校财务收支状况以及国家财政政策和财力可能，核定高等学校年度预算收支规模，其中包括财政补助具体数额。核定收支健全了单位预算，有利于掌握高等学校一个年度的财务收支规模、结构、资金来源与去向的总体计划。

2.预算缴拨款

(1)预算补助。预算补助形式为定额或者定项补助，这是国家财政对高等学校自身组织的收入不能够满足支出的高等学校采取的预算拨付方式。一是定额补助，这是政府财政根据高等学校的性质、特点和收支状况等因素，并按相应标准确定一个总的补助数额，如对高等院校实行平均定额补助等。二是定项补助，这是国家财政根据高等学校收支情况，确定对高等学校的某些特定支出项目进行补助，如工资支出项目、大型修缮和设备购置等补助。具体项目因各高等学校情况不同而有所区别。

对非财政补助收入可以满足经常性支出的高等学校，定额或定项补助可以为零。对高等学校的财政补助数额不论多大,都是补助性质,不同的高等学校存在的只是补助程度上的差别。财政拨款和补助确定的原则是按照社会共同需要确定财政资金的供给范围和额度。财政部门对高等学校的"拨款"改为"补助",实质上是将财政统包事业经费改由财政平衡单位预算的做法。

(2)预算上交。高等学校代收的因占有较多国家资源或国有资产,得到国家特殊政策,以及收支归集、配比不清等原因而取得较多收入,超出其正常支出较多的,可以实行收入上交办法。

收入上交形式:一是定额上交,即在核定预算时,确定一个上交的绝对数额;二是按比例上交,即根据收支情况,确定按收入的一定比例上交。

上交时间:一是预算年度执行过程中实行按月或按季上交;二是在年终一次性上交。

二、高等学校收入预算的编制

高等学校收入预算由财政补助收入和非财政补助收入两部分组成,内容包括财政补助收入、上级补助收入、事业收入、财政专户返还收入、经营收入、附属单位上缴收入、其他收入和拨入专款等。

1.财政补助收入

指高等学校按核定的预算和经费领报关系从财政部门取得的各类预算经费。财政"定额补助"单位应根据定员或基本数字,按照财政部门确定的补助定额标准计算编制。财政"定额补助"单位应按财政部门确定的补助项目,根据事业发展计划和财力可能,逐项计算编制。财政补助收入只能用于安排事业支出。

2.非财政补助收入

根据收入分类要求编制各有关项目收入预算。单位各项收入除经营收入外,都可直接用于事业支出。

(1)上级补助收入。它是指高等学校从主管部门和上级单位取得的非财政收入,如自身组织的收入和集中下级单位的收入、拨给高等学校的资金,即高等学校的主管部门或上级单位用自身组织的收入或集中下级单位的收入拨给高等学校的资金。

(2)事业收入。事业收入是高等学校开展专业业务活动及其辅助活动取得的收入。事业收入根据项目逐项编制。对有收费标准的收入项目,根据有关业务量按标准计算,如学费根据在校学生人数,结合规定的收费标准计算;没有明确收费标准的项目,根据上年收入完成情况,结合本年度相关因素编列。

高等学校的预算外资金要纳入单位预算统一核算、统一管理。财政专户核拨的预算外资金数,一般按预计可交入财政专户的预算外资金数编列。按照规定作为上交财政预算的资金不列入单位预算收入,应交财政专户的预算外资金不得列入。

(3)经营收入。高等学校的专业业务活动及其辅助活动之外开展的非独立核算经营活动取得的收入列入经营收入项。为了正确反映经营收支结果,经营收支预算应按照配比原则进行编列。经营收入根据上年收入完成情况,结合本年度经营活动直接编入单位收入预算。

(4)附属单位上缴收入。按规定的附属单位上缴比例或定额编列预算。

(5)其他收入。指上述范围以外的各项收入,如高等学校取得的投资收入、利息收入、捐赠收入等应作为收入处理,参照上年度实际水平并结合预算年度具体情况编列预算。

上级补助收入、事业收入(含预算外资金收入)和其他收入除另有规定外,一般也应该用于安排事业支出;专项资金安排的支出项目应作详细说明。

3.基本建设拨款收入

它是指国家投资于高等学校用于固定资产新建、改扩建工程的拨款。高等学校需要非财政补助收入和可用预算外资金安排自筹基本建设项目的,应按程序立项报批,并在保证事业正常支出需要、保持正常预算收支平等的基础上统筹安排。

三、高等学校支出预算的编制

1.支出预算编制方法

(1)按规定的支出项目编制。为保证各部门支出预算符合规定,每年政府财政部门根据有关法律规定及国家经济政策,对基本支出预算规定具体的项目,各部门、各单位按照规定的项目编制相应的基本支出。

(2)按定员定额标准编制和执行高等学校财务预算的依据。定员定额是指编制各项支出预算的依据,为保证基本预算的切实可行,首先应对各项支出制定定员定额标准。定员定额标准既要根据国家方针政策和财务制度规定制定,又要考虑实际支出变化的因素。其中,定员要根据各部门、各单位承担的行政事业任务及人员编制合理核定,人员经费支出的定额标准要严格按照国家的工资制度和有关政策规定的开支范围、开支标准核定。日常公用经费支出的定额标准核定,有文件规定的以文件规定为准,没有文件规定的按照试行办法的有关规定核定。

(3)编制支出预算。支出预算包括基本支出和项目支出预算。支出预算由按定员定额标准计算的基本支出预算和单项核定的基本支出预算两部分组成。其中,按定员定额标准计算的基本支出既关系到行政高等学校财务管理水平的提高,又影响行政事业工作任务的完成,同时还与国家、单位、个人三者的利益密切相关。因此,在制定定员定额时,应当贯彻执行国家有关的方针、政策,做好深入细致的调查研究工作。在此基础上,根据公平与效率的原则,使制定的定员定额标准既能够体现公平性,又能起到鼓励先进、鞭策落后的作用。预算又分为人员经费和日常公用经费两部分:人员经费根据编制内人数和各单项定额标准计算核定。日常公用经费中以人员为计算对象的部分,根据编制内人数和各单项定额标准计算核定;以物耗为计算对象的部分,根据单位实物数量与实物定额标准计算核定。单项核定的基本支出预算组根据有关规定计算核定。

2.高等学校预算编制、审批程序

高等学校年度预算的编制和落实,是关系整个学校工作的大事,应引起各级领导的重视,认真加以对待。高等学校预算的编制和审批程序,可以概括为“两上两下”,其具体程序如下:

(1)学校提出预算建议数。高等学校要根据上年预算执行情况和本年预算年度事业计划,以及增减变动因素,提出本单位收支预算建议数,经学校最高财务决策机构审议通过后,上报主管部门,由主管部门审核汇总后,报同级财政机关。

这一步骤是高等学校预算编制和审批程序中最重要的一步。学校财务部门要采用一定的测算方法和技术,根据预算年度事业发展计划和所属单位财务收支计划,汇总编制预算草案,经过反复征求意见、修改,最后报学校最高财务决策机构审批。

(2)财政部门下达预算控制数。财政部门审核各主管部门报送的学校预算建议数,看其是否合理,收入是否按照有关规定全部列入预算,支出是否按照有关支出标准编制。然后,根据本预算年度财政可供资金,下达预算控制数,并核定财政补助指标。

(3)高等学校根据预算控制数编报正式预算。高等学校要根据财政部门和主管部门下达的预算控制数,按照预算编制的原则,编制正式预算上报主管部门。主管部门审核汇总后,报财政部门。

(4)财政部门正式批复预算。财政部门对各主管部门报送的正式预算进行审核。审核合格的,在规定的期限内予以批复。高等学校取得的经主管部门和财政部门批复的预算,即为预算执行的依据。

高等学校预算编制部分报表格式(附表1、附表2、附表3)

附表 1　　　　　　　　××年收支预算总表　　　　　　　　单位:万元

收入		支出	
项目	预算收入	项目	预算支出
一、财政拨款		一、基本支出	
经费拨款		人员支出	
纳入预算管理的行政性收费安排的拨款		日常公用支出	
罚没收入安排的拨款		对个人和家庭的补助支出	
二、预算外资金		二、项目支出	
专户核拨的预算外资金			
批准留用的预算外资金			
三、纳入预算管理的行政性基金收入			
四、其他收入			
本年收入合计			

附表 2　　　　　　　　××年收入预算总表　　　　　　　　单位:万元

单位代码	单位名称	总计	财政拨款			预算外资金				纳入预算管理的政府性基金	其他收入
			合计	经费拨款	纳入预算的行政性收费安排的拨款	罚没收入安排的拨款	合计	专户核拨的预算外资金	批准留用的预算外资金		
	合计										

附表 3　　××年支出预算总表　　单位:万元

科目编码		单位代码	单位名称(科目)	总计	基本支出				项目支出
类	款				小计	人员支出	日常公用支出	对个人和家庭的补助支出	
			合计						
			＊＊大学						
13	1301	205829	普通教育						
15	1504	205829	行政事业单位医疗						
18	1803	205829	事业单位离退休						

摘自:尹玲燕、聂庚杰:《政府及非营利组织会计》,科学出版社 2005 年版。

第十二章　民间非营利组织收入、支出和净资产

第一节　民间非营利组织会计概述

一、民间非营利组织会计的概念

民间非营利组织会计是对民间非营利组织的财务收支活动进行连续、系统、综合地记录、计量和报告，以价值指标客观地反映业务活动过程，从而为业务管理和其他相关的管理工作提供信息的经济信息系统。

民间非营利组织是指按照财政部2004年8月颁布的《民间非营利组织会计制度》的界定，依照国家法律、行政法规登记的社会团体、基金会、民办非企业单位和寺院、宫观、清真寺、教堂等。这些民间非营利组织一般具有三个方面的基本特征：一是该组织不以营利为宗旨和目标；二是资源提供者向该组织投入资源不取得经济回报；三是资源提供者不享有该组织的所有权。

二、民间非营利组织会计的特点

民间非营利组织会计由于它的业务活动内容、具体会计任务与行政、事业单位会计和企业会计不同，其主要特点包括：

1.权责发生制是民间非营利单位的会计核算基础。我国许多行政、事业单位的收入主要靠财政拨款，采用收付实现制，便于安排预算拨款和预算支出的进度，并如实地反映预算收支结果。而《民间非营利单位会计制度》明确规定，民间非营利组织会计核算只能采用单一权责发生制。这是由于权责发生制较收付实现制更有助于民间非营利组织加强资产、负债的管理，提高会计信息的质量，增加会计信息的有用性，同时也是为了加强与国际会计的趋同。

2.在采用历史成本计价的基础上，引入公允价值计量基础。这是由民间非营利组织的特殊业务活动所造成的，如接受捐赠等业务，而这些资产的取得可能无法取得实际成本，这样依靠历史成本原则就无法满足计量的要求，从而借鉴国际会计

的计量属性，引入公允价值，丰富了计量基础。

3.由于民间非营利组织不以营利为目的，也不取得经济回报，因此民间非营利组织不存在向企业那样需要核算所有者权益和利润的问题，而是设置了净资产这一要素。

4.由于民间非营利组织采用权责发生制作为会计核算基础，因此设置了费用要素，而没有使用行政、事业单位的支出要素。

三、民间非营利组织的会计科目、凭证和账簿

(一)会计科目

民间非营利组织的会计科目是对民间非营利组织会计核算对象的具体内容进行科学分类，是民间非营利组织会计设置会计科目、确定核算内容的依据。《民间非营利组织通用会计科目表》如表 12－1 所示。

表 12－1　民间非营利组织会计科目表

序号	编号	名称	序号	编号	名称
		一、资产类			二、负债类
1	1001	现金	24	2101	短期借款
2	1002	银行存款	25	2201	应付票据
3	1009	其他货币资金	26	2202	应付账款
4	1101	短期投资	27	2203	预收账款
5	1102	短期投资跌价准备	28	2204	应付工资
6	1111	应收票据	29	2206	应交税金
7	1121	应收账款	30	2209	其他应付款
8	1122	其他应收款	31	2301	预提费用
9	1131	坏账准备	32	2401	预计负债
10	1141	预付账款	33	2501	长期借款
11	1201	存货	34	2502	长期应付款
12	1202	存货跌价准备	35	2601	受托代理负债
13	1301	待摊费用			三、净资产类
14	1401	长期股权投资	36	3101	非限定性资产
15	1402	长期债权投资	37	3102	限定性净资产
16	1421	长期投资减值准备			四、收入费用类
17	1501	固定资产	38	4101	捐赠收入
18	1502	累计折旧	39	4201	会费收入
19	1505	在建工程	40	4301	提供服务收入
20	1506	文物文化资产	41	4401	政府补助收入
21	1509	固定资产清理	42	4501	商品销售收入
22	1601	无形资产	43	4601	投资收益
23	1701	受托代理资产	44	4901	其他收入
			45	5101	业务活动成本
			46	5201	管理费用
			47	5301	筹资费用
			48	5401	其他费用

(二)会计凭证

在各项经济业务发生时,民间非营利组织应取得或填制原始凭证,并根据审核无误的原始凭证填制记账凭证。

1.原始凭证。民间非营利组织会计的原始凭证主要有收款凭证、借款凭证、固定资产调拨单、开户银行转来的收款及付款凭证、往来结算凭证、库存材料的出库凭证、各种税票、入库单,其他足以证明会计事项发生的凭证和文件。

2.记账凭证。记账凭证是由会计人员依据审核后的原始凭证填制的,并作为登记会计账簿的直接依据的凭证。民间非营利组织的记账凭证有两种:一种是专用记账凭证,包括收款凭证、付款凭证和转账凭证;另一种是不分收、付、转,只有一种格式的通用记账凭证。目前各单位普遍采用"通用记账凭证"。

(三)会计账簿

民间非营利组织会计的账簿是核算和监督各项收支、往来款项和各种财产物资的工具。非营利组织会计应根据需要设置以下账簿:

1.总账。总账是用以核算资产、负债、净资产及收入、支出、结余的总括情况,平衡账务,控制和核对各种明细账的账簿。总账格式一般采用借、贷、余三栏式账簿,并按会计科目名称设置账户。

2.明细账。明细账用以对总账有关科目进行明细核算,可选用三栏式、多栏式和数量金额式账簿。民间非营利组织会计需要设置的主要明细账有:收入明细账、支出明细账、往来明细账和财产物资明细账。

3.序时账。民间非营利组织会计应设置序时账簿,包括现金日记账和银行存款日记账。

第二节　民间非营利组织收入

一、收入的种类和特点

(一)收入及其分类

收入是指民间非营利组织开展业务活动取得的、导致本期净资产增加的经济利益或者服务潜力的流入,包括商品销售和提供劳务取得的收入、政府补助取得的收入、捐赠取得的收入和让渡资产取得的收入等。

收入可以按不同的标准分类:按照来源,可分为捐赠收入、会费收入、提供服务收入、政府补助收入、投资收益、商品销售收入和其他收入等;按民间非营利组织业务的主次,分为主要业务收入(捐赠收入、会费收入、提供服务收入、政府补助收入、投资收益、商品销售收入)和其他收入;按照收入是否受到限制,分为限定性收入和非限定性收入；按照收入是否为交换交易形成的，分为交换交易形成的收入(商品销售收入、提供服务收入和投资收益)和非交换交易形成的收入(捐赠收入和政府补贴收入)等。

对于民间非营利组织接受的劳务捐赠，不予确认收入，但应当在会计报表附注中作相关披露。

(二)收入的特点

1.收入来源多渠道。民间非营利组织的收入因组织的性质不同，收入的来源渠道比较多，主要有社会各界的捐赠收入、政府部门的补贴收入、让渡资产取得的投资收益、民间非营利组织销售商品和提供劳务形成的收入、举办各种会议取得的收入、其他收入等。

2.收入的使用受到限制，如有的收入在取得时，带有时间限制或(和)用途限制。

3.收入可以表现为民间非营利组织资产的增加或负债的减少，或二者兼而有之。

4.收入会导致民间非营利组织净资产的增加。由于收入可以表现为民间非营利组织资产的增加或负债的减少或二者兼有，根据“资产 - 负债 = 净资产”的会计恒等式，收入实现所表现的任何一种可能，其最终的结果都会增加净资产。

5.收入是指民间非营利组织本身经济利益的实现，不包括为第三方代收的有关款项。例如，民间非营利组织代运输部门收取的运输费。

二、收入的确认

民间非营利组织在确认收入时，应当区分交换交易所形成的收入和非交换交易所形成的收入。

(一)交换交易

交换交易是指按照等价交换原则所从事的交易。即当某一主体取得资产、获得服务或者解除债务时，需要向交易对方支付等值或者大致等值的现金，或者提供等值或者大致等值的货物、服务等的交易，如按照等价交换原则销售商品、提供劳务等属于交换交易。交换交易所形成的收入主要包括商品销售收入、提供服务收入和投资收益等。

1.对于因交换交易所形成的商品销售收入，应当在下列条件同时满足时予以确认：

(1)已将商品所有权上的风险和报酬转移给购货方。风险是指商品由于贬值、损坏、报废等造成的损失；报酬是指商品中包含的未来经济利益，包括商品升值给民间非营利组织带来的经济利益。如果某一商品发生的任何损失不需要本组织承担，带来的经济利益也不归本组织所有，则意味着与该商品所有权相关的风险和报

酬已经转移出本组织。判断商品所有权上的风险和报酬是否转移,还需要根据不同情况而定:

①多数情况下,所有权上的风险和报酬随着所有权凭证的转移或实物的交付而转移。如商品交易,商品已经售出,就可以认定其所有权上的主要风险和报酬转移。

②某些情况下,民间非营利组织将商品所有权凭证交付购货方,但商品所有权上的主要风险和报酬并没有转移。如约定一定退回期限的销售、委托代销方式发出的货物、合同规定销售方负责安装并验收合格后结算的销售等。

③有些情况下,民间非营利组织已将商品所有权上的主要风险和报酬转移但尚未交付实物。如购货方已经付款,但尚未提货,这时,不论实物是否转移都应确认收入实现。

(2)既没有保留通常与所有权相联系的继续管理权,也没有对售出的商品实施控制。如果仍然保留通常与所有权相联系的继续管理权,或仍对出售商品实施控制,则该项销售不能成立,不能确认销售收入。如出售的货物约定日后再购回,说明销售方还继续对售出的商品实施控制,购货方无权随意处置该商品。这时,对该销售就不能确认收入实现。

(3)与交易相关的经济利益能够流入民间非营利组织。经济利益是指能够直接或间接地流入民间非营利组织的现金或现金等价物。在商品销售中与经济利益直接相关的是销售价款。因此,能否有把握收回销售价款,是确认收入实现的重要标志。判定销售款项能否收回,要进行定性分析。

(4)相关的收入和成本能够可靠计量。收入能否可靠计量,是收入确认的基本前提。收入不能可靠计量,则不能确认收入。根据收入和费用配比性原则,与同一销售有关的收入和成本应在同一会计期间予以确认。所以,成本不能可靠计量,相关的收入也不能确认。

民间非营利组织销售商品应同时满足上述四个条件才能确认收入。任何一个条件不能满足,就不能确认收入实现,即使收到价款。

在具体实务操作过程中,在确认收入实现时,除了依据上述四个条件外,还要结合商品的销售方式和采用的货款结算方式而定。如在委托收款结算方式下,在办理了收款手续时,确认收入实现;在分期收款销售方式下,在合同约定收款日确认收入实现;在预收账款销售方式下,在发出货物后确认收入实现等等。

2.劳务收入实现的确认。民间非营利组织提供的劳务收入,应按以下规定确认:

(1)在同一会计年度内开始并完成的劳务,应当在完成劳务时确认收入。确认的原则与商品销售收入确认原则基本相同。

(2)如果劳务的开始与完成分别属于不同的会计年度,可以按完工程度或完成的工作量法确认收入。完工程度和工作量法也称完工百分比法,是指根据提供劳务的完工程度确认收入和费用的方法。这种方法只适合于提供劳务的交易,当劳务的开始和完工分属于不同的会计年度,为准确反映每一会计年度的收入、费用和利润,民间非营利组织应在报表日按劳务的完工程度确认收入和费用。

3.民间非营利组织让渡资产使用权的收入实现的确认。民间非营利组织让渡资产使用权而发生的使用费收入满足以下条件时,确认收入实现:

(1)与交易相关的经济利益能够流入民间非营利组织。与交易相关的经济利益能否流入民间非营利组织,是判断任何交易收入实现的重要原则。民间非营利组织应根据对方的信用情况、效益情况以及所采用的结算方式、付款期限等达成的协议及其他方面进行判断。如果民间非营利组织估计收入收回的可能性较小,就不应确认收入。

(2)收入的金额是否能可靠地计量。民间非营利组织让渡资产使用权的收入计量应按民间非营利组织与其资产使用者签订的合同或协议规定的收费时间和方法确定。如利息收入应根据合同或协议规定的存、贷款利率确定;使用费收入应按民间非营利组织与资产使用者签订的合同协议确定。当收入的金额能够可靠计量时,民间非营利组织才能确认收入。

(二)非交换交易

非交换交易是指除交换交易之外的交易。在非交换交易中,某一主体取得资产、获得服务或者解除债务时,不必向交易对方支付等值或者大致等值的现金,或者提供等值或者大致等值的货物、服务等;或者某一主体在对外提供货物、服务时,没有收到等值或者大致等值的现金、货物等。如捐赠、政府补助等,属于非交换交易。

对于因非交换交易所形成的收入,应当在同时满足下列条件时予以确认:

1.交易相关的含有经济利益或者服务潜力的资源能够流入民间非营利组织并为其所控制,或者相关的债务能够得到解除。

因民间非营利组织取得的非交换交易收入不必向交易对方支付任何资产或劳务,因此,是否有把握使交易相关的经济利益流入并为其控制,或者相关的债务能否得到解除,是确认收入的重要标志。

2.交易能够引起净资产的增加。收入本身的特点就决定了非交换交易最终会引起净资产的增加。

3.收入的金额能够可靠地计量。收入能否可靠计量,是收入确认的基本前提。收入不能可靠地计量,则民间非营利组织就不应将该项交易作为会计核算的对象。

一般情况下,对于无条件的捐赠或政府补助,应当在捐赠或政府补助收到时确认收入;对于附有条件的捐赠或政府补助,应当在取得捐赠资产或政府补助资产控制权时确认收入,但当民间非营利组织存在需要偿还全部或部分捐赠资产(或者政府补助资产)或者相应金额的现时义务时,应当根据需要偿还的金额同时确认一项负债和费用。

三、捐赠收入的核算

捐赠收入是指民间非营利组织接受其他单位或者个人捐赠所取得的收入,不包括民间非营利组织因受托代理业务而从委托方收到的受托代理资产。捐赠收入按照资产提供者对资产的使用是否设置了时间限制或者(和)用途限制,区分为限定性捐赠收入和非限定性捐赠收入。为了核算捐赠收入,民间非营利组织应设置"捐赠收入"科目,同时设置"限定性收入"和"非限定性收入"明细科目。民间非营利组织接受捐赠时,按照应确认的金额,借记"现金"、"银行存款"、"短期投资"、"存货"、"长期股权投资"、"长期债权投资"、"固定资产"、"无形资产"等科目,贷记"捐赠收入"科目"限定性收入"或"非限定性收入"明细科目。期末,将"捐赠收入"科目各明细科目的余额分别转入限定性净资产和非限定性净资产,借记本科目"限定性收入"明细科目,贷记"限定性净资产"科目;借记"捐赠收入"科目"非限定性收入"明细科目,贷记"非限定性净资产"科目。期末结转后,该科目应无余额。

对于接受的附条件捐赠,如果存在需要偿还全部或部分捐赠资产或者相应金额的现时义务时(比如因无法满足捐赠所附条件而必须将部分捐赠退还给捐赠人时),按照需要偿还的金额,借记"管理费用"科目,贷记"其他应付款"等科目。

[例 12-1] 某基金会 20××年发生如下经济业务:

1.收到一华侨捐赠的汽车一辆,发票价值为 110 000 元,其他费用为 2 000 元,用银行存款支付。应编制会计分录:

借:固定资产　　112 000
　贷:捐赠收入——非限定性收入　　110 000
　　银行存款　　2 000

2.收到社会捐赠的一笔款项 50 000 元,款项已存入银行,专门用来救助失学儿童。应编制会计分录:

借:银行存款　　50 000
　贷:捐赠收入——限定性收入　　50 000

3.接受一归国华侨一笔捐赠款 500 000 元,该笔款项注明只能用来救助孤寡老人,并且使用年限为 10 年,余额应退还。该慈善机构有关人员根据所在区域估计在 10 年内,可能使用的款项为 450 000 元。应编制会计分录:

借:银行存款　　500 000
　贷:捐赠收入——限定性收入　　500 000

同时:

借:管理费用　　50 000

　　贷:其他应付款　　50 000

4.期末,某基金会将“捐赠收入——限定性收入”150 000元,“捐赠收入——非限定性收入”200 000元转入“限定性净资产”和“非限定性净资产”。应编制会计分录:

借:捐赠收入——限定性收入　　150 000

　　　　　——非限定性收入　　200 000

　　贷:限定性净资产　　150 000

　　　　非限定性净资产　　200 000

三、会费收入的核算

会费收入是指民间非营利组织根据章程等的规定向会员收取的会费。一般情况下,民间非营利组织的会费收入为非限定性收入,除非相关资产提供者对资产的使用设置了限制。

为了核算会费收入,民间非营利组织应设置“会费收入”科目,同时设置“限定性收入”和“非限定性收入”明细科目。如果存在多种会费,可以按照会费种类(如团体会费、个人会费等)设置明细账,进行明细核算。向会员收取会费,在满足收入确认条件时,借记“现金”、“银行存款”、“应收账款”等科目,贷记“会费收入”科目“非限定性收入”明细科目;如果存在限定性会费收入,应当贷记“会费收入”科目“限定性收入”明细科目。期末,将本科目的余额转入非限定性净资产,借记“会费收入”科目“非限定性收入”明细科目,贷记“非限定性净资产”科目。如果存在限定性会费收入,则将其金额转入限定性净资产,借记本科目“限定性收入”明细科目,贷记“限定性净资产”科目。期末结转后,本科目应无余额。

[例12-2] 某慈善机构20××年发生如下经济业务:

1.收到一单位交来的团体会费5 000元,存入银行。应编制会计分录:

借:银行存款　　5 000

　　贷:会费收入——非限定性收入(团体会费)　　5 000

2.收到某会员200元会费,存入银行。应编制会计分录:

借:银行存款　　200

　　贷:会费收入——非限定性收入(个人会费)　　200

3.期末将会费收入6 000元转入净资产类账户。应编制会计分录:

借:会费收入——非限定性收入(团体会费)　　6 000

　　贷:非限定性净资产　　6 000

四、提供服务收入的核算

提供服务收入是指民间非营利组织根据章程等的规定向其服务对象提供服务

取得的收入,包括学费收入、医疗费收入、培训费收入等。

民间非营利组织在满足规定的收入确认条件时确认提供服务收入。为了核算提供服务收入,设置"提供服务收入"账户,同时设置"限定性收入"和"非限定性收入"明细科目,如存在多种劳务应当按照提供服务的种类设置明细账。提供劳务取得收入时,按照实际收到或应当收取的价款,借记"现金"、"银行存款"、"应收账款"等科目,按照应当确认的提供服务收入金额,贷记"提供服务收入"科目;按照预收的价款,贷记"预收账款"科目。在以后期间确认提供服务收入时,借记"预收账款"科目,贷记"提供服务收入"科目"非限定性收入"明细科目;如果存在限定性提供服务收入,应当贷记"提供服务收入"科目"限定性收入"明细科目。期末,将本科目的余额转入非限定性净资产,借记"提供服务收入"科目"非限定性收入"明细科目,贷记"非限定性净资产"科目。如果存在限定性提供服务收入,则将其金额转入限定性净资产,借记本科目"限定性收入"明细科目,贷记"限定性净资产"科目。期末结转后,本科目应无余额。

[例 12-3] 某民间防癌协会 20××年发生如下经济业务:

1.收到培训费 6 000 元,存入银行。应编制会计分录:

借:银行存款　　6 000

　　贷:提供服务收入——非限定性收入(培训费收入)　　6 000

2.期末将提供劳务收入中的培训费收入 6 000 元,转入非限定性净资产。应编制会计分录:

借:提供劳务收入——非限定性收入(培训费收入)　　6 000

　　贷:非限定性净资产　　6 000

五、政府补助收入的核算

政府补助收入是指民间非营利组织接受政府拨款或者政府机构给予的补助而取得的收入。如果资产提供者对资产的使用设置了时间限制或者(和)用途限制,则所确认的相关收入为限定性收入;除此之外的其他所有收入,为非限定性收入。

民间非营利组织在满足规定的收入确认条件时确认政府补助收入。为了正确核算政府补助收入,设置"政府补助收入"账户,同时设置"限定性收入"和"非限定性收入"明细科目。接受的政府补助,按照应确认的金额,借记"现金"、"银行存款"等科目,贷记"政府补助收入"科目"限定性收入"或"非限定性收入"明细科目。如果限定性政府补助收入的限制在确认收入的当期得以解除,应当将其转为非限定性捐赠收入,借记"政府补助收入"科目"非限定性收入"明细科目,贷记"政府补助收入"科目"非限定性收入"明细科目。期末,将"政府补助收入"科目各明细科目的余额分别转入限定性净资产和非限定性净资产,借记"政府补助收入"科目"限定性收入"明细科目,贷记"限定性净资产"科目;借记"政府补助收入"科目"非限定性收入”明细科目,贷记“非限定性净资产”科目。期末结转后,本科目应无余额。

对于接受的附有条件的政府补助,如果民间非营利组织存在需要偿还全部或部分政府补助资产或者相应金额的现时义务时(比如因无法满足政府补助所附条件而必须退还部分政府补助时),按照需要偿还的金额,借记“管理费用”科目,贷记“其他应付款”等科目。

[例 12-4] 某慈善机构 20××年发生如下经济业务:

1.收到政府部门的补助款 20 000 元,款项存入银行。应编制会计分录:

借:银行存款　　20 000

　贷:政府补助收入——非限定性收入　　20 000

2.收到政府补助 50 000 元,用于救助残疾人,款项存入银行。应编制会计分录:

借:银行存款　　50 000

　贷:政府补助收入——限定性收入　　50 000

3.收到政府补助 100 000 元,用于奖励在科研中取得优异成绩的科研人员,实际支付 80 000 元,退回补助金 20 000 元。应编制会计分录:

借:银行存款　　100 000

　贷:政府补助收入——限定性收入　　100 000

实际支付时:

借:业务活动成本　　80 000

　贷:银行存款　　80 000

同时:

借:管理费用　　20 000

　贷:其他应付款　　20 000

[例 12-5] 某民间防癌协会月初收到一笔政府补助款项 1 000 元,现可以动用。应编制会计分录:

借:政府补助收入——限定性收入　　1 000

　贷:政府补助收入——非限定性收入　　1 000

[例 12-6] 期末某基金会将政府补助收入中限定性收入 150 000 元和非限定性收入 60 000 元转入“限定性净资产”和“非限定性净资产”科目。应编制会计分录:

借:政府补助收入——限定性收入　　150 000

　　　　　　——非限定性收入　　60 000

　贷:限定性净资产　　150 000

　　非限定性净资产　　60 000

六、商品销售收入的核算

商品销售收入是指民间非营利组织销售商品(如出版物、药品等)等所形成的收入。一般情况下,民间非营利组织的商品销售收入为非限定性收入,除非相关资产提供者对资产的使用设置了限制。

民间非营利组织应当在满足规定的收入确认条件时确认商品销售收入。为了核算商品销售收入的实现和业务活动成本的发生情况,民间非营利组织应设置“商品销售收入”和“业务活动成本”科目。确认实现的收入时,借记“银行存款”、“应收账款”、“应收票据”等科目,贷记“商品销售收入”科目。结转销售成本,借记“业务活动成本”科目,贷记“存货”科目。发生销货退回等减少收入时,按减少的收入借记“商品销售收入”科目,按应退回的价税款贷记“银行存款”、“应收账款”等科目。同时还应转回已经结转的销售成本。期末结转时,将本科目的余额转入非限定性净资产,借记“商品销售收入”科目,贷记“非限定性净资产”科目;借记“非限定性净资产”科目,贷记“业务活动成本”科目。如果存在限定性商品销售收入,则将其金额转入限定性净资产,借记“商品销售收入”科目,贷记“限定性净资产”科目。期末这两个科目均无余额。

本科目应当按照商品的种类设置明细账,进行明细核算。

(一)一般销售业务

一般销售业务包括正常实现销售收入的会计处理、现金折扣销售方式的会计处理、销售折让销售的会计处理、销货退回的会计处理等。

1.销售收入的会计处理。商品销售收入确认时,应按确定的收入金额与应收取的增值税入账。

[例 12-7] 某民间医疗组织 20××年发生如下经济业务:

(1)销售商品一批,发票注明价款 40 000 元。货物已发出,款项尚未收到。该商品的成本为 32 000 元。

确认该商品销售满足销售收入确认的条件,应编制会计分录:

借:应收账款　　40 000

　贷:商品销售收入　　40 000

同时应结转销售成本:

借:业务活动成本　　32 000

　贷:存货　　32 000

如果不能满足收入确认条件的发出商品,不确认收入,但要将发出商品备查登记。

(2)药品发出后,双方约定,使用一个疗程后不见效可退货,则民间医疗机构不做账务处理,但在备查簿中登记注明发出药品的数量、金额。

2.现金折扣的会计处理。现金折扣是指债权人为鼓励债务人在规定的期限内付款而向债务人提供的债务扣除。当有现金折扣销售时,收入的计量按发票注明的价款计量,现金折扣不作扣除。将来债务人实际享有的现金折扣,在发生时,计入当期费用。

[例 12-8] 某民间非营利组织 20××年 3 月 15 日销售商品一批,发票注明价款 50 000 元,为了尽早收回货款,合同规定全部款项现金折扣条件为 2/10,n/30。其会计处理如下:

(1)确认销售收入时,按销售总额计量收入:

借:应收账款　　50 000

　贷:商品销售收入　　50 000

(2)购货方于 3 月 22 日付款,则购货方享有 2%的现金折扣,金额为:50 000×2%=1 000(元),实际收到款项 49 000(50 000-1 000)元。

借:银行存款　　49 000

　筹资费用　　1 000

　贷:应收账款　　50 000

如果购货方于 3 月 25 日以后支付款项,则应按全部款项付款。

借:银行存款　　50 000

　贷:应收账款　　50 000

3.销售折让的会计处理。销售折让是指民间非营利组织因出售商品的质量不合格等原因而在售价上给予的减让。销售折让应于实际发生时直接从当期实现的销售收入中抵减。

4.销货退回的会计处理。销货退回是指已经售出的商品,由于质量、品种或错发商品等原因发生退货。销售退回分别情况处理:

(1)未确认收入的已发出商品的退货,不进行账务处理。

(2)已经确认收入的销货退回,一般情况下直接冲减退回当月的商品销售收入、商品销售成本等,按照应当冲减的商品销售收入,借记"商品销售收入"科目,按照已收或应收的金额,贷记"银行存款"、"应收账款"、"应收票据"等科目;按照退回商品的成本,借记"存货"科目,贷记"业务活动成本"科目。

[例 12-9]某民间非营利组织 20××年 11 月 20 日销售商品一批,价款 120 000 元,款项已经收到并存入银行。该商品成本为 101 000 元,于 12 月 25 日因质量问题退货。应编制会计分录:

借:商品销售收入　　120 000

　贷:银行存款　　120 000

同时转回销售成本:

借:存货　　101 000

　贷:业务活动成本　　101 000

如果该销售已发生现金折扣,应在退回当月一并处理。

对于报告年度资产负债表日至财务报告批准报出日之间发生的报告年度或以前年度的销售退回,应当作为资产负债日后事项的调整事项处理,调整报告期间会计报表的相关项目;按照应冲减的商品销售收入,借记“非限定性净资产”科目(如果所调整收入属于限定性收入,应当借记“限定性净资产”科目),按照已收或应收的金额,贷记“银行存款”、“应收账款”、“应收票据”等科目;按照退回商品的成本,借记“存货”科目,贷记“非限定性净资产”科目。如果该销售已发生现金折扣,应一并处理。

[例 12－10] 依据上例[例 12－9]的资料,如果该销货于下一年度 2 月 5 日退货(上年度财务报告批准报出日为 4 月 20 日),则应作如下账务处理:

(1)冲减上年收入:

借:非限定性净资产　　120 000

　贷:银行存款　　120 000

(2)转回上年成本:

借:存货　　101000

　贷:非限定性净资产　　101000

七、其他收入的核算

其他收入是指民间非营利组织除捐赠收入、会费收入、提供服务收入、商品销售收入、政府补助收入、投资收益等主要业务活动收入以外的其他收入,如确实无法支付的应付款项、存货盘盈、固定资产盘盈、固定资产处置净收入、无形资产处置净收入、在非货币性交易中收到补价情况下应确认的损益等。一般情况下,民间非营利组织的其他收入为非限定性收入,除非相关资产提供者对资产的使用设置了限制。

为了核算其他收入,应设置“其他收入”科目,同时设置“限定性收入”和“非限定性收入”明细科目。其他收入增加时,借记“现金”、“存货”、“固定资产”、“固定资产清理”、“无形资产”、“应付账款”、“文物文化资产”等科目,贷记“其他收入”科目“非限定性收入”明细科目;如果存在限定性其他收入,应当贷记“其他收入”科目“限定性收入”明细科目。一般情况下,期末将本科目的余额转入非限定性净资产,借记“非限定性净资产”科目,贷记“其他收入”科目。结转后,本科目无余额。

现金、存货、固定资产等盘盈,根据管理权限报经批准后,借记“现金”、“存货”、“固定资产”、“文物文化资产”等科目,贷记“其他收入”科目“非限定性收入”明细科目;如果存在限定性其他收入,应当贷记“其他收入”科目“限定性收入”明细科目。

对于固定资产处置净收入,借记“固定资产清理”科目,贷记“其他收入”科目。

对于无形资产处置净收入,按照实际取得的价款,借记“银行存款”等科目,按照该项无形资产的账面余额,贷记“无形资产”科目,按照其差额,贷记“其他收入”科目。

确认无法支付的应付款项,借记“应付账款”等科目,贷记“其他收入”科目。

在非货币性交易中收到补价情况下,应确认的损益,借记有关科目,贷记“其他收入”科目。“其他收入”科目应当按照其他收入种类设置明细账,进行明细核算。

[例 12-12] 某慈善机构处置一项固定资产原值 200 000 元,累计折旧 50 000 元,出售收入 180 000 元,存入银行。应编制会计分录:

1. 借:固定资产清理　　150 000
　　累计折旧　　50 000
　　贷:固定资产　　200 000

2. 借:银行存款　　180 000
　　贷:固定资产清理　　180 000

3. 借:固定资产清理　　30 000
　　贷:其他收入——非限定性收入(固定资产处置净收入)　　30 000

[例 12-13] 某基金会期末存货盘盈,同类存货的公允价值为 3 000 元,按照有关管理权限批准记入其他收入的“非限定性收入”。应编制会计分录:

借:存货　　3 000
　　贷:其他收入——非限定性收入(存货盘盈)　　3 000

第三节　民间非营利组织费用

一、费用的概念

费用是指民间非营利组织为开展业务活动所发生的、导致本期净资产减少的经济利益或者服务潜力的流出。费用应当按照其功能分为业务活动成本、管理费用、筹资费用和其他费用等。

费用有广义和狭义之分。广义的费用泛指民间非营利组织在业务活动中所发生的各种耗费。狭义的费用,仅指按配比性原则确认的与本期收入配比的耗费。民间非营利组织会计核算上所讲的费用是指狭义的费用。费用的确认应按照权责发生制原则确认,凡是本期应该发生的费用,不管款项是否支付,都应列入本期费用;凡是不属于本期应发生的费用,即使是支付了的款项,也不能确认本期费用。民间非营利组织发生的业务活动成本、管理费用、筹资费用和其他费用,应当在实际发生时按其发生额计入当期费用。

二、业务活动成本的核算

业务活动成本是指民间非营利组织为了实现其业务活动目标、开展其项目活动或者提供服务所发生的费用。

如果民间非营利组织从事的项目、提供的服务或开展的业务比较单一,可以将相关费用全部归集在“业务活动成本”项目下进行核算和列报;如果民间非营利组织从事的项目、提供的服务或者开展的业务种类较多,应当在“业务活动成本”项目下分项目、服务或者业务大类进行核算和列报。

民间非营利组织发生的业务活动成本,应当按照其发生额计入当期费用。为了核算业务活动成本,设置“业务活动成本”科目。发生时,借记“业务活动成本”科目,贷记“现金”、“银行存款”、“存货”、“应付账款”等科目。期末将本科目的余额转入非限定性净资产,借记“非限定性净资产”科目,贷记“业务活动成本”科目。期末结转后,本科目无余额。

[例 12-14] 某民间组织销售一批商品售价 10 000 元,成本 8 000 元,款项存入银行。应编制会计分录:

借:银行存款　　10 000
　　贷:商品销售收入　　10 000
借:业务活动成本　　8 000
　　贷:存货　　8 000

[例 12-15] 某基金会 20××年 1 月,按照捐赠人的要求将上一年收到的一笔金额为 5 万元的款项,用于购买学生教材。20××年 2 月将该批教材赠送给希望小学的学生。应根据有关凭证,编制会计分录:

1.购买教材时:
借:存货　　50 000
　　贷:银行存款　　50 000
同时:
借:限定性净资产　　50 000
　　贷:非限定性净资产　　50 000
2.捐赠书籍:
借:业务活动成本　　50 000
　　贷:存货　　50 000

三、管理费用的核算

管理费用是指民间非营利组织为组织和管理自己的业务活动所发生的各种费用,包括民间非营利组织董事会(或者理事会或者类似权力机构)经费和行政管理人员的工资、奖金、津贴、福利费、住房公积金、住房补贴、社会保障费、离退休人员工资与补助以及办公费、水电费、邮电费、物业管理费、差旅费、折旧费、修理费、无形资产摊销费、存货盘亏损失、资产减值损失、因预计负债所产生的损失、聘请中介机构和应偿还的受赠资产等。

民间非营利组织发生的管理费用,应当在发生时按其发生额计入当期费用。为了核算民间非营利组织为组织和管理组织的业务活动所发生的各种费用,应设置"管理费用"科目,并在"管理费用"科目下,按费用项目设置明细账进行明细核算。期末,将本科目的余额转入非限定性净资产,贷记"管理费用"科目,借记"非限定性净资产"科目,结转后无余额。

民间非营利组织的现金、存货、固定资产等盘亏,根据管理权限报经批准后,按照相关资产账面价值扣除可以收回的保险赔偿和过失人的赔偿等,借记"现金"、"管理费用"、"其他应收款"等科目,按照相关资产的账面余额,贷记相关资产科目。

对于因提取资产减值准备而确认的资产减值损失,借记"管理费用"科目,贷记相关资产减值准备科目。冲减或转回资产减值准备,借记相关资产减值准备科目,贷记"管理费用"科目。

提取行政管理用固定资产折旧,借记"管理费用"科目,贷记"累计折旧"科目。

无形资产摊销时,借记"管理费用"科目,贷记"无形资产"科目。

发生的应归属于本期的应付工资、应交税金等,借记"管理费用"科目,贷记"应付工资"、"应交税金"等科目。

对于因确认预计负债而确认的损失,借记"管理费用"科目,贷记"预计负债"科目。

发生的其他管理费用,借记"管理费用"科目,贷记"现金"、"银行存款"等科目。

[例 12-16]某慈善机构 20××年 12 月发生如下经济业务:

1.本月计提固定资产折旧 2 000 元,购买办公用品 1 000 元,用银行存款支付。应编制会计分录:

借:管理费用　　3 000

　贷:累计折旧　　2 000

　　银行存款　　1 000

2.当月固定资产维修费 3 000 元,用银行存款支付。应编制会计分录:

借:管理费用　　3 000

　贷:银行存款　　3 000

3.因担保,很可能要负担 100 000 元的赔款。应编制会计分录:

借:管理费用　　100 000

　贷:预计负债　　100 000

4.期末将上项管理费用转入净资产。应编制会计分录:

借:非限定性净资产　　16 000

　　贷:管理费用　　16 000

四、筹资费用的核算

筹资费用是指民间非营利组织为筹集业务活动所需资金等而发生的费用,包括民间非营利组织获得捐赠资产而发生的费用以及应当计入当期费用的借款费用、汇兑损失(减汇兑收益)等。

民间非营利组织为了获得捐赠资产而发生的费用包括举办募款活动费,准备、印刷和发放募款宣传资料费以及其他与募款和争取捐赠有关的费用。

民间非营利组织发生的筹资费用,应当在发生时按其发生额计入当期费用。为了核算民间非营利组织的筹资费用,设置"筹资费用"科目。发生的筹资费用,借记"筹资费用"科目,贷记"预提费用"、"银行存款"、"长期借款"等科目。发生的应冲减筹资费用的利息收入、汇兑收益,借记"银行存款"、"长期借款"等科目,贷记"筹资费用"科目。期末,将本科目的余额转入非限定性净资产,借记"非限定性净资产"科目,贷记"筹资费用"科目。结转后,本科目应无余额。

筹资费用应当按照筹资费用种类设置明细账,进行明细核算。

[例 12－17] 某慈善机构 20××年 12 月发生如下经济业务:

1.发生了一笔为取得捐赠收入的费用 1 000 元,用银行存款支付。应编制会计分录:

借:筹资费用　　1 000

　　贷:银行存款　　1 000

2.应计提当月的利息费用为 1 200 元。应编制会计分录:

借:筹资费用　　1 200

　　贷:预提费用　　1 200

3.期末将筹资费用 6 500 元转入净资产。应编制会计分录:

借:非限定性净资产　　6 500

　　贷:筹资费用　　6 500

五、其他费用的核算

其他费用是指民间非营利组织发生的、无法归属到上述业务活动成本、管理费用或者筹资费用中的费用,包括固定资产处置净损失、无形资产处置净损失等。

民间非营利组织发生的其他费用,应当在发生时按其发生额计入当期费用。为了核算民间非营利组织的其他费用,设置"其他费用"科目。发生的固定资产处置净损失,借记"其他费用"科目,贷记"固定资产清理"科目。发生的无形资产处置净损失,按照实际取得的价款,借记"银行存款"等科目,按照该项无形资产的账面余额,贷记"无形资产"科目,按照其差额,借记"其他费用"科目。期末,将本科目的余额转入非限定性净资产,借记"非限定性净资产"科目,贷记"其他费用"科目。结转后,本科目应无余额。

本科目应当按照费用种类设置明细账,进行明细核算。

[例 12－18] 某基金会处置一项无形资产,无形资产账面余额 21 000 元,处置收入 18 000 元。应编制会计分录:

借:银行存款	18 000	
其他费用	3 000	
贷:无形资产		21 000

[例 12－19] 某基金会期末盘亏固定资产一台,价值 50 000 元,报经批准后,应编制会计分录:

借:其他费用	50 000	
贷:固定资产		50 000

[例 12－20] 期末将其他费用 4 500 元转入非限定性净资产。应编制会计分录:

借:非限定性净资产	4 500	
贷:其他费用		4 500

第四节　民间非营利组织净资产

净资产是指民间非营利组织的资产减去负债后的差额;按照是否受到限制,分为限定性净资产和非限定性净资产。

一、限定性净资产

(一)限定性净资产的内容

限定性净资产是指民间非营利组织净资产中受到资产提供者或者国家有关法律、行政法规所设置的时间限制或(和)用途限制的部分。限定性资产主要包括三个方面:

1.民间非营利组织资产的使用受到资产提供者或者国家法律、行政法规所设置的时间限制或(和)用途限制,由此形成的净资产。如某基金会收到一项捐赠收入,捐赠人指明只能用来援助失学儿童。

2.民间非营利组织资产所产生的经济利益(如资产的投资收益和利息等)的使用受到资产提供者或者国家法律、行政法规所设置的时间限制或(和)用途限制,由此形成的净资产。如某慈善机构收到一笔捐赠款项,该捐赠人要求该笔款项的利息只能进行慈善机构的日常维修。

3.国家有关法律、行政法规对民间非营利组织净资产的使用直接设置限制的，该净资产亦称为限定性净资产。

时间限制是指民间非营利组织的资产提供者或者国家有关法律、行政法规要求民间非营利组织在收到资产后的特定时期之内或特定日期之后使用该项资产，或者对资产的使用设置了永久限制。如某基金会收到一项政府补贴，要求该项补贴只能用来救济残疾人，这就是一个永久性限制。

用途限制是指民间非营利组织的资产提供者或者国家有关法律、行政法规要求民间非营利组织将收到的资产用于某一特定的用途。

当然限定性净资产也不是一成不变的，如果限定性净资产的限制已经解除，应当对净资产进行重新分类，将限定性净资产转为非限定性净资产。当存在下列情况之一时，可以认为限定性净资产的限制已经解除：(1)限定性净资产的限制时间已经到期；(2)所限定净资产规定的用途已经实现（或者目的已经达到）；(3)资产提供者或者国家有关法律、行政法规撤销了所设置的限制。

如果限定性净资产受到两项或两项以上的限制，应当在最后一项限制解除时，才能认为该项限定性净资产的限制已经解除。

需要注意的是，民间非营利组织的董事会、理事会或类似权力机构对净资产的使用所作的限定性决策、决议或拨款限额等，属于民间非营利组织内部管理上对资产使用所作的限制，不属于限定性净资产。

(二)限定性净资产的核算

为了核算限定性净资产业务，民间非营利组织应设置“限定性净资产”总账科目。期末将当期限定性收入实际发生额转为限定性净资产，借记“捐赠收入——限定性收入”、“政府补助收入——限定性收入”、“会费收入——限定性收入”等科目，贷记“限定性净资产”科目。如果限定性净资产的限制已经解除，应当对净资产进行重新分类，将限定性净资产转为非限定性净资产，借记“限定性净资产”科目，贷记“非限定性净资产”科目。如果因调整以前期间收入、费用项目而涉及调整限定性净资产的，应当就需要调整的金额，借记或贷记有关科目，贷记或借记“限定性净资产”科目。本科目期末贷方余额，反映民间非营利组织历年积存的限定性净资产。

[例12－21] 某基金会20××年12月末有关账户余额如下（单位：元）：

捐赠收入——限定性收入	80 000
政府补助收入——限定性收入	100 000
会费收入——限定性收入	50 000

月末结转有关科目时，应编制会计分录：

借:捐赠收入——限定性收入　　80 000
　政府补助收入——限定性收入　　100 000
　会费收入——限定性收入　　50 000
　贷:限定性净资产　　230 000

[例 12-22] 某慈善机构一项 5 年期有特定用途的政府补助收入 20 000 元到期,可以转为一般性使用。应编制会计分录:

借:限定性净资产　　20 000
　贷:非限定性净资产　　20 000

[例 12-23] 某民间协会 20××年 4 月份发现当月的一笔会费收入款 3 000 元和 2002 年一笔 5 000 元款有限定性用途,而当时误记为非限定用途处理。应编制会计分录:

借:会费收入——非限定性收入　　3 000
　非限定性净资产　　5 000
　贷:限定性净资产　　5 000
　　会费收入——限定性收入　　3 000

二、非限定性净资产

(一)非限定性净资产的内容

非限定性净资产是指民间非营利组织的净资产中没有时间限制或(和)用途限制的部分。它主要包括:

1. 期末民间非营利组织的非限定性收入的实际发生额与当期费用的实际发生额的差额。

2. 由限定性净资产转为非限定性净资产的金额。

(二)非限定性净资产的核算

为了核算民间非营利组织的非限定性净资产,应设置“非限定性净资产”科目。期末,将各收入类科目所属“非限定性收入”明细科目的余额转入本科目,借记“捐赠收入——非限定性收入”、“会费收入——非限定性收入”、“提供服务收入——非限定性收入”、“政府补助收入——非限定性收入”、“商品销售收入——非限定性收入”、“投资收益——非限定性收入”、“其他收入——非限定性收入”等科目,贷记“非限定性净资产”科目。同时,将各费用类科目的余额转入本科目,借记“非限定性净资产”科目,贷记“业务活动成本”、“管理费用”、“筹资费用”、“其他费用”等科目,如果限定性净资产的限制已经解除,应当对净资产进行重新分类,将限定性净资产转为非限定性净资产,借记“限定性净资产”科目。贷记“非限定性净资产”科目。如果因调整以前期间收入、费用项目而涉及调整非限定性净资产的,应当就需要调整的金额,借记或贷记“非限定性净资产”科目。本科目期末贷方余额,反映民间非营利组织历年积存的非限定性净资产。

［例 12－24］某基金会 12 月末各收支科目的余额如下(单位:元):

捐赠收入——非限定性收入	13 500
会费收入——非限定性收入	86 000
提供服务收入——非限定性收入	16 000
政府补助收入——非限定性收入	24 400
商品销售收入——非限定性收入	456 000
投资收益——非限定性收入	5 600
其他收入——非限定性收入	500
业务活动成本	221 000
管理费用	43 000
筹资费用	35 000
其他费用	5 000

结转有关收支科目时,应编制会计分录:

借:捐赠收入——非限定性收入　13 500
　会费收入——非限定性收入　86 000
　提供服务收入—非限定性收入　16 000
　政府补助收入——非限定性收入　24 400
　商品销售收入——非限定性收入　456 000
　投资收益——非限定性收入　5 600
　其他收入——非限定性收入　500
　贷:非限定性净资产　602 000

同时:

借:非限定性净资产　304 000
　贷:业务活动成本　221 000
　　管理费用　43 000
　　筹资费用　35 000
　　其他费用　5 000

［例 12－25］某慈善机构 5 月份发现本月一项非限定性捐赠收入 2 000 元误记为限定性收入,以前年度 4 500 元的非限定性收入误记为限定性收入。应编制会计分录:

借:捐赠收入——限定性收入　2 000
　限定性净资产　4 500
　贷:非限定性净资产　4 500
　　捐赠收入——非限定性收入　2 000

小知识：

据统计，截至2003年底，我国在民政部门登记注册的县以上社会团体已经发展到14.2万个，在民政部登记注册的基金会达到1200家，民办非企业单位达到12.4万个。

实践已经表明且更进一步地表明，大力发展民间非营利组织，无论对于政府来讲还是对于公民个人来说，都具有重要的作用。一方面，民间非营利组织可以不依赖政府财政，而是依法广泛地筹集社会民间资金，用于社会救助、扶贫、教育、医疗、养老等诸多的社会公益事业，有效地弥补政府在公共产品和准公共产品提供上的资金不足，从而使社会和公民得到更多和更好的服务。另一方面，民间非营利组织是依照市场经济体制建立的，其运转是依靠市场机制维持的，从而使其更具有效率上的优势。而且由于业务开展情况要接受政府职能部门的监管和社会大众的监督，更由于保障运转的资源广泛地来自于捐赠人、会员和服务对象，有的还接受政府的资助，因而形成了一个依靠出资人实施有效监管的机制，使得其效率和公平性更加得到保障。客观地讲，民间非营利组织的发展，对于促进社会事业的协调发展，对于促进社会的团结与和谐，甚至对于促进社会的稳定和经济的持续协调发展，都具有重要的作用。也正是基于这一点，人们将其看做市场经济体系的重要组成部分，甚至于经常把民间非营利组织称为政府和企业之外的第三部门。

摘自：王翠春、宋希亮：《民间非营利组织会计制度讲解》，东北财经大学2005年版。

非营利部门的定义

在美国，每年非营利部门中有超过100万个组织得到数百亿元的基金，这些基金一般来自于税收或是资助。这些非营利部门多种多样，既包括免税或是应纳税的组织，也包括慈善机构、共同受益机构、公共慈善团体和私人基金。这些非营利组织的共同特点在于没有所有者，依靠捐赠、会费、服务费而不是营利作为他们的收入来源。美国职业会计师协会和财务会计标准委员会最近也对非营利机构给出了明确的定义。非营利机构区别于商业机构，具有以下几个方面的特征：

1.捐赠是这类组织收入的主要来源，同时捐赠者的目的不在于得到同等的或是一定比例的回报。

2.组织有运作的目标，但并不是提供商品和服务来获取利润。

3.组织没有所有权利益，以区别于其他商业机构。

摘自：荆新、杨庆英等：《政府与非营利组织会计》，中国人民大学出版社2004年版。

第十三章　民间非营利组织资产和负债

第一节　民间非营利组织资产

资产是指由民间非营利组织过去的交易或事项形成并被民间非营利组织拥有或者控制的资源，该资源预期会给民间非营利组织带来经济利益或者服务潜能，包括各种财产、债权和权利。资产按照其流动性分为流动资产、长期投资、固定资产、无形资产和受托代理资产等。

一、现金

(一)现金的定义与管理

现金也称库存现金，是指由民间非营利组织保管的库存现金。库存现金是流动性最强的资产，它的收付是经常发生的，而且由于现金具有普遍的可接受性，因而，现金最容易被挪用、侵占，发生现金损失。所以，各类民间非营利组织会计应建立健全有关现金的内部管理和控制制度，严格按照国家有关现金收支范围和库存现金限额的规定收支现金，并严格按照《民间非营利组织会计制度》规定核算现金的各项收支业务。

(二)账户的设置

民间非营利组织为了核算反映库存现金的收付、结存情况，应设置“现金”科目。借方登记库存现金增加，贷方登记库存现金减少，期末借方余额反映民间非营利组织实际持有的库存现金。

民间非营利组织应设置“库存现金日记账”，由出纳员按照业务发生顺序逐日逐笔登记。对于有外币现金的民间非营利组织，应当分别人民币和各种外币设置“现金日记账”进行明细核算。

(三)现金的清查

民间非营利组织出纳员在每天业务终了，应当计算当日的现金收入合计、现金支出合计和结余数，并将结余数与实际库存现金数核对，做到账实相符。如果出现账实不一致,出现现金短缺或溢余,应当及时查明原因,并根据管理权限报经批准后,在期末结账前处理完毕。

如为现金短缺,属于应由责任人或保险公司赔偿的部分,借记"其他应收款",贷记"现金"等科目;属于无法查明的其他原因的部分,借记"管理费用"科目,贷记"现金"科目。如为现金溢余,属于应支付给有关人员或单位的部分,借记"现金"科目,贷记"其他应付款"科目;属于无法查明的其他原因的部分,借记"现金"科目,贷记"其他收入"科目。

[例 13-1] 某寺院 20××年6月10日发生下列现金收付业务:

1.内部职工业务员王惠出发,预借差旅费 1 500 元。根据借款单据编制会计分录:

借:其他应收款——王惠　　1 500
　贷:现金　　1 500

2.职工王惠出差归来,报销差旅费 850 元,交回现金 650 元,结清借款。根据报销凭证编制会计分录:

借:业务活动成本　　850
　现金　　650
　贷:其他应收款——王惠　　1 500

3.以现金购买办公用品 120 元,予以报销。根据发票报销应编制会计分录:

借:管理费用　　120
　贷:现金　　120

4.在现金清查中,发现长款 60 元。根据"现金溢余报告表"中溢余的原因为无法查明。应编制会计分录:

借:现金　　60
　贷: 其他收入　　60

5.在现金清查中短款 300 元,无法查明原因。根据"现金短缺报告表",经决定应由责任人冠力赔偿 80%。应编制会计分录:

借:其他应收款——冠力　　240
　管理费用　　60
　贷:现金　　300

二、银行存款

(一)银行存款的定义和管理

各民间非营利组织在经济业务中发生的经济往来结算业务,除了按国家规定可以用现金直接结算外,都必须通过银行进行转账结算。银行存款是指民间非营利组织存入银行或其他金融机构的存款。

根据中国人民银行《支付结算办法规定》的规定，各民间非营利组织都应在银行开立账户，办理存款、取款和转账结算。在银行开立人民币存款账户的民间非营利组织，必须遵守中国人民银行颁布的《银行账户管理办法》的各项规定，遵守结算纪律。民间非营利组织在银行开户后，可以向银行购买各种银行结算凭证和票据，用以办理银行存款的收付业务。除了按规定限额留存库存现金外，所有款项都必须存入银行存款账户。

（二）账户的设置及核算

为了反映银行存款的收付和结余情况，民间非营利组织应设置"银行存款"科目。借方登记银行存款的增加数，贷方登记银行存款的减少数，期末借方余额反映民间非营利组织实际存在银行或其他金融机构的款项。

民间非营利组织应按开户银行和其他金融机构、存款种类等，分别设置"银行存款日记账"，由会计人员或代理记账机构根据收付款凭证，按照业务发生的顺序逐笔登记。每日终了结出余额。

[例 13－2] 某儿童基金会 20××年发生如下经济业务：

1.收到捐款 50 000 元，款项存入银行。根据进账单编制会计分录：

借：银行存款　　50 000

　贷：捐赠收入　　50 000

2.购进货物，款项共计 65 500 元，款项用银行存款转账支付，货物入库。根据付款凭证编制会计分录：

借：存货　　65 500

　贷：银行存款　　65 500

3.从银行转账支付业务活动费用 3 500 元。根据有关付款凭证编制会计分录：

借：业务活动成本　　3 500

　贷：银行存款　　3 500

4.收到银行收账通知，收到存款利息收入 210.50 元。根据收账通知编制会计分录：

借：银行存款　　210.50

　贷：筹资费用　　210.50

（三）银行存款的结算方法

民间非营利组织银行存款的收款凭证和付款凭证的填制时间及填制依据要根据不同的结算方式而定。民间非营利组织的银行存款的结算方式可以有多种，主要有以下几种转账结算方式：支票、汇兑、银行汇票、商业汇票、银行本票、委托收款、托收承付。

（四）银行存款核对

民间非营利组织应按开户银行和其他金融机构、存款种类等，分别设置“银行存款日记账”，由出纳员根据收付款凭证，按照业务顺序逐笔登记，每日终了结出余额。“银行存款日记账”应定期与“银行对账单”核对，至少每月核对一次。月度终了，民间非营利组织账面余额与银行对账单余额之间的差额，应逐笔查明原因进行处理，并按月编制“银行存款余额调节表”调节相符。

民间非营利组织银行存款账面余额与银行对账单余额不符的原因有两个：一是双方记账错误，二是存在未达账项。对于记账错误，应按错误的原因进行错账更正。对于未达账项的错误，应编制“银行存款余额调节表”调节相符。所谓的未达账项，是指由于结算凭证在银行与民间非营利组织之间的传递，在接受时间上不一致而导致的一方已经入账而另一方尚未入账的款项。未达账项归纳起来有四种情况：

1. 民间非营利组织已经收款记账，而银行尚未收款记账的款项。

2. 民间非营利组织已经付款入账，而银行尚未付款记账的款项。

3. 银行已经收款记账，而民间非营利组织尚未收款记账的款项。

4. 银行已经付款记账，而民间非营利组织尚未付款记账的款项。

银行存款余额调节表的格式如表 13－1：

［例 13－3］某慈善总会 20××年 5 月 31 日银行存款日记账的余额为 24 000 元，而银行对账单上的存款余额为 34 000 元。经逐笔核对，发现有下列未达账项：

1. 慈善总会于 5 月 25 日存入转账支票一张 2 000 元，但银行尚未办妥入账。

2. 慈善总会 5 月 26 日开出转账支票一张 2 800 元，持票人尚未办理转账手续。

3. 银行于 5 月 27 日已将受托销货款 10 000 元收款入账，慈善总会尚未收到收账通知。

4. 银行于 5 月 29 日已将慈善总会应支付的水电费 800 元从银行存款中划拨，但慈善总会尚未收到转账通知单。

根据上述资料，慈善总会编制 5 月 31 日银行存款余额调节表 13－1：

表 13－1 银行存款余额调节表

项　目	金　额	项　目	金　额
慈善总会银行存款账户余额	24 000	银行对账单上的存款余额	34 000
加：银行已收款记账金额	10 000	加：慈善总会已收款记账金额	2 000
减：银行已付款记账金额	800	减：慈善总会已付款记账金额	2 800
调节后的余额	33 200	调节后的余额	33 200

经过上述调整后双方余额相符，表示双方记账基本没有差错。需要注意的是，银行存款余额调节表只是用来核对民间非营利组织与银行双方的记账有无差错，不能作为记账依据。对于因未达账项而使双方账面余额出现的差异，不需要进行

账项调整，待民间非营利组织和银行各自收到有关凭证后再进行会计处理。

（五）外币银行存款

有外币业务的民间非营利组织在核算外币业务时，应当设置相应的外币账户。外币账户包括外币现金、外币银行存款、以外币结算的债权和债务账户等，这些账户应当与非外币的各该相同账户分别设置，并分别核算。同时，还应分别人民币和各种外币设置"银行存款日记账"进行明细核算。民间非营利组织发生外币业务时，应将有关外币金额折合为人民币记账。除了另有规定外，所有与外币有关的账户，都应采用业务发生时的汇率，也可以采用业务发生当期期初汇率折合人民币。

期末，各种外币账户（包括外币现金、外币银行存款、以外币结算的债权和债务等）的外币余额，应当按照期末汇率折合为记账本位币。按期末汇率折合的记账本位币金额与原账面本位币金额之间的差额，作为汇兑损益计入当期费用。但是，属于在借款费用应予以资本化的期间内发生的与购建固定资产有关的外币借款本金及其利息所产生的汇兑差额，应当予以资本化，记入"在建工程"科目。

三、其他货币资金

其他货币资金是指民间非营利组织除现金、银行存款以外的其他各种货币资金，主要包括外埠存款、银行汇票存款、银行本票存款、信用卡存款、信用证保证金存款、存出投资款（或者存入其他金融机构）等各种其他货币资金。

为了核算和反映民间非营利组织各种其他货币资金的增减变动情况，企业应设置"其他货币资金"科目，按照其他货币资金的种类设置"外埠存款"、"银行汇票存款"、"银行本票存款"、"信用卡存款"、"信用证保证金存款"、"存出投资款"等明细科目，并按外埠存款的开户银行、银行汇票或银行本票的收款单位等设置明细账户进行明细核算。

[例 13-4] 某基金会委托开户银行将 5 000 元汇往采购地工行开立临时采购专户。随后几日收到采购员交来的供应单位的发货票一张，款项总计 3 200 元。材料尚未验收入库。应编制会计分录：

借：其他货币资金——外埠存款（工行）　　5 000

　　贷：银行存款　　5 000

收到采购员交来供应单位发票账单等报销凭证时，借记"存货"等科目，贷记"其他货币资金——外埠存款"科目。

借：存货　　3 200

　　贷：其他货币资金——外埠存款（工行）　　3 200

待收到银行退回的多余款收账通知时：

借：银行存款　　1 800

　　贷：其他货币资金——外埠存款（工行）　　1 800

民间非营利组织应加强对其他货币资金的管理，及时办理结算。对于逾期尚未办理结算的银行汇票、银行本票等，应按规定及时转回，借记“银行存款”科目，贷记“其他货币资金”科目。

四、短期投资

（一）短期投资的定义和特点

短期投资是指能够随时变现并且持有时间不准备超过一年的投资。民间非营利组织在生产经营过程中，常会有一部分货币资金超过其当时的需要，为了充分利用资金，提高资金的使用效益，民间非营利组织通常进行短期投资，将暂时多余的资金投资于股票、债券和基金等有价证券上，或者委托贷款、委托投资等以便获取一定的投资收益。短期投资一般有以下的特点：

1.容易变现，持有时间较短。

2.短期投资主要是为了获得一定的收益，而不是以控制被投资企业为目的。

3.短期投资所运用的资产形式主要是现金或现金等价物。

作为短期投资应当符合两个条件：(1)能够在公开市场交易并且具有明确市价，例如，各种上市的股票、债券和基金，通常均有明确市价；(2)持有投资作为剩余资金的存放形式，并保持其流动性和获利性，这一条件取决于管理当局的意图。不符合上述条件的投资，一般应当作为长期投资。

（二）短期投资取得成本的确定

所谓投资成本，是指取得短期投资时所实际支付的全部价款。短期投资的实际成本按以下方法确定：

1.以现金购入的短期投资，按实际支付的全部价款，包括税金、手续费等相关费用作为其投资成本。如果实际支付的价款中包含已经宣告但尚未领取的现金股利或已经到付息期但尚未领取的债券利息，则按照实际支付的全部价款减去其中已经宣告但尚未领取的现金股利或已到付息期但尚未领取的债券利息后的金额作为短期投资成本。

2.接受捐赠的短期投资成本，如果捐赠者能够提供有关凭证的，应当按照凭证上注明的金额作为短期投资成本；凭证上注明的金额与受捐短期投资公允价值相差较大，应以公允价值为实际成本；如果捐赠者不能提供有关凭证的，应以公允价值作为短期投资成本。

短期投资的取得、股利的领取、期末计价以及转让出售、投资收回等业务，应分别通过“短期投资”、“其他应收款”、“短期投资跌价准备”、“投资收益”等科目予以记录。

[例 13－5] 某民间福利院于 20××年 2 月 1 日购入昌盛公司股票(股票 A) 10 000股，每股成交价 5.2 元(昌盛公司已宣告分派但尚未发放的现金股利每股0.2

元,股权截止日为2月19日),另付手续费佣金等计800元,所有款项均以银行存款支付。

1.计算投资成本:

成交价(10 000×5.2)　52 000

加:税费　800

减:已宣告现金股利(10 000×0.2)　2 000

50 800

2.购入短期投资的会计分录:

借:短期投资——股票A　50 800

其他应收款——昌盛公司　2 000

贷:银行存款　52 800

(三)短期投资收益

短期投资的收益按取得时间划分为存续期间的持有收益和处置时的收益。由于民间非营利组织的短期投资一般在一年内可以变现,为了简化核算手续,我国《民间非营利组织会计制度》规定,在收到股利和利息时,按照现金制确认投资收益实现。持有投资期间的收益在实现之前不进行预计。按照现金制,短期投资取得的股利和利息可按下列方法处理:

1.短期投资持有期间所获得现金股利和利息,除取得时已记入"其他应收款"的现金股利或利息外,以实际收到时作为投资成本收回,冲减短期投资账面价值。

2.短期投资取得时投资成本中包括的已宣告但尚未领取的现金股利,或取得的分期付息到期还本债券实际支付的价款中包含的自发行日起至取得日止的利息,实际收到时冲减已记录的"其他应收款",不冲减短期投资的账面价值。

[例13-6]某民间慈善组织于20××年1月1日购入宏基公司当年1月1日发行的面值为10 000元,票面利率为8%的三年期债券(债券B),该债券利息按年支付,到期收回本金。该民间非营利组织支付购入债券价款10 500元,另支付手续费350元,共付款10 850元(对该债券不准备长期持有)。

1.计算投资成本:

成交价　10 500

加:税费　350

投资成本　10 850

2.购入短期投资的会计分录:

借:短期投资——债券B　10 850

贷:银行存款　10 850

3.该民间慈善组织于1月1日购入债券至年末还未转让,于年底(12月31日)收到债券利息2 000元。年底企业应编制会计分录:

借：银行存款　　2 000

　　贷：短期投资——债券 B　　2 000

(四)短期投资的期末计价

所谓短期投资的期末计价,就是按照一定的方法确定期末持有的短期投资在资产负债表上反映的价值,并进行相关账务处理的过程。

《民间非营利组织会计制度》规定,短期投资的期末计价按成本与市价孰低法。如果短期投资的市价低于其账面价值,应当按照市价低于账面价值的差额计提短期投资跌价准备,借记"管理费用"账户,贷记"短期投资跌价准备"账户;如果短期投资的市价高于其账面价值,应当在该短期投资期初已经计提准备的范围内转回高于账面价值的差额,借记"短期投资跌价准备"账户,贷记"管理费用"账户。

当期应提取的短期投资跌价准备 = 当期市价低于成本的金额 -"短期投资跌价准备"账户贷方余额。

短期投资跌价准备可以按单项投资计提跌价准备,即按照单个投资逐一检查计提跌价准备。

在编制资产负债表时,"短期投资跌价准备"的余额应作为"短期投资"的减项反映;同时,还应在财务报表附注中披露当年计提的短期投资跌价准备数额。

[例 13 - 7] 某民间非营利组织短期投资按成本与市价孰低计价,20××年 6 月 30 日持有的黄河公司的股票账面余额 20 000 元,市价 18 000 元。

应提跌价准备 = 20 000 - 18 000 = 2 000(元)

借:管理费用——短期投资跌价损失　　2 000

　　贷:短期投资跌价准备——黄河公司　　2 000

20××年 6 月 30 日"短期投资"账面价值(元)计算方法如下:

20××年 6 月 30 日"短期投资"账户账面余额	20 000
减:短期投资跌价准备	2 000
短期投资账面价值	18 000

(五)短期投资的处置

处置短期投资,主要指短期投资的出售、转让等情形。处置短期投资时,应按所收到的处置收入与短期投资账面价值的差额确认当期投资收益。处置短期投资时,除确认相应的处置损益外,还需注意以下几个问题:

1. 短期投资跌价准备的处理。因为短期投资跌价准备按投资个体计提,短期投资跌价准备与处置的短期投资个体之间有着对应关系,因此,处置短期投资时应同时结转已计提的短期投资跌价准备。

2. 处置投资成本的结转。处置短期投资时,其成本根据以下不同情况结转:

(1)全部处置某项短期投资时,其成本为短期投资的账面余额。这里的账面余额指初始投资成本或经过调整后的新的投资成本。其中,新的投资成本是指收到短期投资持有期间形成的现金股利或利息冲减初始投资成本后的余额。

(2)部分处置某项短期投资时,应按该项投资的总平均成本确定其处置部分的成本。

五、应收票据

(一)应收票据的分类与计价

应收票据,是指民间非营利组织因销售商品、提供服务等而收到的商业汇票。

1.应收票据的分类

商业汇票按承兑人的不同分为商业承兑汇票和银行承兑汇票。

商业汇票按是否计息可以分为带息票据和不带息票据。

2.应收票据的计价

由于商业汇票的期限比较短,一般不超过6个月,利息金额相对来说一般不大,为了简化会计核算,民间非营利组织会计制度规定,民间非营利组织应于收到开出、承兑的商业汇票时,按应收票据的账面价值入账。对于收到的带息票据,应在期末计提利息,计提的利息增加应收票据的账面余额。

(二)账户的设置及核算

为了核算和反映民间非营利组织应收票据的取得、收回情况,应设置“应收票据”科目。该科目借方登记应收回的票据的面值及利息的增加,贷方登记已收回的票据实际金额,借方余额表示尚未到期应收回的票据金额。

[例13-8] 某民间防癌协会20××年2月1日,因销售商品,收到期限为6个月,面值35 000元的无息商业承兑汇票一张。根据销售发票等凭证编制会计分录:

借:应收票据　　35 000

　　贷:商品销售收入　　35 000

商业承兑汇票到期,根据银行的收账通知,应编制会计分录:

借:银行存款　　35 000

　　贷:应收票据　　35 000

如果为带息票据,应当在持有期间的期末、贴现、背书转让或票据到期时,按照带息应收票据的票面价值和确定的利率计提利息。计提的利息增加带息应收票据的账面余额。

票据利息=票据面值×票面利率×票据期限

公式中的“票面利率”一般是用年利率表示,期限是指签发日至到期日的时间间隔。票据的期限可以用月或日表示。票据按月表示时,应以到期月份中的与出票日相同的那一天为到期日。如3月15日签发的一个月的票据,到期日应为4月15日。月末签发的票据,不论月份大小,以到期月份的月末那一天为到期日。与此同时，计算利息使用的利率要换算为月利率。票据按日表示时，应从出票日起按实际经历天数计算。通常出票日和到期日只能计算其中一天，即“算头不算尾”或“算尾不算头”。如5月10日签发的60天的票据，其到期日为7月9日(60天－5月份剩余的天数－6月份实有天数)＝60－(31－10)－30＝9。计算利息的利率要换算为日利率。

［例13－9］仍依上［例13－8］，因销售产品，收到期限为6个月，面值35 000元，票面利率1.2%的商业承兑汇票一张。应根据销售发票等有关凭证编制会计分录：

借：应收票据　　35 000
　贷：商品销售收入　　35 000

上述票据的到期日为8月1日，该带息票据应于6月30日计提票据利息。

计提利息额：35 000×1.2%×5/12＝175(元)

编制会计分录：

借：应收票据　　175
　贷：筹资费用　　175

8月1日到银行办理转账，根据银行的收账通知，实际收到款项为：

票据金额＝35 000＋35 000×1.2%×6/12＝35 210(元)

应编制会计分录：

借：银行存款　　35 210
　贷：应收票据　　35 175
　　筹资费用　　35

如果因付款人无力支付票款，收到银行退回的商业承兑汇票、委托收款凭证、未付票款通知书或拒绝付款证明等，按应收票据的到期价值，借记“应收账款”科目，贷记“应收票据”科目。

上述例题，8月1日收到银行退回的有关证明，应编制会计分录：

借：应收账款　　35 210
　贷：应收票据　　35 175
　　筹资费用　　35

民间非营利组织收到以应收票据抵偿应收账款时，应按应收票据面值，借记“应收票据”科目，贷记“应收账款”科目。到期不能收回的带息应收票据，转入应收账款核算后，期末不再计提利息；其应计提的利息，在有关备查簿中进行登记，待实际收到时，冲减收到当期的筹资费用，借记“银行存款”科目，贷记“筹资费用”科目。

(三)应收票据的转让

商业汇票背书是指持票人在票据背面签字的行为。签字人称为背书人。背书人对票据的到期付款负有连带付款责任。民间非营利组织将持有的应收票据背书转让所取得物资时，按照所取得物资应确认的成本，借记“存货”等科目，按应收票据的账面余额，贷记“应收票据”科目，按照实际收到或支付的银行存款等，借记或贷记“银行存款”等科目。

如为带息票据，将持有的应收票据背书转让取得所需物资时，按照所取得物资应确认的成本，借记“存货”等科目，按应收票据的账面余额，贷记“应收票据”科目，尚未计提的利息，贷记“筹资费用”科目，按实际收到或支付的金额，借或贷记“银行存款”科目。

（四）应收票据的贴现

贴现是指票据持有人因急需资金，将未到期的票据经背书后送交银行，银行受理后，从票据到期价值中扣除按银行贴现利率计算确定的贴现利息，将剩余的资金支付给贴现申请人的行为。贴现是民间非营利组织的一种融资行为，通过贴现获得短期借款。但是，贴现单位因贴现而承担了连带付款责任。贴现所得额的计算公式如下：

票据到期价值 = 票据面值 ×（1 + 年利率 × 票据到期天数 ÷ 360）

或 = 票据面值 ×（1 + 年利率 × 票据到期月数 ÷ 12）

对于无息票据，票据的到期价值就是其面值。

贴现利息 = 票据到期价值 × 贴现利率 × 贴现天数 ÷ 360

贴现天数 = 贴现日至票据到期日实际天数 − 1

贴现实得资金 = 票据到期价值 − 贴现息

按照中国人民银行《支付结算办法》的规定，实际支付贴现金额根据票面金额扣除贴现日至汇票到期前一日的利息计算。承兑人在异地的，贴现利息的计算应另加 3 天的划款日期。

民间非营利组织持有未到期的应收票据向银行贴现，应根据银行盖章退回的贴现凭证第四联收账通知，按实际收到金额（即减去贴现息后的净额），借记“银行存款”科目，按应收票据的票面余额，贷记“应收票据”，按照差额，借记“筹资费用”科目。如为带息应收票据，按实际收到的金额，借记“银行存款”科目，按应收票据的账面余额，贷记“应收票据”科目，按其差额，借记或贷记“筹资费用”科目。

［例 13 − 10］某慈善组织 20 × × 年 5 月 10 日将 20 × × 年 3 月 1 日出票、期限为 6 个月、面值为 40 000 元、票面利率 1% 的商业承兑汇票一张到银行申请贴现。该慈善组织与承兑人在同一票据交换区域，银行的年贴现利率为 1.3%。

贴现天数 = 22 + 30 + 31 + 31 − 1 = 113（天）

贴现利息 =（40 000 + 40 000 × 1% × 6 × /12）× 1.3% × 113 ÷ 360 = 164（元）

贴现所得资金 =（40 000 + 40 000 × 1% × 6 × /12）− 164 = 40 200 − 164

= 40 036（元）

根据银行退回的贴现收账通知编制会计分录：

借:银行存款　　　　40 036

　　贷:应收票据　　　　40 000

　　　　筹资费用　　　　36

贴现的商业承兑汇票到期,因承兑人的银行账户余额不足支付,申请贴现的民间非营利组织收到银行退回的应收票据、支付通知和拒付理由书或付款人未付款通知书时,在支付本息时,借记"应收账款"科目,贷记"银行存款"科目;如果申请贴现民间非营利组织的银行存款账户余额不足,银行作逾期贷款处理时,应按转作贷款的本息,借记"应收账款"科目,贷记"短期借款"科目。

假如上述民间慈善组织申请贴现的商业承兑汇票到期,付款人(承兑人)银行存款余额不足以支付,申请贴现民间非营利组织银行存款余额也不足以支付时,应转作贴现民间非营利组织向银行的贷款:

借:应收账款　　　　40 200

　　贷:短期借款　　　　40 200

民间非营利组织对于应收票据应当设置"应收票据备查簿",应逐笔登记应收票据的种类、号数和出票日期、票面金额、票面利率、交易合同号码及付款人、承兑人、背书人的姓名或单位名称、到期日、背书转让日、贴现日期、贴现率和贴现净额、未计提的利息,以及收款日期和收回金额、退票情况等资料。应收票据到期结清票款或退票后,应当在备查簿中逐笔注销。

民间非营利组织持有的应收票据不得计提坏账准备,待到期不能收回转入应收账款后,再按规定计提坏账准备。但是,如有确凿证据表明所持有的未到期应收票据不能收回或收回的可能性不大时,应将其账面余额,借记"应收账款"科目,贷记"应收票据"科目。转入应收账款后,计提相应的坏账准备。

六、应收账款

应收账款,是民间非营利组织因销售商品、提供服务等主要业务活动后,应当向会员、购买单位或接受服务单位等收取的、但实际尚未收到的款项。

(一)应收账款的确认与计价

应收账款的确认是指确定应收账款的入账范围及入账时间。

凡是民间非营利组织因销售商品、提供服务等发生的应收未收的款项都应确认为应收账款,但民间非营利组织因其他业务发生的应收、暂付或代垫的款项,不包括在应收账款范围内。

民间非营利组织应收账款的入账时间,应根据收入的入账时间确认。一般说来,应收账款的发生均是由于赊销行为而产生的,所以应收账款的发生都同时伴随着收入的实现。因此,应收账款的入账时间应与民间非营利组织确认收入的时间一致,即收入实现的时间也就是应收账款的入账时间。

应收账款的计价,应按实际发生额计价入账。

(二)应收账款的核算

为了反映应收账款的变动情况,民间非营利组织应设置“应收账款”科目。该账户的借方反映应收账款发生的应收未收的金额,贷方反映收回的应收账款的金额;期末借方余额反映民间非营利组织尚未收回的应收账款。“应收账款”应当按照债务人设置明细科目进行明细核算。

[例13－11] 某民间抗癌防病协会向乙单位销售产品一批,销售款项共计4 200元,款项尚未收到。应编制会计分录:

借:应收账款——乙单位　　4 200

　贷:商品销售收入　　4 200

收到货款时:

借:银行存款　　4 200

　贷:应收账款——甲公司　　4 200

民间非营利组织应当定期或者至少每年年度终了,对应收账款进行全面检查,计提坏账准备。对于确实无法收回的应收账款及时查明原因,并根据管理权限报经批准后,按照无法收回的应收账款金额,借记“坏账准备”科目,贷记“应收账款”科目。

七、预付账款

预付账款是指民间非营利组织按照合同预付给商品供应者或者服务单位的款项。预付账款是民间非营利组织暂时被其他单位占用的资金。非营利组织在预付款项后,对于该笔资金有追索权。

为了反映民间非营利组织预付款项的发生和收回情况,应设置“预付账款”科目。实际预付资金时,借记“预付账款”科目,贷记“银行存款”科目。收到货物或收回资金时,借记“存货”、“银行存款”科目,贷记“预付账款”科目。期末借方余额表示民间非营利组织实际预付的款项。

该科目应按照供应单位设置明细科目,进行明细核算。

[例13－12] 某民间福利院因购货而预付给甲单位资金45 000元。根据付款凭证编制会计分录:

借:预付账款——甲单位　　45 000

　贷:银行存款　　45 000

实际收到物资共计59 700元。物资入库,并通过银行补付剩余资金。根据有关凭证编制会计分录:

借:存货　　59 700

　贷:预付账款——甲单位　　45 000

　　银行存款　　14 700

民间非营利组织的预付账款，如果有确凿的证据表明预付账款并不符合预付性质，应将预付账款金额借记"其他应收款"科目，贷记"预付账款"科目。

民间非营利组织的预付账款，一般不计提坏账准备。如果有确凿的证据表明预付账款并不符合预付款项的性质，或者因供应单位破产、撤销等原因已经无望再收到所购的物资，应当先将其转入其他应收款，然后再按照规定计提坏账准备。

八、其他应收款

其他应收款是指民间非营利组织除了应收票据、应收账款以外的其他各种应收、暂付款项，包括应收股利、应收利息、应向职工收取的各种垫付款项、职工借款、应收保险公司赔款等。

民间非营利组织发生的其他各项应收、暂付款项等，借记"其他应收款"科目，贷记"现金"、"银行存款"等科目。

[例 13－13] 某基金会内部职工王盛预借差旅费 1 500 元，以现金支付。根据有关借款凭证编制会计分录：

借：其他应收款——出差借款（王盛）　　1 500

　贷：现金　　1 500

民间非营利组织应当定期或者至少每年年度终了，对其他应收款进行全面检查，计提坏账准备。对于确实无法收回的其他应收款应当及时查明原因，并根据管理权限报经批准后，确实无法收回的其他应收款金额，借记"坏账准备"科目，贷记"其他应收款"科目。

民间非营利组织的其他应收款应按照应收款项的内容进行分类，并按照不同的债务人设置明细账，进行明细核算。

九、坏账准备

（一）坏账及坏账损失

坏账是指无法收回的应收款项。由于坏账而导致的应收债权的损失，称为坏账损失。民间非营利组织由于业务活动、提供服务等而形成的应收账款，应采取有效的政策及时收回，减少债权的长期占用，避免收不回来的可能。但是，在市场经济条件下，由于多种原因，很难做到全部的应收账款都能如数收回。按照《民间非营利组织会计制度》的规定，各民间非营利组织应当定期或者至少每年年度终了，对应收账款、其他应收款进行全面检查，分析其可收回性，对预计可能发生的坏账损失计提坏账准备，确认坏账损失并计入当期费用。

通常符合下列条件之一的应收款项，应确认为坏账：

1.债务人去世，以其遗产清偿仍无法收回的应收账款。

2.债务人破产，以其破产财产清偿后仍无法收回的应收账款。

3.债务人长时间没有履行偿债义务,并有足够的迹象表明无法收回或收回的可能性很小的应收账款。

民间非营利组织对于确实不能收回的应收款项,可按规定确认坏账,进行坏账损失处理。坏账损失的核算方法,采用备抵法,按期预计坏账,将计提的坏账准备计入当期管理费用,并形成坏账准备。当实际发生坏账时,用坏账准备抵补因无法收回的应收账款而造成的坏账损失。

(二)坏账准备的计提方法

坏账准备的计提方法采用应收款项余额百分比法。应收款项余额百分比法,是指期末按应收账款、其他应收款的余额的百分比来估计坏账损失,确定应计提的坏账准备的方法。坏账比率由民间非营利组织根据经验合理预计,但估计率不要经常变更,如确实要变更,要在报表附注中说明变更的原因及变更的影响。

当期应计提的坏账准备的计算公式:

当期应提取的坏账准备 = 当期按应收款项计算应计提坏账准备金额 - "坏账准备"科目的贷方余额(或 + "坏账准备"科目借方余额)

计算结果为正数,则为本期应计提的坏账准备;计算结果为负数,则为本期应冲回的坏账准备。

[例 13 - 14] 某民间慈善组织自 2004 年开始计提坏账准备。2004 年至 2007 年各年情况如下:

1.2004 年末应收款项余额 250 000 元,估计坏账率 5%。则应计提坏账准备:

250 000 × 5% = 12 500(元)

应编制会计分录:

借:管理费用　　　　12 500

　　贷:坏账准备　　　　12 500

2.2005 年,该慈善组织经检查发现有 15 000 元的应收账款确实无法收回,按规定确认为坏账。

借:坏账准备　　　　15 000

　　贷:应收账款　　　　15 000

"坏账准备"科目借方余额 2 500 元(借方 15 000 元 - 贷方 12 500 元)。

3.2005 年末,该慈善组织应收款项余额 235 000 元。按年末应收款项余额百分比法计算,年末应有坏账准备金额:235 000 × 5% = 11 750(元)

2005 年末应计提的坏账准备 = 11 750 + 2 500 = 14 250(元)

借:管理费用　　　　14 250

　　贷:坏账准备　　　　14 250

"坏账准备"科目贷方余额 11750 元(贷方 14250 元 - 借方 2500 元)。

4.2006 年,经核查确认一笔其他应收款 5 000 元,确实无法收回,经报批确认损失。

借:坏账准备　　5 000

贷:其他应收款　　5 000

"坏账准备"科目贷方余额 6 750 元(贷方 11 750 元 - 借方 5 000 元)。

5.2006 年末,该慈善组织应收款项余额 240 000 元。按年末应收款项余额百分比法,年末应有坏账准备金额:240 000 × 5% = 12 000(元)

2006 年末应计提坏账准备 = 12 000 - 6 750 = 5 250(元)

借:管理费用　　5 250

贷:坏账准备　　5 250

"坏账准备"科目贷方余额为:12 000 元(贷方 6 750 元 + 补提 5 250 元)。

6.2007 年末,应收款项余额 210 000 元。按年末应收款项余额百分比法,年末应有坏账准备金额:210 000 × 5% = 10 500(元)

2007 年末应计提坏账准备 = 10 500 - 12 000 = -1 500(元)

借:坏账准备　　1 500

贷:管理费用　　1 500

"坏账准备"账户余额为 10 500 元(贷方 12 000 元 - 借方 1 500 元)。

(三)坏账损失的转回

民间非营利组织已经确认的坏账,并不等于放弃继续追索的权利,当债务人有偿还能力时,还应继续追索。已经确认的坏账损失,如果以后又收回,应按实际收回的金额,借记"应收账款"科目、"其他应收款"科目,贷记"坏账准备"科目;同时,借记"银行存款"科目,贷记"应收账款"、"其他应收款"科目。

[例 13 - 15] 某基金会现在收回已经作为坏账损失核销的应收账款 2 300 元,存入银行。应编制会计分录:

借:应收账款　　2 300

贷:坏账准备　　2 300

同时:

借:银行存款　　2 300

贷:应收账款　　2 300

十、存货

(一)存货的定义及分类

1.存货的定义。存货是指民间非营利组织在日常业务活动中持有以备出售或者捐赠的,或者为了出售或捐赠仍处于生产过程中的,或者将在生产、提供服务或日常管理过程中耗用的材料、物资、商品等,包括材料、库存商品、委托加工材料,以及达不到固定资产标准的工具、器具等。

2.存货的分类。民间非营利组织的存货多种多样,为了有效管理和核算存货,可以将存货按照其来源分为:

(1)外购存货。是指民间非营利组织自行从其他单位或个人手中以支付一定的代价所取得的存货。

(2)自制存货。是指民间非营利组织自行投入物资、以自有人力经过一定的生产过程制造形成的存货。

(3)委托加工存货。是指民间非营利组织提供主要原材料,委托其他单位或个人进行加工中的存货。

(4)接受捐赠存货。是指民间非营利组织接受捐赠者的捐赠而形成的存货。

(5)盘盈存货。是指民间非营利组织盘点溢余形成的存货。

(二)存货的确认

民间非营利组织存货的确认,当满足下列两个条件时,才能予以确认。

1.民间非营利组织对其具有所有权或控制权。

2.存货预期会给民间非营利组织带来经济利益或服务潜力。

(三)存货的盘存制度

存货数量的确认方法有两种方法,即永续盘存制和实地盘存制。

1.永续盘存制。又称账面盘存制,是指对存货的每笔收、发的数量根据记账凭证在存货明细账上逐笔登记,并逐笔结出存货的账面结存数量的方法。采用永续盘存制也应定期进行实物盘点,检查存货的账实相符的情况。

2.定期盘存制。又称实地盘存制,是指平时对发出的存货不进行登记,期末通过实地盘点得出存货的期末结存数量,并登记存货明细账,从而在存货明细账上倒挤本期发出存货数量的盘存方法。

(四)存货入账价值的确定及核算

民间非营利组织存货的入账价值按实际成本计价。从不同来源渠道取得的存货其实际成本的构成不同。

1.外购存货成本。外购存货按照采购成本入账。其采购成本为取得存货发生的全部支出,包括以下组成部分:(1)实际支付的采购价格;(2)运杂费用,包括运输费、装卸费、保险费、包装费以及其他可以直接归属于存货采购的费用;(3)相关税金,如进口货物的关税,国内购进货物的增值税等。

2.自制存货和委托加工成本。自制和委托加工存货按照采购成本、加工成本和其他成本入账。加工成本包括直接人工以及按照合理方法分配的与存货加工有关的间接费用。其他成本是指除了采购成本、加工成本以外的,使存货达到目前场所和状态所发生的其他支出。

3.接受捐赠的存货成本。如果捐赠方提供了有关凭据(如发票、报关单、有关协议)的,按凭据上标明的金额加上应支付的相关税费为实际成本入账;如果凭证上标明的金额与受捐资产的公允价值相差较大,受捐存货应当以其公允价值入账。捐赠方没有提供有关凭证,受捐存货应当以其公允价值入账。

公允价值是指在公平交易中,熟悉交易的双方自愿进行资产交换或者债务清偿的金额。公允价值的确定顺序:如果同类或者类似资产存在活跃市场的,应当按照同类或者类似资产的市场价格确定;如果同类或者类似资产不存在活跃市场,或者无法找到同类或类似资产的,应当采用合理的计价方法确定公允价值。

如果有确凿的证据表明确实无法可靠计量,则民间非营利组织应当设置辅助账,单独登记所取得的存货的名称、数量、来源、用途等情况,并在会计报表附注中作有关披露。在以后的会计期间,如果该存货的公允价值能够可靠计量,民间非营利组织应当在其能够可靠计量的会计期间予以确认,并以公允价值计量。

4.非货币性交易取得的存货的实际成本的确定方法,按下列原则处理:

(1)以换出资产的账面价值,加上应支付的相关税费,作为换入资产的入账价值。

(2)非货币性交易发生补价的,应区别情况处理:

①支付补价的,所取得的存货成本应以换出资产的账面价值加上补价和应支付的相关的税费,作为换入资产的入账价值。

②收到补价的,所取得的存货成本应按公式计算确定换入资产的入账价值和应确认的收入或费用:

换入存货的成本 = 换出资产账面价值 + 支付相关税费 - 收到补价 + 收益(或加损失)

收益(或损失) = 补价 ×〔1 - (换出资产账面价值 + 应缴税金) ÷ 换出资产公允价〕

(3)在非货币性交易中,如果同时换入多项资产,应按换入各项资产的公允价值占换入资产公允价值总额的比例,对换出资产的账面价值总额和应支付的相关税费等进行分配,以确定各项换入资产的入账价值。

在交换中涉及到支付补价时,如果支付的补价与换出资产的公允价值和支付补价之和的比小于25%,应视为非货币性交易,按照非货币性资产交易规定进行计算,确定换入资产成本。

在交换中涉及到收到补价时,如果收到的补价与换出资产公允价的比小于25%,应视为非货币性交易,按照非货币性资产交易的规定进行计算,确定换入资产的成本。

[例 13 - 16] 某民间收容站接受外单位捐赠产品一批,捐赠者提供的发票注明金额 38 500 元。该收容站又以现金支付运杂费 620 元。产品验收入库。

根据有关凭证编制会计分录:

借:存货——库存存货 39 120

贷:捐赠收入——非限定性收入　　　　38 500

　　现金　　　　620

(五)存货发出的成本确定与核算

发出存货的成本计算方法:民间非营利组织库存存货的实际成本,由于不同时间、不同地点购进,其实际成本不同。发出存货的实际成本的确定,可以采用加权平均法、先进先出法、个别计价法等方法计算。对不同的存货可以采用不同的计价方法。存货计价方法一经确定,不得随意变更。如需变更,应在会计报表附注中说明。

[例 13-17] 某民间非营利组织对外捐赠存货 500 套,每套实际成本 126 元。

根据有关出库凭证编制会计分录:

借:业务活动成本　　　　63 000

　贷:存货——库存存货　　　　63 000

(六)存货的盘点及减值准备计提

1.存货盘点。为了加强对存货的管理,民间非营利组织应定期进行存货的清查盘点,每年至少盘点一次,保证存货的完好无缺。对于发生盘盈、盘亏以及变质、毁损等存货,应当及时查明原因,并根据管理权限报经批准后,在期末前处理完毕。

盘盈的各种存货,按照其公允价值,借记“存货”科目,贷记“其他收入”科目。

如为盘亏或者毁损的存货,按照存货账面价值扣除残料价值、可以收回的保险赔偿和过失人的赔偿等后的金额,借记“管理费用”科目;按照可以收回的保险赔偿和过失人赔偿等,借记“现金”、“银行存款”、“其他应收款”等科目;按照存货的账面价值余额,贷记“存货”科目。

[例 13-18] 某民间非营利组织月末对库存存货进行盘点,发现短缺 A 存货 2 件,价值 40 元。经核实予以核销。应编制会计分录:

借:管理费用　　　　40

　贷:存货　　　　40

2.存货减值准备的计提

(1)成本与可变现净值孰低法。民间非营利组织会计期末,存货应当按照成本与可变现净值孰低计量。所谓“成本”,就是指存货的历史成本。所谓“可变现净值”,是指民间非营利组织在正常经营过程中,以存货的估计售价减去至完工估计将要发生的成本以及销售所必需的费用后的金额。成本与可变现净值孰低法,就是对期末存货在成本与可变现净值两者之中较低者进行计价的方法,即当成本低于可变现净值时,存货按成本计价;当成本高于可变现净值时,按可变现净值计价。

(2)存货跌价准备的计提。为了真实反映期末存货的价值,民间非营利组织要在期末对存货是否发生了减值进行检查。如果存货的可变现净值低于其账面价值,应当按照可变现净值低于账面价值的差额计提存货跌价准备。如果存货的可变现净值高于其账面价值,应当在该项存货期初已经计提跌价准备的余额范围内转回可变现净值高于账面价值的差额。

存货跌价准备的计提,应按单个存货项目的成本与可变现净值孰低计量。对于数量较多、单价较低的存货,可以按存货类别合计计量成本与可变现净值。

采用成本与可变现净值孰低法计提,当存货的可变现净值低于其账面成本时,应将可变现净值低于账面价值的差额,借记“管理费用——存货跌价准备”科目,贷记“存货跌价准备”科目。

[例 13-19] 某民间非营利组织会计期末对某项存货进行检查,其账面价值 35 400元,其可变现净值 33 000 元。发生跌价损失,应计提减值准备 2 400 元(35 400-33 000)。计提跌价准备的会计分录:

借:管理费用——存货跌价准备　　2 400
　贷:存货跌价准备　　2 400

如果以前期间已经计提跌价准备的存货价值在当期得以恢复,即存货的期末可变现净值高于账面价值,按照可变现净值高于账面价值的差额,在原有已经计提跌价准备的范围内转回;或者可变现净值高于上期期末存货的可变现净值,但仍然低于账面价值,应将高于上期末的可变现净值转回。转回时,借记“存货跌价准备”科目,贷记“管理费用——存货跌价准备”科目。

注意存货跌价准备的转回数,最高不超过已经计提的跌价准备总额,至多“存货跌价准备”科目的余额为零,但不能出现借方余额。

除了非货币性交易外,民间非营利组织出售存货时可不结转相应的存货跌价准备,待期末时一并进行调整。

十一、待摊费用

待摊费用是指民间非营利组织已经支出,但应当由本期和以后各期分别负担的分摊期限在 1 年以内(含 1 年)的各项费用,如预付保险费、预付租金等。

为了反映待摊费用的发生和摊销情况,民间非营利组织应设置“待摊费用”科目。发生应分期、分次摊销的费用,计入“待摊费用”科目的借方;实际摊销的数额计入“待摊费用”科目的贷方;期末借方余额,反映各种已经支付但尚未摊销的费用。该账户应按费用的种类设置明细账户,进行明细核算。

待摊费用的摊销期限,应根据支付费用的受益期的长短在 1 年内分期平均摊销,计入当期费用。如果某项待摊费用已经不能使民间非营利组织受益,应当将其摊余价值一次性全部转入当期费用。

十二、长期债权投资

(一)长期债权投资的概念和分类

长期债权投资是指民间非营利组织购入的在一年内(不含一年)不能变现或不准备变现的债券投资。

按长期债权投资的还本付息方式,长期债权投资可以分为一次还本付息债券投资和分次付息债券投资。一次付息债券是于债券到期时,由发行者一次偿付本息的债券。目前我国的绝大部分债券属于这一类。分期付息债券是在债券存续期内分期付息,到期一次还本的债券。目前我国部分金融债券采取这种形式。

(二)长期债权投资初始投资成本的确定

1.以支付现金方式购入的长期债权投资,按照实际支付的全部价款,包括税金、手续费等相关费用作为其初始投资成本。

如果实际支付的价款中包含已到付息日但尚未领取的债券利息,则按照实际支付的全部价款减去其中已经到付息日但尚未领取的债券利息后的金额作为其初始投资成本。包含尚未领取的利息作为"其他应收款"处理。

如果实际支付的价款中包括尚未到期的债券利息,构成长期债券投资成本,并在长期债权投资中单独反映。值得说明的是,如果购买的分期付息、到期还本债券,实际支付的价款中包含尚未到期的债券利息,也构成长期债券初始投资成本,在长期债权投资的应计利息中单独核算,待该项利息实质上形成一项债权时,再转入其他应收款。

2.接受捐赠的长期债权投资,应按捐赠者提供的凭证上注明的金额作为其初始投资成本。如果凭证上注明的金额与其公允价值相差较大,应以公允价值作为其初始投资成本;如果捐赠者没有提供有关凭证的,应按该债券的公允价值作为其初始投资成本。

(三)长期债权投资——债券投资的会计处理

长期债权投资的增减变动业务应通过"长期债权投资"科目予以记录。该账户应设"债券投资"、"可转换公司债券"、"其他债权投资"明细科目;如果有委托贷款或者委托投资且作为长期债券投资核算的,还应设置"委托贷款"和"委托投资"明细科目。其中,"债券投资"二级账户还要根据情况分设"面值"、"溢折价"、"债券费用"和"应收利息"等明细账户;"其他债权投资"则应分设"本金"和"应计利息"两个明细账户。

1.长期债券投资取得的账务处理。民间非营利组织购买债券,无论溢价、折价还是平价,均应按债券的实际成本入账。

[例13-20]某民间福利院于20××年1月1日购入某公司20××年1月1日发行的年利率为12%、5年期、面值为100 000元的债券。该债券每年付息两次,购入时支付手续费等相关费用共1 000元,所有款项均用银行存款支付。对于三种不同的购买价格,账务处理亦有所不同。

(1)以100 000元平价购入时的账务处理:

借:长期债权投资——债券投资(面值)　100 000
　　——债权投资(债券费用)　1 000
　贷:银行存款　101 000

(2)以110 000元溢价购入时的账务处理:

借:长期债权投资——债券投资(面值)　100 000
　　——债券投资(溢折价)　10 000
　　——债券投资(债券费用)　1 000
　贷:银行存款　111 000

(3)以95 000元折价购入时的账务处理:

借:长期债权投资——债券投资(面值)　100 000
　　——债券投资(债券费用)　1 000
　贷:银行存款　96 000
　　长期债权投资——(溢折价)　5 000

2.债券应计利息及溢(折)价摊销的核算。按照权责发生制的原则,债券投资在其存续期间内的应计利息,应当计入当期损益,以准确地反映投资单位的当期投资收益。由于债券的购入有溢价、折价及平价三种不同情况,所以应对债券投资中的应计利息采取不同的处理方法。

民间非营利组织溢价购入债券,其实质是为以后多得利息收入而预先付出的代价,应于每期收到利息或每期结账时,进行分期摊销,使得到期时"长期债权投资——债券投资(面值)"科目的账面价值与债券的还本面值相等,"长期债权投资——债券投资(应计利息)"科目的账面数额与按债券面值计算的应得利息相等。溢价购入债券时,期末应按当期应分摊的实际支付价款中的应计利息部分,借记"长期债权投资——债券投资(应计利息)"科目;按当期应分摊的实际支付价款中的溢价部分,贷记"长期债权投资——债券投资(溢折价)"科目;按应计利息和溢价部分的差额,贷记"投资收益"科目。

如果为分期付息、到期一次还本的债券投资,计提利息,借记"其他应收款"科目,贷记"投资收益"科目。

民间非营利组织折价购入债券,其实质是为以后各期少得利息而预先得到的补偿,也应在债券投资存续期间内分期予以摊销,使得债券到期时,"长期债权投资——债券投资(面值)"科目与"长期债权投资——债券投资(应计利息)"科目;所反映的数额应分别等于债券的面值和按票面利率计算的应得利息。折价购入债券时,期末应按当期应摊销的应计利息,借记"长期债权投资——债券投资(应计利息)"科目;按其折价摊销部分,借记"长期债权投资——债券投资(溢折价)"科目,按应计利息与折价部分的合计数,贷记"投资收益"科目。

民间非营利组织以平价购入的债券,期末应将应计利息借记"长期债权投资

——债券投资(应计利息)”科目,贷记“投资收益”科目。债券到期时,“投资收益”科目与“长期债券投资——债券投资(应计利息)”科目的账面数额应与债券的票面价值及按票面利率计算的应计利息相等。

民间非营利组织购入债券发生的溢折价摊销,《民间非营利组织会计制度》规定,在债券存续期内于确认债券利息收入时以直线法摊销。

直线法是将购入债券的溢价或折价平均摊入各个债券存续期间的方法,即在债券的存续期间内,以相等的债券的溢价或折价摊销额调整(减少或增加)应计利息并以此确定投资收益。采用这一方法,每期的投资收益都是不变的。

[例 13-21] 某民间非营利组织购买甲公司发行的面值为 100 元,期限为 5 年的债券 1 000 张,年利率 10%,到期一次付息债券。实际支付价款 102 000 元,以银行存款支付。应编制会计分录:

(1)溢价购入债券时:

借:长期债权投资——债券投资(面值)	100 000	
——债券投资(溢折价)	2 000	
贷:银行存款		102 000

(2)每期结账时,当期应计利息为 10 000 元(100 000 × 10%)。应计利息中包括了应分摊的实际支付价款中的溢价部分 400 元(2 000 ÷ 5),故每期应得到的利息收入为 9 600 元(10 000 - 400)。

借:长期债权投资——债券投资(应计利息)	10 000	
贷:长期债权投资——债券投资(溢折价)		400
投资收益		9 600

第一年至第四年的计息时会计分录同上。第五年债券到期时,“长期债权投资——债券投资(面值)”科目的余额为 100 000 元,与债券面值相等;“长期债权投资——债券投资(应计利息)”科目的余额为 50 000 元,与按面值和票面利率计算的应计利息数额相等。

购入的可转换公司债券在转为股份之前,应当按一般债权投资进行处理。可转换公司债券转为股份时,按照所转换债权投资的账面价值减去收到的现金后的余额,借记“长期股权投资”科目;按照收到的现金等,借记“现金”、“银行存款”科目;按照所转换债权投资的账面价值,贷记“长期债权投资”科目。

3. 长期债权投资的处置。处置长期债权投资时,按所收到的处置收入与长期债券投资账面价值的差额确认当期投资收益。部分处置某项长期债券投资时,应按该项投资的总平均成本确定其处置部分的成本,并同时结转已计提的长期投资减值准备。

[例 13-22] 某民间慈善组织年初按 39 000 元折价购入面值 40 000 元,年利率 10%的两年期一次还本付息债券。该组织持有一年出售,取得转让收入 46 000 元,

支付转让手续费600元,该债权计提了减值准备200元。该转让收入已转入单位存款户。

(1)购入债券时:

借:长期债权投资——债券投资(面值)　　40 000
　贷:银行存款　　39 000
　　长期债权投资——债券投资(溢折价)　　1 000

(2)第一年计算利息摊销折价额时:

借:长期债权投资——债券投资(应计利息)　　4 000
　　　　　　——债券投资(溢折价)　　500
　贷:投资收益　　4 500

(3)取得转让收入时:

借:银行存款　　45 400
　长期债权投资——债券投资(溢折价)　　500
　长期投资减值准备——债权投资　　200
　贷:长期债权投资——债券投资(面值)　　40 000
　　　　　　——债券投资(应计利息)　　4 000
　　投资收益　　2 100

4.长期债券到期后可以收回本息。如果规定分期付息的,则利息指最后一期的利息;如果是一次付息的,则指整个发行期的利息。民间非营利组织按收到的本息合计,借记"银行存款"科目;按入账的已计未收利息,贷记"长期债权投资——债券投资(应计利息)"科目;按债券面值贷记"长期债权投资——债券投资(面值)"科目。

(四)长期债权投资——其他债权投资的核算

民间非营利组织进行债券以外的其他债权投资,如超过一年以上(不含一年)的委托贷款,在会计上通过"长期债权投资——其他债权投资"科目核算。

民间非营利组织进行其他债权投资时,按实际支付的价款,借记"长期债权投资——其他债权投资(本金)"科目,贷记"银行存款"科目。每期结账时,按其他债权投资应计的利息,借记"长期债权投资——其他债权投资(应计利息)"或"其他应收款"科目,贷记"投资收益"科目。

其他债权投资到期,收回本息时,按实际收到的金额,借记"银行存款"科目;按其他债权投资本金和已收到利息,贷记"长期债权投资——其他债权投资(本金、应计利息)"或"其他应收款"科目。

(五)长期投资划转

长期投资划转是指将短期债权投资划转为长期债权投资。此时,应按短期债权投资的成本与市价孰低来进行结转,并按照此确定的价值作为长期债权投资的成本，借记“长期债权投资”科目；按照已经计提的跌价准备，借记“短期投资跌价准备”科目；按照原短期债权投资的账面余额，贷记“短期投资”科目；按照其差额，借记或贷记“管理费用”科目。

［例 13－23］某民间非营利组织将短期债权投资转为长期债权投资。该债权投资账面余额 32 480 元，其市价 32 300 元。已经计提短期投资跌价准备 500 元。则：长期债权投资成本按成本与市价孰低法计价，应以 32 300 元为初始投资成本。应编制会计分录：

借：长期债权投资——债券投资　　32 300
　　短期投资跌价准备　　500
　贷：短期投资　　32 480
　　　管理费用　　320

十三、长期股权投资

（一）长期股权投资的概念及特点

长期股权投资是指民间非营利组织持有的时间准备超过一年（不含一年）的各种股权性质的投资，包括长期股票投资和其他长期股权投资。长期股权投资具有如下特点：

1.长期持有。长期股权投资的目的是为了长期持有被投资单位的股份，成为被投资单位的股东，并通过所持有的股份对被投资单位实施控制或施加重大影响或为改善和巩固贸易关系等。

2.获取一定的经济利益，并承担相应的风险。长期股权投资的最终目标是为了获得较大的经济利益。

3.除股票投资外，长期股权投资通常不能随时出售。投资方一旦成为被投资单位的股东，依所持股份享有股东的权利并承担相应的义务，一般情况下不能随意抽回投资。长期股权投资相对于长期债权投资而言，投资风险较大。

（二）长期股权投资的类型

依据对被投资单位产生的影响，长期股权投资分为以下四种类型：

1.控制。指有权决定一个单位的财务和经营政策，并且据以从该单位的经营活动中获取利益。主要包括：

（1）投资方直接拥有被投资单位 50%以上的表决权资本。

（2）投资方虽然直接拥有被投资单位 50%或以下的表决权资本，但具有实质控制权。

2.共同控制。指按合同约定对某项经济活动所共有的控制。这里所指的共同控制仅指共同控制实体，不包括共同控制经营、共同控制财产等。共同控制是指由两个或多个单位共同建立的实体，该被投资单位的财务和经营政策必须由投资双方或若干方共同决定。

3.重大影响。指对一个单位的财务和经营政策有参与决策的权利,但并不决定这些政策。当投资方直接拥有被投资单位20%或以上至50%的表决权资本时,一般认为对被投资单位具有重大影响。此外,虽然投资方直接拥有被投资单位20%以下的表决权资本,但若存在对被投资单位权力机构或经营管理机构派有人员、参与被投资单位政策制定、技术资料为被投资单位所依赖等等情况时,也应确认为对被投资单位具有重大影响。

4.无控制、无共同控制且无重大影响。指除上述三种类型之外的情况。

长期股权投资上述四种类型的划分对核算方法的选择具有直接的影响。即前三种类型的长期股权投资应该采用权益法核算,第四种类型的长期股权投资则要用成本法核算。

(三)长期股权投资成本的确定

长期股权投资的投资成本,是指取得投资时实际支付的全部价款,包括税金、手续费等相关费用。但实际支付的价款中包含的已宣告而尚未领取的现金股利,按照实际支付的全部款项减去其中已宣告但尚未领取的现金股利后的金额作为初始投资成本,已宣告但尚未领取的现金股利计入"其他应收款"科目单独核算。初始投资成本按以下方法确定:

1.现金购入的长期股权投资,按实际支付的全部价款(包括支付的税金、手续费等相关费用),作为初始投资成本;实际支付的价款中,包括已宣告但尚未领取的现金股利的,按实际支付的价款减去已宣告但尚未领取的现金股利后的差额,作为初始投资成本。

2.接受捐赠的长期投资,捐赠者能够提供凭证的,按照凭证上注明的金额作为初始投资成本;如果凭证上注明的金额与其公允价值相差较大,以公允价值作为初始投资成本。捐赠者不能提供凭证的,按照其公允价值作为投资成本。

(四)长期股权投资的成本法

1.成本法的含义和适用范围。

所谓成本法,是指按投资成本计价的方法。在这种方法下,长期股权投资取得时按投资成本计价入账。其后,除了投资企业追加投资、收回投资等情形外,长期股权投资的账面价值保持不变。也就是说,无论被投资企业盈亏如何、净资产是否增减,投资企业均不改变长期股权投资的账面价值,仍以实际成本反映本单位的投资。

民间非营利组织持有的长期股权投资,在下列情况下应采用成本法核算:

(1)投资方对被投资单位无控制、无共同控制且无重大影响。

(2)不准备长期持有被投资单位的股份。

(3)被投资单位在严格的限制条件下,向投资方转移资金的能力受到限制。

2.民间非营利组织取得股权投资时的账务处理。

取得股权投资的方式不同,投资成本的构成也不同。以现金资产购入长期股权投资,投资成本包括实际支付的全部价款,即买价、税金和手续费,但不包括已宣告但尚未领取的现金股利。

[例13-24] 某民间非营利组织接受某企业家捐赠的股票10 000股,捐赠凭证注明价值89 000元,其市价88 500元。该组织准备长期持有该股票。根据有关凭证编制会计分录:

借:长期股权投资——股票投资　　89 000

　贷:捐赠收入　　89 000

3.投资收益的确认。

被投资单位宣告分派利润或现金股利时,按照宣告发放的现金股利或利润中属于民间非营利组织应享有的部分,确认当期投资收益,借记"其他应收款"科目,贷记"投资收益"科目。实际收到现金股利或利润时,按照实际收到的金额,借记"银行存款"科目,贷记"其他应收款"科目。

[例13-25] 某民间福利院20××年1月1日购入B单位有表决权资本的10%,并准备长期持有。实际投资成本200 000元。另支付相关费用3 000元,B单位于2008年4月15日宣告发放现金股利100 000元。应编制会计分录:

(1)2008年1月1日投资时:

借:长期股权投资——B单位　　203 000

　贷:银行存款　　203 000

(2)2008年4月15日宣告发放现金股利时:

借:其他应收款——B单位　　10 000

　贷:投资收益　　10 000

4.股权投资的处置。

民间非营利组织持有的长期股权投资可能因经营或者投资策略方面的变化而转让。同时,如果被投资单位因经营失败而破产清算,则投资者所持有的股权投资就不得不清算。这两种情况我们都称作长期股权投资的处置。

处置长期股权投资时,按照实际取得的价款,借记"银行存款"等科目;按照已经计提的减值准备,借记"长期投资减值准备"科目;按照所处置长期股权投资的账面余额,贷记"长期股权投资"科目;按照尚未领取的已宣告但尚未发放的现金股利或利润,贷记"其他应收款"科目;按照其差额借记或贷记"投资收益"科目。

[例13-26] 某民间非营利组织持有D单位的股票30 000股,占D单位有表决权资本的10%,因生产需要资金而出售。出售价格为每股6元,支付的相关费用为3 000元,所得款项存入银行。该项股票的投资成本为135 000元,已经计提减值准备1 200元。

出售股票净收入 = 30 000 × 6 − 3 000 = 177 000(元)

借:银行存款　　177 000

　长期投资减值准备　　1 200

　贷:长期股权投资　　135 000

　　投资收益　　43 200

成本法的优点在于:第一,投资账户能够反映投资的成本;第二,核算简便;第三,与法律上法人的概念相符,即投资方与被投资方是两个法人实体,被投资单位实现的净利润或发生的净亏损,不会自动增加或减少投资方的净资产。但成本法也有其局限性,表现为:第一,在成本法下,长期股权投资账户停留在初始或追加投资时的投资成本上,不能反映投资方在被投资单位中的权益;第二,当投资方能够控制被投资单位,或对被投资单位施加重大影响的情况下,其投资收益不能真正反映应当获得的投资收益。

(五)长期股权投资的权益法

1.权益法的使用范围。

权益法指投资最初以投资成本计价,以后长期股权投资的账面价值应当根据被投资单位当期净损益中民间非营利组织应享有或应分担的份额,以及被投资单位宣告分派股利或利润中属于民间非营利组织应享有的份额进行调整。

民间非营利组织对被投资单位具有控制、共同控制和重大影响时,长期股权投资应采用权益法核算。当民间非营利组织对被投资单位不再具有控制、共同控制和重大影响时,民间非营利组织对被投资单位的长期股权投资应中止采用权益法,改按成本法核算。这种情况包括:

(1)投资方由于减少投资而对被投资单位不再具有控制、共同控制和重大影响,但仍部分或全部保留对被投资单位的投资。

(2)被投资单位已宣告破产或依法律程序进行清理整顿。

(3)计划近期内出售被投资单位的股份。

(4)被投资单位在严格的长期性限制条件下经营,其向投资方转让资金的能力受到限制。

2.股权投资持有期间对账面价值的调整。

在长期股权投资持有期间,按照权益法的要求,必须根据被投资单位当期净损益的情况,相应调整长期股权投资的账面价值。其基本要点是:

(1)期末,民间非营利组织按照应当享有或者应当分担的被投资单位当年实现的净利润或发生的净亏损的份额,调整长期股权投资账面价值。如果被投资单位实现净利润,借记“长期股权投资”科目,贷记“投资收益”科目;如果被投资单位发生净亏损,借记“投资收益”科目,贷记“长期股权投资”科目,但以长期股权投资账面价值减记至零为限。计算调整时,要注意以下三个方面的问题:

第一,计算被投资单位净利润中投资者应享有的份额时,应剔除按照法规或公司章程规定不属于投资方的净利润。如按照我国有关法律、法规规定,某些单位实现的净利润可以提取一定比例的职工福利及奖励基金,这部分净利润投资方不能享有,因而计算应享有被投资单位实现的净利润时应予以扣除。

第二,在使用权益法的第一年进行调整时,还要注意投资时间的问题。如果民间非营利组织恰在当年的1月1日投资,则投资方必定享有被投资单位全年的净利润的分配权;如果不是在年初投资,则应按照该年的实际投资月份计算。

第三,如果在投资持有年度,持股比例发生变化,则计算应确认利润的持股比例为加权平均持股比例。

[例13-27] 某民间慈善组织对B单位的长期股权投资按权益法核算,其投资占B单位有表决权资本的60%,并对B单位具有重大影响。假如该民间非营利组织是在投资年度的4月1日投资的,投资第一年B单位的净利润为550 000元,其中职工奖励基金为50 000元。

应确认的投资收益为:(550 000 - 50 000) × 60% × 9 ÷ 12 = 225 000(元)

应编制会计分录:

借:长期股权投资——B单位 225 000

贷:投资收益 225 000

被投资单位当年发生净亏损,民间非营利组织的长期股权投资的账面价值减记至零为限。未确认的投资损失,待被投资单位实现净利润,投资方应在计算的收益分享额超过未确认的亏损分担额以后,按超过未确认的亏损分担额的金额,逐渐恢复长期股权投资的账面价值。

[例13-28] 某民间非营利组织对B单位进行长期股权投资,其投资占B单位有表决权资本的50%。该组织对B单位的投资成本为200 000元。投资第一年(假如在投资年度的1月1日投资)B单位实现净利润100 000元,第二年B单位发生净亏损600 000元,第三年B单位实现净利润200 000元。

民间非营利组织三年的会计处理如下:

第一年:

借:长期股权投资 200 000

贷:银行存款 200 000

应确认的投资收益 = 100 000 × 50% = 50 000(元)

借:长期股权投资——B单位 50 000

贷:投资收益 50 000

第二年:

应确认的投资损失 = 600 000 × 50% = 300 000(元)

借:投资收益　　250 000

　　贷:长期股权投资——B 单位　　250 000(注)

注:第二年末长期股权投资的账面价值为 250 000 元(200 000 + 50 000),小于当年应确认的亏损(即 300 000 元),因此只能确认损失 250 000 元,从而使投资的账面价值减记为零。但要注意,该年度存在未确认的亏损 50 000 元。

第三年:

应确认的投资收益 = 200 000 × 50% = 100 000(元)

借:长期股权投资——B 单位　　50 000

　　贷:投资收益　　50 000(注)

注:由于第二年存在尚未确认的亏损额 50 000 元,故第三年只能确认投资收益 50 000 元(即 100 000 – 50 000)。至此,长期股权投资的账面价值为 50 000 元。

(2)被投资单位宣告分派利润或现金股利时,按照宣告分派的现金股利或利润中属于民间非营利组织应享有的份额,调整长期股权投资账面价值,借记"其他应收款"科目,贷记"长期股权投资"科目。在实际收到现金股利或利润时,借记"银行存款"科目,贷记"其他应收款"科目。

[例 13 – 29]续[例 13 – 28],第三年 B 单位宣告发放现金股利,民间非营利组织按照股权计算应享有现金股利 40 000 元。应编制会计分录如下:

借:其他应收款——B 单位　　20 000

　　贷:长期股权投资——B 单位　　20 000

(3)被投资单位宣告分派的股票股利,不做账务处理,但要登记辅助账,进行数量登记。

(六)投资的划转

投资的划转,是指民间非营利组织因改变投资目的,将短期股权投资划转为长期股权投资。当将短期股权投资划转为长期股权投资时,应当按照短期股权投资的成本与市价孰低法结转。即以短期股权投资的成本与市价两者中低者作为长期股权投资的成本,借记"长期股权投资"科目;按照已经计提的相关短期投资跌价准备,借记"短期投资跌价准备"科目;按照原短期股权投资的账面余额,贷记"短期投资"科目;按照其差额借记或贷记"管理费用"科目。

(七)长期投资减值

1.计提长期投资减值的条件及其减值的判断标准。

按照民间非营利组织会计制度规定,民间非营利组织应当定期或者至少每年年度终了,对长期投资是否发生了减值进行逐一检查。如果发生了减值,应当按单项投资计提长期投资减值准备。

长期投资减值是指长期投资未来可收回金额低于账面价值所发生的损失。"可收回金额"是指民间非营利组织资产的出售净价与预期从该资产的持有和投资到期处置中形成的预计未来现金流量的现值两者中的较高者。其中,出售净价是指资产的出售价格减去所发生的资产处置费用后的余额。

按照民间非营利组织会计制度的要求,民间非营利组织期末应当对其所持有的长期股权投资、长期债权投资是否发生了减值进行检查。如果长期股权投资、长期债权投资的可收回金额低于其账面价值,即表示长期投资发生了减值,应当按照可收回金额低于账面价值的差额计提长期投资减值准备。如果由于市价持续下跌或被投资单位经营状况变化等原因导致其可收回金额低于投资的账面价值,应计提减值准备。

民间非营利组织持有的长期投资有的有市价,有的没有市价。对于持有长期投资是否计提减值准备,可以根据有关迹象判断。

第一,有市价的长期投资。有市价的长期投资是否计提减值准备,可根据下列迹象判断:

(1)市价持续2年低于账面价值。

(2)该项投资暂停交易1年或1年以上。

(3)被投资单位当年发生严重亏损。

(4)被投资单位持续2年发生亏损。

(5)被投资单位进行清理整顿、清算或出现其他不能持续经营的迹象。

值得注意的是,上述判断标准是针对一般情况而言,即被投资单位的财务状况不佳,会引起市价下跌,并在此基础上确定减值准备。如果期末所持有的长期投资的市价低于成本,应计提减值准备;如果上述计提减值准备的迹象存在,但市价并未下跌,甚至高于成本,投资方应按被投资单位实际的财务状况预计未来可收回金额,并计提减值准备,而不应再按市价计提减值准备。

第二,无市价的长期投资。如果民间非营利组织持有的长期投资无市价,是否计提减值准备,可以根据下列有关迹象判断:

(1)影响被投资单位经营的政治、法律等环境因素的变化,如税收、贸易等法规的颁布或修订,可能导致被投资单位出现巨额亏损。

(2)被投资单位所供应的产品过时或消费者偏好改变使市场的需求发生变化,从而导致被投资单位财务状况发生严重恶化。

(3)被投资单位所从事产业的生产技术发生重大变化,被投资单位已失去竞争能力,从而导致财务状况发生严重恶化,如进行清理整顿、清算等。

(4)有证据表明该项投资实质上不能再给本单位带来经济利益的其他情形。

2.计提减值准备的会计处理。

长期投资减值可以分暂时性减值和永久性减值。暂时性减值是由于被投资单位暂时的财务状况不佳,或由于市场发生暂时性下跌所产生的减值;永久性减值是在可预见的未来不可能恢复的长期投资减损。按规定,无论是暂时性的还是永久性的价值减损,都应将其减值计入当期费用。

计提减值准备时,借记"管理费用——长期投资减值损失"科目,贷记"长期投资减值准备"科目。

[例13-30]某残疾人康复中心年末对持有长期股权投资、长期债权投资进行检查,发现长期股权投资每股市价2.4元,其实际持有20 000股,总成本51 000元;长期债券投资市价99元,其实际持有100份,总成本10120元。该康复中心年末应计提减值准备:

应计提减值准备=股权投资减值准备51 000-2.4×20 000+债权投资减值准备(10 120-99×100)=3 220(元)

借:管理费用——长期投资减值损失	3 220	
贷:长期投资减值准备——股票投资		3 000
——债权投资		220

如果以前期间已计提减值准备的长期投资的价值在当期得以恢复,即长期投资的期末可收回金额高于账面价值,按照可收回金额高于账面价值的差额,在原有计提减值准备的余额范围内,借记"长期投资减值准备"科目,贷记"管理费用——长期投资减值损失"科目。

民间非营利组织出售或收回长期投资,或者以其他方式处置长期投资时,应当同时结转已计提的减值准备。

十四、固定资产

(一)固定资产的定义和分类

1.固定资产的定义。根据《民间非营利组织会计制度》的规定,固定资产是指同时具有以下特征的有形资产:(1)为行政管理、提供服务、生产商品或者出租目的而持有的;(2)预计使用年限超过一年;(3)单位价值较高。

2.固定资产的分类。民间非营利组织的固定资产形态多种多样,为了对固定资产进行管理和核算,有必要对固定资产进行分类。可以按不同标准分:

(1)按固定资产的使用情况进行分类,可分为使用中的固定资产、未使用的固定资产和不需用的固定资产。

(2)按固定资产的经济用途分类,可分为行政管理用固定资产、提供服务用固定资产和生产出租用固定资产。

(3)按来源分类,可分为自有固定资产和融资租入固定资产。

(二)固定资产计价基础

固定资产计价基础也称计价标准,即原价和折余价值。

1.原价。原价也称原始价值,即固定资产历史成本,是指固定资产在达到可使用状态前所发生的全部支出。从不同来源取得的固定资产,其原始价值构成不同。

固定资产以原价为计价基础，体现了历史成本原则。固定资产原价可以反映民间非营利组织的固定资产的规模。原价也是计提固定资产折旧的依据。

不同来源渠道取得的固定资产，其原始价值计价方式不同。

(1)外购固定资产，按照实际支付的买价、相关税费以及为使固定资产达到可使用状态前所发生的可以直接归属于该固定资产的其他支出(如运输费、安装费、装卸费等)确定其成本。

如果一笔款项购入多项没有单独标价的固定资产，按各项固定资产公允价值的比例对总成本进行分配，分别确定各项固定资产的成本。

(2)自行建造的固定资产，按照该项资产达到可使用状态前所发生的全部必要支出来确定其成本。

(3)接受捐赠的固定资产，如果捐赠者能够提供有关凭证的，按照凭证上注明的金额作为成本，但若注明的金额与其公允价值相差较大，应以公允价值作为成本；如果捐赠者没有提供凭证的，按其公允价值作为成本。

(4)融资租入固定资产，按照租赁协议或者合同确定的价款、运输费、途中保险费、安装费以及融资租入固定资产达到可使用状态前发生的借款费用等确定其成本。

(5)通过非货币性交易换入的固定资产，按照非货币性交易规定的方法确定其成本。

2.折余价值。折余价值又称净值，是指固定资产原价扣除累计折旧后的余额。资产负债表中对固定资产通常以折余价值反映。通过原价与折余价值的对比，可以反映民间非营利组织固定资产的新旧程度，以便根据折余价值的大小进行固定资产的更新和改造。

(三)固定资产的取得

为了反映固定资产的增减变化，民间非营利组织应设置“固定资产”账户。增加固定资产的原价，计入“固定资产”科目的借方；减少固定资产的原价，计入“固定资产”科目的贷方；期末借方余额反映民间非营利组织期末固定资产的账面原价。

民间非营利组织应设置“固定资产登记簿”和“固定资产卡片”，按照固定资产类别、适用部门等对每项固定资产进行明细核算。

固定资产应按其取得时的成本作为入账价值。取得成本包括买价、进口关税等税金、运输和保险等有关费用，以及为达到可使用状态前所必要的支出。固定资产取得时的成本应当根据具体情况分别确定并核算。

1.外购固定资产。外购固定资产的成本包括买价、增值税、进口关税等相关费用，以及为使固定资产达到预定可使用状态前所发生的可直接归属于该固定资产的其他支出，如场地整理费、运输费、装卸费、安装费和专业人员服务费等。

增加固定资产时，借记“固定资产”账户，贷记“银行存款”、“应付账款”等账户。

如果一笔款项购入多项没有单独标价的固定资产，应按照各项固定资产的公允价值的比例对总成本进行分摊,分别确定各项固定资产的入账价值。

[例13-31]某民间非营利组织以银行存款一次购入办公用电脑5台、配套设施5套,每套包括一张桌子、一把椅子,总计款项35 000元,已经验收入库。每台电脑的公允价值5 500元,一张桌子的公允价值500元,一把椅子的公允价值260元。则每项资产的成本:

办公电脑的总成本:35 000÷(5 500×5+500×5+260×5)×5 500×5=1.1182×27 500=30 750.5(元)

单台电脑的成本:30 750.5÷5=6 150.1(元)

桌子的总成本:1.1182×500×5=2 795.50(元)

一张桌子的成本:2 795.5÷5=559.10(元)

椅子的总成本:1.1182×260×5=1 454(元)

一把椅子的成本:1453÷5=290.6(元)

借:固定资产——办公设备	30 750.50	
存货——库存存货	4 249.50	
贷:银行存款		35 000

2.自制、自建固定资产。自制、自建的固定资产的成本包括建造该项固定资产达到预定可使用状态前所发生的必要支出。

民间非营利组织自行建造固定资产,应按建造过程中发生的全部支出(包括民间非营利组织以借款方式建造固定资产在交付使用前的利息支出和其他筹资费用)作为固定资产的入账价值。建造过程发生的建造成本,通过“在建工程”科目进行反映;建造完工,按建造过程全部支出,即实际造价转入“固定资产”账户。为在建工程需要专门购入的工程物资,通过“在建工程——工程物资”科目进行核算;待实际用于工程时,转入“在建工程”科目。

民间非营利组织“在建工程”科目下设置建筑工程、安装工程、技术改造工程、其他支出明细科目。也可以根据需要,在“在建工程”科目下按自营工程和出包工程设置明细账户,进行明细核算。

(1)自营工程。自营工程时,领用工程物资,按工程物资的实际成本,借记“在建工程——建筑工程(或安装工程)”科目,贷记“在建工程——工程物资”科目;工程领用本单位材料,按材料的实际成本,借记“在建工程——安装工程(或建筑工程)”科目,贷记“存货”;工程应负担的职工工资,借记“在建工程”科目,贷记“应付工资”科目。

[例13-32]某民间医疗组织某年为自营固定资产工程发生下列业务:

①1月1日,为工程建造而向银行借款100万元,借款期限2年,年利率2%。到期一次还本付息。

②2月1日,以银行存款购买工程用物资,价款450 000元,税款76 500元。工

程物资入库。

③5月1日,以银行存款支付工程人员工资15万元。

④5月28日,工程领用物资526 500元。

⑤9月1日,以银行存款购入工程需要的设备30万元。

⑥12月1日,支付工程其他费用50 000元。工程于当年12月31日完工。

①向银行借款:

借:银行存款 1 000 000

　贷:长期借款 1 000 000

②购买工程物资:

借:在建工程——工程物资 526 500

　贷:银行存款 526 500

③支付工程人员工资:

借:应付工资 150 000

　贷:现金 150 000

借:在建工程——建筑工程 150 000

　贷:应付工资 150 000

④领用工程物资:

借:在建工程——建筑工程 526 500

　贷:在建工程——工程物资 526 500

⑤购进工程设备:

借:在建工程——建筑工程 300 000

　贷:银行存款 300 000

⑥支付工程其他费用:

借:在建工程——建筑工程 50 000

　贷:银行存款 50 000

⑦计提工程借款利息:工程借款利息在达到可使用状态前计入固定资产建造成本。

全年借款利息 = 1000 000 × 2% × 1 = 20 000(元)

借:在建工程——建筑工程 20 000

　贷:长期借款 20 000

工程实际成本:

526 500 + 150 000 + 300 000 + 50 000 + 20 000 = 1 046 500(元)

借:固定资产 1 046 500

　贷:在建工程——建筑工程 1 046 500

下年度的借款利息20 000元计入筹资费用,不得再计入在建工程成本。

(2)出包工程。民间非营利组织采用出包工程,一般应与承建公司签订工程合同,按合同规定分期支付工程款项。采用此种方式施工,出包单位的会计核算的内容主要是与承包公司进行工程款项的结算和清算。单位按规定向承包单位预付工程款、备料款时,根据实际支付的价款,借记"在建工程——建筑工程(或安装工程)"科目,贷记"银行存款"科目;以拨付承包单位的材料抵作预付备料款的,按工程物资的实际成本,借记"在建工程——建筑工程"科目,贷记"在建工程——工程物资"科目;将需要安装的设备交付承包单位进行安装时,按设备的成本,借记"在建工程——建筑工程"科目,贷记"工程物资"科目。最后与承包单位办理工程价款结算时,补付工程款借记"在建工程——建筑工程"等科目,贷记"银行存款"、"应付账款"科目。

3.融资租入固定资产。民间非营利组织在生产经营过程中,由于临时性或季节性需要,或出于融资需要,对业务活动所需的固定资产可以采用租赁方式取得。租赁是在约定的期限内,出租人将资产使用权转让给承租人以获得租金的协议。租赁按性质和形式有经营性租赁和融资性租赁两种。融资租赁是指在实质上转移了与资产所有权有关的全部风险和报酬的一种租赁。经营性租赁是指除了融资租赁以外的其他租赁。

民间非营利组织以融资租赁方式租入固定资产,尽管在法律形式上资产的所有权在租赁期限内仍属于出租方 ,但由于租赁资产租赁期较长(一般占全部有效期的75%),基本包括了资产的全部有效期,承租方实质上几乎获得了租赁资产所能提供的全部经济利益,同时也承担了与资产有关的风险。因此,按"实质重于形式"原则,民间非营利组织应将融资租入固定资产作为本单位自有固定资产入账,并承担负债,计提折旧。

融资租入固定资产的实际成本,应按照租赁协议或者合同确定的价款,加上运输费、途中保险费、安装调试费以及融资租入固定资产达到预计可使用状态前发生的借款费用的金额确定。

融资租入固定资产时,借记"固定资产——融资租入固定资产"科目,按租赁协议或合同确定的租赁费,贷记"长期应付款"科目;按实际支付的有关费用,贷记"银行存款"科目。租赁期满,按合同规定所有权转移为民间非营利组织所有时,将租入固定资产从"融资租入固定资产"明细科目转入其他有关固定资产科目。

[例 13-33] 某民间慈善组织与租赁公司签订租赁协议,租入一设备,双方协议:每年年末付租赁费5万元,租赁期5年,租赁期满,该组织支付2 000元购买该设备,同时还以银行存款支付设备的运杂费30 000元。设备交付使用。对该租赁业务,应作如下会计处理:

租入固定资产的实际成本 = 50 000 × 5 + 2 000 + 30 000 = 282 000(元)

借:固定资产——融资租入固定资产　　282 000
　　贷:长期应付款——应付融资租赁款　　252 000
　　　　银行存款　　30 000

第一年年末支付租赁费:

借:长期应付款——应付融资租赁款　　50 000
　　贷:银行存款　　50 000

以后3年每年支付租金时的会计分录同上。

最后一年,要支付租金和最后买价:

借:长期应付款——应付融资租赁款　　52 000
　　贷:银行存款　　52 000

同时:

借:固定资产——某固定资产　　282 000
　　贷:固定资产——融资租入固定资产　　282 000

民间非营利组织以经营租赁方式租入的固定资产和临时租入的固定资产,应另设“备查簿”进行登记,不能确认为固定资产入账。

4.接受捐赠固定资产。接受捐赠固定资产的成本确定,应以捐赠者提供的有关凭证上标明的金额加上应支付的相关税费,作为固定资产的成本;如果捐赠者不能提供有关凭证,则以其市价或同类、类似固定资产的市场价格估计的金额,加上由单位负担的运输费、保险费、安装调试费等作为成本入账。

收到捐赠固定资产时,按确定的入账价值,借记“固定资产”科目,贷记“捐赠收入”科目。

5.盘盈固定资产。民间非营利组织对固定资产应当定期或者至少每年实地盘点一次。对于盘盈、盘亏的固定资产,应当及时查明原因,写出书面报告,并根据管理权限经董事会、理事会或类似机构批准后,在期末结账前处理完毕。盘盈固定资产应当按其公允价值入账,并计入当期收入——其他收入。

(四)固定资产折旧

固定资产折旧,是指固定资产在使用过程中,由于逐渐损耗而减少的价值。固定资产虽然经过较长时间使用也不改变其实物形态,但其价值会因为使用而逐渐减少,将这部分减少的价值采用一定的方法计入当期费用或存货成本,这部分减少的价值称为折旧费。按《民间非营利组织会计制度》规定,民间非营利组织应当根据固定资产的性质和消耗方式,合理确定固定资产的预计使用寿命和预计净残值,据此计提折旧。可见,正确计算固定资产折旧,是民间非营利组织会计对固定资产核算的重要内容。

1.固定资产折旧的范围。为了正确计算折旧,应明确固定资产折旧范围,也就是应明确哪些固定资产计提折旧,哪些固定资产不计提折旧。

按《民间非营利组织会计制度》规定，以下三类固定资产不计提折旧：

(1)已经提足折旧后，无论是否继续使用，均不再提取折旧。

(2)提前报废的固定资产不再补提折旧。

(3)用于展览、教育或研究等目的的历史文物、艺术品以及其他具有文化或者历史价值并作长期永久保存的典藏，不提取折旧。

固定资产在预计使用寿命年限内，应提足固定资产折旧。提足折旧额是指已经提足该项固定资产应当提取的折旧总额，其中应当提取的折旧总额为固定资产原价减去预计净残值。

2.固定资产折旧方法。民间非营利组织应当按照固定资产所包含的经济利益或服务潜力的预期实现方式选择折旧方法。可选择使用的折旧方法有平均年限法、工作量法、双倍余额递减法和年数总和法。折旧方法一经确定，不得随意变更。如需要变更，应将变更的内容及原因在变更当期会计报表附注中说明。

(1)平均年限法。又称直线法，是指根据固定资产原价扣除预计净残值后的余额，按预计使用年限平均计算折旧额的方法。

预计残值，是指预计报废固定资产的残值收入减去预计报废固定资产时的清理费后的净值。预计使用年限，是指在取得固定资产时，预计其尚可使用的年限。固定资产折旧年限在不短于规定年限内，根据不同情况，经主管税务机关审核后执行。各类固定资产的预计年限为：房屋建筑物为20年；专用设备、交通工具和陈列品为10年；一般设备、图书和其他固定资产为5年。固定资产由于特殊原因需要缩短折旧年限的，如受酸、碱等强烈腐蚀的机器设备和简易或长年处于震撼、颤动状态的房屋和建筑物，以及技术更新变化等原因，可由单位提出申请，报经有关部门审核批准后执行。

平均年限法计算折旧公式：

固定资产年折旧率 = [1 - 5%(残值率)]/折旧年限 × 100%

月折旧率 = 年折旧率 ÷ 12

月折旧额 = 固定资产原价 × 月折旧率

或：

固定资产年折旧额 = (固定资产原价 - 净残值)/固定资产预计使用年限

在实务中，固定资产折旧一般应当按月计提折旧，所以，应根据年折旧额计算月折旧额，或者根据固定资产原价和折旧率计算月折旧额。

固定资产月折旧额 = 固定资产年折旧额/12

固定资产年折旧率 = 固定资产年折旧额 ÷ 固定资产原价 × 100%

固定资产月折旧率 = 固定资产年折旧率 ÷ 12

当月应计提固定资产折旧 = 月初应计提折旧的固定资产原价 × 月折旧率

[例13-34] 某民间非营利组织有一机器设备，其原价4万元，该固定资产预

计使用年限 5 年,预计净残值 1 500 元。该项固定资产折旧额计算:

固定资产年折旧额 =(40 000 - 1 500) ÷ 5 = 7 700(元)

固定资产月折旧额 = 7 700 ÷ 12 = 641.67(元)

固定资产年折旧率 = 7 700 ÷ 40 000 × 100% = 19.25%

固定资产月折旧率 = 19.25% ÷ 12 = 1.6%

如果民间非营利组织固定资产较多,逐个计算固定资产折旧,工作量较大。为了简化计算手续,可以采用分类计算折旧额。计算公式为:

当月计提折旧额 = 应计提折旧的固定资产原价总额 × 分类月折旧率

(2)工作量法。是指按照固定资产的工作量计算折旧的方法。在这种方法下,当期计提固定资产折旧额,与本期固定资产实际提供的工作量成正比例。采用工作量法,先要估计固定资产预计使用年限内能够提供的工作总量,计算单位工作量应负担的折旧额,再根据每期实际工作量计算折旧额。

计算公式:

单位工作量折旧额 =(固定资产原价 - 净残值)÷ 预计工作总量

固定资产月折旧额 = 当月实际工作量 × 单位工作量的折旧额。

工作量,可以是工作小时,亦或行车里程等。

[例 13 - 35] 某民间收容站有一辆小轿车,原价 13 万元,预计残值 5 000 元,预计行车总里程 200 000 公里。本月该轿车实际行车里程 4 000 公里。本月应计提折旧:

每公里折旧额 =(130 000 - 5 000)÷ 200 000 = 0.625(元)

本月折旧额 = 0.625 × 4 000 = 2 500(元)

(3)年数总和法。又称合计年限法,是将固定资产的原值减去净残值后的净额乘以一个递减的分数,计算年折旧额。这个分数的分子代表固定资产尚可使用年限数,分母表示可以使用年限自然数之和。其计算公式:

(某)年折旧率 = 该年初尚可使用年限 ÷ 预计使用年数之和

月折旧率 = 该年折旧率 ÷ 12

月折旧额 =(固定资产原值 - 净残值)× 该月折旧率

[例 13 - 36] 某固定资产的原值 40 000 元,预计净残值 1 500 元,预计使用年限 5 年。则使用年数总和法,各年折旧额计算如下表 13 - 2:

表 13 - 2　　固定资产折旧计算表　　单位:元

年 次	年初净值	折旧率	折旧额	累计折旧	年末净值
1	38500	5/15	12833	12833	27167
2	38500	4/15	10267	23100	16900
3	38500	3/15	7700	30800	9200
4	38500	2/15	5133	35933	4067
5	38500	1/15	2567	38500	1500

该固定资产应计提折旧总额:40 000 - 1 500 = 38 500(元)

(4)双倍余额递减法。双倍余额递减法是在不考虑固定资产残值的情况下,根据每期期初固定资产的账面余额和双倍的直线折旧率计算固定资产折旧的一种方法。其计算公式:

年折旧率 = 2 ÷ 预计使用年限 × 100%

月折旧率 = 年折旧率 ÷ 12

月折旧额 = 固定资产账面净值 × 月折旧率

由于双倍余额递减法不考虑固定资产的残值收入,因此,在使用该方法时,必须注意不能使固定资产的账面余额低于其预计的净残值,也就是在使用双倍余额递减法时,应在其固定资产折旧年限到期前两年内,将固定资产净值扣除预计净残值后的余额平均计算计提折旧。

[例 13 - 37] 仍以上[例 13 - 36]资料,使用双倍余额递减法计算各年折旧额,如表 13 - 3:

表 13 - 3　　固定资产折旧计算表　　单位:元

年　次	年初净值	折旧率	折旧额	累计折旧	年末净值
1	40000	40%	16000	16000	24000
2	24000	40%	9600	25600	14400
3	14400	40%	5760	31360	8640
4	8640		3570	34930	5070
5	5070		3570	38500	1500

3.折旧计提的核算。民间非营利组织应一般按月计提折旧。当月增加的固定资产,当月不计提折旧,从下月起计提折旧;当月减少的固定资产,当月照提折旧,从下月起不提折旧。

为了反映固定资产的折旧情况,民间非营利组织应设置“累计折旧”科目。该科目是“固定资产”的备抵账户。当增加固定资产折旧时,记入“累计折旧”科目的贷方;减少固定资产折旧时,记入“累计折旧”科目的借方;期末贷方余额反映固定资产的累计折旧总额。

“累计折旧”不进行明细分类核算。如果需要查明某固定资产的折旧情况,可以根据固定资产卡片记录的原价、折旧率和实际使用年限计算所得。

固定资产计提折旧时,借记“管理费用”、“存货——生产成本”等科目,贷记“累计折旧”科目。

[例 13 - 38] 上[例 13 - 37]中,根据固定资产折旧计算表,计提第一年固定资产折旧。假定该固定资产用于行政管理部门使用。应编制会计分录:

借:管理费用　　16 000

　贷:累计折旧　　16 000

对于固定资产的价值、使用寿命、预计净残值等发生的变更,应当根据变更后的价值、预计尚可使用寿命和净残值等,按照选定的折旧方法计提折旧。

对于融资租入固定资产,应采用与自有应计提折旧资产相一致的折旧政策。能够合理确定租赁期满时将会取得租赁资产所有权的,应当在租赁资产尚可使用年限内计提折旧;无法合理确定租赁期满时能够取得租赁资产的所有权的,应当在租赁期与租赁资产尚可使用年限两者中较短的期间计提折旧。

(五) 固定资产维修和处置

1.固定资产维修。为了保证固定资产能够正常使用,要经常对固定资产维护和保养。这种与固定资产维护和保养有关的支出称为固定资产的后续支出。这种后续支出按性质分为资本化的后续支出和费用化的后续支出。

固定资产的后续支出,如果是可能流入民间非营利组织的经济利益或者服务潜力超过了原先的估计,如延长了固定资产的使用寿命,或者使服务质量实质性地提高,或者使商品成本实质性降低,则应当将这种后续支出资本化,即将后续支出计入增加固定资产的账面价值。但其增计后的金额不应当超过该固定资产的可收回金额。

除了资本化的后续支出外,其他后续支出都称为费用化的后续支出,费用化的后续支出应当计入当期费用。

(1)资本化的后续支出的会计处理。资本化的后续支出发生时,借记“在建工程”科目,贷记“银行存款”等科目。同时,应当根据调整后的固定资产成本,并根据单位的使用情况估计折旧年限和净残值,计提折旧。

[例13-39] 某民间非营利组织有一项固定资产,其原值32 000元,预计使用5年,已经使用2年,预计净残值1 000元。先将其进行改装,改装后固定资产预计使用年限将延长3年。改装实际支出16 000元。有关会计处理:

发生改良支出:

借:在建工程——技术改造工程　　16 000

　贷:银行存款　　16 000

改良完工,结转资本化支出:

借:固定资产　　16 000

　贷:在建工程——技术改造工程　　16 000

(2)费用化的后续支出的会计处理。费用化的后续支出一般是指固定资产的经常性的中小修理。这种修理对固定资产的性能不会有质的改变,其发生的频率高,但支出额较小。因此,费用化的后续费用在发生时,确认为当期损益,计入管理费用。如果一次发生的费用化后续支出数额较大,先将其支出计入待摊费用,以后在受益期内平均分摊。

[例13-40] A民间医疗组织服务用固定资产发生修理费35 000元,包括耗用

材料 26 000 元,人工费 5 000 元,其他支出 4 000 元。应编制会计分录:

实际发生修理支出:

借:管理费用　　35 000

　贷:存货　　26 000

　　应付工资　　5 000

　　银行存款　　4 000

2.固定资产处置。固定资产处置是指固定资产退出现有的正常工作状态。固定资产退出单位的原因有出售、报废和毁损、对外捐赠等。当固定资产退出时,按减少的固定资产净值,借记"固定资产清理"科目;按已提累计折旧,借记"累计折旧"科目;按固定资产原价,贷记"固定资产"科目。处置固定资产过程中的变价收入等,借记"银行存款"、"存货"等科目,贷记"固定资产清理"科目;应由保险公司或过失人赔偿的损失,借记"其他应收款"科目,贷记"固定资产清理"科目。处置过程中发生的清理费等支出,借记"固定资产清理"科目,贷记"银行存款"等科目。处置固定资产的净损益,经批准后,转入"其他收入(或其他费用)"科目。

[例 13-41] 某民间福利院将一不需用的机器设备出售,其原价 45 000 元,已提折旧 5 800 元。出售收入 42 200 元,款项存入银行。出售过程以现金支付清理费 1 100 元。应编制会计分录:

注销固定资产账面价值:

借:固定资产清理　　39 200

　累计折旧　　5 800

　贷:固定资产　　45 000

出售收入:

借:银行存款　　42 200

　贷:固定资产清理　　42 200

支付清理费:

借:固定资产清理　　1 100

　贷:现金　　1 100

出售固定资产净损益:

借:固定资产清理　　1 900

　贷:其他收入　　1 900

3.固定资产盘亏。民间非营利组织应定期至少一年一次对固定资产进行盘点,以保证固定资产账实相符。对于盘亏的固定资产应及时查明原因,进行处理。

盘亏固定资产,按盘亏固定资产的净值,扣除可以收回的保险赔偿和过失人的赔偿后的金额,借记"管理费用"科目;按照可收回的保险、过失人赔偿金额,借记"现金"、"银行存款"、"其他应收款"科目;按照已经计提折旧,借记"累计折旧"科目,按照原账面价值,贷记“固定资产”科目。

[例13-42] 某民间福利院年末盘点固定资产,盘亏一办公设备,其原价15 400元,已提折旧3 500元。经查明确认应由责任人李力赔偿900元,其余由单位承担。应编制会计分录:

借:其他应收款——李力	900	
累计折旧	3 500	
管理费用	11 000	
贷:固定资产		15 400

十五、无形资产

(一)无形资产的定义及特征

无形资产是指民间非营利组织开展业务活动、出租给他人或为管理目的而持有的且没有实物形态的非货币性长期资产,包括专利权、非专利技术、商标权、著作权、土地使用权等。无论无形资产是否可以辨认,都具有以下特征:

1.不具有实物形态。这是无形资产与其他资产的重要区别。

2.非货币性的长期资产。

3.为了使用、出租或管理目的持有。

4.能够带来经济利益。

5.未来经济利益的不确定性。

综上所述可见,具备上述特点的资产,才可能归属于无形资产。

(二)无形资产的确认、计量和核算

1.无形资产的确认。无形资产的确认,是指将符合无形资产确认条件的资产,作为无形资产予以记录并在资产负债表中反映的过程。民间非营利组织会计对无形资产确认时,应将同时符合两个条件的资产予以确认:(1)该资产具有未来的经济利益,很可能流入单位;(2)该资产能够可靠计量。

2.无形资产计量和核算。民间非营利组织在无形资产取得时,应按实际成本计量。无形资产的实际成本,通过设置“无形资产”科目反映。取得无形资产的实际成本,计入“无形资产”科目的借方;摊销减少无形资产的价值,计入“无形资产”科目的贷方;期末借方余额反映尚未摊销的无形资产的摊余价值。对于无形资产,可以按类别设置明细科目进行明细核算。

无形资产的实际成本,按其来源渠道不同,分别应按以下原则确定:

(1)购入无形资产。外购无形资产,按规定应按实际支付的价款作为实际成本。购入无形资产的实际价款包括买价及相关的税金和费用。

购入的土地使用权或以支付土地出让金方式取得的土地使用权,按照实际支付的价款作为实际成本,借记“无形资产——土地使用权”科目,贷记“银行存款”科目,并按制度规定进行摊销;待该土地开发时,再将其账面价值转入相关在建工程。

[例13-43] 某民间非营利组织以银行存款50万元购入一土地使用权,使用年限30年。两年后对该土地使用权进行开发建设。应编制会计分录:

购入土地使用权:

借:无形资产——土地使用权 500 000

　贷:银行存款 500 000

摊销无形资产价值,每年摊销额17 000元:

借:管理费用 17 000

　贷:无形资产——土地使用权 17 000

进行土地开发建设时,结转其摊余价值:

借:在建工程 466 000

　贷:无形资产——土地使用权 466 000

(2)接受捐赠无形资产。民间非营利组织接受捐赠的无形资产,按规定应以捐赠者所提供的单据,按凭据上标明的金额加上应支付的相关税费作为实际成本;捐赠者不能提供有关凭据的,按其市价或同类、类似无形资产的市价作为实际成本。如果接受捐赠的是非专利技术,其无形资产的计价应经法定评估机构评估后确认。

(3)研究开发无形资产。民间非营利组织经过研究开发并按法律程序申请取得的无形资产,依法取得时发生的注册费、律师费等费用作为无形资产的实际成本。

在研究开发过程中发生的有关费用,如材料费用、直接参与开发人员的工资及福利费、开发过程中发生的租金、借款费用等直接计入管理费用。如果为研究开发购置了小型设备,达到固定资产标准的,应作为固定资产核算。

[例13-44] 某民间医疗研究设计院为研究专利技术,共支付材料费20 000元,人工费23 000元,购置小型设备2 000元。研究成功后申请注册取得专利技术,发生注册费50 000元,律师费2 000元。应作如下会计处理:

研究开发过程中的有关支出:

借:管理费用 45 000

　贷:存货——库存存货 20 000

　　银行存款 25 000

申请注册过程中发生的注册费、律师费用资本化,形成无形资产:

借:无形资产——专利权 52 000

　贷:银行存款 52000

民间非营利组织通过非货币性交换取得无形资产的成本,按照非货币性交换的规定处理,即换入资产的成本按照换出资产的账面价值加相关的税费确定。如果涉及到支付补价的,应以换出资产的账面价值加支付的补价及相关税费确定成

本;如果涉及收到补价的,应以换出资产的账面价值加相关税费减去收到的补价加上交换发生的损益确定。计算公式:

换入无形资产的成本 = 换出资产账面价值 + 支付相关税费 - 收到补价 + 收益(或加损失)

收益(或损失) = 补价 ×〔1 -(换出资产账面价值 + 应缴税金)÷ 换出资产公允价〕

3. 无形资产摊销。无形资产的价值具有很大的不确定性,因而无形资产应自取得当月,在预计的使用期间内对其价值进行分期摊销。处置无形资产的当月不再摊销,即当月增加的无形资产,当月开始摊销;当月减少的无形资产,当月不再摊销。

如果预计使用年限超过了相关合同规定的受益年限或法律规定的有效年限,该无形资产的摊销年限按以下原则确定:

(1)合同规定了受益年限但法律没有规定有效年限的,摊销年限不应超过合同规定的受益年限。

(2)合同没有规定受益年限但法律规定了有效年限的,摊销年限不应超过法律规定的有效年限。

(3)合同规定了受益年限,法律也规定了有效年限的,摊销年限不应超过受益年限和有效年限二者之中较短者。

(4)如果合同没有规定受益年限,法律也没有规定有效年限的,摊销年限不应超过 10 年。

摊销无形资产时,借记"管理费用"科目,贷记"无形资产"科目。

[例 13 - 45] 某企业购入一商标权,价款 300 000 元,法律规定有效期 10 年。每月应摊销 300 000 ÷ 120 = 2 500 元。应编制会计分录:

借:管理费用　　　　　　　　　　2 500

　　贷:无形资产——商标权　　　　　　　　2 500

(三)无形资产的转让

转让无形资产有两种方式:一是转让其所有权,二是转让其使用权。转让其所有权也就是出售与无形资产所有权相关的全部风险和报酬,以取得其他业务收入;转让其使用权,实际上是出租无形资产以取得租金收入。两种转让方式,在会计处理上不同。

1. 转让所有权。出售无形资产,会取得收入和发生出售成本。出售无形资产按实际取得的转让价款,借记"银行存款"科目;按无形资产的账面余额,贷记"无形资产"科目;按应支付的相关税费,贷记"银行存款"、"应交税金"等账户;按其差额,借记"其他费用"或贷记"其他收入"科目。

[例 13 - 46] 某单位转让一专利技术,其账面余额 52 000 元,转让收入 60 000

元,营业税率5%。款项存入银行。应作如下会计处理:

转让所有权应交营业税 = 60 000 × 5% = 3 000(元)

转让所有权净收益 = 60 000 - 52 000 - 3 000 = 5 000(元)

借:银行存款　　60 000

　贷:无形资产　　52 000

　　应交税金——应缴营业税　　3 000

　　其他收入　　5 000

2.转让使用权。出租无形资产所取得的租金收入,确认为其他业务收入;出租无形资产的成本,确认为其他业务成本。

[例13-47] 某民间非营利组织出租一商标权,按规定,使用方每销售1吨商品,支付使用费200元。该月销售10吨商品。该商标权每月应摊销额为1 200元。

应收使用费 = 200 × 10 = 2 000(元)

借:其他应收款　　2 000

　贷:其他收入　　2 000

该无形资产每月的摊销额:

借:其他费用　　1 200

　贷:无形资产——商标权　　1 200

十六、其他资产

其他资产是指不能包括在流动资产、长期资产、固定资产、无形资产等以内的资产,主要包括文物文化资产、受托代理资产。

(一)文物文化资产

文物文化资产,是指用于展览、教育或研究等的历史文物、艺术品以及其他具有文化或历史价值并长期或者永久保存的典藏等。

1.文物文化资产计价。文物文化资产在取得时,应当按照取得时的实际成本入账。取得时的实际成本包括买价、包装费、运输费、交纳的有关税金等相关费用,以及为使文物文化资产达到可使用状态前所必要的支出。不同来源渠道取得的文物文化资产,其实际成本按如下方法确定:

(1)外购的文物文化资产。外购的文物文化资产实际成本按照买价、相关税费以及为使文物文化资产达到可使用状态前发生的可直接归属于该文物文化资产的其他支出,包括运输费、安装费、装卸费等。

如果以一笔款项购入多项没有单独标价的文物文化资产,按照各项文物文化资产公允价值的比例对总成本进行分配,分别确定各项文物文化资产的入账价值。

(2)接受捐赠的文物文化资产。接受捐赠的文物文化资产的成本,如果捐赠者能够提供凭证的,按照凭证上注明的金额入账,但是如果注明的金额与其公允价值相差较大,应按公允价值入账;如果捐赠者没有提供凭证的,按照该文物文化资产的公允价值入账。

2.文物文化资产的核算。民间非营利组织为了反映文物文化资产的价值变动情况,应设置“文物文化资产”科目,借方登记收到的各种文物文化资产的价值,贷方登记处置的文物文化资产的价值,期末借方余额表示民间非营利组织的文物文化资产的价值。

民间非营利组织应当设置文物文化资产登记簿和文物文化资产卡片,按文物文化资产类别设置明细账户,进行明细核算。

(1)取得文物文化资产。外购的文物文化资产按照所确定的实际成本,借记“文物文化资产”科目,贷记“银行存款”、“应付账款”科目。

[例 13-48] 某文物展览馆外购一批历史文物,买价 50 万元,运输费 3 600 元,复原费 2 100 元,运输费、复原费以银行存款支付,买价尚未支付。根据有关凭证,应编制会计分录:

借:文物文化资产——陶器类　　505 700
　　贷:银行存款　　5 700
　　　　应付账款——某单位　　500 000

[例 13-49] 某文物点购进一宗历史文物,包括古陶器、古字画、古装,共计付款 320 万元。以银行存款转账支付。

由于一次购入文物多项,应按照各项文物的公允价值分摊总成本。陶器类的公允价值 30 万元,古字画类文物的公允价值 185 万元,古装类文物的公允价值 75 万元。则:

陶器文物的成本:$30\times320\div(30+185+75)=30\times1.1034=33.1$(万元)

古字画的成本:$185\times320\div(30+185+75)=185\times1.1034=204.12$(万元)

古装的成本:$75\times320\div(30+185+75)=82.78$(万元)

根据有关凭证,应编制会计分录:

借:文物文化资产——陶器　　331 000
　　　　　　　　——字画　　2 041 200
　　　　　　　　——古装　　827 800
　　贷:银行存款　　320 000

接受捐赠的文物文化资产,按照捐赠者提供的凭证上的金额入账;捐赠者没有提供凭证的,按照其公允价值入账。

[例 13-50] 某个人向文物展览馆捐赠一项历史藏书。捐赠者没有提供凭证。其同类市场公允价值 45 万元。根据有关凭证,应编制会计分录:

借:文物文化资产——藏书　450 000

　贷:捐赠收入　450 000

(2)处置文物文化资产。文物文化资产的处置,是指出售、拍卖或者毁损而减少的文物文化资产。当民间非营利组织出售文物文化资产,或者毁损或者以其他方式处置文物文化资产时,按照所处置文物文化资产的账面余额,借记“固定资产清理”科目,贷记“文物文化资产”科目。

[例 13-51] 某历史文物单位出售一件文物陶器,其账面余额 12 万元,出售收入 20 万元,交纳有关费用 1 万元,净收入 19 万元。根据有关凭证,应编制会计分录:

借:固定资产清理　120 000

　贷:文物文化资产——陶器　120 000

借:银行存款　190 000

　贷:固定资产清理　190 000

借:固定资产清理　10 000

　贷:应交税金　10 000

借:固定资产清理　60 000

　贷:其他收入　60 000

借:应交税金　10 000

　贷:银行存款　10 000

(3)文物文化资产盘点。民间非营利组织对于文物文化资产应当定期或者至少每年实地盘点一次。对于盘盈、盘亏的文物文化资产,应当及时查明原因,并根据管理权限报经批准后,在期末前结账处理完毕。

盘点盈余的文物文化资产,应按照其公允价值,借记“文物文化资产”科目,贷记“其他收入”科目。

盘亏的文物文化资产,按照其账面余额扣除可以收回的保险赔偿和过失人的赔偿等后的金额,借记“管理费用”科目;按照可以收回的保险赔偿和过失人赔偿等,借记“现金”、“银行存款”、“其他应收款”等科目;按照文物文化资产的账面余额,贷记“文物文化资产”科目。

[例 13-52] 某历史文物展览馆,年末盘点发现丢失一件古字画,价值 55 万元。经保险公司确认赔偿 33 万元。应由本单位责任人赔偿 2 万元。根据有关凭证,应编制会计分录:

借:其他应收款——保险赔偿　330 000

　　　　　　——责任人　20 000

　管理费用　200 000

　贷:文物文化资产——古字画　550000

(二)受托代理资产

受托代理资产是民间非营利组织接受委托方的委托从事委托代理业务而收到的资产。随着经济的发展,各种各样受托代理业务应运而生,如接受委托代理保管财物、代理转移资产、代理捐赠等业务。在受托代理过程中,民间非营利组织通常只是从委托方收到受托资产,并按照委托人的意愿将资产转赠给指定的其他组织或者个人。民间非营利组织本身只是在委托过程中起到中介作用,无权改变受托代理资产的用途或者变更受益人。所以民间非营利组织收到受托代理资产时,实际上是增加了一项义务——负债义务,即应将有关资产(受托代理资产)转赠某单位或者个人。因此,受托方在收到代理的资产时,既增加一项资产,又发生一笔负债。所以,民间非营利组织接受委托代理时,确认受托代理资产,同时还应确认受托代理负债。

1.受托代理资产的确认计量。由于受托代理资产不需要通过有偿取得,获得的资产只是因受托代理关系暂时存放,但受托方有义务对该受托代理资产保证其安全,所以,因受托而收到的有关资产也要在受托方的账簿上反映,需要对受托代理资产确认和计量。按照《民间非营利组织会计制度》规定,民间非营利组织受托代理资产的确认和计量,按照接受捐赠资产的确认和计量原则处理,即捐赠者能够提供凭证的,按照凭证上注明的金额入账,但若凭证上注明的金额与其公允价值相差较大,应按公允价值计量;捐赠者不能提供凭证的,按照其公允价值计量。

2.受托代理资产的核算。为了反映受托代理资产的价值变动情况,民间非营利组织应设置"受托代理资产"科目和"受托代理负债"科目。

收到受托代理资产时,借记"受托代理资产"科目,贷记"受托代理负债"科目;若受托代理资产为货币资产,可以在"现金"、"银行存款"、"其他货币资金"科目下设置"受托代理资产"明细科目进行明细核算。

转赠或转出受托代理资产时,按照转出受托代理资产的账面余额,借记"受托代理负债"科目,贷记"受托代理资产"科目。

[例13-53]某民间非营利组织受到甲方委托,为其代理捐赠。收到甲方资金10万元,存入银行。根据有关凭证编制会计分录:

借:银行存款——受托代理资产　　100 000
　贷:受托代理负债——甲方　　100 000

按照委托方的捐赠意愿,将资产捐赠给中国红十字会。应编制会计分录:

借:受托代理负债——甲方　　100 000
　贷:银行存款——受托代理资产　　100 000

[例13-54]某民间非营利组织受到某单位委托,通过该单位向受灾地区捐赠物资一批,其公允价值230万元。根据受托有关协议等凭证,编制会计分录:

借:受托代理资产——物资　　2 300 000
　贷:受托代理负债　　2 300 000

当移交捐赠物资时，根据有关凭证，编制会计分录：

借：受托代理负债　　　　　　　　　　　　2 300 000

　贷：受托代理资产——物资　　　　　　　　　2 300 000

民间非营利组织应当设置“受托代理资产”登记簿，并根据具体情况设置明细账户，进行明细核算。

第二节　民间非营利组织负债

负债是由于过去的交易或事项形成的现时义务，履行该义务预期会导致含有经济利益或者服务潜能的资源流出民间非营利组织。

一般而言，民间非营利组织的负债具有三个方面的基本特征：第一，负债是过去的交易或事项形成的现时义务，它的偿付在未来需要转移或使用现金、商品或劳务；第二，负债不可避免，源于法律、合同或类似的文件，是强制性的义务，只有在偿还了负债或被债权人豁免负债时，负债才能消除；第三，导致该义务的交易或事项已经发生。

民间非营利组织的负债按其流动性可以分为流动负债、长期负债和受托代理负债等。其中，流动负债是指将在一年或超过一年的一个营业周期内偿还的负债，包括短期借款、应付账款、应付工资、应交税金、预收账款、预提费用和预计负债。长期负债是指偿还期限在一年或超过一年在一个营业周期以上的债务，包括长期借款、长期应付款和其他长期负债等。受托代理负债是指民间非营利组织因从事受托代理业务、接受受托代理资产而产生的负债，一般应当按照对应的受托代理资产的金额予以确认和计量。

一、短期借款

短期借款是指民间非营利组织向银行或其他金融机构借入的期限在 1 年以下(含 1 年)的各种借款。短期借款一般是为了维持正常业务活动或为抵偿某项债务而借入的。民间非营利组织借入短期借款时，按照实际借得的金额，借记“银行存款”账户，贷记“短期借款”账户。归还短期借款时，除了归还本金外，还应归还借款利息。短期借款利息，应按月预提计入筹资费用。

二、应付账款与应付票据

(一)应付账款

应付账款是指民间非营利组织因购买材料、商品和接受劳务供应等而应付给供应单位的款项。

1.应付账款的确认和计量

(1)应付账款的确认。应付账款的确认,是对应付账款的入账时间及入账金额的确认。从理论上讲,在赊购商品或材料等情况下,应付账款的入账时间应以所有权的转移为标志,即在企业取得所购货物的所有权时确认应付账款。但是,由于收到所购货物发票的时间与收到所购货物的时间往往比较接近,因此,在实际工作中,如果货物在收到发票后到达,一般是等货物验收入库后才根据发票金额登记应付账款。这样处理,一方面可以避免在验收时发现货物数量或质量不符合要求而再调整已经入账的应付账款;另一方面可以简化核算工作。如果已到期末,已经收到发票,但仍未收到货物,为了正确反映单位的财务状况,应根据发票上的金额登记应付账款。

(2)应付账款的计量。由于应付账款是在将来要偿还的现时义务,为了提高会计信息的有用性和相关性,对负债的计价应考虑货币的时间价值,即不论其偿付期的长短,均应在其发生时按未来偿付金额的现值计价入账。但是,我国会计实务中一般都是按未来应付的金额(面值)计价。这种做法虽然会高估负债,但符合谨慎性原则。因此,《民间非营利组织会计制度》中规定,包括应付账款在内的各项流动负债,应当按其实际发生额计价。但是,如果购货条件包括一定的现金折扣时,则采用总价法进行处理,即应付账款按扣除现金折扣前的发票金额入账;如果在折扣期内付款享有现金折扣,视为理财收益,冲减筹资费用。

2.应付账款一般业务的会计处理

对于应付账款业务的核算,应设置“应付账款”总账科目并按供应单位名称设置明细账户。民间非营利组织发生应付而未付的购买材料、商品或接受劳务供应的款项时,应根据验收单、购货发票等凭证,借记“存货”等科目,贷记“应付账款”科目。偿还债务时,借记“应付账款”科目,贷记“银行存款”科目。如果以商业汇票支付应付账款时,借记“应付账款”科目,贷记“应付票据”科目。

[例 13-55] 某民间福利院 3 月 5 日向甲单位购入材料一批,款项 45 000 元。该材料已经验收入库,款项定于 4 月 7 日支付。

3 月 5 日购货时的账务处理:

借:存货——库存存货	45 000	
贷:应付账款——甲单位		45 000

4 月 7 日支付款项时的账务处理:

借:应付账款——甲单位	45 000	
贷:银行存款		45 000

如果上述购货时的现金折扣条件为:2/10,N/30 。则:

3 月 5 日购货时的账务处理:

借:存货——库存存货　　　　　　　　　　　　45 000
　　贷:应付账款——甲单位　　　　　　　　　　　　45 000

在规定的折扣期内付款时的账务处理:

实际付款金额 = 45 000 × (1 - 2%) = 44 100 元

借:应付账款——甲单位　　　　　　　　　　　　45 000
　　贷:银行存款　　　　　　　　　　　　　　　　44 100
　　　　筹资费用　　　　　　　　　　　　　　　　　900

超过规定的折扣期付款时的账务处理:

借:应付账款——甲单位　　　　　　　　　　　　45 000
　　贷:银行存款　　　　　　　　　　　　　　　　45 000

应付账款到期不能按时付款,如果以承兑的票据抵偿,则将应付账款的账面价值转为应付票据,借记"应付账款"科目,贷记"应付票据"科目。

(二)应付票据

应付票据是民间非营利组织因购买材料、商品或接受劳务供应等而开出、承兑的商业汇票。它是由出票人出票,委托付款人在指定日期无条件支付确定的金额给收款人或持票人的票据。

应付票据也是委托付款人允诺在一定时期内支付一定款额的书面证明。应付票据与应付账款不同,虽然都是由于交易而引起的流动负债,但应付账款是尚未结清的债务,而应付票据是一种期票,是延期付款的证明,有承诺付款的票据作为凭证。在我国,应付票据是在经济往来活动中由于采用商业汇票结算方式而发生的,由签发人签发、承兑人承兑的票据。

按照《支付结算办法》规定,在银行开立存款账户的法人以及其他经济组织之间,具有真实的交易关系或债权债务关系的,均可使用商业汇票结算。商业汇票按照承兑人的不同,分为商业承兑汇票和银行承兑汇票。采用商业承兑汇票方式时,承兑人应为付款人,是承兑人对这项债务在一定时期内支付的承诺,是单位的一项负债;采用银行承兑汇票方式时,商业汇票应由在承兑银行开立存款账户的存款人签发,由银行承兑。由银行承兑的银行承兑汇票,只是为收款人按期收回债权提供了可靠信用保证,对于付款人来说,不会由于银行承兑而使这项负债消失。因此,即使是由银行承兑的汇票,付款人的现存义务依然存在,应将其作为一项负债。

由于真实交易而开出、承兑的商业汇票,在会计核算上设置"应付票据"账户,反映该项流动负债的现存义务。在我国会计实务中,一般采用按票据的面值记账的方法。应付票据按是否带息分为带息应付票据和不带息应付票据两种。应付票据如为带息票据,其票据的面值就是票据的现值。由于我国商业汇票期限较短,最长不超过6个月,因此,通常在期末时,对尚未支付的应付票据计提利息,计入当期"筹资费用"。不带息票据,其面值就是票据到期时的应付金额。

开出并承兑的商业汇票如果不能如期支付，应在票据到期时将“应付票据”账面价值转为“应付账款”科目，待协商后再进行处理。如果以重新签发新的票据清偿原应付票据，再从“应付账款”转入“应付票据”。银行承兑汇票如果到期，承兑申请人无力支付到期票款时，承兑银行除凭票向持票人无条件付款外，对出票人尚未支付的汇票金额转为逾期贷款处理，并按每天万分之五计收利息。如果单位无力支付到期银行承兑汇票，在接到银行转来的“××号汇票无款支付转入逾期贷款户”等有关凭证时，按借记“应付票据”科目，贷记“短期借款”科目处理。对于计收的利息，按短期借款利息的处理办法处理。

[例 13-56] 某民间非营利组织 4 月 1 日向银行申请签发银行承兑汇票一张，面值 50 000 元，期限 5 个月，票面利率 2%，同时向银行支付承兑手续费 50 元。则应作如下会计处理：

支付银行承兑手续费的会计处理：

借：筹资费用　　50

　贷：银行存款　　50

6 月 30 日计提票据利息：50 000 × 3 × 2% ÷ 12 = 250(元)

借：筹资费用　　250

　贷：应付票据　　250

到期实际支付汇票的全部款项：50 000 + 50 000 × 5 × 2% ÷ 12 = 50 416.67(元)

其中已经计提利息 250 元，计入本期利息费用为 416.67 - 250 = 166.67(元)

借：应付票据　　50 250

　筹资费用　　166.67

　贷：银行存款　　50 416.67

如果该票据到期，单位的银行存款账户余额不足以支付票据款项，将根据银行转来的贷款通知作如下会计处理：

借：应付票据　　50 416.67

　贷：短期借款　　50 416.67

民间非营利组织应当设置“应付票据备查簿”，详细登记每一笔应付票据的种类、号码、签发日期、到期日期、票面金额、票面利率、合同交易号、收款人姓名或者单位名称，以及付款日期和金额等资料。应付票据到期时，应当在备查簿中逐笔注销。

三、应付工资

(一)应付工资的构成

应付工资是民间非营利组织对职工个人的一种负债，是民间非营利组织按照有关劳动合同与法规应支付给职工的劳动报酬。在会计核算上，应付职工工资不

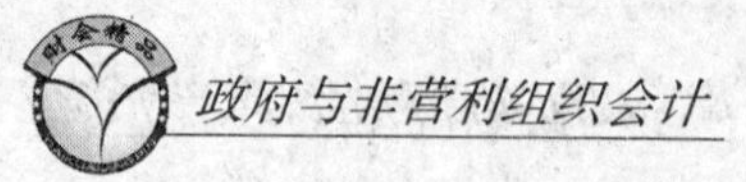

论是否在当月支付,都应通过“应付工资”科目反映。按照国家统计局1989年发布的《关于职工工资总额组成的规定》,工资总额由六部分内容组成:

1.计时工资。指按计时工资标准(包括地区生活补贴)和工作时间支付给个人的劳动报酬。

2.计件工资。指对已做工作按计件单价支付的劳动报酬。

3.奖金。指支付给职工的超额劳动报酬和增收节支的劳动奖金。

4.津贴和补贴。指为了补偿职工特殊或额外的劳动消耗和因其他特殊原因支付给职工的津贴,以及为了保证职工工资水平不受物价影响而支付给职工的物价补贴。

5.加班加点工资。指按规定支付的加班工资和加点工资。

6.特殊情况下支付的工资。

但以下项目不包括在工资总额内:

1.根据国务院发布的有关规定颁发的创造发明奖、自然科学奖、科学技术进步奖和支付的合理化建议奖、技术改进奖以及支付给运动员、教练员的奖金。

2.有关劳动保险和职工福利方面的各项费用(如职工生活困难补助、探亲路费)。

3.有关离休、退休、退职人员待遇的各项支出。

4.劳动保护的各项支出(如工作服、手套、清凉饮料等)。

5.出差伙食补助费、误餐补助费、调动工作的旅费、安家费。

6.劳动合同制职工解除劳动合同时由企业支付的医疗补助费、生产补助费等。

7.因录用临时工而在工资以外向提供劳动力单位支付的手续费或管理费。

8.计划生育独生子女补贴等。

(二)应付工资的核算

民间非营利组织应付职工的工资,通过“应付工资”科目进行核算。“应付工资”科目集中反映民间非营利组织应付职工的工资总额,即构成职工工资总额的内容都通过“应付工资”科目来核算。“应付工资”科目的贷方反映应付职工的工资,借方反映实际支付给职工的工资,期末贷方余额反映应付而未付的工资。

民间非营利组织对各月发放的工资,要在月份终了时进行分配,计入相关的费用。工资的分配应按照职工所在的岗位进行,如行政管理人员的工资,其工资计入“管理费用”;从事各项业务活动的人员的工资计入“业务活动成本”、“存货”;从事工程人员的工资计入“在建工程”。工资分配数计入“应付工资”科目的贷方。

[例13-57]某民间福利机构从银行提取现金357 500元,发放工资。月份终了,分配工资,其中:从事业务活动人员工资280 000元,管理人员工资45 000元,在建工程人员工资15 000元,代扣职工个人所得税2 000元,代扣住房公积金1 000元。另支付退休人员退休费20 000元。该单位应作如下账务处理:

1.从银行提取现金：

借：现金 357 000

  贷：银行存款 357 000

2.发放职工工资：

借：应付工资 340 000

  贷：应交税金——应缴个人所得税 2 000

    其他应付款——应付住房公积金 1 000

    现金 337 000

3.发放退休人员费用：

借：管理费用 20 000

  贷：现金 20 000

4.月份终了，分配工资：

借：业务活动成本 280 000

  管理费用 45 000

  在建工程 15 000

  贷：应付工资 340 000

四、应交税金

应交税金是指民间非营利组织按照国家税法规定应当缴纳的各种税费，如营业税、增值税、所得税、房产税、个人所得税等。这些应交的税金，要按照权责发生制的原则预提计入有关科目。应交的税金在尚未交纳之前暂时停留在民间非营利组织内部，形成一定的负债。

（一）应交营业税

民间非营利组织如果发生了营业税纳税义务时，应按照规定缴纳营业税。

1.营业税及其税收优惠。营业税是对提供劳务、转让无形资产或者销售不动产的单位和个人征收的税种。

在我国，营业税的征收范围包括：在我国境内提供交通运输、建筑、金融保险、邮电通讯、文化体育、娱乐、服务等劳务，有偿转让无形资产，销售不动产等。营业税按照营业额和规定税率计算应纳税额，其公式为：

应纳税额 = 营业额 × 税率

这里的营业额是指单位提供应税劳务、转让无形资产或者销售不动产向对方收取的全部价款和价外费用。价外费用包括向对方收取的手续费、基金、集资费、代收款项、代垫款项及其他各种性质的价外收费。

2.应交纳的营业税的账务处理。民间非营利组织发生营业税纳税义务时，按照规定应缴纳的营业税，借记“业务活动成本”科目，贷记“应交税金——应交营业税”科目。交纳营业税时,借记“应交税金——应交营业税”科目,贷记“银行存款”科目。

(二)应交增值税

按照《民间非营利组织会计制度》规定,民间非营利组织如果发生了增值税纳税义务时,应当按照税收的有关规定计算缴纳增值税。

1.增值税的交纳规定与计算方法。增值税是对在我国境内销售货物或提供加工、修理修配劳务,以及进口货物的单位和个人,就其取得的货物或应税劳务,以及进口货物等的增值部分征收的一种流转税。其中货物是指有形动产,包括电力、热力和气体在内。销售货物是指有偿转让货物的所有权;加工是指受托加工货物;修理修配是指受托对损伤和丧失功能的货物进行恢复,使其恢复原状和功能的业务。

按照《中华人民共和国增值税暂行条例》规定,单位购入货物或接受应税劳务支付的增值税(即进项税额),可以从销售货物或提供劳务按规定收取的增值税(即销项税额)中抵扣。增值税的纳税人按其经营规模及会计核算资料是否健全分为一般纳税人和小规模纳税人。按税法规定,以从事货物生产或提供应税劳务,以及从事货物生产或提供应税劳务为主,并兼营货物批发或零售的纳税人,年应税销售额在100万元以下的;从事货物批发或零售的,年应税销售额在180万元以下;以及应税销售额超过规定标准,但会计核算不健全或不能提供准确的税务资料的;或虽符合一般纳税人条件但不能申请一般纳税人认定手续的,均应视为小规模纳税人。除此之外的其他增值税纳税人为一般纳税人。

(1)小规模纳税人应纳增值税的计算:小规模纳税人采用销售额和应纳税额合并定价的方法,其应纳增值税额的计算根据销售货物或提供应税劳务的收入按4%的征收率计算。其计算公式:

不含税销售额=含税销售额÷(1+征收率)

应纳增值税额=不含税销售额×征收率

(2)一般纳税人应纳增值税额计算:一般纳税人应纳增值税的计算采用扣税法。其计算公式:

应交增值税=当期销项税额-当期进项税额

如果当期销项税额小于进项税额,则其差额可以结转下期抵扣。其中:

当期销项税额=销售应税货物或提供应税劳务的收入×适用增值税税率

销项税额是单位向购货方收取的增值税额,进项税额则是单位购买货物或接受应税劳务时向销售方支付的增值税额。由此可见,增值税实际上是价外税,实行价税分离。式中的“销售应税货物或提供应税劳务的收入”应为不含增值税的收入。如果一般纳税人将销售货物或提供应税劳务采用销售额和销项税额合并定价的方法,在计算应纳税额时,应将含税的销售额换算为不含税的销售额。其计算公式:

不含税销售额 = 含税销售额 ÷ (1 + 增值税税率)

2.小规模纳税人应缴增值税的核算。

根据《增值税暂行条例》规定，小规模纳税人增值税核算的特点有：一是小规模纳税人销售货物或提供应税劳务，一般情况下只能开具普通发票，不能开具增值税专用发票；二是小规模纳税单位销售货物或提供应税劳务，实行简易办法计算应纳税额，按照销售额的6%计算；三是小规模纳税人的销售额不包括其应纳的增值税额。采用销售额和应纳税额合并定价方法的，按照公式先将其还原为不含税销售额，再计算应纳税额。

从会计核算的角度看，首先小规模纳税单位无论是否具有增值税专用发票，其支付的增值税额均不计入进项税额，不得由销项税额抵扣，而计入购货成本。相应的其他单位从小规模纳税单位购进货物或接受应税劳务支付的增值税额，如果不能取得增值税专用发票，也不能作为进项税额抵扣，应计入货物或应税劳务成本。其次，小规模纳税人的销售收入按不含税价格计算。另外，小规模纳税人"应交税金——应交增值税"账户采用三栏式账户。

[例13-58] 某单位为小规模纳税人，本期购进货物，增值税专用发票注明价款4万元，增值税0.68万元，货物验收入库，款项支付。本期销售货物6万元(含税价格)，货款已收，按4%的征收率计征。该单位应作出如下账务处理：

(1) 购入货物：

	借方	贷方
借：存货——库存存货	46 800	
贷：银行存款		46 800

(2)销售货物：

将含税价格换算为不含税价 = 60 000 ÷ (1 + 4%) = 57 692(元)

应交增值税 = 57 692 × 4% = 2 308(元)

	借方	贷方
借：银行存款	60 000	
贷：商品销售收入		57 692
应交税金——应交增值税		2 308

实际上交增值税时，借记"应交税金——应交增值税"科目，贷记"银行存款"科目。

3.一般纳税人应交增值税的核算。若为一般纳税人，单位销售货物或提供应税劳务可以开具增值税专用发票(或完税凭证或购进免税农产品凭证或外购货物支付的运输费用的结算单据)；购入货物取得的增值税专用发票上注明的增值税可以抵扣销项税额。如果单位销售货物或提供应税劳务采用销售额和销项税额合并定价方法的，应先将含税销售额换算为不含税销售额，再按不含税销售额计算出销项税额。

一般纳税人在购销业务上的账务处理的特点有：一是在购入货物时，账务处理实行价税分离,价与税分别依据增值税专用发票上注明的价款与增值税额,价款计入购入货物成本,增值税额计入进项税额;二是在销售货物时,向购货方收取的(或应收取的)属于价款部分的计入当期收入,属于增值税部分的计入销项税额;三是期末应上交的增值税的金额是当期的销项税额与当期进项税额的差额。

[例 13-59] 某单位购入一批原材料,增值税专用发票上注明材料的价款 40 万元,增值税率 17%,增值税额 6.8 万元。款项已经支付,材料已验收入库。该单位当月销售货物实现收入 70 万元(不含增值税),增值税率 17%,销项税额 11.9 万元,款项尚未收到。该单位的购销业务账务处理如下:

(1)购进货物验收入库:

	借方	贷方
借:存货	400 000	
应交税金——应交增值税(进项税额)	68 000	
贷:银行存款		468 000

(2)销售货物:

	借方	贷方
借:应收账款	819 000	
贷:商品销售收入		700 000
应交税金——应交增值税(销项税额)		119 000

月末该单位应上交增值税金额:119 000 - 68 000 = 51 000(元)

实际全额上交增值税:

	借方	贷方
借:应交税金——应交增值税(已交税金)	51 000	
贷:银行存款		51 000

假定该单位月末只上交增值税 31 000 元,则作如下会计处理:

实际上交增值税:

	借方	贷方
借:应交税金——应交增值税(已交税金)	31 000	
贷:银行存款		31 000

剩余还没有上交的增值税 20 000 元(51 000 - 31 000):

	借方	贷方
借:应交税金——应交增值税(转出未交增值税)	20 000	
贷:应交税金——未交增值税		200 00

(三)应交房产税、土地使用税、车船税

房产税是国家对在城市、县城、建制镇和工矿区征收的由产权所有人缴纳的一种税。房产税依照房产原值一次减除 10% 至 30% 后的余额计算交纳。没有房产原值为依据的,由房产所在地税务机关参考同类房产核定;房产出租的,以房产租金收入为房产税的计税依据。

土地使用税是国家为了合理利用城镇土地,调节土地级差收入,提高土地使用效益,加强土地管理而开征的一种税,以纳税人实际占有的土地面积为计税依据,依照规定税额计算征收。

车船使用税由拥有并且使用车船的单位和个人缴纳。车船使用税依照适用税额计算交纳。

民间非营利组织按规定计算应交的房产税，借记“管理费用”科目，贷记“应交税金——应交房产税”科目。实际上缴时，借记“应交税金——应交房产税”科目；贷记“银行存款”科目；土地使用税、车船使用税直接交纳，不通过“应交税金”科目，交纳时，借记“管理费用”科目，贷记“银行存款”、“现金”科目。

（四）应交个人所得税

1.个人所得税的纳税范围。个人所得税是对个人（自然人）取得的各项应税所得征收的一种税。个人所得税的纳税义务人包括中国公民、个体工商业户以及在中国有所得的外籍人员（包括无国籍人员）和香港、澳门、台湾同胞。

个人所得税的应纳税所得额包括：工资、薪金所得，个体工商户的生产、经营所得，对企事业单位的承包经营、承租经营所得，劳动报酬所得，稿酬所得，特许使用权使用费所得，利息、股息、红利所得，财产租赁所得，财产转让所得，偶然所得，经国务院财政部门确定征收的其他所得。

2.个人所得税的核算。民间非营利组织个人所得税，按规定应由单位代扣代交。按规定计算的代扣代交的个人所得税，借记“应付工资”科目，贷记“应交税金——应交个人所得税”科目。

［例13－60］某单位某员工月薪3 500元，则该职工个人所得税额：

应纳税额＝(3 500－1 600)×15%－125＝160(元)。应编制会计分录：

	借方	贷方
借：应付工资	3 500	
贷：现金		3 340
应交税金——应交个人所得税		160

实际上缴个人所得税：

	借方	贷方
借：应交税金——应交个人所得税	160	
贷：银行存款		160

（五）应交所得税

1.所得税的定义。所得税是指国家对境内企业生产经营所得和其他所得依法征收的一种税。所得税的纳税义务人是指在中国境内实行独立经济核算的企业或者组织。应交所得税的计算公式：

应交所得税＝应纳税所得额×适用的税率

2.所得税的核算。按照《民间非营利组织会计制度》规定，民间非营利组织如果发生了所得税的纳税义务时，按照规定计算应缴纳的所得税，借记“其他费用”科目，贷记“应交税金——应交所得税”科目。缴纳所得税时，借记“应交税金——应交所得税”科目，贷记“银行存款”科目。

五、预收账款

预收账款是民间非营利组织向服务和商品购买者预收的各种款项。

民间非营利组织向购货单位预收款项时,按照实际预收的金额,借记“银行存款”科目,贷记“预收账款”科目。当销售货物确认收入时,按照预收账款科目账面余额,借记“预收账款”科目;按照应确认的收入金额,贷记“商品销售收入”等科目;按照补付或退回的款项,借记或贷记“银行存款”科目。

六、预提费用

民间非营利组织在日常经营活动中发生的某些费用不一定当时就支付,但按照权责发生制的原则,属于当期的费用应该计入当期。预提费用是指民间非营利组织按照规定,预先提取的已经发生但尚未支付的费用,如预提的租金、保险费、借款利息等。按照规定预提本期费用时,借记“筹资费用”、“管理费用”等科目,贷记“预提费用”科目。实际支付时,借记“预提费用”科目,贷记“银行存款”等科目。预提费用应按照费用种类设立明细科目进行明细核算。

[例 13-61] 某民间福利基金会 20××年 1 月 1 日借入短期借款 50 万元,年利率 4%,借款期限一年,借款利息按季支付。该组织应作账务处理如下:

(1)20××年 1、2 月分别预提利息:

借:筹资费用	1 667	
贷:预提费用——预提借款利息		1 667

(2)20××年 3 月支付第一季度利息:

借:筹资费用	1 667	
预提费用——预提借款利息	3 334	
贷:银行存款		5 001

七、其他应付款

民间非营利组织除了应付账款、应付票据、应付工资等以外,还会发生一些应付、暂收其他单位或个人的款项,如应付租入固定资产、包装物租金、存入保证金等。这些暂收应付的款项,构成了民间非营利组织的流动负债。在会计核算时,设置“其他应付款”科目核算。发生应付、暂收的款项,借记“管理费用”、“现金”等科目,贷记“其他应付款”科目。偿付、退还应付款项时,借记“其他应付款”科目,贷记“银行存款”、“现金”等科目。其他应付款应当按照应付和暂收款项的类别和单位或个人设置明细账户进行明细核算。

八、预计负债

预计负债是指民间非营利组织因或有事项所产生的现时义务而确认的负债，包括因对外提供担保、商业承兑票据贴现、未决诉讼等确认的负债。

(一)或有事项及其确认

或有事项是指过去的交易或者事项形成的一种状况，其结果必须通过未来不确定事项的发生或不发生予以证实。

或有事项的确认，是指或有事项有关的义务同时符合以下条件，应将其确认为负债。如果或有事项相关的义务同时符合以下条件，应当将其确认为负债，以清偿该负债所需支出的最佳估计数予以计量，并在资产负债表中单列项目予以反映：

1.该义务是民间非营利组织承担的现时义务。

2.该义务的履行很可能导致含有经济利益或者服务潜能的资源流出民间非营利组织。

3.该义务的金额能够可靠地计量。

上述条件中，现时义务是指与或有事项有关的义务，是民间非营利组织承担的现时义务而非潜在义务。现时义务与潜在义务的区别在于：有可能承担这种义务的事项已经发生。如民间非营利组织因违反有关规定造成他人或单位损失，该组织要承担赔偿责任，且承担责任的可能性较大。本例中，民间非营利组织违规事件发生后，民间非营利组织因此承担一项现时义务。潜在义务是事件虽然已经发生，但承担责任与否尚不能确定。

履行的义务很可能导致含有经济利益或者服务潜能的资源流出民间非营利组织是指，民间非营利组织因或有事项而承担的现时义务导致含有经济利益或者服务潜能的资源流出民间非营利组织的可能性超过50%。

在对或有事项加以确认时，通常需要对其发生的概率进行判断。在或有事项中，通常的概率有基本确定、很可能、可能、极小可能。其中，“基本确定”是指发生的可能性大于95%但小于100%，“很可能”是指，发生的可能性大于50%但小于或等于95%，“可能”是指，发生的可能性大于5%但小于或等于50%，“极小可能”是指发生的可能性大于0但小于5%。

民间非营利组织因或有事项承担现时义务，并不代表该现时义务很可能导致含有经济利益或服务潜能的资源流出民间非营利组织。只有其很可能(即其概率在50%～95%)导致含有经济利益或服务潜能的资源流出民间非营利组织，并同时满足其他两个条件时，才能加以确认。

该义务的金额能够可靠地计量是指，或有事项产生的现时义务的金额虽有不确定性，需要估计，只有在其金额能够合理地估计，并同时满足其他两个条件时，才能加以确认。如民间非营利组织因违规给他人造成损失，在诉讼时该组织很可能败诉,相关的赔偿金额也可以估算出一个区间。因此,民间非营利组织就应该将这一诉讼事件所形成的义务确认为一项负债。

(二)或有事项的计量

或有事项的计量涉及的问题是,当与或有事项有关的义务符合确认为负债的条件时,应以多少金额入账。因或有事项而确认的负债的金额,应当是清偿该负债所需要支付的最佳估计数。另外,因履行或有事项所形成的义务,还可能从第三方或其他方获得补偿。因此,或有事项的计量涉及的问题是:最佳估计数的确定和预计可能获得补偿的处理。

1.最佳估计数的确定。因或有事项而确认的负债的金额,应该是清偿债务所要支付的最佳估计数。如果所需要支付的金额存在一个区间,则最佳估计数按该区间的上、下限金额的平均数确定;如果所需要支付的金额不存在一个区间,则最佳估计数应分情况处理:或有事项涉及单个项目,最佳估计数按最可能发生的金额确定;或有事项涉及多个项目,最佳估计数按各种可能发生的金额及其概率计算确定。

2.预期可能获得补偿的处理。如果民间非营利组织清偿因或有事项而确认的负债所需要支付的款项,全部或部分预期由第三方或其他方补偿,则此补偿金额只有在基本确定能够收到时,才能作为资产单独确认,确认的补偿金额不能超过所确认负债的账面价值。预期可以得到补偿的情况通常有:发生交通事故时可以从保险公司获得的部分补偿;在某些索赔诉讼中,可以通过反诉的方式对索赔人或第三方另行提出赔偿要求;在债务担保业务中,民间非营利组织在履行担保义务的同时,通常可以向被担保单位提出赔偿要求。

(三)预计负债的核算

民间非营利组织为了核算因或有事项所产生的现时义务而确认的负债,应设置“预计负债”科目。因或有事项确认的预计负债,借记“管理费用”等科目,贷记“预计负债”科目;实际偿付负债时,借记“预计负债”科目,贷记“银行存款”科目;转回预计负债时,借记“预计负债”科目,贷记“管理费用”等科目。

预计负债应按预计负债项目设置明细账,进行明细核算。期末预计负债科目的贷方余额,反映民间非营利组织已经预计但尚未支付的债务。

[例13-62]某民间非营利组织因提供债务担保被诉讼,估计很可能败诉。如果败诉,则要承担20万元至30万元的赔偿责任。

因提供债务担保而被诉讼,承担了现时义务,该现时义务的履行很可能导致含有经济利益的资源流出民间非营利组织,且金额能够可靠计量,所以,应将该义务确认为负债。作如下账务处理:

最佳估计数:(20+30)÷2=25(万元)

借:管理费用	250 000	
贷:预计负债——债务担保		250 000

九、长期借款

(一)长期借款

长期借款是指民间非营利组织向银行或其他金融机构及个人借入的期限在一年以上(不含一年)的各种借款。

民间非营利组织会计为了核算反映长期借款的借入和归还情况,应设置“长期借款”科目。向银行等金融机构或其他个人借入的长期款项以及计提的应付长期借款的利息,计入“长期借款”科目的贷方;归还长期借款的本金及利息,计入“长期借款”科目的借方;期末贷方余额反映民间非营利组织尚未归还的长期借款本息。该科目应按贷款单位设置明细科目进行明细核算。

民间非营利组织发生的长期借款利息及与长期借款有关的费用,应当在发生时计入当期费用。但是,为购建固定资产而发生的专门借款的借款费用在规定的允许资本化的期间内,应当按照专门借款的借款费用的实际发生额予以资本化,计入在建工程成本。

借款费用包括因借款而发生的利息、辅助费用以及因外币借款而发生的汇兑差额等。

民间非营利组织应当按照规定确定专门借款的借款费用允许资本化的期间及其金额。

(二)长期借款费用

1.借款费用的内容。民间非营利组织所发生的借款费用,是指因借款而发生的利息以及因外币借款而发生的汇兑差额以及因借款发生的辅助费用。因借款而发生的辅助费用包括手续费等。

借款费用反映了借款单位因借入资金而付出的代价,其主要内容有两项:

(1)因借款而发生的利息。因借款发生的利息,包括民间非营利组织向银行等金融机构借入资金发生的利息,以及为购建固定资产而发生的带息债务应当承担的利息等。

(2)因外币借款而发生的汇兑差额。因外币借款发生的汇兑差额,是指由于汇率变动而导致市场汇率与账面汇率出现差异,从而对外币借款本金及其利息记账本位币金额所产生的影响金额。

借款费用的确认,是指对每期所发生的借款费用是予以资本化,计入相关资产的实际成本;还是将其费用化,计入当期费用。按照《民间非营利组织会计制度》规定,对于符合资本化条件的借款费用,应当予以资本化,计入相关资产的实际成本;对于不符合资本化条件的借款费用,如果属于为业务活动而发生的,要计入当期“筹资费用”。

借款费用的计量是指如何确定每期应予以资本化的借款费用金额。借款费用的计量在内容上涉及到每期借款费用发生总额的计量、应予以资本化借款费用额的计量和应当计入当期损益的借款费用的计量。每期借款费用总额应根据当期实际发生的借款及利率计算确定,每期计入当期损益的借款费用金额则根据借款费用总额扣除当期应予以资本化的借款费用金额后的余额确定。资本化的借款费用的计量是借款费用计量的关键。

2.借款费用资本化的条件。借款费用可予以资本化的借款范围仅限于专门借款,即只有为购建固定资产而专门借入的款项所发生的借款费用才允许予以资本化;其他借款费用不允许资本化。

因固定资产购建而专门借款发生的借款费用,只有在同时满足以下三个条件时,才能将专门借款费用予以资本化:

(1)资产支出已经发生。资产的支出已经发生,是指民间非营利组织为购置固定资产或者建造固定资产而以支付现金、转移非现金资产或者承担带息债务形式而发生的支出。如支付现金购买工程用材料、向承包方支付现金等,以赊购的方式购买工程物资所产生的带息债务等。

(2)借款费用已经发生。借款费用已经发生,是指民间非营利组织已经发生了因购建固定资产而专门借入款项的利息或外币借款的汇兑差额。

(3)为使固定资产达到可使用状态所必要的购建活动已经开始。为使固定资产达到可使用状态所必要的购建活动已经开始,是指资产的实体建造工作,如主体设备安装、厂房实际开工建造等,不包括仅仅持有资产、但没有发生为改变资产形态而进行实质上的建造活动,如购置土地,但尚未开工兴建活动。

只有在同时满足上述三个条件的情况下,因专门借款所发生的利息或外币借款的汇兑差额才可以开始资本化。只要有一个条件没有满足,专门借款费用就不能资本化。

如果固定资产的购建活动发生非正常中断,并且中断时间连续超过3个月(含3个月),应当暂停借款费用的资本化,将中断期间内发生的借款费用确认为当期费用,直至资产的购建活动重新开始。但是,如果中断是使购建的固定资产达到预期可使用状态所必要的程序,则借款费用的资本化应当继续进行。

当所购建的固定资产达到预定可使用状态时,应当停止借款费用的资本化,之后所发生的借款费用应当于发生时计入当期费用。通常所购建的固定资产达到以下状态时,应当视为所购建的固定资产已经达到预定可使用状态:

(1)固定资产的实体建造(包括安装)工作已经全部完成或者实质上已经完成。

(2)所购建的固定资产与设计要求或者合同要求相符或者基本相符,即使有极个别与设计要求或者合同要求不相符的地方,也不影响其正常使用。

(3)继续发生在所购建固定资产上的支出金额很少或者几乎不再发生。

3.借款费用资本化金额的确定。每期利息资本化金额的计算应当与固定资产购建过程中所发生的资产支出相挂钩。对于已经用于固定资产购建支出的专门借款利息,应当予以资本化并计入在建工程成本;对于专门借款虽然已经借入,但没有用于固定资产购建的专门借款利息,应当计入当期筹资费用,不能予以资本化。

$$\frac{\text{每一会计期间利}}{\text{息资本化金额}} = \frac{\text{至当期末止购建固定资}}{\text{产累计支出加权平均数}} \times \text{资本化率}$$

公式中的累计支出加权平均数应当以每笔资产支出金额乘以每笔资产支出占用的天数与会计期间涵盖的天数之比计算确定。

累计支出加权平均数 = ∑(每笔资产支出金额 × 每笔支出占用天数/会计期间涵盖天数)

公式中的资本化率是指借款利率。如果为购建固定资产只发生一笔借款,该笔借款利率作为资本化率;如果为固定资产购建发生多笔专门借款,资本化率则为加权平均利率。

加权平均利率 = 专门借款当期实际发生利息合计/专门借款本金加权平均数 × 100%

专门借款本金加权平均数 = ∑(每笔借款本金 × 每笔借款实际占用天数/会计期间涵盖天数)

上述公式中会计期间的天数可以用月数表示,也可以是天数。按天数计算,每月 30 天,每季 90 天,每年 360 天;按月数计算,每季 3 个月,每年 12 个月。

[例 13-63] 某民间慈善组织于 20××年初,为购建固定资产专门借款 500 万元,期限 2 年,年利率 2%。为购建固定资产发生支出分别为:

2 月 1 日支出 20 万元

3 月 1 日支出 35 万元

5 月 1 日支出 42 万元

6 月 1 日支出 45 万元

6 月 30 日计提借款利息。应作如下会计处理:

每月支出作出会计分录:

借:在建工程——建筑工程　　20

　贷:银行存款　　20

至 6 月末,"在建工程"累计支出 142 万元。

至 6 月末累计支出加权平均数 = 20 × 5/6 + 35 × 4/6 + 42 × 2/6 + 45 × 1/6 = 16.7 + 23.3 + 14 + 7.5 = 61.5(万元) = 615 000(元)

资本化率 = 2% ÷ 2 = 1%

专门借款利息资本化金额 = 615 000 × 1% = 6 150(元)

当期实际利息 = 5 000 000 × 1% = 50 000(元)

非资本化的利息费用为:50 000 - 6 150 = 43 850(元)

编制计提利息会计分录：

借：在建工程——建筑工程　　6 150

　　筹资费用　　43 850

　　贷：长期借款　　50 000

十、长期应付款

长期应付款是指民间非营利组织除了长期借款以外的其他各种长期应付款项，主要包括应付融资租入固定资产的租赁费等。

为了反映长期应付款的发生和归还情况，民间非营利组织应设置"长期应付款"科目。实际发生长期应付款时，计入"长期应付款"科目的贷方；归还长期应付款时，计入"长期应付款"科目的借方；期末账户的贷方余额反映民间非营利组织尚未支付的各种长期应付款。长期应付款账户应按应付款的种类设置明细账户进行明细核算。

民间非营利组织在融资租入固定资产时，按租赁协议或合同确定的租赁费加运输费、保险费、安装费等，借记"固定资产"科目；按租赁费贷记"长期应付款"科目，按支付的运输费等贷记"银行存款"科目。按期支付租赁费时，借记"长期应付款"科目，贷记"银行存款"科目。租赁期满，按合同规定将固定资产所有权转为民间非营利组织所有。

[例 13-64] 某民间非营利组织与甲企业签订一租赁协议，租入固定资产一项，租赁期限 5 年，该民间非营利组织每年末向出租方支付租金 2 万元，租赁期满时固定资产所有权以 100 元转为本单位所有。租赁时，该单位为此固定资产支付的运输费 1 000 元，其他费用 500 元。

按照租赁性质判断，该项租赁属于融资性租赁。民间非营利组织按合同确定的租赁费总额为 20 000 × 5 + 100 = 100 100(元)。固定资产的入账价值为 100 100 + 1 000 + 500 = 101 600(元)。

1. 租赁日的会计处理：

借：固定资产——融资租入固定资产　　101 600

　　贷：长期应付款——应付融资租赁款　　100 100

　　　　银行存款　　1 500

2. 每年年末支付租金 20 000 元：

借：长期应付款——应付融资租赁款　　20 000

　　贷：银行存款　　20 000

3. 在租赁期的最后一年要支付租金和买价，共计 20 100 元。

借：长期应付款——应付融资租赁款　　20 100

　　贷：银行存款　　20 100

同时：

借：固定资产——自有固定资产　　　　101 600

　　贷：固定资产——融资租入固定资产　　　　101 600

十一、受托代理负债

受托代理负债是指民间非营利组织因从事受托代理业务、接受受托代理资产而产生的负债。受托代理负债应当按照对应的受托代理资产的金额予以确认和计量。

为了核算反映因从事受托代理业务、接受受托代理资产而产生的负债，民间非营利组织应当设置"受托代理负债"科目。收到受托代理资产，按照确认的入账金额，借记"受托代理资产"科目，贷记"受托代理负债"科目。转赠或者转出受托代理资产，按照转出受托代理资产的账面余额，借记"受托代理负债"科目，贷记"受托代理资产"科目。该科目应按照指定的受赠组织或个人，或者指定的应转交的组织或个人设置明细账户，进行明细核算。

小知识：

民间非营利组织新旧会计核算制度的比较

为了规范民间非营利组织的会计核算，提高会计信息质量透明度，财政部于2004年8月18日发布《民间非营利组织会计制度》（财会[2004]7号），要求全国民间非营利组织原来比照执行的会计核算制度：《事业单位会计准则》和《事业单位会计制度》（以下将二者合并简称旧制度），与《民间非营利组织会计制度》（以下简称新制度）的不同点进行比较研究，以便更好地贯彻实施新制度、规范民间非营利组织会计制度核算，从而促进民间非营利组织健康、规范地发展。

1.适用范围比较

旧制度由财政部发布并于1998年1月1日起实施，明确规定使用范围仅为国有事业单位，民间非营利组织的会计核算无章可循，只能比照旧制度进行核算。而新制度明确规定适用范围仅为符合新制度规定特征的民间非营利组织（包括依照国家法律、行政法规登记的社会团体、基金会、民办非企业单位和寺院、宫观、清真寺、教堂等）而非所有的民间非营利组织，并且使用新制度的民间非营利组织应当同时具备以下特征：一是该组织不以营利为宗旨和目标；二是资源提供者向该组织投入资源不取得经济回报；三是资源提供者不享有该组织的所有权。

换而言之，旧制度并未废止，适用范围仍旧为国有事业单位，不符合新制度规定特征的民间非营利组织仍旧只能比照旧制度进行核算；新制度适用范围仅为符合新制度规定特征的民间非营利组织。

2.会计核算的一般原则的比较

旧制度会计核算的一般原则有客观性、适应性、可比性、一贯性、及时性、明晰性、一般采用收付实现制、配比、专款专用、实际成本和重要性等十一个。而新制度会计核算的一般原则有十二个,新增了实质重于形式原则、谨慎性原则、合理划分收益性支出和资本性支出原则:删改了一般采用收付实现制原则,一是名称发生变更,将一般采用收付实现制原则改为权责发生制原则;二是性质发生变更,明确将权责发生制由原则变为会计核算基础:“会计核算应当以权责发生制为基础。”

3.会计核算基础的比较

旧制度规定,“会计核算一般采用收付实现制,但经营性质收支业务核算可采用权责发生制”,即旧制度的会计核算针对不同性质的业务采用不同的基础,这是由于我国相当多的事业单位的收入主要依靠财政拨款,采用收付实现制,便于安排预算拨款和预算支出的进度,并如实反映预算收支结果,同时部分事业单位在国家许可的范围内开展经营活动,采用权责发生制,能客观地衡量经营活动的经营业绩。而新制度明确规定:“会计核算应当以权责发生制为基础”,即新制度规定民间非营利组织会计核算只能采用单一权责发生制,别无选择。这是由于权责发生制较收付实现制更有助于民间非营利组织加强资产、负债和净资产的管理,提高会计信息透明度和运营绩效,增加会计信息的决定有效性,同时采用权责发生制也是为了加强与国际会计的协调,如当前国际上越来越多的国家对非营利组织的会计核算摒弃收付实现制而采用权责发生制。

4.计量基础的比较

旧制度规定“各项财产物资应当按照取得或购建时的实际成本计价”,即旧制度以历史成本作为唯一的计量基础;而新制度规定“资产在取得时应当按历史成本计量,但本制度有特别规定的,按照特别规定的计量基础进行计量”,即新制度在坚持以历史成本作为计量基础的同时,对于一些特殊的交易事项,如接受政府补助、接受捐赠、非货币性交易等,引入了公允价值等其他计量基础。这主要是由民间非营利组织的业务特征所决定的,因为像由于接受政府补助、接受捐赠等形成的资产均是无偿取得的,有可能无法取得实际成本或实际成本难以真实、完整地反映非营利组织的资产情况。

5.会计要素、会计科目的比较

(1)会计要素的比较。旧制度设置了资产、负债、净资产、收入和支出五个要素;而新制度设置了资产、负债、净资产、收入和费用五个要素。新制度之所以设置“费用”要素而没有设置“支出”要素,是因为新制度采用了权责发生制作为会计核算基础所致。

(2)会计科目的比较。旧制度的会计科目分为资产类、负债类、净资产类、收入类、支出类等五类,共计42个一级会计科目;现实新制度的会计科目分为资产类、负债类、净资产类、收入费用类等四类,共计48个一级会计科目。

6.会计核算内容的比较

由于新旧制度会计核算的一般原则、会计核算基础、会计要素、会计科目或计量基础的不同,导致了旧制度与新制度的会计核算差异较大,而且新制度具有与营利组织会计制度靠拢的趋势,采用了诸多营利组织会计制度的规范理念和方法,旧制度与新制度的会计核算差异主要表现如下:(1)旧制度将货币资金分为现金和银行存款,对现金长款、短款未明确规定会计核算,而新制度在货币资金中新增了其他货币资金,对现金长款、短款分别计入"其他应收款"或"管理费用"核算;(2)旧制度对资产不计提减值准备,而新制度注重资产质量,要求提取短期投资跌价准备、坏账准备、存货跌价准备、长期投资跌价准备等四项资产减值准备;(3)旧制度对发出存货的计价方法只有先进先出法和加权平均法,而新制度增加了个别计价法,旧制度对存货的盘盈盘亏分别通过增加或冲减"事业支出"、"经营支出"核算,而新制度对存货的盘盈、盘亏分别通过增加"其他收入"和"管理费用"核算。新制度区分为短期投资、长期投资,对外投资时不调整投资基金,债券的溢折价应当摊销,投资收益计入"投资收益"核算,而且长期股权投资可采用成本法或权益法核算;(4)旧制度对固定资产认定的价值标准为:一般设备、专用设备的单价分别为500元、800元以上,而新制度则对固定资产认定的价值未明确规定,只是规定"单位价值较高",旧制度对固定资产不计提折旧,而新制度则要求计提折旧,但是,新制度对文物文化资产仍旧作为固定资产核算但不计提折旧,而且在资产负债表中的"固定资产"项目下单列,旧制度对盘盈、受赠的固定资产均借记"固定资产",贷记"固定基金",而新制度则分别贷记"其他收入(按公允价值而非重置价值)"、"捐赠收入",旧制度对固定资产的清理及其净损益均计入"专用基金"核算,而新制度对固定资产的清理计入"固定资产清理"核算、对清理净损益分别计入"其他收入"、"其他费用";(5)旧制度对于借款,通过"借入款项"核算,而新制度区分短期、长期借款分别通过"短期借款"、"长期借款"核算,旧制度将借款利息、利息收入、贴现利息、汇兑损益计入"事业收入"或"事业支出"核算,而新制度则将其一律计入"筹资费用"核算,而且新制度还规定为购建固定资产而发生的专门借款的费用的处理比照营利组织的借款费用准则;(6)旧制度对收入通过"财政补助收入"、"上级补助收入"、"事业收入"、"经营收入"、"附属单位缴款"、"其他收入"及"拨入专款"核算,而新制度对收入则通过"捐赠收入"、"会费收入"、"提供服务收入"、"政府补助收入"、"商品销售收入"、"投资收益"、"其他收入"核算;(7)旧制度对费用通过"拨出经费"、"专款支出"、"事业支出"、"经营支出"、"销售税金"、"上缴上级支出"、"对附属单位补助"、"拨出专款"、"成本费用"及"结转自筹基建"核算,而新制度则通过"业务活动成本"、"管理费用"、"筹资费用"及"其他费用"核算;(8)旧制度将净资产分为基金类、结余类净资产核算，而新制度将资产分为限定性净资产和非限定性净资产两类进行核算和列报。

摘自：周晓存：《民间非营利组织新旧会计核算制度的比较》，《事业财会》2005年版，第2页。

第十四章　民间非营利组织财务会计报告

第一节　财务会计报告概述

一、财务会计报告的意义与种类

财务会计报告是概括地反映民间非营利组织某一特定日期财务状况和某一会计期间业务活动情况和现金流量的报告式文件。一套完整的会计报告应包括会计报表、会计报表附注和财务情况说明书。在前面各章中,我们已经对民间非营利组织平时发生的经济业务如何编制记账凭证并登记入账作了分门别类的介绍。平时的记录虽然是全面的和具体的,但不能概括和集中地反映民间非营利组织财务状况和经营成果。为了使有关报告的使用者能够全面地了解民间非营利组织经济活动的全貌,还必须将日常的账簿记录进一步加工、整理,编制会计报告,并对外报送或公布,以满足各方的需求。

民间非营利组织财务会计报告的使用者,通常有资源提供者、债权人、有关管理部门及其他单位和个人。不同的使用者依据报告信息作出不同的决策。民间非营利组织现有的资源提供者利用财务会计报告信息,了解和监督所提供资源的使用情况;有关政府管理部门利用报告信息,了解有关民间非营利组织的运行情况和发展过程中存在的问题,以便进行宏观监督、指导和政策上的支持;民间非营利组织的管理者通过会计报告信息,了解管理水平,或者受托管理的受托责任的履行情况。

民间非营利组织的财务会计报告可以有多种分类方式。

1.民间非营利组织财务会计报告的种类按其反映的内容分,包括会计报表、会计报表附注和财务情况说明书。会计报表又分为资产负债表、业务活动情况表和现金流量表。

资产负债表是反映民间非营利组织某一会计期末全部的资产、负债和净资产情况的报表。

业务活动情况表，是反映民间非营利组织在一定期间内开展业务活动的实际情况报表。

现金流量表是反映民间非营利组织在某一会计期间内有关现金和现金等价物的流入和流出情况的报表。

2.民间非营利组织财务会计报告按其编制时间，可以分为年度财务会计报告和中期财务会计报告。

年度财务会计报告是以整个会计年度为基础编制的财务会计报告。

中期财务会计报告是指短于一个完整的财务会计年度的期间(如半年度、季度、月度)编制的财务会计报告。

民间非营利组织在编制中期财务会计报告时，应当采用与年度会计报告相一致的确认与计量原则。中期财务会计报告的内容相对于年度财务报告而言可以适当简化，但仍应保证包括与了解中期期末财务状况和中期业务活动情况及其现金流量相关的重要财务信息。

3.民间非营利组织财务会计报告按照报告的使用者不同，分为内部报告和外部报告。民间非营利组织对外提供的财务会计报告的内容、会计报表的种类和格式、会计报表附注应予披露的主要内容等，要按照民间非营利组织会计制度的要求。民间非营利组织内部管理需要的会计报表由单位自行规定。

二、财务会计报告的编制要求

编制财务会计报告是会计核算程序的最终环节，也是民间非营利组织业务状况和财务状况的年终总结。所以，在编制财务会计报告时，必须严格遵循以下基本要求：

1.内容完整。首先，有关法规要求的或按常规应该编制的各种会计报表都必须编制，不得漏编；其次，每一财务会计报告内需要填列的各个项目都要填列，不得漏填。

2.数字真实。首先，编制财务会计报告前的各项准备工作应认真做好，包括已发生的经济业务应全部入账，应调整的账项全部调整，按期结账，对主要财产物资与债权债务查实核对，并组织对账；然后，根据账簿真实数字编制财务会计报告，不能以估计数字或编造数字填报；最后对编制完成的财务会计报告进行查核，保证没有差错。

3.报送及时。财务会计报告编制应在当期终了后规定的时间内编制完成，并按规定时间报送到有关部门。

4.说明清楚。在各财务报告有补充资料或需要说明的事项时，应全面且简便明了地表述，使会计信息的使用者更准确地理解和运用有关信息。

第二节　资产负债表

一、资产负债表的格式

资产负债表是用来反映民间非营利组织某一会计期末全部的资产、负债和净资产情况的报表。

通过资产负债表可以了解民间非营利组织的财务实力、资金配置结构与筹资结构，了解民间非营利组织的资产变现能力及发展能力。

资产负债表的理论基础是"资产 = 负债 + 净资产"这一会计恒等式。其基本结构采用账户式的结构：左边是资产类，右边是负债类和净资产类。按照会计恒等理论，资产负债表的左边资产项目的金额合计应等于右边负债和净资产项目的金额合计，左右两边要自动平衡。其基本格式如表 14 – 1：

二、资产负债表的编制方法

(一)资产负债表各项目的填列数据来源

资产负债表的各个项目均应填列"年初数"和"期末数"。其中，"年初数"栏内各项数字，应根据上年末资产负债表的 "期末数"栏内所列数字填列。如果本年度资产负债表规定的各个项目的名称和内容与上年度不一致，应对上年末资产负债表各项目的名称和数字按照本年度的规定进行调整，填入该表"年初数"栏内。

"期末数"则可以为月末、季末或年末的数字，其资料来源有：

1.直接根据总账余额填列。资产负债表中的大多数项目，可直接根据有关总账科目的期末余额填列，如"预付账款"、"待摊费用"、"固定资产"、"在建工程"、"文物文化资产"、"固定资产清理"、"受托代理资产"、"短期借款"、"应付工资"、"预收账款"、"预提费用"、"预计负债"、"受托代理负债"、"非限定性净资产"和"限定性净资产"等。

2.根据几个总账科目的余额计算填列。如"货币资金"项目，应根据"现金"、"银行存款"、"其他货币资金"三个总账科目余额合计填列；"应付款项"项目，应根据"应付票据"、"应付账款"和"其他应付款"三个总账科目余额合计填列。

3.根据总账科目和明细科目的余额分析计算填列。如"长期借款"项目，根据"长期借款"总账科目余额扣除"长期借款"科目所属的明细科目中反映的将于一年内到期的长期借款部分分析计算填列。这些项目有：长期债权投资、长期借款、长期应付款等。

4.根据有关资产科目与其备抵科目抵消后的净额填列。如"短期投资"项目，根据“短期投资”科目的期末余额减去“短期投资跌价准备”科目的期末余额后的金额填列。这些项目有应收款项、短期投资、存货、长期股权投资、长期债权投资等。

表 14－1

资产负债表

编制单位：　　　　　年　月　日　　　　　会民非 01 表(单位:元)

资　产	行次	年初数	期末数	负债和净资产	行次	年初数	期末数
流动资产：				流动负债：			
货币资金	1			短期借款	61		
短期投资	2			应付款项	62		
应收款项	3			应付工资	63		
预付账款	4			应交税金	65		
存货	8			预收账款	66		
待摊费用	9			预提费用	71		
一年内到期的长期债权投资	15			预计负债	72		
其他流动资产	18			一年内到期的长期负债	74		
流动资产合计	20			其他流动负债	78		
				流动负债合计	80		
长期投资：							
长期股权投资	21			长期负债：			
长期债权投资	24			长期借款	81		
长期投资合计	30			长期应付款	84		
固定资产：				其他长期负债	88		
固定资产原价	31			长期负债合计	90		
减:累计折旧	32						
固定资产净值	33			受托代理负债：			
在建工程	34			受托代理负债	91		
文物文化资产	35			负债合计	100		
固定资产清理	38						
固定资产合计	40						
				净资产：			
无形资产：				非限定性净资产	101		
无形资产	41			限定性净资产	105		
				净资产合计	110		
受托代理资产：							
受托代理资产	51						
资产合计	60			负债和净资产总计	120		

(二)资产负债表"期末数"各项目的内容和填列方法如下：

1."货币资金"项目,反映民间非营利组织期末库存现金、存放银行的各类款项以及其他货币资金的合计数。本项目应当根据"现金"、"银行存款"、"其他货币资金"科目的期末余额合计填列。如果民间非营利组织的受托代理资产为现金、银行存款或其他货币资金且通过"现金"、"银行存款"、"其他货币资金"科目核算,还应当扣减"现金"、"银行存款"、"其他货币资金"科目中"受托代理资产"明细科目的期末余额。

2."短期投资"项目,反映民间非营利组织持有的各种能够随时变现、并准备随时变现的、持有时间不超过一年(含一年)的投资,包括短期股票、债券投资和短期委托贷款、委托投资等。本项目应根据"短期投资"科目的期末余额,减去"短期投资跌价准备"科目的期末余额后的金额填列。

3."应收款项"项目,反映民间非营利组织期末应收票据、应收账款和其他应收款等应收未收款项。本项目应根据"应收票据"、"应收账款"、"其他应收款"科目的期末余额合计,减去"坏账准备"科目期末余额后的金额填列。

4."预付账款"项目,反映民间非营利组织预付给商品或者服务供应单位等的款项。本项目应当根据"预付账款"科目的期末余额填列。

5."存货"项目,反映民间非营利组织在日常业务活动中持有以备出售或捐赠的,或者为了出售或捐赠仍处在生产过程中的,或者将在生产、提供服务或日常管理过程中耗用的材料、物资、商品等。本项目应当根据"存货"科目的余额,减去"存货跌价准备"科目期末余额后的金额填列。

6."待摊费用"项目,反映民间非营利组织已经支出,但应当由本期和以后各期分别负担的、分摊期在1年以内(含1年)的各项费用,如预付保险费、预付租金等。本项目应当根据"待摊费用"科目的期末余额填列。

7."一年内到期的长期债权投资"项目,反映民间非营利组织将在一年内(含一年)到期的长期债权投资。本项目应当根据"长期债权投资"科目的期末余额中将在一年内(含一年)到期的长期债权投资余额,减去"长期投资减值准备"科目的期末余额中"一年内(含一年)到期的长期债权投资减值准备"余额后的金额填列。

8."其他流动资产"项目,反映民间非营利组织除了以上流动资产以外的其他流动资产。该项目应根据有关科目的期末余额填列。如果其他流动资产价值较大的,应当在会计报表附注中单独披露其内容和金额。

9."长期股权投资"项目,反映民间非营利组织不准备在一年内(含一年)变现的各种股权投资性质的可收回金额。该项目应根据"长期股权投资"科目期末余额,减去"长期投资减值准备"科目的期末余额中"长期股权投资减值准备"余额后的金额填列。

10."长期债权投资"项目,反映民间非营利组织不准备在一年内(含一年)变现的各种债权性质投资的可收回金额。本项目应当根据“长期债权投资”科目的期末余额，减去“长期投资减值准备”科目的期末余额中“长期债权投资减值准备”余额，再减去本表“一年内到期的长期债权投资”项目金额填列。

11.“固定资产原价”和“累计折旧”项目，反映民间非营利组织的固定资产原价的年末余额及计提折旧的累计金额。融资租入固定资产，其原价及已经计提的折旧也包括在内。该项目应根据“固定资产”科目和“累计折旧”科目的年末余额填列。融资租入固定资产原值应在会计报表附注中另行反映。

12.“在建工程”项目，反映民间非营利组织期末未完工工程的实际支出，包括交付安装的设备价值，已经耗用的材料、工资和费用支出，预付出包工程的价款，已经建筑安装完毕但尚未交付使用的工程的账面余额。该项目应根据“在建工程”科目的期末余额填列。

13.“文物文化资产”项目，反映民间非营利组织用于展览、教育或研究等目的的历史文物、艺术品及其他具有文化或者历史价值并作长期或者永久保存的典藏等。本项目应当根据“文物文化资产”科目的期末借方余额填列。

14.“固定资产清理”项目，反映民间非营利组织因出售、毁损、报废等原因转入清理但尚未清理完毕的固定资产的账面价值，以及固定资产清理过程中发生的清理费用和变价收入等各项金额的差额。该项目应根据“固定资产清理”科目的期末借方余额填列；如为贷方余额，应以“－”号填列。

15.“无形资产”项目，反映民间非营利组织拥有的为开展业务活动、出租给他人或为管理目的而持有的没有实物形态的非货币性长期资产，包括专利权、非专利技术、商标权、著作权、土地使用权等。该项目应根据“无形资产”科目的期末余额填列。

16.“受托代理资产”项目，反映民间非营利组织接受委托从事受托代理业务而收到的资产。本项目应当根据“受托代理资产”科目的期末余额填列。如果民间非营利组织的受托代理资产为现金、银行存款或其他货币资金且通过“现金”、“银行存款”、“其他货币资金”科目核算，还应当加上“现金”、“银行存款”、“其他货币资金”中“受托代理资产”明细科目的期末余额。

17.“短期借款”项目，反映民间非营利组织向银行或其他金融机构等借入的、尚未归还的一年期以内(含一年)的借款。该项目应根据“短期借款”科目的期末余额填列。

18.“应付款项”项目，反映民间非营利组织期末应付票据、应付账款和其他应付款等应付未付款项。本项目应当根据“应付票据”、“应付账款”、“其他应付款”科目的期末余额合计填列。

19.“应付工资”项目，反映民间非营利组织应付未付的职工工资。该项目应根据“应付工资”科目期末贷方余额填列。如“应付工资”科目期末为借方余额，以

“－”号填列。

20、“应交税金”项目，反映民间非营利组织应交但未交的各种税费。该项目应根据“应交税金”科目的期末贷方余额填列。如“应交税金”科目期末为借方余额，以“－”号填列。

21.“预收账款”项目，反映民间非营利组织向服务和商品购买单位等预收的各种款项。本项目应当根据“预收账款”科目的期末余额填列。

22.“预提费用”项目，反映民间非营利组织预先提取的已经发生但尚未实际支付的各种费用。该项目应根据“预提费用”科目的期末贷方余额填列。

23.“预计负债”项目，反映民间非营利组织对因或有事项所产生的现时义务而确认的负债。本项目应当根据“预计负债”科目的期末贷方余额填列。

24.“一年内到期的长期负债”项目，反映民间非营利组织承担的将于一年内(含一年)偿还的长期负债。本项目应当根据“预计负债”科目的期末余额填列。

25.“其他流动负债”项目，反映民间非营利组织除以上流动负债之外的其他流动负债。本项目应当根据有关科目的期末余额填列。如果其他流动负债金额较大的，应当在会计报表附注中单独披露其内容和金额。

26.“长期借款”项目，反映民间非营利组织向银行或其他金融机构等借入的期限在一年以上(不含一年)的各种借款本息。本项目应当根据“长期借款”科目的期末余额减去其中将于一年内(含一年)到期的长期借款余额后的金额填列。

27.“长期应付款”项目，反映民间非营利组织承担的各种长期应付款，如融资租入固定资产发生的应付租赁款。本项目应当根据“长期应付款”科目的期末余额减去其中将于一年内(含一年)到期的长期应付款余额后的金额填列。

28.“其他长期负债”项目，反映民间非营利组织除以上长期负债项目之外的其他长期负债。本项目应当根据有关科目的期末余额减去其中将于一年内(含一年)到期的其他长期负债余额后的金额分析填列。如果其他长期负债金额较大的，应当在会计报表附注中单独披露其内容和金额。

29.“受托代理负债”项目，反映民间非营利组织因从事受托代理业务、接受受托代理资产而产生的负债。本项目应当根据“受托代理负债”科目的期末余额填列。

30.“非限定性净资产”项目，反映民间非营利组织拥有的非限定性净资产期末余额。本项目应当根据“非限定性净资产”科目的期末余额填列。

31.“限定性净资产”项目，反映民间非营利组织拥有的限定性净资产期末余额。本项目应当根据“限定性净资产”科目的期末余额填列。

第三节　业务活动表

一、业务活动表的格式

业务活动表是反映民间非营利组织在某一会计期间内开展业务活动的实际情况的报表。业务活动表是一定期间的收入与其同一会计期间相关的成本费用进行配比的结果,体现了民间非营利组织的实际绩效,反映了民间非营利组织净资产的形成内容。报表的使用者通过阅读该表可以了解民间非营利组织的业务活动情况。民间非营利组织管理者可以依此来检查民间非营利组织目标和计划的完成情况,其他的有关各方可以据此作出有关决策。

业务活动表的格式如下表 14－2:

表 14－2　　业务活动表

编制单位:　　　　　　　　　　年　　月　　　　　　　　　会民非 02 表(单位:元)

项　目	行次	本月数			本年累计数		
		非限定性	限定性	合计	非限定性	限定性	合计
一、收入							
其中:捐赠收入	1						
会费收入	2						
提供服务收入	3						
商品销售收入	4						
政府补助收入	5						
投资收益	6						
其他收入	9						
收入合计	11						
二、费用							
(一)业务活动成本	12						
其中:	13						
	14						
	15						
	16						
(二)管理费用	21						
(三)筹资费用	24						
(四)其他费用	28						
费用合计	35						
三、限定性净资产转为非限定性净资产	40						
四、净资产变动额(若为净资产减少,以"－"号填列)	45						

二、业务活动表的编制方法

业务活动表反映民间非营利组织在某一会计期间内开展业务活动的实际情况,其金额栏有本月发生数和本年累计数。

"本月数"反映各项目的本月实际发生数。在编制季度、半年度等中期财务报告时,应当将本栏改为"本季度数"、"本半年度数"等本中期数栏,反映各项目本中期的实际发生数。在提供上年度比较报表时,应当增设可比期间栏目,反映可比期间各项目的实际发生数。如果本年度业务活动表规定的各个项目的名称和内容同上年度不相一致,应对上年度业务活动表各项目的名称和数字按照本年度的规定进行调整,填入本表上年度可比期间栏目内。

本表"本年累计数"栏反映各项目自年初起至报告期末止的累计实际发生数。

本表"非限定性"栏反映本期非限定性收入的实际发生数、本期费用的实际发生数和本期由限定性净资产转为非限定性净资产的金额;本表"限定性"栏反映本期限定性收入的实际发生数和本期由限定性净资产转为非限定性净资产的金额(以"－"号填列)。在提供上年度比较报表项目金额时,限定性和非限定性栏目的金额可以合并填列。

业务活动表项目的内容及填列方法:

1."捐赠收入"项目,反映民间非营利组织接受其他单位或者个人捐赠所取得的收入总额。本项目应当根据"捐赠收入"科目的发生额填列。

2."会费收入"项目,反映民间非营利组织根据章程等的规定向会员收取的会费总额。本项目应当根据"会费收入"科目的发生额填列。

3."提供服务收入"项目,反映民间非营利组织根据章程等的规定向其服务对象提供服务取得的收入总额。本项目应当根据"提供服务收入"科目的发生额填列。

4."商品销售收入"项目,反映民间非营利组织销售商品等所形成的收入总额。本项目应当根据"商品销售收入"科目的发生额填列。

5."政府补助收入"项目,反映民间非营利组织接受政府拨款或者政府机构给予的补助而取得的收入总额。本项目应当根据"政府补助收入"科目的发生额填列。

6."投资收益"项目,反映民间非营利组织以各种方式对外投资所取得的投资净损益。本项目应当根据"投资收益"科目的贷方发生额填列;如果为借方发生额,则以"－"号填列。

7."其他收入"项目,反映民间非营利组织除上述收入项目之外所取得的其他收入总额。本项目应当根据"其他收入"科目的发生额填列。

8."业务活动成本"项目,反映民间非营利组织为了实现其业务活动目标、开展其项目活动或者提供服务所发生的费用。本项目应当根据"业务活动成本"科目的发生额填列。

民间非营利组织应当根据其所从事的项目、提供的服务或者开展的业务等具体情况,按照"业务活动成本"科目中各明细科目的发生额,在本表第12行至第16行之间填列业务活动成本的各组成部分。

9."管理费用"项目,反映民间非营利组织为组织和管理其业务活动所发生的各项费用总额。本项目应当根据"管理费用"科目的发生额填列。

10."筹资费用"项目,反映民间非营利组织为筹集业务活动所需资金而发生的各项费用总额,包括利息支出(减利息收入)、汇兑损失(减汇兑收益)以及相关手续费等。本项目应当根据"筹资费用"科目的发生额填列。

11."其他费用"项目,反映民间非营利组织除以上发生的其他费用总额。本项目应当根据有关科目的发生额填列。

12."限定性净资产转为非限定性净资产"项目,反映民间非营利组织当期从限定性净资产转入非限定性净资产的金额。本项目应当根据"限定性净资产"、"非限定性净资产"科目的发生额分析填列。

13."净资产变动额"项目,反映民间非营利组织当期净资产变动的金额。本项目应当根据本表"收入合计"项目的金额,减去"费用合计"项目的金额,再加上"限定性净资产"项目的金额后填列。

14."期初净资产余额"项目,反映民间非营利组织当期期初的净资产。本项目应当根据可比期末资产负债表中的"净资产合计"项目填列。

15."期末净资产余额"项目,反映民间非营利组织当期期末的净资产金额。本项目应当根据本表"期初净资产"项目的金额,加上"净资产变动额"项目的金额填列。

第四节 现金流量表

一、现金流量表的意义

前面两节已经对民间非营利组织的资产负债表和业务活动表作了详细的介绍。资产负债表揭示了民间非营利组织某一时日的财务状况,通过前后资产负债表的比较,可以看出民间非营利组织一定时期内财务状况的变动结果,但是无法反映其变动的原因。业务活动表考察了民间非营利组织财务活动的结果,而且偏重于业务活动,至于其他一些筹资和投资活动等则无法得到应有的反映。更进一步说,资产负债表与业务活动表之间的联系没有得到揭示。显然,仅仅依靠资产负债表与业务活动表是不能充分满足报表使用者的需要的，因此，现金流量表的编制是极其重要的。

现金流量表是反映民间非营利组织一定会计期间内有关现金和现金等价物的流入和流出情况的报表。编制现金流量表的主要目的在于，为会计报表的使用者提供民间非营利组织一定会计期间内现金流入和流出信息，以便报表的使用者了解和评价民间非营利组织获得现金和现金等价物的能力，并据以预测民间非营利组织未来的现金流量。现金管理已经成为所有民间非营利组织财务管理的一个重要方面，受到捐赠人、会员、民间非营利组织管理者、债权人以及政府管理部门的关注。民间非营利组织编制现金流量表的主要作用有以下几方面：

1.现金流量表有助于评价民间非营利组织的支付能力和偿债能力。通过编制现金流量表，并配合资产负债表和业务活动表，可以了解民间非营利组织现金的来源和用途是否合理，了解民间非营利组织的现金是否能偿还到期的债务和购建必要的固定资产，了解民间非营利组织在多大程度上依赖于外部资金，等等。

2.现金流量表有助于预测民间非营利组织未来现金流量。评价过去是为了预测未来，通过现金流量表所反映的民间非营利组织过去一定期间内的现金流量，可以预测民间非营利组织未来现金流量，从而为民间非营利组织编制现金流量计划、组织现金调度、合理节约地使用现金创造条件。

3.现金流量表有助于分析民间非营利组织中影响现金净流量的因素。业务活动表中列示的净资产指标，反映了民间非营利组织业务活动的结果，这是体现民间非营利组织业务活动的重要指标。但是业务活动表是按权责发生制编制的，它不能反映民间非营利组织业务活动的现金有多少来源于业务活动，有多少来源于投资和筹资活动。通过编制现金流量表，可以了解民间非营利组织的现金从哪儿来，用到哪儿去了及其增减变化的原因，为进一步分析提供了资料。

二、现金流量表的编制基础

现金流量表是以现金为基础编制的。这里的现金是指民间非营利组织的库存现金、可以用于支付的存款以及现金等价物，具体包括：

1.库存现金。库存现金是指民间非营利组织持有的可随时支付的现金限额，即与会计核算中“现金”科目所包括的内容一致。

2.银行存款。银行存款是指民间非营利组织存在金融企业，随时可以用于支付的存款，即与会计核算中“银行存款”科目所包括的内容基本一致，区别在于：如果存在金融企业的款项中不能随时用于支付的存款，如不能随时支取的定期存款，不作为现金流量表中的现金，但提前通知金融企业便可以支取的定期存款则包括在现金流量表中的现金范围内。

3.其他货币资金。其他货币资金是指民间非营利组织存在金融企业有特定用途的资金,如银行汇票、银行本票存款和信用卡存款等。

4.现金等价物。现金等价物是指民间非营利组织持有的期限短、流动性高、易于转换为已知金额的现金,价值变动风险很小的投资。其中,期限短,一般是指从购买日起,3个月以内到期的债券投资等。现金等价物虽然不是现金,但其支付能力与现金的差别不大,可视为现金。现金等价物的定义本身,包含了判断一项投资是否属于现金等价物的四个条件,即:(1)期限短,(2)流动性强,(3)易于转换为已知金额的现金,(4)价值变动风险较小。其中,期限短、流动性强,说明了变现能力;而易于转换为已知金额的现金、价值变动风险较小,则说明了支付能力的大小。民间非营利组织应当根据实际情况确定现金等价物的范围,并且一贯性地保持其划分标准;如果改变划分标准,应当视为会计政策变更。民间非营利组织确定现金等价物的原则及其变更,应当在会计报表附注中披露。

在现金流量表中,我们经常使用现金流量和现金净流量这两个概念。现金流量是指民间非营利组织现金和现金等价物的流入和流出。现金净流量是指现金流入与流出的差额。净流量可能是正数,也可能是负数。如果是正数,则为净流入;如果是负数,则为净流出。一般说来,现金流入大于流出反映了民间非营利组织现金流量的良好的状况和趋势。现金流量信息能够表明民间非营利组织经营状况是否良好,资金是否紧缺,组织偿付能力大小,从而为债权人及民间非营利组织的管理者提供非常有用的信息。

三、现金流量的分类

民间非营利组织现金有不同的收入来源,不同的支出用途。对现金流量进行合理的分类,有助于深入地分析民间非营利组织财务状况变动,预测民间非营利组织现金流量未来的前景。

现金流量表中将现金流量分为三大类,即业务活动现金流量、投资活动现金流量和筹资活动现金流量。

(一)业务活动现金流量

业务活动是指民间非营利组织投资活动和筹资活动以外的所有交易和事项。业务活动现金流入项目主要有:接受捐赠收到的现金、收取会费收到的现金、提供服务收到的现金、销售商品收到的现金、政府补助收到的现金和收到的其他与业务活动有关的现金;现金流出项目主要有:提供捐赠或者资助支付的现金,支付给员工以及为员工支付的现金,购买商品、接受服务支付的现金和支付的其他与业务活动有关的现金。

(二)投资活动现金流量

投资活动是指民间非营利组织长期资产的购建和不包括在现金等价物范围内的投资及其处置活动,既包括实物资产的投资,也包括现金资产投资。现金流入项目主要有:收回投资所收到的现金、取得投资收益所收到的现金、处置固定资产和无形资产取得的现金,收到的其他与投资活动有关的现金。现金流出项目主要有:购建固定资产和无形资产所支付的现金、对外投资所支付的现金、支付的其他与投资活动有关的现金。

(三)筹资活动现金流量

筹资活动是指导致民间非营利组织净资产和债务规模、结构发生变化的活动。这里的债务是指民间非营利组织对外举债,包括向银行举借的长期和短期借款。应付账款、应付工资和应交税金等都属于经营活动。现金流入项目主要有:借款所收到的现金和收到的其他与筹资活动有关的现金。现金流出项目有:偿还借款所支付的现金、偿付利息所支付的现金和支付的其他与筹资活动有关的现金。

四、现金流量表的格式和填列方法

(一)现金流量表的结构

现金流量表的报告方法是按直接法报告,即按现金流入和流出的主要类别直接反映业务活动的现金流量。其基本结构如表 14 - 3 所示。

现金流量表中分五项:一是业务活动产生的现金流量,二是投资活动产生的现金流量,三是筹资活动产生的现金流量,四是汇率变动对现金的影响,五是现金及现金等价物的净增加额 。前四项的现金流量净额的合计金额与第五项的金额相等。

(二)现金流量表各项目填列方法

民间非营利组织应当采用直接法编制业务活动产生的现金流量。采用直接法编制业务活动现金流量时,有关现金流量的信息可以从会计记录中直接获得,也可以在业务活动表收入和费用的基础上,通过调整存货和与业务活动有关的应收应付款项的变动、投资以及固定资产折旧、无形资产摊销等项目获得。

1.业务活动现金流量各项目的内容。

(1)“接受捐赠收到的现金”项目,反映民间非营利组织接受其他单位或者个人捐赠取得的现金。该项目可以根据“现金”、“银行存款”、“捐赠收入”等科目的记录分析填列。

(2)“收取会费收到的现金”项目,反映民间非营利组织根据章程等的规定向会员收取会费取得的现金。本项目可以根据“现金”、“银行存款”、“应收账款”、“会费收入”等科目的记录分析填列。

(3)“提供服务收到的现金”项目,反映民间非营利组织根据章程等的规定向其服务对象提供服务取得的现金。本项目可以根据“现金”、“银行存款”、“应收账款”、“应收票据”、“预收账款”、“提供服务收入”等科目的记录分析填列。

表 14－3　　现金流量表　　会民非 03 表

编制单位：　　××××年　　单位：元

项　目	行次	金　额
一、业务活动产生的现金流量		
接受捐赠收到的现金	1	
收取会费收到的现金	2	
提供服务收到的现金	3	
销售商品收到的现金	4	
政府补贴收到的现金	5	
收到的其他与业务活动有关的现金	8	
现金流入小计	13	
提供捐赠或者资助支付的现金	14	
支付给员工以及为员工支付的现金	15	
购买商品、接受劳务支付的现金	16	
支付的其他与业务活动有关的现金	19	
现金流出小计	23	
业务活动产生的现金流量净额	24	
二、投资活动产生的现金流量		
收回投资所收到的现金	25	
取得投资收益所收到的现金	26	
处置固定资产和无形资产所收回的现金净额	27	
收到的其他与投资活动有关的现金	30	
现金流入小计	34	
购建固定资产和无形资产所支付的现金	35	
对外投资所支付的现金	36	
支付的其他与投资活动有关的现金	39	
现金流出小计	43	
投资活动产生的现金流量净额	44	
三、筹资活动产生的现金流量		
借款所收到的现金	45	
收到的其他与筹资活动有关的现金	48	
现金流入小计	50	
偿还借款所支付的现金	51	
偿付利息所支付的现金	52	
支付的其他与筹资活动有关的现金	55	
现金流出小计	58	
筹资活动产生的现金流量净额	59	
四、汇率变动对现金的影响额	60	
五、现金及现金等价物净增加额	61	

(4)“销售商品收到的现金”项目,反映民间非营利组织销售商品取得的现金。本项目可以根据“现金”、“银行存款”、“应收账款”、“应收票据”、“预收账款”、“商品销售收入”等科目的记录分析填列。

(5)“政府补助收到的现金”项目,反映民间非营利组织接受政府拨款或者政府机构给予的补助而取得的现金。本项目可以根据“现金”、“银行存款”、“政府补助收入”等科目的记录分析填列。

(6)“收到的其他与业务活动有关的现金”项目,反映民间非营利组织收到的除以上业务之外的现金。本项目可以根据“现金”、“银行存款”、“其他应收款”、“其他收入”等科目的记录分析填列。

(7)“提供捐赠或者资助支付的现金”项目,反映民间非营利组织向其他单位和个人提供捐赠或者资助支出的现金。本项目可以根据“现金”、“银行存款”、“业务活动成本”等科目的记录分析填列。

(8)“支付给员工以及为员工支付的现金”项目,反映民间非营利组织开展业务活动支付给员工以及为员工支付的现金。本项目可以根据“现金”、“银行存款”、“应付工资”等科目的记录分析填列。

民间非营利组织支付的在建工程人员的工资等,在本表“购建固定资产和无形资产所支付的现金”项目中反映。

(9)“购买商品、接受劳务而支付的现金”项目,反映民间非营利组织购买商品、接受劳务而支付的现金。本项目可以根据“现金”、“银行存款”、“应付账款”、“应付票据”、“预付账款”、“业务活动成本”等科目的记录分析填列。

(10)“支付的其他与业务活动有关的现金”项目,反映民间非营利组织除上述项目之外支付的其他与业务活动有关的现金。本项目可以根据“现金”、“银行存款”、“其他应付款”、“管理费用”、“其他费用”等科目的记录分析填列。

2.投资活动产生的现金流量的编制方法。

(1)“收回投资所收到的现金”项目,反映民间非营利组织出售、转让或者到期收回除现金等价物之外的短期投资、长期投资而收到的现金,不包括长期投资收回股利、利息,以及收回的非现金资产。本项目可以根据“现金”、“银行存款”、“短期投资”、“长期股权投资”、“长期债权投资”等科目的记录分析填列。

(2)“取得投资收益所收到的现金”项目,反映民间非营利组织因对外投资而取得的现金股利、利息,以及从被投资单位分回利润收到的现金,不包括股票股利。本项目可以根据“现金”、“银行存款”、“投资收益”等科目的记录分析填列。

(3)“处置固定资产和无形资产所收回的现金”项目,反映民间非营利组织处置固定资产和无形资产所取得的现金减去为处置这些资产而支付的有关费用之后的净额。由于自然灾害所造成的固定资产等长期资产损失而收到的保险赔款收入,也在本项目反映。本项目可以根据“现金”、“银行存款”、“固定资产清理”等科目的记录分析填列。

(4)“收到的其他与投资活动有关的现金”项目,反映民间非营利组织除上述各项之外收到的其他与投资活动有关的现金。其他现金流入如果金额较大的,应当单列项目反映。本项目可以根据“现金”、“银行存款”等有关科目的记录分析填列。

(5)“购建固定资产和无形资产所支付的现金”项目,反映民间非营利组织购买和建造固定资产,取得无形资产和其他长期资产所支付的现金,不包括为购建固定资产而发生的借款利息资本化的部分,以及融资租入固定资产支付的租赁费。借款利息和融资租入固定资产支付的租赁费,在筹资活动产生的现金流量中反映。本项目可以根据“现金”、“银行存款”、“固定资产”、“无形资产”、“在建工程”等科目的记录分析填列。

(6)“对外投资所支付的现金”项目,反映民间非营利组织进行对外投资所支付的现金,包括取得的除现金等价物之外的短期投资、长期投资所支付的现金,以及支付的佣金、手续费等附加费用。本项目可以根据“现金”、“银行存款”、“短期投资”、“长期股权投资”、“长期债权投资”等科目的记录分析填列。

(7)“支付的其他与投资活动有关的现金”项目,反映民间非营利组织除上述各项之外,支付的其他与投资活动有关的现金。如果其他现金流出金额较大的,应当单列项目反映。本项目可以根据“现金”、“银行存款”等有关科目的记录分析填列。

3.筹资活动产生的现金流量的编制方法。

(1)“借款所收到的现金”项目,反映民间非营利组织举借各种短期、长期借款所收到的现金。本项目可以根据“现金”、“银行存款”、“短期借款”、“长期借款”等科目的记录分析填列。

(2)“收到的其他与筹资活动有关的现金”项目,反映民间非营利组织除上述项目之外,收到的其他与筹资活动有关的现金。如果其他现金流入金额较大的,应当单列项目反映。本项目可以根据“现金”、“银行存款”等有关科目的记录分析填列。

(3)“偿还借款所支付的现金”项目,反映民间非营利组织以现金偿还债务本金所支付的现金。本项目可以根据“现金”、“银行存款”、“短期借款”、“长期借款”、“筹资费用”等有关科目的记录分析填列。

(4)“偿付利息所支付的现金”项目,反映民间非营利组织实际支付的借款利息、债券利息等。本项目可以根据“现金”、“银行存款”、“长期借款”、“筹资费用”等科目的记录分析填列。

(5)“支付的其他与筹资活动有关的现金”项目,反映民间非营利组织除上述项目之外,支付的其他与筹资活动有关的现金,如融资租入固定资产所支付的租赁费。本项目可以根据“现金”、“银行存款”、“长期应付款”等有关科目的记录分析填列。

4.“汇率变动对现金的影响额”项目,反映民间非营利组织外币现金流量及境外所属分支机构的现金流量折算为人民币时,所采用的现金流量发生日的汇率或期初汇率折算的人民币与本表“现金及现金等价物净增加额”中外币现金净增加额按期末汇率折算的人民币金额之间的差额。

5.“现金及现金等价物净增加额”项目，反映民间非营利组织本年度现金及现金等价物变动的金额。本项目应当根据本表“业务活动产生的现金流量净额”、“投资活动产生的现金流量净额”、“筹资活动产生的现金流量净额”和“汇率变动对现金的影响额”项目的金额合计填列。

五、民间非营利组织会计报表综合举例

(一)资料

某基金会宗旨是帮助孤儿和失学儿童，其20××年12月31日资产负债表见表14－4。

表14－4　　资产负债表

编制单位:××基金会　　20××年12月31日　　单位:元

资　产	金　额	负债和所有者权益	金　额
资产:		负债:	
货币资金	527100	短期借款	300000
应收款项	4000	长期借款	450000
存货	80000	负债合计	750000
固定资产原价	1500000	非限定性净资产	761000
减:累计折旧	200000	限定性净资产	400100
固定资产净值	1300000	负债及所有者权益合计	1911100
资产合计	1911100		

下年发生的业务活动如下:

1.基金会收到某个人的捐赠250 000元，捐赠人要求其中50 000元须留待2010年才能使用。

2.基金会收到某企业捐赠的一批药品，该企业开具的凭证上标明的价格为400 000元，当日这批药品的市场价格为150 000元。

3.在基金会组织的“一帮一”活动中，收到志愿者缴纳的300 000元款项存入银行，按照活动规定，基金会要负责将这些款项转交指定的孤儿。

4.基金会将上述款项中的150 000元以现金的方式转交指定的孤儿。

5.基金会将2003年收到的一笔金额为80 000元的款项用于购买儿童食品，这

是这笔款项的捐赠人当时所要求的。

6.基金会将上述儿童食品中的60 000元食品赠送给了孤儿院。

7.用银行存款发放管理人员工资8 000元。

8.收到当地政府补助100 000元,并交存银行。

9.购进一辆汽车,全部款项共84 000元,以银行存款支付,汽车交付使用。

10.支付短期借款本金20 000元,利息1 500元。

11.支付日常办公费、水电费、交通费等5 000元。

12.支付100 000元给当地的一所希望小学。

13.计提折旧3 000元。

14.年终结账。

(二)根据上述资料编制会计分录:

1.借:银行存款　　250 000
　　贷:捐赠收入——非限定性收入　　200 000
　　　　　　　——限定性收入　　50 000

2.借:存货　　150 000
　　贷:捐赠收入——非限定性收入　　150 000

3.借:银行存款——受托代理资产　　300 000
　　贷:受托代理负债　　300 000

4.借:受托代理负债　　150 000
　　贷:银行存款　　150 000

5.借:存货　　80 000
　　贷:银行存款　　80 000
　借:限定性净资产　　80 000
　　贷:非限定性净资产　　80 000

6.借:业务活动成本　　60 000
　　贷:存货　　60 000

7.借:管理费用　　8 000
　　贷:银行存款　　8 000

8.借:银行存款　　100 000
　　贷:政府补助收入——非限定性收入　　100 000

9.借:固定资产　　84 000
　　贷:银行存款　　84 000

10.借:短期借款　　20 000
　　筹资费用　　1 500
　　贷:银行存款　　21 500

11.借:管理费用　　5 000
　　贷:银行存款　　5 000
12.借:业务活动成本　　100 000
　　贷:银行存款　　100 000
13.借:管理费用　　3 000
　　贷:累计折旧　　3 000
14.借:捐赠收入——非限定性净资产　　350 000
　　　　——限定性净资产　　50 000
　政府补助收入——非限定性收入　　100 000
　　贷:非限定性净资产　　450 000
　　　限定性净资产　　50 000
　借:非限定性净资产　　177 500
　　贷:管理费用　　16 000
　　　业务活动成本　　160 000
　　　筹资费用　　1 500

(三)编制本年有关报表

1.资产负债表。根据资产负债表的期初余额,将上年该基金会发生的经济业务进行账务处理后,登记总账及明细账资料,据以填制本年资产负债表。见表14-5业务活动表。

表14-5　　资产负债表

编制单位:××基金会　　20××年12月31日　　单位:元

资　产	期初数	期末数	负债和净资产	期初数	期末数
资产:			负债:		
货币资金	527100	578600	短期借款	300000	280000
应收款项	4000	4000	长期借款	450000	450000
存货	80000	250000	负债合计	750000	730000
固定资产原价	1500000	1584000	受托代理负债		150000
减:累计折旧	200000	203000	非限定性净资产	761000	1113500
固定资产净值	1300000	1381000	限定性净资产	400100	370100
受托代理资产		150000	负债及所有者权益		
资产合计	1911100	2363600	合计	1911100	2363600

2.业务活动表。以本年的经济业务为基础,根据收入费用科目资料填制业务活动表。见14-6。

表 14－6　　业务活动表

编制单位：××基金会　　20××年 12 月　　会民非 02 表(单位：元)

项　目	行次	本月数			本年累计数		
		非限定性	限定性	合计	非限定性	限定性	合　计
一、收入							
其中：捐赠收入	1				350000	50000	400000
会费收入	2						
提供服务收入	3						
商品销售收入	4						
政府补助收入	5				100000		100000
投资收益	6						
其他收入	9						
收入合计	11				450000	50000	500000
二、费用							
(五)业务活动成本	12				160000		160000
其中：	13						
	14						
	15						
	16						
(六)管理费用	21				16000		16000
(七)筹资费用	24				1500		1500
(八)其他费用	28						
费用合计	35				177500		177500
三、限定性净资产转为非限定性净资产	40				80000	－80000	
四、净资产变动(若为净资产减少，以"－"号填列)	45				352500	－30000	322500

3.现金流量表。根据资产负债表、业务活动表和有关资料填制现金流量表。见表 14－7。

表 14-7　　现金流量表　　会民非 03 表

编制单位：××基金会　　20××年　　单位：元

项　目	行次	金　额
一、业务活动产生的现金流量		
接受捐赠收到的现金	1	250000
收取会费收到的现金	2	
提供服务收到的现金	3	
销售商品收到的现金	4	
政府补贴收到的现金	5	100000
收到的其他与业务活动有关的现金	8	300000
现金流入小计	13	650000
提供捐赠或者资助支付的现金	14	100000
支付给员工以及为员工支付的现金	15	8000
购买商品、接受劳务支付的现金	16	80000
支付的其他与业务活动有关的现金	19	155000
现金流出小计	23	343000
业务活动产生的现金流量净额	24	307000
二、投资活动产生的现金流量		
收回投资所收到的现金	25	
取得投资收益所收到的现金	26	
处置固定资产和无形资产所收回的现金净额	27	
收到的其他与投资活动有关的现金	30	
现金流入小计	34	
购建固定资产和无形资产所支付的现金	35	84000
对外投资所支付的现金	36	
支付的其他与投资活动有关的现金	39	
现金流出小计	43	84000
投资活动产生的现金流量净额	44	-84000
三、筹资活动产生的现金流量		
借款所收到的现金	45	
收到的其他与筹资活动有关的现金	48	
现金流入小计	50	
偿还借款所支付的现金	51	20000
偿付利息所支付的现金	52	1500
支付的其他与筹资活动有关的现金	55	
现金流出小计	58	21500
筹资活动产生的现金流量净额	59	-21500
四、汇率变动对现金的影响额	60	
五、现金及现金等价物净增加额	61	201500*

* 货币资金 51 500(578 600-527 100)加受托代理资产(货币资产)150 000 等于 201 500(元)

第五节　会计报表附注和财务情况说明书

一、会计报表附注

民间非营利组织的会计报表附注至少应当披露以下内容：

1.重要会计政策及其变更情况的说明。

2.董事会(或者理事会或者类似权力机构)成员和员工的数量、变动情况以及获得的薪金等报酬情况的说明。

3.会计报表重要项目及其增减变动情况的说明。

4.资产提供者设置了时间限制或用途限制的相关资产情况的说明。

5.受托代理业务情况的说明,包括受托代理资产的构成、计价基础和依据、用途等。

6.重大资产减值情况的说明。

7.公允价值无法可靠取得的受赠资产和其他资产的名称、数量、来源和用途等情况的说明。

8.对外承诺和或有事项情况的说明。

9.接受劳务捐赠情况的说明。

10.资产负债表日后非调整事项的说明。

11.有助于理解和分析会计报表需要说明的其他事项。

二、财务情况说明书

民间非营利组织的财务情况说明书至少应当对下列情况作出说明：

1.民间非营利组织的宗旨、组织结构以及人员配置等情况。

2.民间非营利组织业务活动的基本情况,年度计划和预算完成情况,产生差异的原因分析,下一会计期间业务活动计划和预算等。

3.对民间非营利组织业务活动有重大影响的其他事项。

小知识：

民间非营利组织新旧会计核算制度的比较

新旧会计制度的财务会计报告的比较,主要有以下不同:(1)旧制度称财务报告为会计报表,并规定会计报表包括资产负债表、收入支出表、基建投资表、附表及会计报表附注和收支情况说明书等，其中收入支出表的附表主要包括事业支出和结余支出明细表，会计报表附注主要包括“特殊事项的说明”等4项内容，而新制度称财务报告为财务会计报告，并规定财务会计报告有会计报表、会计报表附注（至少包括“重要会计政策及其变更情况的说明”等11项内容），财务情况说明书（至少包括“民间非营利组织的宗旨、组织结构及人员配备”等3项内容）；(2)旧制度资产负债表表内的结构由资产、负债、净资产、收入和支出等五部分构成，资产负债表的恒等式为“资产＋支出＝负债＋净资产＋收入”，即“资产部类＝负债部类”；而新制度资产负债表表内的结构由资产、负债、净资产等三部分构成，资产负债表的恒等式为“资产＝负债＋净资产”；(3)旧制度将财务报告分为月报、季报和年报三种，并规定月报、季报应分别于月份、季度终了后三日、五日内报出，年报则应按财政部决算通知规定及主管部门要求的期限报出，而新制度将财务会计报告分为月报、季报、半年报和年报四种，对月报、季报、半年报等中报的报出时间未明示，年报则应予年度终了后4个月内报出。旧制度要求主管部门或单位编制汇总会计报表，而新制度规定，当民间非营利组织对外投资占被投资单位资本总额高于50%以上，或不足50%但有实质控制权，或对被投资单位具有控制权时，应当编制合并会计报表；(4)新制度新增了会计政策变更的条件，并要求采用追溯调整法或未来适用法调整财务会计报告，还新增了对资产负债表日后事项的处理。

摘自：周晓存：《民间非营利组织新旧会计核算制度的比较》，《事业财会》2005年版，第2页。

第四篇

预算会计改革专题

第十五章　国库收付制度

一、国库收付制度的含义

随着财政管理体制改革的不断深入，国家财政收支规模不断扩大，加强财政管理也就成为改革的主要内容。在认真总结改革经验、研究国际通行做法的基础上，2001年初财政部起草了《财政国库管理制度改革方案》，2001年2月28日，国务院第95次总理办公会议原则同意了该改革方案。国务院批准《财政国库管理制度改革方案》时，要求在2001至2005期间全面推行财政国库管理制度改革。至2004年底，140个中央部门实行了国库集中支付改革，47个中央部门纳入非税收入收缴改革实施范围。此外，各地方政府对国库集中收付制度改革也非常重视，截至2004年底，已有30个省区市、150个地市、200多个县实施了国库集中收付制度改革。

所谓国库集中收付制度，就是将所有的政策性财政资金全部集中到国库单一账户，并规定所有的财政支出必须由国库直接支付。在这种制度下，财政资金的使用由各部门根据细化的预算自主决定，由财政部门核对后准予支出，财政资金将由国库单一账户直接拨付给商品或劳务供应商，而不必经过支出单位进行转账结算。为满足各部门小额零散支出的需要，财政部门可为预算单位设立当日清算的流动账户。在实际支付之前，所有的资金都集中在国库，财政部门可以统一调度。实施国库集中收付制度，可以彻底扭转因财政资金管理分散，各支出部门和支出单位多头开户、重复开户的混乱局面。

二、国库收付制度的特征

1.实行国库集中收付制度后，支出单位的财政资金都集中存放在国库，有利于财政部门对财政资金加强统一调度和管理。同时，也将从根本上改变财政资金管理分散、各支出部门和支出单位多头开户、重复开户的混乱局面。

2.财政部门内部实行预算的编制、执行、监督相对分开，从机制上防止营私舞弊现象的发生。财政部门、支出单位、结算银行都持有可以相互核对的资金支付账册，预算执行规范透明，有利于加强对财政资金支出全过程的监督和管理，杜绝不合理支出。同时，还能有效地遏制财政资金使用过程中腐败现象的发生。

3.实行国库集中收付制度后,财政部门要严格按预算办理财政资金的支付,有利于强化预算约束;支出部门按其部门预算与供应商或劳务提供者签订支付合同进行支付。

4.由于未支出的财政资金集中存放在国库,财政部门可以根据库款情况决定国债发行品种和数量,可以减少短期国债的发行量和利息支出,减轻财政负担。

三、我国实行国库收付制度的意义

1.改变资金分散管理、多头开户、“小金库”泛滥等混乱局面,有利于从根源上防治腐败现象的发生。财政国库集中支付以部门预算为基础,遵循“指标控制计划,计划控制支付”操作原则,将原来对支出预算的总额控制变为对每个预算项目的精细控制,确保财政支出能严格按照预算执行,强化预算的约束力,减少预算执行的随意性。“国库集中收付制度”是市场经济国家普遍实行的现代国库管理制度,这项制度关系每个人的切身利益。过去许多地区乱收费、乱罚款、乱集资现象屡禁不止,“小金库”问题层出不穷,专项资金被截留、挤占、挪用现象难以遏制,国库集中收付制度可以从根本上改变资金分散管理,部门单位多头开户、“小金库”泛滥等混乱局面,也有利于从根源上防止腐败现象的发生。

2.我国原有的国库管理制度难以适应社会主义市场经济体制下公共财政的要求。原有的国库管理制度存在的主要问题:一是财政收支信息反馈系统不畅通;二是财政收入征管不严,流失严重;三是财政支出执行中资金分散拨付,违规问题时有发生,容易诱发腐败现象。

实行国库集中收付制度,将所有财政性资金统一集中到国库单一账户,收入直接缴入国库或财政专户,支出由国库直接支付到商品和劳务供应者或用款单位,可以避免原有的国库管理制度存在的问题。

3.提高了财政资金使用的规范性、安全性、有效性。实行国库集中支付以后,实际上是把对财政资金的管理过程从分配环节延伸到了使用环节,缩短了资金经过的环节,提高了资金的拨付效率,减少了资金在各个部门占压浪费的情况,也大大增加了财政资金的透明度,提高了财政资金使用的规范性、安全性、有效性。财政资金在实际支付之前,都集中在国库单一账户体系统一管理,有利于财政资金的统一调度和宏观管理。

4.促进预算编制水平的提高。国库集中支付强化了财政资金宏观监控管理,从机制上杜绝了无预算指标的拨款,维护了预算的严肃性,从而促使各预算单位重视和加强预算编制工作,提高预算编制的水平。

四、我国国库收付制度改革的指导思想和原则

(一)我国国库收付制度改革的指导思想

财政国库管理制度改革的指导思想是：按照社会主义市场经济体制下公共财政的发展要求，借鉴国际通行做法和成功经验，结合我国具体国情，建立和完善以国库单一账户体系为基础、资金缴拨以国库集中收付为主要形式的财政国库管理制度，进一步加强财政监督，提高资金使用效益，更好地发挥财政在宏观调控中的作用。

建立现代的财政国库管理制度包括国库集中收付制度、政府采购制度等，是公共财政体制的重要组成部分，是当代人类社会有益的文明成果，是我们借鉴国际先进经验，结合我国具体国情的有益探索。改革实践表明，这些制度是有效地管理财政资金的一项科学制度，代表了先进生产力的发展要求；是对现行落后的管理制度的改革创新；是加强财政资金使用监督，从源头上防范腐败的有力措施。

（二）我国国库收付制度改革的原则

根据上述指导思想，财政国库管理制度改革遵循以下原则：

1.有利于规范操作。合理确定财政部门、征收单位、预算单位、中国人民银行国库和代理银行的管理职责，不改变预算单位的资金使用权限，使所有财政性收支都按规范的程序在国库单一账户体系内运作。

2.有利于管理监督。增强财政收支活动透明度，基本不改变预算单位财务管理和会计核算权限，使收入缴库和支出拨付的整个过程都处于有效的监督管理之下。

3.有利于方便用款。减少资金申请和拨付环节，使预算单位用款更加及时和便利。

4.有利于分步实施。改革方案要体现系统性和前瞻性，使改革目标逐步得到实现。

五、国库集中收付制度改革的内容

（一）建立国库单一账户体系

1.国库单一账户体系的构成：

(1)财政部门在中国人民银行开设国库单一账户，按收入和支出设置分类账。收入账按预算科目进行明细核算；支出账按资金使用性质进行明细核算。

(2)财政部门按资金使用性质在商业银行开设零余额账户，在商业银行为预算单位开设零余额账户。

(3)财政部门在商业银行开设预算外资金财政专户，按收入和支出设置分类账。

(4)财政部门在商业银行为预算单位开设小额现金账户。

(5)经国务院和省级人民政府批准或授权，财政部门开设特殊过渡性账户。

建立国库单一账户体系后，相应地取消各类收入过渡性账户。预算单位的财政性资金逐步全部纳入国库单一账户管理。

2.国库单一账户体系中各类账户的功能:

(1)国库单一账户为国库存款账户,用于记录、核算和反映纳入预算管理的财政收入和支出活动,并用于与财政部门在商业银行开设的零余额账户进行清算,实现支付。

(2)财政部门的零余额账户,用于财政直接支付和与国库单一账户支出清算;预算单位的零余额账户用于财政授权支付和清算。

(3)预算外资金财政专户,用于记录、核算和反映预算外资金的收入和支出活动,并用于预算外资金日常收支清算。

(4)特设专户,用于记录、核算和反映预算单位的特殊专项支出活动,并用于与国库单一账户清算。

上述账户和专户要与财政部门及其支付执行机构、中国人民银行国库部门和预算单位的会计核算保持一致性,相互核对有关账务记录。在建立健全现代化银行支付系统和财政管理信息系统的基础上,逐步实现由国库单一账户核算所有财政性资金的收入和支出,并通过各部门在商业银行的零余额账户处理日常支付和清算业务。

(二)规范收入收缴程序

1.收入类型。按政府收支分类标准,对财政收入实行分类。

2.收缴方式。适应财政国库管理制度的改革要求,将财政收入的收缴分为直接缴库和集中汇缴。

(1)直接缴库是由缴款单位或缴款人按有关法律法规规定,直接将应缴收入缴入国库单一账户或预算外资金财政专户。

(2)集中汇缴是由征收机关(有关法定单位)按有关法律法规规定,将所收的应缴收入汇总缴入国库单一账户或预算外资金财政专户。

3.收缴程序:

(1)直接缴库程序。直接缴库的税收收入,由纳税人或税务代理人提出纳税申报,经征收机关审核无误后,由纳税人通过开户银行将税款缴入国库单一账户。直接缴库的其他收入,比照上述程序缴入国库单一账户或预算外资金财政专户。

(2)集中汇缴程序。小额零散税收和法律另有规定的应缴收入,由征收机关于收缴收入的当日汇总缴入国库单一账户。非税收入中的现金缴款,比照本程序缴入国库单一账户或预算外资金财政专户。规范收入退库管理,涉及从国库中退库的,依照法律、行政法规有关国库管理的规定执行。

(三)规范支出拨付程序

1.支出类型。财政支出总体上分为购买性支出和转移性支出。根据支付管理需要,具体分为:工资支出,即预算单位的工资性支出;购买支出,即预算单位除工资支出、零星支出之外购买服务、货物、工程项目等的支出；零星支出，即预算单位购买支出中的日常小额部分，除《政府采购品目分类表》所列品目以外的支出，或列入《政府采购品目分类表》所列品目但未达到规定数额的支出；转移支出，即拨付给预算单位或下级财政部门，未指明具体用途的支出，包括拨付企业补贴和未指明具体用途的资金、中央对地方的一般性转移支付等。

2.支付方式。按照不同的支付主体，对不同类型的支出，分别实行财政直接支付和财政授权支付。

(1)财政直接支付。由财政部门开具支付令，通过国库单一账户体系，直接将财政资金支付到收款人(即商品和劳务供应者，下同)或用款单位账户。实行财政直接支付的支出包括：

①工资支出、购买支出以及中央对地方的专项转移支付，拨付企业大型工程项目或大型设备采购的资金等，直接支付到收款人。

②转移支出(中央对地方专项转移支出除外)，包括中央对地方的一般性转移支付中的税收返还、原体制补助、过渡期转移支付、结算补助等支出，对企业的补贴和未指明购买内容的某些专项支出等，支付到用款单位(包括下级财政部门和预算单位)。

(2)财政授权支付。预算单位根据财政授权，自行开具支付令，通过国库单一账户体系，将资金支付到收款人账户。实行财政授权支付的支出包括未实行财政直接支付的购买支出和零星支出。

财政直接支付和财政授权支付的具体支出项目，由财政部门在确定部门预算或制定改革试点的具体实施办法中列出。

3.支付程序：

(1)财政直接支付程序。预算单位按照批复的部门预算和资金使用计划，向财政国库支付执行机构提出支付申请，财政国库支付执行机构根据批复的部门预算和资金使用计划及相关要求对支付申请审核无误后，向代理银行发出支付令，并通知中国人民银行国库部门，通过代理银行进入全国银行清算系统实施清算，财政资金从国库单一账户划拨到收款人的银行账户。

财政直接支付主要通过转账方式进行，也可以采取“国库支票”支付。财政国库支付执行机构根据预算单位填写的“财政直接支付申请书”(见表15-1)签发支票，并将签发给收款人的支票交给预算单位，由预算单位转给收款人。收款人持支票到其开户银行入账，收款人开户银行再与代理银行进行清算。每日营业终了前由国库单一账户与代理银行进行清算。

工资性支付涉及的各预算单位人员编制、工资标准、开支数额等，分别由编制部门、人事部门和财政部门核定。

支付对象为预算单位和下级财政部门的支出，由财政部门按照预算执行进度将资金从国库单一账户直接拨付到预算单位或下级财政部门账户。

表 15－1　　　　　　　　（单位公章）　　　　　　　　部门申请书序号：

申请部门名称：　　　　　　　　　　　　　　　　　　财政部国库司审核编号：

财政直接支付申请书

申请部门预算编码：　　　　　　　　　　　　　　　　财政直接支付汇总清算额度通知单编号：

基本支出(1) 项目支出(2)：(　)

年　　月　　日　　　　　　　　　　　　　　　　　　单位：元

支出类型	基层预算		预算科目		项目	收款人			申请金额		
	机构代码	名称	编码	名称		全称	开户银行	银行账号			
合计											
财政部核定金额合计(大写)											

申请支付部门(签章)				财政部国库司					备注
					支付处		审核处		
部门负责人	财务负责人	处长	经办人	司长	处长	经办人	处长	经办人	
月　日	月日	月日	月日	免(签章)	月日	月日	月日	月日	

第二联　财政部国库审核留存

填表说明：支出类型共分八种：(1)货物政府采购支出；(2)工程政府采购支出；(3)服务政府采购支出；(4)货物非政府采购支出；(5)工程非政府采购支出；(6)服务非政府采购支出；(7)转移支出；(8)工资支出。请按此分类序号在表中“支出类型”栏填写相应支出类型。

申请部门联系电话：

(2)财政授权支付程序。预算单位按照批复的部门预算和资金使用计划,向财政国库支付执行机构申请授权支付的月度用款限额,财政国库支付执行机构将批准后的限额通知代理银行和预算单位,并通知中国人民银行国库部门。预算单位在月度用款限额内,自行开具支付令,通过财政国库支付执行机构转由代理银行向收款人付款,并与国库单一账户清算。

上述财政直接支付和财政授权支付流程,以现代化银行支付系统和财政信息管理系统的国库管理操作系统为基础。在这些系统尚未建立和完善前,财政国库支付执行机构或预算单位的支付令通过人工操作转到代理银行,代理银行通过现行银行清算系统向收款人付款,并在每天轧账前与国库单一账户进行清算。

(四)国库收付制度改革的配套措施

建立以国库单一账户体系为基础、资金缴拨以国库集中收付为主要形式的财政国库管理制度,是对财政资金的账户设置和收支缴拨方式的根本性变革,是一项十分庞大和复杂的系统工程。改革方案的实施不仅涉及到改变现行预算编制方法和修订一系列相关法律法规,建立健全银行清算系统、财政管理信息系统、财政国库支付执行机构等必需的配套设施,而且涉及到改变传统观念、摆脱旧的管理方式的束缚。这项改革对加强财政管理监督,提高资金使用效益,从源头上防范腐败,具有重要意义。各地区、各部门、各单位要从讲政治的高度,在国务院统一领导和部署下,相互密切配合,积极支持改革,逐步实现预期的改革目标。

1.进一步推进预算编制改革。参照国际通行做法并结合我国国情,改革政府收支分类,科学地反映各类财政收支活动,细化预算编制,全面推行部门预算制度,逐步使所有财政资金的支付建立在明晰的预算基础上,为顺利实施国库单一账户制度创造条件。

2.修订和制定相关法律法规和管理办法。修订《中华人民共和国预算法》、《中华人民共和国预算法实施条例》、《中华人民共和国国家金库条例》、《中华人民共和国国家金库条例实施细则》、《财政总预算会计制度》,以及相关税收征管法规、行政事业单位会计制度等,相应地制定《国库收入管理办法》、《收入退库管理办法》和《财政资金支付管理办法》,为改革提供法律保障。

3.建立财政管理信息系统和国库管理操作系统。主要包括:预算编制系统和预算执行管理系统,保证预算资金的拨付符合预算安排和支出进度要求;收入管理系统,监控税收和非税收入征收情况;国库现金管理系统,及时反映国库每天的收支和平衡状况;国库收支总分类账系统,做到所有收支账目在一个系统中反映;债务管理系统,全面反映国债发行、偿还和余额情况。通过上述管理系统,使各类财政收支在国库单一账户体系中实现高效、安全运行。

4.建立健全现代化银行支付系统。要改变目前我国全国性电子化银行清算系统尚不完善的状况,逐步建立健全中国现代化支付系统,加快财政资金拨付到账时间,提高国库单一账户清算业务的效率。

5.建立财政国库支付执行机构,借鉴国际通行做法,建立财政国库支付执行机构。适当充实中国人民银行国库部门人员。财政国库支付执行机构专门负责办理财政直接支付和国库现金管理的具体业务,并进行相关的会计核算和监督检查等工作。机构人员主要从预算单位现有财务人员中选派。

6.加强监督制约机制。财政部门要加强对预算单位资金使用的监督,认真审核预算单位资金使用计划和资金使用申请;建立健全财政国库支付执行机构的内部监督制约制度,财政国库部门要定期对财政国库支付执行机构的相关业务进行内部审计;中国人民银行国库部门要加强对代理财政支付清算业务的商业银行的监控,充分发挥中央银行对商业银行办理财政支付清算业务的监管作用;审计部门要结合财政国库管理制度的建立,进一步加强对预算执行情况的年度审计检查,促进政府部门和其他预算执行部门依法履行职责。通过建立和完善科学合理的监督制约机制,确保财政资金安全。

国库收付制度改革实施步骤和进程:2001年首先由国务院确定了几个有代表性的部门率先进行财政国库管理制度改革试点,地方根据本地情况自行决定改革试点的时间和步骤。在总结经验、优化和完善方案的基础上,2002年进一步扩大了改革试点范围,暂未全面实施国库管理制度改革的部门和地区,可以对包括政府采购资金在内的一些专项支出实行财政直接拨付。在率先改革财政资金支付方式的同时,相应地规范收入收缴程序,争取在"十五"期间全面推行以国库单一账户体系为基础、资金缴拨以国库集中收付为主要形式的财政国库管理制度。

六、国库集中支付业务的核算

(一)财政总预算会计的核算

1.财政总预算会计对通过财政国库支付执行机构直接支付的资金,根据财政国库支付执行机构每日报来的按部门分"类"、"款"、"项"汇总的《预算支出结算清单》,与中国人民银行划款凭证核对无误后,列报预算支出。

[例15-1] 某省财政部门收到国库报来的《预算支出结算清单》,当日直接支付的国防支出为500万元。

借:一般预算支出　　5 000 000

　　贷:国库存款　　5 000 000

2.财政总预算会计将各代理银行汇总的预算单位零余额账户授权支付数,与中国人民银行汇总划款凭证及财政国库支付执行机构按部门分"类"、"款"、"项"汇总的《预算支出结算清单》核对无误后,列报预算支出。

[例15-2] 某省财政部门收到国库报来的《预算支出结算清单》,当日通过零余额账户授权支付的教育经费200万元。

借:一般预算支出　　2 000 000

　　贷:国库存款　　2 000 000

(二)财政国库支付执行机构会计的核算

1.财政国库支付执行机构会计是财政总预算会计的延伸,其会计核算按《财政总预算会计制度》执行。根据财政国库支付执行机构核算的特点,需要在《财政总预算会计制度》资产类和负债类分别增设"财政零余额账户存款(编号103)"、"已结报支出(编号213)"会计总账科目,并设立预算支出明细表。预算支出明细账应当按一般预算支出、基金预算支出的"类"、"款"、"项"及预算单位记载(基本建设支出、科技三项费用、专项类支出要记录到项目)。

"财政零余额账户存款"科目用于核算财政国库支付执行机构在银行办理财政直接支付的业务。本科目贷方登记财政国库支付执行机构当天发生直接支付资金数,本科目借方,登记当天国库单一账户存款划入冲销数,本科目当日资金结算后余额为零。

"已结报支出"科目用于核算财政国库资金已结清的支出数额。当天业务结束后,本科目余额应等于一般预算支出与基金预算支出之和。年终结账时,作相反分录,借记本科目,贷记"一般预算支出"、"基金预算支出"科目。

2.财政国库支付执行机构为预算单位直接支付款项时,根据银行支付凭证回执联,按部门分"类"、"款"、"项"列报预算支出。

[例15-3] 某省财政结算中心,为所属高校采用直接支付方式拨付事业经费100万元。

借:一般预算支出　　1 000 000

　　贷:财政零余额账户存款　　1 000 000

3.财政国库支付执行机构每日将按部门分"类"、"款"、"项"汇总的《预算支出结算清单》与中国人民银行国库划款凭证核对无误后,与总预算会计结算资金。

[例15-4] 某结算中心,20××年10月10日根据《预算支出结算清单》计算出当日已结报的支出数为2 000万元。

借:财政零余额账户存款　　2 000 000

　　贷:已结报支出——财政直接支付　　2 000 000

4.财政国库支付执行机构对于授权支付的款项,根据代理银行报来的《财政支出日(旬、月)报表》,与中国人民银行国库划款凭证核对无误后,列报支出,并登记预算单位支出明细账。

[例15-5] 某省结算中心,20××年10月31日根据代理银行报来的《财政支出月报表》,列明的当月一般预算支出5 000万元。基金预算支出3 000万元,编制会计分录:

借:一般预算支出 50 000 000

　基金预算支出 30 000 000

　贷:已结报支出——财政授权支出 80 000 000

5.年终,财政国库支付执行机构将预算支出与有关方面核对一致后进行转账。

[例15-6] 某省结算中心20××年12月31日将一般预算支出8 000万元,基金预算支出7 000万元,核对无误后转账。应编制会计分录:

借:已结报支出 150 000 000

　贷:一般预算支出 80 000 000

　　基金预算支出 70 000 000

6.财政国库支付执行机构对财政部批准下达各预算单位零余额账户的用款额度,不作正式会计分录,但需要备查登记。

(三)行政、事业单位会计的核算

1.对财政直接支付的支出,预算单位根据财政国库支付执行机构委托代理银行转来的《财政直接支付入账通知书》及原始凭证入账。

(1)事业单位会计的核算:

[例15-7] 某事业单位购置一项专用设备,根据批准,购置固定资产所需资金由财政直接支付。采购合同规定,该设备的价值480 000元。该事业单位应编制会计分录:

在收到《财政直接支付入账通知书》及有关凭证时,应编制会计分录:

借:事业支出——项目支出——专用设备购置费 480 000

　贷:财政补助收入 480 000

同时:

借:固定资产——专用设备 480 000

　贷:固定基金 480 000

(2)行政单位会计的核算:

[例15-8] 某行政单位的财政拨款实行财政直接支付方式。2007年2月,收到代理银行转来的《财政直接支付入账通知书》及盖章转回的工资发放明细表,当月发放本单位职工工资150 000元转回,款项已由代理银行支付到个人工资账户。该事业单位应编制会计分录:

借:事业支出——基本支出——基本工资 150 000

　贷:拨入经费——财政直接支付 150 000

如果财政直接支出部分的支出构成新增固定资产的,应同时登记固定资产账,会计分录为:

借:固定资产

　贷:固定基金

2.对财政授权支付的支出,预算单位根据代理银行盖章的《授权支付到账通知书》与分月用款计划核对后记账,并在资产类增设"零余额账户用款额度"会计总账科目(事业单位编号103,行政单位编号107)进行核算。

(1)事业单位会计的核算:

[例15-9]某事业单位的财政预算拨款实行财政授权支付方式。2007年3月,该事业单位收到代理银行盖章的《授权支付到账通知书》,通知书中注明的月度授权支付额度为100 000元。3月份,该事业单位为开展业务活动购买材料一批,价值56 000元,已经全部用于专业业务活动;为开展专业业务活动向劳务供应商支付服务费30 000元。该事业单位应编制会计分录:

收到授权支付额度时:

借:零余额账户用款额度　　100 000

　　贷:财政补助收入　　100 000

购买材料支用额度时:

借:材料　　56 000

　　贷:零余额账户用款额度　　56 000

支付劳务供应商服务费时:

借:事业支出——基本支出——劳务费　　30 000

　　贷:零余额账户用款额度　　30 000

(2)行政单位会计的核算:

[例15-10]某行政单位2007年10月收到《授权支付到账通知书》,通知书中注明月度授权额度为80 000元。该行政单位应编制会计分录:

收到月度授权额度时:

借:零余额账户用款额度　　80 000

　　贷:拨入经费　　80 000

3.资产类"银行存款"科目,核算内容改变为预算单位的"自筹资金收入"、"以前年度结余"和"各项往来款项"等。

4.年终决算仍由各预算单位负责编制,并逐级汇总,由主管部门上报财政部。

实行财政直接支付和财政授权支付后,主管部门和上级单位在汇总资产负债表时,将所属预算单位的数字相加,不用将上级的"拨出经费"与下级的"拨入经费"相抵冲处理。

(四)建设单位会计的核算

1.对财政直接支付的支出,建设单位根据财政国库支付执行机构委托代理银行转来的《财政直接支付入账通知书》及原始凭证入账。会计分录为:

借:器材采购、建筑安装工程投资、待摊投资等

　　贷:基建拨款——本年基建基金拨款等——财政直接支付

2.对财政授权支付由财政下达零余额账户的用款额度，建设单位应予记账，并在资金占用类增设"零余额账户用款额度（编号234）"会计总账科目进行核算。会计分录为：

借：零余额账户用款额度

　贷：基建拨款

3.建设单位从零余额账户支用时，会计分录为：

借：器材采购、建筑安装工程投资、待摊投资等

　贷：零余额账户用款额度

　贷：现金

小知识：

附件　　财政直接支付凭证（借方凭证）　1 第　　号

年　　月　　日　　　　单位：元

<table>
<tr><td rowspan="3">付款人</td><td>全　称</td><td colspan="2"></td><td rowspan="3">收款人</td><td>全　称</td><td></td></tr>
<tr><td>账号或地址</td><td colspan="2"></td><td>账号或地址</td><td></td></tr>
<tr><td>开户银行</td><td colspan="2"></td><td>开户银行</td><td></td></tr>
<tr><td colspan="2">支付金额</td><td colspan="4">人民币：（大写）</td><td>金额（小写）</td></tr>
<tr><td colspan="2">基层预算单位</td><td></td><td colspan="2">一级预算单位</td><td colspan="2"></td></tr>
<tr><td>用　途</td><td colspan="3"></td><td colspan="3">科目/类型：</td></tr>
<tr><td colspan="3">财政部支付印章</td><td>银行会计分录</td><td colspan="3">（借）
对方科目
复核员：　　记账员：</td></tr>
</table>

财政直接支付凭证(贷方凭证)　2 第　　号

年　月　日　　　　单位:元

<table>
<tr><td rowspan="3">付款人</td><td>全　称</td><td></td><td rowspan="3">收款人</td><td>全　称</td><td></td></tr>
<tr><td>账号或地址</td><td></td><td>账号或地址</td><td></td></tr>
<tr><td>开 户 银 行</td><td></td><td>开 户 银 行</td><td></td></tr>
<tr><td>支付金额</td><td colspan="4">人 民 币:
(大写)</td><td>金 额(小写)</td></tr>
<tr><td>基层预算单位</td><td colspan="2"></td><td>一级预算单位</td><td colspan="2"></td></tr>
<tr><td>用　途</td><td colspan="2"></td><td colspan="3">科目/类型:</td></tr>
<tr><td>银行会计分录</td><td colspan="2">(贷)

对方科目

复核员:　　　　记账员:</td><td colspan="3">备　　注</td></tr>
</table>

8.5×17.5 公分(白纸红油墨)

财政直接支付凭证(收账通知)　3 第　　号

年　月　日　　　　单位:元

<table>
<tr><td rowspan="3">付款人</td><td>全　称</td><td></td><td rowspan="3">收款人</td><td>全　称</td><td></td></tr>
<tr><td>账号或地址</td><td></td><td>账号或地址</td><td></td></tr>
<tr><td>开 户 银 行</td><td></td><td>开 户 银 行</td><td></td></tr>
<tr><td>支付金额</td><td colspan="4">人 民 币:
(大写)</td><td>金 额(小写)</td></tr>
<tr><td>基层预算单位</td><td colspan="2"></td><td>一级预算单位</td><td colspan="2"></td></tr>
<tr><td>用　途</td><td colspan="2"></td><td colspan="3">科目/类型:</td></tr>
<tr><td colspan="2">会计分录:

借:-------------</td><td colspan="2">付款行转款或付款日期

年　月　日

记账员:
出纳员:</td><td colspan="2">上列款项已进账,如有错误,请持此联来行面洽。此致(收款单位)</td></tr>
</table>

8.5×17.5 公分(白纸紫油墨)

财政直接支付凭证(回　单)　4第　　号

年　　月　　日　　　　单位:元

付款人	全　称			收款人	全　称	
	账号或地址				账号或地址	
	开户银行				开户银行	
支付金额	人民币:(大写)				金额(小写)	
基层预算单位				一级预算单位		
用　途				科目/类型:		
上项款已办理 银行盖章　　经办人 年　月　日				备　注		

8.5×17.5公分(白纸黑油墨)

财政性资金国库集中支付拨款备查表

编制单位:　　　　单位:元

项目				上年结转(预算指标)	本年预算(含预算调整数)	本年实际可使用指标	财政拨款			待核批结转(预算指标)			备注
科目编码			科目(项目)名称				小计	上年结转预算指标拨款	本年预算指标拨款	小计	待核批结转上年结转预算指标	待核批结转本年预算指标	
类	款	项	栏　次	1	2	3	4	5	6	7	8	9	10
			合　计										

注:填报口径按《财政部关于印发的<****年度行政事业单位决算报表>的通知》规定执行。

××市财政国库支付业务流程

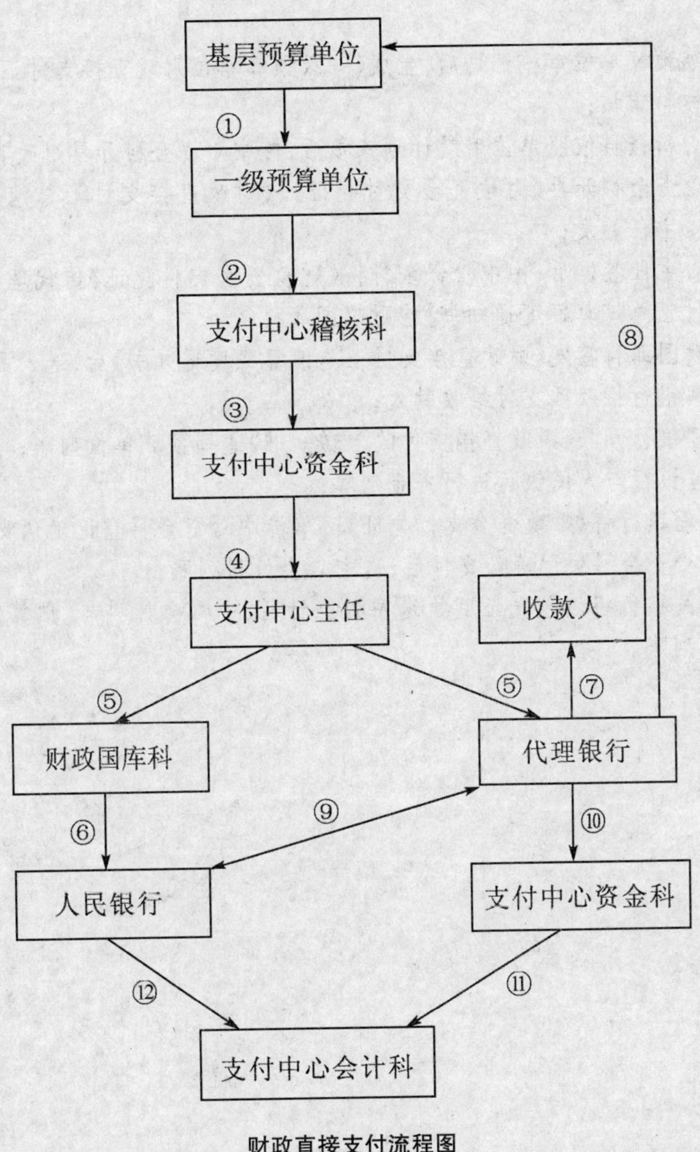

财政直接支付流程图

财政直接支付流程(说明)

1.基层预算单位填制《基层预算单位财政直接支付申请书》传一级预算单位审核汇总;

2.一级预算单位审核汇总后,生成《一级预算单位财政直接支付汇总申请书》,传中心稽核科审核;

3.中心稽核科依照单位用款计划审核后,传中心资金科开具财政直接支付令;

4.中心资金科开具《财政资金支付凭证》、《财政直接支付汇总清算额度通知书》,送中心主任签发;

5.中心主任签发后,由中心资金科将《财政资金支付凭证》传代理银行,将《财政直接支付汇总清算额度通知书》传财政国库科;

6.财政国库科签发《财政直接支付汇总清算额度通知书》后,送人民银行;

7.代理银行将款项支付给收款人;

8.代理银行开具《财政直接支付收入通知书》通知预算单位列账;

9.代理银行与人民银行进行资金清算;

10.代理银行将《财政资金支付凭证》回单传中心资金科登记确认支付情况;

11.中心资金科登记确认支付后,送中心会计科列账;

12.人民银行将划款凭证回执送中心会计科,中心会计科与《预算支出结算清单》核对后列账。

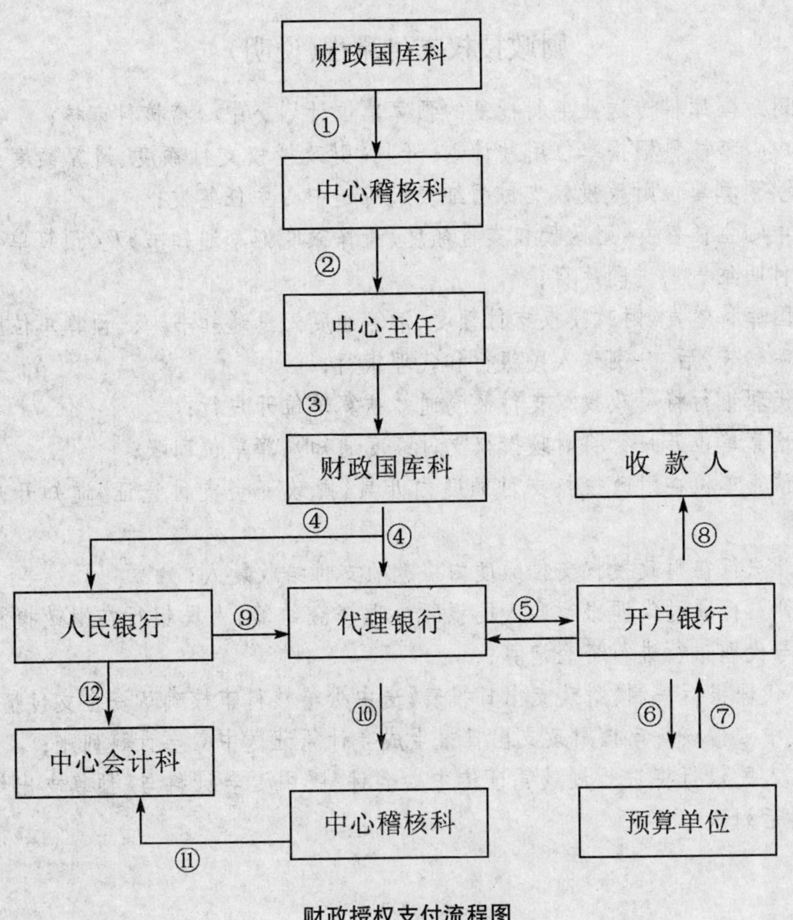

财政国库科
①
中心稽核科
②
中心主任
③
财政国库科
④
④
收 款 人
⑧
人民银行
⑨
代理银行
⑤
开户银行
⑫
⑩
⑥
⑦
中心会计科
中心稽核科
预算单位
⑪

财政授权支付流程图

财政授权支付流程(说明)

1.财政国库科传送业务科批复的预算单位计划交中心稽核科审核;

2.中心稽核科根据单位用款计划,开具《财政授权支付额度、清算额度汇总通知书》及《预算单位财政授权支付明细表》,传送中心主任签发;

3.中心主任签发《财政授权支付额度、清算额度汇总通知书》及《预算单位财政授权支付明细表》,送国库科;

4.国库科签发《财政授权支付额度、清算额度汇总通知书》及《预算单位财政授权支付明细表》后,分别送人民银行和代理银行;

5.代理银行将财政授权支付额度通知预算单位开户行;

6.预算单位开户行将财政授权支付额度通知预算单位列账;

7.预算单位在财政授权支付额度内开具《财政资金支付凭证》通知开户行付款;

8.开户行在财政授权支付额度内将款项支付给收款人;

9.开户行通过代理银行向人民银行办理资金结算,人民银行在财政授权清算额度内与代理银行进行资金清算;

10.代理银行编制《财政支出日报表》送中心稽核科审核确认资金支付情况;

11.中心稽核科审核财政支出日报生成会计凭证送中心会计科列账;

12.人民银行将银行划款凭证传中心会计科,中心会计科与《预算支出结算清单》核对后列账。

第十六章 政府采购

一、政府采购的含义

政府采购制度源于欧洲,形成于18世纪末,并以1980年建立的政府采购国际规则《政府采购协议》为标志,全面走向国际化。因此,真正完整意义上的政府采购是现代市场经济的产物。为了规范政府采购行为,保护政府采购当事人的合法权益等目的,2002年6月29日,我国第九届全国人民代表大会常务委员会第二十八次会议通过了《中华人民共和国政府采购法》。

政府采购是指各级国家机关、实行预算管理的事业单位和社会团体使用财政预算内资金和预算外资金等财政性资金,以购买、租赁、委托或雇用等形式获得货物、工程和服务的行为。

其中:采购是指以合同方式有偿取得货物、工程和服务的行为,包括购买、租赁、委托、雇用等;货物是指各种形态和种类的物品,包括原材料、燃料、设备、产品等;工程是指建设工程,包括建筑物和构筑物的新建、改建、扩建、装修、拆除、修缮等。政府采购制度是公共财政体系中的重要环节,是我国现阶段节约预算资金最直接、最有效的一种符合国际惯例的财政制度。政府采购要求采购资金由财政部门直接拨给供应商。它是构成我国国库单一账户体系的重要组成部分,是财政部门全面控制资金流向及流量的重要方式。

政府采购具有以下特征:

1.政策性。政府采购以实现公共政策为主要出发点,从计划的制订到合同的履行,都要体现政府的政策,为国家经济、社会利益和公众利益服务。

2.公平性。政府采购强调的是公平待遇。

3.守法性。政府采购的行为不能超出法律的规定。

4.社会责任性。政府要承担社会责任或公共责任,它不但要满足某一时刻的社会需要,同时还要考虑环境、就业等其他社会问题。

财政部新闻办公室公布的2005年全国政府采购统计信息显示,2005年全国实际政府采购规模近达3000亿元,为2927.6亿元,比上年增长37.1%,节约资金380.2亿元。2005年全国政府采购金额占全国GDP的比重为1.6%,与上年基本持平。实施政府采购改革 7 年来，全国政府采购规模年平均增长 77.9%。2005 年，工程类、服务类政府采购增长迅速，全国工程类政府采购 1323.2 亿元，比上年增长 39.5%，占政府采购总规模的 45.2%；服务类政府采购 195.8 亿元，比上年增长 41.4%，占政府采购总规模的 6.7%。2005 年，中央单位政府采购规模呈现快速增长势头，政府采购规模达到 407.8 亿元，比上年增长 39.2%。（财政部新闻办公室，2006 年 8 月 9 日）

二、政府采购的原则、模式和目标

（一）政府采购的原则

我国实行的是社会主义市场经济，与西方国家实行的市场经济存在着很大的差异，因此，实行政府采购制度必须要充分考虑到我国的国情，特别要考虑我国财政支出方面存在的突出问题，合理地确立我国政府采购的原则。政府采购原则是为实现政府采购目标而设立的一般性原则。我国的政府采购应当遵循公开透明原则、公平竞争原则、公正原则和诚实信用原则。

1.公开透明原则。《政府采购法》中的公开原则是指政府采购的法律、政策、程序和采购活动对社会公开，所有相关信息都必须公诸于众。政府采购活动都要公开，增加政府采购的透明度，坚决反对搞“暗箱操作”。公开原则可以从三个方面予以界定：一是公开的内容，二是公开的标准，三是公开的途径。

2.公平竞争原则。公平原则主要是指机会平等基础上的法律主体，在地位和权利义务等方面具有对等性。公平原则要求政府采购活动中各方当事人之间的权利与义务内容应当大致对等，不能一方只享有权利，而另一方只负有义务；也不能一方享有权利过多，而另一方负担义务过重。政府采购应以市场方式进行，所有参加竞争的投标商机会均等，并受到同等待遇。允许所有有兴趣参加投标的供应商、承包商、服务提供者参加竞争，资格预审和报标评价对所有的投标人都使用同一标准；采购机构向所有投标人提供的信息都应一致；不应对国内或国外投标商进行歧视等。政府采购部门通过公平竞争、货比三家、好中选优，使有限的财政资金可以购买到更多的物美价廉的商品，或得到高效、优质的服务，实现货币价值的最大化。竞争是市场经济体制的活力源泉，也是政府采购制度的灵魂和精髓，因此世界各国都将其作为政府采购法律制度的一项重要原则。充分、有效的竞争是防止腐败、打破垄断和地区封锁以及其他超经济干预的根本途径，也是实现政府采购目标的根本保证。

3.公正原则。主要是指政府采购主管部门面对采购人、采购机构及其代理人以及作为投标人、潜在投标人的多个供应商，应站在中庸、公允、超然的立场上，对于所有当事人都一碗水端平，不偏不倚，平等对待，一视同仁。为体现公正原则，政府采购的招标评审委员会应当由采购方代表、专家和社会公众代表等多方组成，而且每个政府采购项目要更换成员一次,以防止制度性腐败。

4.诚实信用原则。诚信的含义涉及质量、服务、价格、合同、法人行为等内容。坚持诚实信用原则,既是维护市场秩序有序化的需要,也是保障政府采购供应商合法盈利的内在需要,同时也是加强对供应商监管工作的需要,还是提高政府采购效率的需要。

(二)政府采购的模式

选择什么样的采购模式更有利于控制和规范公共消费行为,管理好公共资金,提高采购效率,实现公共政策目标,在各个国家和地区都不尽相同。美国政府采购模式分集中采购和分散采购两种。采购金额在2 500美元以内的实行分散采购,采购金额在2 500美元以上的实行集中采购。韩国在中央政府设立采购供应厅,是世界上实行集中采购模式的典型代表。我国香港地区政府采购也实行集中采购制度,只有小额物品由各部门分散采购。

政府采购模式的选择,实质上是对政府采购效益和效率的选择问题。根据政府采购两种模式的各自特点,结合中国的实际情况,我国《政府采购法》第七条规定,政府采购实行集中采购和分散采购相结合。按照现行法律,凡是未被纳入集中采购目录以内、达到限额标准以上的采购对象,仍由各部门、各单位实行分散采购。

(三)政府采购的目标

政府采购的目标是规范政府采购行为,提高政府采购资金的使用效益,维护国家利益和社会公共利益,保护政府采购当事人的合法权益,促进廉政建设。政府采购应当有助于实现国家的经济和社会发展政策目标,包括保护环境,扶持不发达地区和少数民族地区,促进中小企业发展等。

三、政府采购的方式

(一)公开招标

采购人采购货物或者服务应当采用公开招标方式的,按照其具体数额标准,属于中央预算的政府采购项目,由国务院规定;属于地方预算的政府采购项目,由省、自治区、直辖市人民政府规定;因特殊情况需要采用公开招标以外的采购方式的,应当在采购活动开始前获得设区的市、自治州以上人民政府采购监督管理部门的批准。采购人不得将应当以公开招标方式采购的货物或者服务化整为零或者以其他任何方式规避公开招标采购。

(二)邀请招标

符合下列情形之一的货物或者服务,可以依照本法采用邀请招标方式采购:

1.具有特殊性,只能从有限范围的供应商处采购的。

2.采用公开招标方式的费用占政府采购项目总价值的比例过大的。

(三)竞争性谈判

符合下列情形之一的货物或者服务，可以依照本法采用竞争性谈判方式采购：

1.招标后没有供应商投标或者没有合格标的或者重新招标未能成立的。

2.技术复杂或者性质特殊，不能确定详细规格或者具体要求的。

3.采用招标所需时间不能满足用户紧急需要的。

4.不能事先计算出价格总额的。

(四)单一来源采购

符合下列情形之一的货物或者服务，可以依照本法采用单一来源方式采购。

1.只能从唯一供应商处采购的。

2.发生了不可预见的紧急情况不能从其他供应商处采购的。

3.必须保证原有采购项目一致性或者服务配套的要求，需要继续从原供应商处添购，且添购资金总额不超过原合同采购金额10%的。

(五)询价

采购的货物规格、标准统一，现货货源充足且价格变化幅度小的政府采购项目，可以依照本法采用询价方式采购。

(六)国务院政府采购监督管理部门认定的其他采购方式

政府对采购方式作了规定，即政府采购方式为公开招标、邀请招标、竞争性谈判、单一来源采购、询价和国务院政府采购监督管理部门认定的其他采购方式。公开招标应作为政府采购的主要方式。

四、政府采购的程序

政府采购项目的采购程序主要步骤是：核定采购项目及项目预算，选择及执行采购方式，签订采购合同，履行采购合同，验收，结算等。

(一)核定采购项目及项目预算

负有编制部门预算职责的部门在编制下一财政年度部门预算时，应当将该财政年度政府采购的项目及资金预算列出，报本级财政部门汇总。部门预算的审批，按预算管理权限和程序进行。

(二)选择及执行采购方式

1.货物或者服务项目采取邀请招标方式采购的，采购人应当从符合相应资格条件的供应商中，通过随机方式选择三家以上的供应商，并向其发出投标邀请书。货物和服务项目实行招标方式采购的，自招标文件开始发出之日起至投标人提交投标文件截止之日止，不得少于20日。在招标采购中，出现下列情形之一的，应予废标：符合专业条件的供应商或者对招标文件作实质响应的供应商不足三家的；出现影响采购公正的违法、违规行为的；投标人的报价均超过了采购预算，采购人不能支付的；因重大变故，采购任务取消的。废标后，采购人应当将废标理由通知所有投标人。

2.采用竞争性谈判方式采购的,应当遵循下列程序:

(1)成立谈判小组。谈判小组由采购人的代表和有关专家共三人以上的单数组成,其中专家的人数不得少于成员总数的2/3。

(2)制定谈判文件。谈判文件应当明确谈判程序、谈判内容、合同草案的条款以及评定成交的标准等事项。

(3)确定邀请参加谈判的供应商名单。谈判小组从符合相应资格条件的供应商名单中确定不少于三家的供应商参加谈判,并向其提供谈判文件。

(4)谈判。谈判小组所有成员集中与单一供应商分别进行谈判。在谈判中,谈判的任何一方不得透露与谈判有关的其他供应商的技术资料、价格和其他信息。谈判文件有实质性变动的,谈判小组应当以书面形式通知所有参加谈判的供应商。

(5)确定成交供应商。谈判结束后,谈判小组应当要求所有参加谈判的供应商在规定时间内进行最后报价,采购人从谈判小组提出的成交候选人中根据符合采购需求、质量和服务相等且报价最低的原则确定成交供应商,并将结果通知所有参加谈判的未成交的供应商。

3.采取询价方式采购的,应当遵循下列程序:

(1)成立询价小组。询价小组由采购人的代表和有关专家共三人以上的单数组成,其中专家的人数不得少于成员总数的2/3。询价小组应当对采购项目的价格构成和评定成交的标准等事项作出规定。

(2)确定被询价的供应商名单。询价小组根据采购需求,从符合相应资格条件的供应商名单中确定不少于三家的供应商,并向其发出询价通知书让其报价。

(3)询价。询价小组要求被询价的供应商一次报出不得更改的价格。

(4)确定成交供应商。采购人根据符合采购需求、质量和服务相等且报价最低的原则确定成交供应商,并将结果通知所有被询价的未成交的供应商。

4.采取单一来源方式采购的,采购人与供应商应当遵循本法规定的原则,在保证采购项目质量和双方商定合理价格的基础上进行采购。

(三)签订、履行采购合同

政府采购合同适用《合同法》。采购人和供应商之间的权利和义务,应当按照平等、自愿的原则以合同方式约定。采购人可以委托采购代理机构代表与其供应商签订政府采购合同。由采购代理机构以采购人名义签订合同的,应当提交采购人的授权委托书,作为合同附件。政府采购合同应当采用书面形式。国务院政府采购监督管理部门应当会同国务院有关部门,规定政府采购合同必须具备的条款。采购人与中标、成交供应商应当在中标、成交通知书发出之日起30日内,按照采购文件确定的事项签订政府采购合同。中标、成交通知书对采购人和中标、成交供应商均具有法律效力。中标、成交通知书发出后,采购人改变中标、成交结果的,或者中标、成交供应商放弃中标、成交项目的,应当依法承担法律责任。政府采购项目的采购合同自签订之日起7个工作日内,采购人应当将合同副本报同级政府采购监督管理部门和有关部门备案。经采购人同意,中标、成交供应商可以依法采取分包方式履行合同。政府采购合同分包履行的,中标、成交供应商就采购项目和分包项目向采购人负责,分包供应商就分包项目承担责任。政府采购合同履行中,采购人需追加与合同标的相同的货物、工程或者服务的,在不改变合同其他条款的前提下,可以与供应商协商签订补充合同,但所有补充合同的采购金额不得超过原合同采购金额的10%。

(四)验收、结算

采购人或者其委托的采购代理机构应当组织对供应商履约的验收。大型或者复杂的政府采购项目,应当邀请国家认可的质量检测机构参加验收工作。验收方成员应当在验收书上签字,并承担相应的法律责任。采购人或者其委托的采购代理机构应当及时按合同与供应商进行结算。

五、政府采购业务的核算

现以采购货物和接受劳务为例,说明实行政府集中采购后,采购业务的核算方法。

[例16-1] 某单位需购买一批办公设备共计400万元。根据政府采购计划安排,该设备款由财政预算资金和单位自筹资金各负担一半。政府采购管理部门组织进行了招标采购,并与中标企业签订了采购合同。采购合同价款为350万元,根据合同规定分两次付款,第一次于合同签订后10日内支付首期货款100万元,剩余货款于单位收到供货时支付。合同签订后,财政部门进行了资金清算,此次采购共节约资金50万元,根据财政与单位各自负担的比例,应将节约的资金退还国库和有关单位。

(一)财政总预算会计的核算

1.财政总预算会计将财政预算资金200万元转入政府采购资金专户时,应根据有关凭证编制会计分录如下:

借:暂付款——政府采购款　　2 000 000

　贷:国库存款　　2 000 000

借:其他财政存款——政府采购资金专户　　2 000 000

　贷:暂存款——政府采购款——财政预算　　2 000 000

2.收到采购机关划拨到政府采购资金专户的拼盘项目的自筹配套资金200万元时,根据有关凭证编制会计分录如下:

借:其他财政存款——政府采购资金专户　　2 000 000

　贷:暂存款——政府采购款——单位自筹——××单位

　　2 000 000

3.财政总预算会计根据合同文本和采购机关向财政部门提交的验收结算书及有关附件，按财政部门与采购单位应负担的采购资金比例向供应商支付首笔货款100万元时，根据有关凭证编制会计分录如下：

借：暂存款——政府采购款——财政预算　500 000
　暂存款——政府采购款——单位自筹——××单位　500 000
　贷：其他财政存款——政府采购资金专户　1 000 000

4.财政总预算会计将财政安排的预算资金100万元列报支出时，根据有关凭证编制会计分录如下：

借：一般预算支出——×类——×款——×项——×单位　1 000 000
　贷：暂付款——政府采购款　1 000 000

5.财政总预算会计根据资金结算数将结余资金50万元，按比例退还国库25万元时，根据有关凭证编制会计分录如下：

借：暂存款——政府采购款——财政预算　250 000
　贷：其他财政存款——政府采购资金专户　250 000
借：国库存款　250 000
　贷：暂付款——政府采购款　250 000

6.如采购机关划款不足，需补划采购款时，根据有关凭证编制会计分录如下：

借：其他财政存款——政府采购资金专户
　贷：暂存款——政府采购款——单位自筹——××单位

7.采购机关发生退货时，将已支付的采购款作相反的会计分录。

8.采购过程中遇到了特殊情况，导致预计的采购资金增加，财政总预算会计将增加的预算资金划入政府采购资金专户，应根据有关凭证编制会计分录如下：

借：一般预算支出——××类——××款——××项——××单位
　贷：国库存款
借：其他财政存款——政府采购资金专户
　贷：暂存款——政府采购款——财政预算

(二)采购机关(行政事业单位)的核算

1.将采购项目的自筹配套资金200万元划拨到政府采购资金专户时，根据有关凭证编制会计分录如下：

借：暂付款(其他应收款)——政府采购款　2 000 000
　贷：银行存款　2 000 000

2.收到财政退回的结余自筹配套资金25万元时，根据有关凭证编制会计分录如下：

借：银行存款　250 000
　贷：暂付款(其他应收款)——政府采购款　250 000

3.收到财政部门转来的《政府采购支出转账通知书》和《政府采购收入转账通知书》时,根据有关凭证编制会计分录如下:

借:经费支出(事业支出)——×类——×款——×项　3 500 000
　贷:暂付款(其他应收款)——政府采购款　1 750 000
　　拨入经费(财政补助收入)——×类——×款——×项　1 750 000

属于固定资产管理范围的,应同时编制会计分录如下:

借:固定资产　3 500 000
　贷:固定基金　3 500 000

4.采购机关发生退货时,其已支付的采购款作相反的会计分录。

5.采购过程中遇到了特殊情况,导致预计的采购资金增加,当《政府采购支出转账通知书》"退款金额"出现负数时,采购机关应按原定的采购资金比例,将增加的自筹配套资金划入政府采购资金专户时,根据有关凭证编制会计分录如下:

借:经费支出(事业支出)——××类——××款——××项
　贷:银行存款

小知识:

政府采购案例

通过对政府采购案例分析的学习和参考,有助于了解政府采购的全过程。通过分析案例总结实践经验,有助于了解对政府采购活动实施有效监督的关键环节;帮助掌握采购程序和招投标技能;帮助供应商全面掌握获得政府采购合同的规则和要求。

一、政府采购汽车计划通知

政府采购汽车计划通知

××省财政厅关于下达1999年省级政府采购

汽车采购计划的通知

××省政府采购中心:

根据省级各部门报送的1999年政府采购计划表,经审核,现将今年三季度政府采购计划中的汽车类采购计划下达给你们(采购计划表及分单位计划表附后)。此次共采购轿车、载客车、越野车、载重车及特种车辆153辆,采购预算3332.2万元。请你中心接本通知后,立即与相关单位核对有关的具体规格型号等,并尽快组织采购,同时将采购方案及有关情况报省财政厅。

附件:1.省级政府采购汽车分类表

2.省级政府采购(汽车)分部门计划表

××省财政厅

1999年8月3日

主题词:政府采购　汽车　计划　通知

二、政府采购招标公告

政府采购招标公告

××省政府采购中心就××省省级机关、事业单位所需153辆汽车进行公开招标采购,欢迎具备合法的生产、销售汽车能力的供应商参加投标,具体事宜详见招标文书。

发售招标文书时间:1999年×月×日至×日

发售招标文书地点:××省××市××路××号

联 系 人:×××

联系电话:×××

传 真:×××

××省政府采购中心

1999年×月×日

注:该公告于×月×日在《××晚报》上刊登。

三、政府采购招标文件(略)

四、中标通知书

中标通知书

致:××汽车工业销售公司

本中心高兴地通知贵公司,经评标委员会综合评审,并报经项目招标领导小组确认,贵公司已成为××省政府采购990004号标需求表—2中标的的中标人。请贵公司于1999年9月9日上午9:30时前,向××省政府采购中心提交数额为投标总报价5%的履约保证金和投标总报价0.4‰的中标服务费,并与买方在××省政府采购中心(地址:××市××路×号××大厦803室)签订合同。

××省政府采购中心

1999年9月8日

五、××省政府采购合同

××省政府采购合同

(合同编号:990004—1)

××省政府采购中心(以下简称"买方")和××汽车工业销售有限公司(以下简称"卖方")同意按下述条款和条件签订本合同(以下简称"合同"):

1.合同文件

下列关于××省政府采购990004号的招标投标文件是构成本合同不可分割的部分:

(1)合同条款及前附表;

(2)卖方提交的投标书和投标报价表；

(3)供货一览表；

(4)技术规格及服务要求；

(5)技术规格响应表；

(6)服务承诺；

(7)中标通知书；

(8)买方、使用方和卖方商定的其他必要文件。

2.合同范围和条件。本合同的范围和条件应与上述合同文件的规定相一致。

3.货物及数量。本合同所提供的货物及数量详见"供货一览表"。

4.合同金额。壹肆拾捌万贰仟捌佰元整人民币。

5.付款条件。本合同货物的付款条件在合同条款及前附表中有明确规定。

6.交货时间和地点。本合同货物的交付时间和交货地点在"供货一览表"中有明确规定。

7.合同纠纷处理。本合同货物交付验收使用后所发生的合同纠纷，由买方全权委托使用方直接与卖方进行处理。

8.合同生效及其他。

本合同一式五份，买卖双方各持一份；经买方、卖方双方授权代表签字盖章，并在采购中心收到卖方提交的履约保证金和中标服务费后生效。

买方(单位盖章)：

卖方(单位盖章)：

××省政府采购中心	××汽车工业销售有限公司
代表签字：	×××代表签字：×××
1999年9月9日	1999年9月9日

六、合同条款前附表

合同条款前附表

序号	内　　容
1	付款应按下列条件进行： (1) 预付款：无； (2)交货验收付款：全部车辆经使用方验收合格(其中，进口车辆同时需经海关、商检部门检验合格和省公安厅交通管理局车管所验证合格)、投标人提交所需单据后五(5)天内，由采购中心支付合同总价的90%； (3)最终付款：采购中心将在项目验收合格单发出后二十八(28)天内并由使用方确认车辆在此期间运行正常后，支付合同总价其余的10%。

合同条款

1.定义

本合同中的下列术语应解释为：

(1)“合同”系指买方与卖方签署的、合同格式中载明的买方与卖方所达成的协议，包括所有的附件、附录和构成合同的所有文件。

(2)“合同价”系指根据合同规定，卖方在正确地完全履行合同义务后买方应支付给卖方的价格。

(3)“汽车”系指卖方根据合同规定须向买方、使用方提供的车辆(包括随车工具、合格证、使用手册、维修手册或质量服务卡及其他材料)。

(4)“服务”系指根据合同规定卖方承担与供货有关的辅助服务，如运输、保险以及其他的伴随服务，比如调试、提供技术援助和其他类似的卖方应承担的义务。

(5)“买方”系指前附表中所述购买汽车和服务的采购中心。

(6)“卖方”系指前附表中所述提供汽车和服务的供应商。

(7)“使用方”系指具体使用汽车和接受服务的单位。

2.技术性能

卖方所提供汽车的技术性能应与招标文件规定的技术性能以及所附的技术性能相应表相一致；若技术性能中无相应说明，则按国家有关部门最新颁布的相应标准及规范为准。

3.专利权

卖方应保证使用方在使用该汽车或其任何一部分时不受第三方提出侵犯其专利权、商标权和工业设计权的起诉。一旦出现侵权指控，卖方应负全部责任。

4.装运条件

4.1 根据采购中心指定地点，卖方负责安排运输，运输费由卖方承担。

4.2 汽车交付使用，并提供所需单据的日期视为交货日期。

5.付款

5.1 本合同以人民币付款。

5.2 卖方应按照与买方签订的合同规定交货。交货后卖方应向买方和使用方提供下列单据，采购中心按合同规定审核后付款：

(1)发票；

(2)制造厂家出具的合格证、使用手册、维修手册或质量服务卡；

(3)随车工具清单；

(4)使用方加盖公章证明汽车交付使用合格的验收单。

5.3 采购中心将按“合同条款前附表”规定的付款计划安排付款。

6.伴随服务

6.1 卖方应按照国家有关规定和合同中所附的服务承诺提供服务。

6.2 除第 6.1 条规定外,卖方还应提供下列服务;

(1)汽车的现场启动监督;

(2)在合同中卖方承诺的期限内对所提供汽车实施运行监督、维修,但前提条件是该服务并不能免除卖方在质量保证期内应承担的义务;

(3)在汽车交货现场就汽车的启动、运行、维护对使用方人员进行培训。

6.3 伴随服务的费用应含在合同价中,不单独进行支付。

7.质量保证

7.1 卖方所提供汽车必须符合国家有关标准。

7.2 卖方应保证汽车是全新、未使用过的,是用一流的工艺和最佳材料制造的原装合格正品,并完全符合合同规定的质量、规格和性能的要求。卖方应保证其汽车在正常使用和保养条件下,在其使用寿命期内应具有满意的性能。汽车最终验收后,在质量保证期内,卖方应对由于设计、工艺或材料的缺陷而发生的任何不足或故障负责,费用由卖方负担。

7.3 根据当地质检或商检部门检验结果或者在质量保证期内,如果汽车的数量、质量或规格与合同不符,或证明汽车是有缺陷的,包括潜在的缺陷或使用不符合要求的材料等,买方全权委托使用方以书面形式向卖方提出本保证下的索赔。

7.4 卖方在收到通知后,必须主动协助使用方对车辆进行免费维修、更换有缺陷的零部件,直至更换车辆。

7.5 如果卖方在收到通知后,没有协助使用方弥补缺陷、更换零部件,使用方可采取必要的补救措施,但风险和费用将由卖方承担。

8.检验

8.1 在发货前,卖方应对汽车的质量、规格、性能、数量和重量等进行准确而全面的检验,并出具一份证明汽车符合合同规定的合格证书。该合格证书将作为提交付款单据的一部分。但有关质量、规格、性能、数量或重量的检验不应视为最终检验。

8.2 使用方将在卖方交货现场组织验收,如果汽车的质量和规格与合同规定相符,使用方应及时填写验收表,加盖公章后报给采购中心;如果汽车的质量和规格与合同规定不符,或在质量保证期内发现汽车是有缺陷的,包括潜在缺陷或使用不符合要求的材料,使用方应报请当地法定检测部门进行检查。

8.3 国产车辆按国家规定的车辆验收标准执行;进口车辆需经海关、商检部门检验合格和省公安厅交通管理局车管所验证合格,并请有关验收人员签字认可。

8.4 验收不合格的车辆,卖方应在 5 个工作日内更换到位,并保证验收合格,逾期按交货延误处理。

9.索赔

9.1 使用方有权根据当地法定检测部门出具的检验报告,向卖方提出索赔。

9.2根据合同规定的检验期和质量保证期内,如果卖方对使用方提出的索赔和差异负有责任,卖方应按照使用方同意的下列一种或多种方式解决索赔事宜:

(1)卖方同意退货,并用合同中规定的货币将货款退还给使用方,并承担由此发生的一切损失和费用,包括利息、银行手续费、运费、保险费、检验费、仓储费、装卸费以及为保护退回汽车所需的其他必要费用。

(2)根据汽车的损坏程度以及使用方所遭受损失的数额,卖方必须按使用方所能接受的数额降低汽车的价格。

(3)用符合合同规定的规格、质量和性能要求的新零件、部件和/或设备来更换和/或修补有缺陷的部分,卖方应承担一切费用和风险并负担使用方所蒙受的全部直接损失费用。同时,卖方应按合同规定,对修补和/或更换件相应延长质量保证期。

9.3如果在使用方发出索赔通知后20天内,卖方未作答复,上述索赔应视为已被卖方接受。如卖方未能在使用方发出索赔通知后20天内或使用方同意的更长时间内,按照本合同规定的任何一种方法解决索赔事宜,买方将从卖方开具的履约保证金中扣回索赔金额,或采用法律手段解决索赔事宜。

10.卖方交货延误

10.1卖方应按照“供货一览表”中规定的交货期交货和提供服务,并交付使用方验收使用。

10.2如果卖方无正当理由拖延交货,将受到以下制裁:没收履约保证金,加收误期赔偿和/或终止合同。

10.3在履行合同过程中,如果卖方遇到不能按时交货和提供服务的情况,应及时以书面形式将不能按时交货的理由、可能延误的时间同时通知买方和使用方。买方、使用方在收到卖方通知后,应对情况进行分析,决定是否修改合同、酌情延长交货时间或终止合同;同时保留按第10.2条规定对卖方进行制裁的权力。

11.误期赔偿

除合同条款第12条规定外,如果卖方没有按照合同规定的时间交货和提供服务,买方将从货款中扣除误期赔偿费而不影响合同项下的其他补救方法。赔偿费按每天迟交汽车合同价的0.5%计收,直到交货或提供服务为止。但误期赔偿费的最高限额为误期汽车合同价的5%。一旦达到误期赔偿的最高限额,买方和使用方可考虑终止合同。

12.不可抗力

12.1尽管有合同条款第10条、11条和16条的规定,如果卖方因不可抗力而导致合同实施延误或不能履行合同义务的话,不应该被没收履约保证金,也不应该承担误期赔偿或终止合同的责任。

12.2本条所述的“不可抗力”系指那些卖方无法控制、不可预见的事件,但不包括卖方的违约或疏忽。这些事件包括:战争、严重火灾、洪水、台风、地震以及其他买方、使用方和卖方商定的事件。

12.3 在不可抗力的事件发生后,卖方应尽快以书面形式将不可抗力的情况和原因通知买方和使用方。除买方和使用方书面另行要求外,卖方应尽实际可能继续履行合同义务,以及寻求采取合理的方案履行不受不可抗力影响的其他事项。如果不可抗力事件影响时间持续 120 天以上时,买方、使用方和卖方应通过友好协商在合理的时间内达成进一步履行合同的协议。

13.税费

13.1 中国政府根据现行税法规定对买方征收的、与本合同有关的一切税费,均由买方负担,招标文件另有规定的除外。

13.2 中国政府根据现行税法规定对卖方征收的、与本合同有关的一切税费,均由卖方负担。

14.履约保证金和中标服务费

14.1 卖方应在收到中标通知书后二(2)天内,通过国内的任何一家银行,向买方提供相当于合同总价 5% 的履约保证金和 0.4‰的中标服务费(开户行:××银行;账号:×××)。履约保证金有效期为汽车验收合格后 28 天。

14.2 卖方提供的履约保证金和中标服务费必须是人民币,并采取下列任何一种形式:

(1)银行本票、汇票;

(2)现金或支票(资金必须到达指定账户)。

14.3 如卖方未能履行合同规定的义务,买方有权从履约保证金中取得补偿。

14.4 履约保证金应在有效期期满后 5 天内退还给卖方,不计利息。

15.仲裁

15.1 在执行本合同中所发生的或与本合同有关的一切争端,买方、使用方和卖方应通过友好协商的办法进行解决。如从协商开始 30 天内仍不能解决,应将争端提交有关省、市政府或行业主管部门寻求可能解决的办法。如果提交有关省、市政府或行业主管部门后 30 天内仍得不到解决,则应申请仲裁。

15.2 仲裁应根据《中华人民共和国仲裁法》的规定向当地有管辖权的仲裁机构申请仲裁。

15.3 仲裁裁决为最终裁决,对买方、使用方和卖方均有约束力。

15.4 在仲裁期间,本合同应继续执行。

16.违约终止合同

16.1 在买方和使用方对卖方违约而采取的任何补救措施不受影响的情况下,买方和使用方可向卖方发出终止部分或全部合同的书面通知书。

(1)如果卖方未能按合同规定的期限或买方和使用方同意延长的限期内提供

部分或全部汽车;

(2)卖方在收到买方和使用方发出的违约通知后20天内,或经买方和使用方书面认可延长的时间内未能纠正其过失;

(3)如果卖方未能履行合同规定的其他义务。

16.2在买方和使用方根据上述第16.1条规定,终止了全部或部分合同后,买方和使用方可以依其认为适当的条件和方法购买其他供应商提供的汽车,卖方应对买方和使用方购买汽车所超出的那部分费用负责,并继续执行合同中未终止的部分。

17.破产终止合同

如果卖方破产或无清偿能力,买方和使用方可在任何时候以书面形式通知卖方中止合同而不给卖方补偿。该中止合同将不损害或影响买方和使用方已经采取或将要采取的任何行动或补救措施的权力。

18.转让

除买方和使用方事先书面同意外,卖方不得部分转让或全部转让其应履行的合同义务。

19.合同生效及其他

19.1合同应在买、卖双方签字,并在卖方向买方交纳履约保证金和中标服务费后生效。

19.2本合同一式五份,以中文书就,卖方、买方各执一份;

19.3本合同汽车交付使用后所发生的合同纠纷,买方全权委托使用方与卖方进行处理。

19.4如需修改或补充合同内容,应经使用方、卖方、买方协商,共同签署书面修改或补充协议。该协议将作为本合同不可分割的一部分。

19.5本合同应按照中华人民共和国的现行法律进行解释。

七、公 证 书

公 证 书

一、××省政府采购合同(略)

二、中标通知书(略)

三、合同公证书

××省证(1999)经内字第983号

兹证明××省政府采购中心的法定代表人×××与××汽车工业销售集团有限公司的法定代表人的代理人×××于1999年9月9日,在××签订了前面的《合同》。

经查,上述双方当事人的签约行为符合《中华人民共和国民法通则》第五十五条的规定,合同上双方当事人的签字、印章属实。

中华人民共和国××省公证处

公证员×××

1999年9月9日

八、案 例 分 析

案 例 分 析

(一)概述

采购项目:汽车(包括轿车、载客车、越野车、载重车及特种车辆)

采购机关:××省政府采购中心

采购数量:153辆

采购方式:公开招标

招标机构:××省政府采购中心

开标日期:1999年9月8日

投标人数量:14家

中标人数量:3家

合同签订方式:由省采购中心与各中标人签订合同

本案例是由政府采购中心自行招标的采购活动,总的来看,该项采购活动的程序基本上是符合《中华人民共和国招标投标法》(简称《招标投标法》,下同)、《政府采购管理暂行办法》(简称《暂行办法》,下同)、《政府采购招标投标管理暂行办法》(简称《招标投标管理暂行办法》,下同)和《政府采购合同监督暂行办法》(简称《合同监督暂行办法》,下同)等法律、规章的有关要求的,政府采购主管机关也基本上抓住了关键的监管环节,在采购过程中还采取了一些强化内部和外部监督措施。这次采购活动的效果是好的,达到了预期目标。另一方面,本案例材料也反映出该地区的政府采购工作还不够规范,与政府采购的有关规章要求仍有一定的差距,尚待进一步完善。

(二)政府采购预算(计划)

《暂行办法》第七条关于财政部的职责规定中的第九款明确"编制中央采购机关年度政府采购预算",相应地地方财政部门负责编制地方采购机关年度采购预算。采购预算是确定评标价最重要的参考标准,从严格意义上讲,采购预算应是招标的底价,如果采购预算与评标价之间出现了较大的偏离,则说明采购预算在编制过程中对采购活动的有关因素缺乏全面、准确的评估,需要改进预算编制方法。目前,我国的预算编制方法还是粗放型的,缺乏详细、明确的标准,因而,采购预算通常是高于评标价的。当前,我国正在进行细化预算的改革尝试,积极推行部门预算。当然细化预算编制有一个过程,在我国预算评估体系还未建立之前,为了提高预算编制的质量,减少采购预算与评标之间的偏差,根据我们现有的认识水平和实践的可行性,在编制采购预算时,可以采取下列方法:

1.询价。通过货比三家确定采购项目的平均价格。

2.积累经验。向招标机构或曾购买同类物品的用户了解其实际购买价格。

3.请行业协会或专家论证。这种方法主要适用于编制大型复杂或新产品项目的预算。

就本案例而言,该省是否编制了年度采购预算(计划),并无相关材料证明,但却编制了分类季度采购计划,应该说开始了局部突破。这次采购的预算为3332.2万元,最终的合同金额为2917万元,作为缺乏竞争力的汽车采购,资金节约幅度是非常可观的,但也反映了该地区在预算编制方法上还存在缺陷。

(三)采购程序

1.政府采购中心自行开展招标工作,是符合《暂行办法》规定的。在此项目中,政府采购中心充当了招标人。

2.招标文件

所编招标文件分为招标书和投标书两个部分。包括了投标人须知、合同条款及格式、汽车需求、技术性能及服务要求以及投标书格式。

点评:招标文件从整体上看内容全面,但政府采购中心自行招标,也应该按照招标文件的标准化使文本编制格式规范统一,向专业招标和国际招标惯例靠拢,从而提高招标文件的成熟性、权威性、合法性。

(1)从文本格式来讲,招标文件习惯上分为五个部分:①投标邀请书;②招标货物技术规范;③投标人须知;④投标文件格式;⑤经济合同条款。

(2)本招标文件中"投标人须知前附表"应作为投标邀请书。其中投标有效期为"开标后五天"的规定欠妥。一般国际货物采购招标规定投标有效期90天以上,国内招标的投标有效期60天以上。投标有效期应保障投标、开标、评标、定标以及签订合同全过程的时效要求,是招标、投标体现法律效力的前提条件。投标有效期后,则不能再对投标文件及相关投标条件进行询标、答疑、考察和评定,招标活动宣告结束。因此,5天的投标有效期一般无法满足开标、评标、定标和签订合同的时间要求,招标文件要避免这种随意性的规定。

(3)投标人须知中第5条规定对招标文件的澄清截止时间为投标截止5天前,及第6条在投标截止期前均可对招标文件进行修改的提法,不符合《招标投标管理暂行办法》文件要求。按照该文件规定,招标人对招标文件进行澄清与修改,应在投标截止时间15天前;根据惯例,对于投标人提出的问题,可以在投标截止前7天内答复;如果作为对招标文件的修正,应严格执行文件和法规,以体现招标的规范性。《中华人民共和国招标投标法》2000年1月1日实行,对此内容的规定与《招标投标管理暂行办法》一致。如果逾期对招标文件修正,则应相应推迟投标截止时间。

(4)招标文件对于评标的规定以及投标纪律的要求较为完善。采用打分法评标,按照《招标投标管理暂行办法》规定,应将打分的条件、内容和办法加以公开说明,以利于充分体现招标活动的"公开、公平、公正"的原则。

(5)为使招标文件始终突出招标的要求,本招标文件应将"汽车需求一览表""技术性能及服务要求"作为招标文件的一个独立部分——招标货物技术规格要求。

(6)在投标文件格式中"供货一览表"提法不准确。作为招标项目,规范招标、投标行为的名称,是开展招标工作的前提。如果投标文件中将投标称之为"供货",显然歪曲了招标采购的含义。招标投标是具有法律效力的竞争择优行为,其要约与承诺均有法律约束力,不能与一般采购供货画等号,故应杜绝将"投标"与"供货"混同使用的文字疏忽。在"开标一览表"和"投标报价表"中应增设投标货物交货期及交货地点栏目,以使投标真正到位,落实竞争的充分、公平。在开标时一并将投标货物名称、数量、制造厂名称、投标数量、投标报价及交货时间、地点进行公开唱标。

(7)招标文件中中标服务费收取比例缺乏依据。政府采购中心是行政事业单位,如果收费,应按照国家有关行政事业单位收费标准,根据中标金额收取一定比例的中标服务费。这也是衡量政府采购招标工作的规范化标志之一。

3.发布招标公告

×月×日,此项目所发布的"××省政府采购中心招标公告"登载于《××晚报》。

点评:

(1)按《招标投标管理暂行办法》的要求,招标公告内容不够完整,还应说明招标投标的名称、数量、用途及交货时间、投标截止时间、开标时间、地点以及评标办法。

(2)招标公告发布在某市晚报上,不符合《招标投标管理暂行办法》对于公开招标必须首先在《中国财经报》上发布的规定。招标信息只在局部区域公开,容易使政府采购蒙上地方保护主义的色彩。

(3)同样招标文件的发售时间只限于×月×日至×日两天,这种做法不符合惯例,相应地也给招标带来局限性,排斥了外地有实力供应商的投标积极性。如此规定,不能满足招标广泛性与竞争充分性的要求。

4.发售招标文件

23家厂商根据招标公告向省政府采购中心购买了招标文件。在招标文件中规定的投标截止时间前第七天,招标人向投标人发出了"标书修改说明",随后七家投标人以传真形式确认已收到修改说明。

点评:《招标投标管理暂行办法》规定,自招标文件开始发售到投标截止时间不少于20天,招标人发布招标文件的修正应在投标截止时间15天前,均旨在保证投标竞争的充分性和招标质量。在这个项目操作中,以上两点未能满足,以后应予注意。

5.开标、评标、定标

×月×日如期进行了开标。开标大会有监督委员会、评标委员会、公证处成员、投标厂商代表、政府采购中心人员及新闻界人士参加。开标大会上宣读了评标原则及注意事项,由公证处公证员检验投标文件密封情况,并公布检验结果。之后,采购中心人员唱出14家投标人的投标总报价及交货时间。在进入评标阶段时评标委员会主任向评委会宣读了政府评委工作纪律、汽车采购评标打分标准。评委会经过打分评审,向项目招标领导小组推荐出需采购的六种汽车的中标优选方案。项目招标领导小组对招标结果加以确认后,向三家投标人发放中标通知书。政府采购中心与中标人签订经济合同并由公证处出具了合同公证书。中标合同总金额2917万元,节资可观。

点评:

(1)开标大会首先由主持人介绍参会人员各方代表,表示省政府采购管理机关、项目有关领导单位及使用部门对项目采购的关注和重视。介绍了招标的前期过程和投标单位名称。宣读了特设的汽车采购招标领导小组成员、开标评标监督委员会成员和评标委员会成员的名单。这种把招标管理运行机制公布于众的做法,利于充分落实公开、公平、公正、择优、信誉的招标原则。为了防止投标人干扰评标工作,在开展某些国内招标项目时,不公布评委会名单,也不披露项目操作和管理的实况。其实只要把招标工作做到实处,按照招标程序、规范依法办事,就经得起市场经济行为和准则的检验。

(2)制定和颁布"评标原则及注意事项"、"政府采购评委工作纪律"、"政府采购中心工作纪律"体现了严谨负责的工作作风,是顺利完成招标工作的保障。本次招标制度健全,纪律严明,值得学习和推广。

(3)对投标总报价、交货期、服务承诺、投标人资信实行分项打分,对于汽车采购比较适宜,使评标工作得以顺利、快捷地完成,且评委意见统一。

(4)由项目领导小组对评标结论加以确认,体现了现行有关规定要求的定标程序和制度,是可行的,增强了招标结果的权威性。

(5)由公证处对中标合同予以公证,进一步保证了招标投标的合法性,这种做法可以借鉴。

(四)政府采购管理

根据《暂行办法》的规定,财政部门负责政府采购的管理和监督工作。通过管理和监督,使政府采购应当遵循的公开、公平、公正、效益及维护公共利益的原则落到实处。财政部门对政府采购的监督包括内部监督及政府采购管理机关对采购活动的监督。内部监督的表现方式之一,就是要求将政府采购的管理机关和采购机关分离，管理机关不参与和干涉政府采购中心的具体商业活动。这一要求与《合同法》的精神是一致的，即采购机关和供应商属于平等主体，管理机关为监督主体活动的“裁判”。政府采购管理机关对采购活动的监督，不是全过程参与，而是通过一定的方式抓住重点环节，掌握采购活动的动态和进展。根据现行有关规定，政府采购管理机关监督政府采购活动的主要环节及方式有：

1.委托采购代理机构

《招标投标程序暂行办法》第二条规定：“招标人委托政府采购业务代理机构（以下简称代理机构）招标的，招标人应与代理机构签订委托协议，并报同级政府采购管理机关备案。”

2.招标通知的发布

《招标投标暂行办法》第三条规定：“采用公开招标方式的，招标人（或者代理机构，下同）必须在《中国财经报》上发布招标公告，同时也可在省级以上政府采购主管机构指定的其他报刊和信息网络上发布。”

3.开标

《招标投标暂行办法》第二十一条规定：“开标由招标人主持，在公证机关的监督下进行。招标人、所有投标人、评标委员会成员和政府采购管理机关等有关部门的代表参加开标会。”

4.全部废标

《招标投标暂行办法》第二十四条第二款规定：“全部投标报价均超出标的或预算时，评标委员会有权决定全部废标或要求全部投标人重新报价，并报政府采购管理机关备案。”

5.中标人

《招标投标暂行办法》第二十五条第五款规定：“中标人的情况应报政府采购管理机关备案。”

6.招标投标情况

《招标投标暂行办法》第二十五条第九款规定：“招标人应当自确定中标人之日起15天内，向政府采购管理机关提交招标投标情况的书面报告。”

7.投标文件保存

《招标投标暂行办法》第二十五条第十款规定：“所有投标文件的正本由招标人妥善保管，政府采购管理机关可随时抽查。”

《合同监督暂行办法》对政府采购合同的订立、变更、供应商违约、合同验收、付款以及合同履行后的监督管理都做出了明确规定。其中，第三条规定：“政府采购合同订立后7日内，采购机关应当将合同附本报政府采购管理机关备案。”第八条第二款规定：“政府采购合同的质量验收，原则上应由第三方负责。”第三款规定：“政府采购管理机关不得参加合同履行验收工作。”第九条规定：“采购机关依照合同约定需要向供应商付款的,应当向政府采购管理机关报送下列文件,以备审查……"

8.关于投诉

《招标投标暂行办法》第七条(十)规定:"处理中央政府采购中的投诉事项",第四十一条规定:"政府采购当事人认为自己的合法权益受到损害,可以向财政部门提出书面投诉。财政部门应当在收到投诉书之日起30日做出处理。"

需要特别说明的是,在政府采购管理机关对采购活动进行监督时,通常是实行备案制,而在国际上如世界银行一般是采取审批制。我国实行备案制的主要原因,是考虑到我国的政府采购工作还处于起步阶段,各级政府采购管理机关都缺乏审批的经验。一旦条件成熟,我国很可能也要实行审批制。

按上述有关规定来衡量,该案例既反映了一些值得总结的经验,同时表明在政府采购管理方面还存在一些需要改进之处。

从本案例来看,该地区非常重视对政府采购的监督工作,除成立了招标领导小组以外,在采购过程中还请监察办、廉政办参加有关活动。政府采购的目标是多方面的,推进政府采购工作也需多方面的协调配合。反腐倡廉是纪检、监察部门的职责,也是政府采购的目标之一,请这些部门参加政府采购活动,将会有力地推动我国政府采购的开展。

本案例也反映了该地区在政府采购管理方面仍有待完善之处。主要有:

1.政府采购主管机关管理"越位"。表现就是政府采购主管机关为招标领导小组成员。领导小组是一个非常设机构,在我国政府采购制度建立之初,这一机构确实在加强监督、协调有关方面的关系方面起到了非常重要的作用。但这一机构的成立并非现行有关政府采购规章的要求,按现行规定,政府采购主管机构及相关采购主体各自的职责是非常明确的,政府采购主管机构对政府采购活动的监督主要是抓主要环节,通过备案制或审核制来掌握采购活动的动态和进程,并通过处理投诉来裁决采购争端,保护供应商的正当权益。至于采购活动的组织、实施以及有关方面关系的协调乃至中标人的确定,均为采购机关的职责。

2.招标公告没有按规定在《中国财经报》发布。政府采购信息在统一媒体上发布,既是国际经验,也是国际组织如世界贸易组织《政府采购协议》的要求,目的是方便供应商公平地获得采购信息。

3.备案文件不全。如本案例中没有发现招标人提交的有关招标投标情况的书面报告,再如合同条款中没有明确中标方与买方签订合同后应在规定时间内将合同附本报政府采购主管机关等。在政府采购管理机关和集中采购机关分设的情况下,有关备案文件必须提交给管理机关,便于管理机关全面掌握采购活动的情况,也为管理机关及时处理有关事务如供应商投诉或拨款审核等提供依据。

4.验收方式欠规范。合同条款中对验收方式做了全面规定,但在实际合同验收时,是实行用户验收方式,而没有实行第三方验货制度。在我国实行政府采购的初始阶段,各项工作均应做到高标准,严要求,即使是标准物品,也应严格把好质量关,这对于保证采购质量,维护政府采购的声誉是有益无害的。

5.拨款方式不合理。在该项采购中,合同条款规定,货款由采购中心支付,这是介于由用户支付货款和由总会计直接支付货款之间的第三种拨款方式,这种拨款方式虽然符合现行行政、事业单位会计管理体系的要求,但不符合国库管理的规定。在国库集中收付制度尚未建立以前,政府采购资金的拨付方式有两种选择:(1)是在总会计设立政府采购资金专户,货款由财政部门直接支付给供应商;(2)是在没有设立政府采购资金专户的地区,财政部门可按现行拨款方式根据合同金额划拨资金,最后由用户向供应商付款。

此外,在这次采购活动的有关文件中涉及采购争端问题时,没有明确提出供应商可向政府采购主管机关提出行政投诉这一方式。政府采购主管机关对供应商的投诉处理,是对已经或正在发生的某些对当事人不利的行为采取补救措施,以维护政府采购的公正和公平。无论是国际经验还是国际组织的政府采购协议,都明确规定采购争端有多种解决途径,其中,政府采购主管机构有义务受理供应商的投诉,并且政府采购管理机关处理投诉通常是不收费的。

(本案例来源:中国政府采购网——政府采购案例分析
http://www.ccgp.gov.cn/puralfx/anlifx.htm)

第十七章　部门预算

一、部门预算的含义

部门预算是市场经济国家实行财政预算管理的基本组织形式。部门预算是指一个部门一本预算，由政府各部门编制，经财政部门审核后报经同级人大会议审议通过的反映部门所有收入和支出的预算。部门预算，可以说是一个综合预算，既包括行政单位预算，又包括其下属的事业单位预算；既包括正常经费预算，又包括专项支出预算；既包括预算内收支计划，又包括预算外收支计划和部门其他收支计划。

二、部门预算的内容

部门预算包括一般预算和基金预算。各部门要根据历年的收入情况和下年的增减变动因素，测算本部门的预算收入。收入预算要按收入类别逐项核定，行政性收费、预算外收入以及部门的其他收入也要核定到单位和具体项目。各部门要根据国家现有的经费开支政策和规定，测算各部门预算支出，要按照预算年度所有的因素和事项，分轻重缓急测算每一级科目的支出需求；个人的工资性支出要按编制内的人数核定；公用经费要按照部门分类、分档，按定额和项目编制预算；基建、挖潜、科技三项费用、建设性专款等都要进行项目论证，测定支出概算。

推进部门预算改革应做好以下相关工作：一是调整结构，保证重点。要通过部门预算改革，进一步调整支出结构，规范财政资金供给范围，做到有所为有所不为。二是严格收支两条线管理。按照各级政府的有关规定，做好行政事业性收费和罚没收入“收支两条线”管理工作，将预算外收支统一纳入部门预算管理，收支彻底脱钩，真正实行部门综合预算。三是强化改革的协调配合。要加强部门预算改革与国库集中收付制度改革、政府采购制度改革的协调配合，使各项改革彼此衔接、相互促进，建立起预算编制与预算执行良性互动的预算管理机制。四是全面加强制度建设。按照部门预算编制的有关要求，各级要相应制定预算管理内部操作规程、基本支出预算管理办法和项目支出预算管理办法等，规范部门预算编制程序。五是统一使用编制软件。要按照财政部关于加快财政系统信息化建设的总体要求确定的原则选用预算编制软件，避免重复建设和损失浪费。

三、部门预算的必要性、指导思想和基本原则

(一)部门预算的必要性

我国传统的预算编制方法与市场经济体制已经严重不相适应。如财政部以前的机构设置，就是与计划经济管理方式配套的，中央各个部门几乎都要与财政部每个业务司局打交道；再如，一些经费的使用安排，是由国家计委、国家经贸委、国管局等部门负责安排下达的。不论是财政部内各业务司局，还是财政部与各个有预算分配权部门之间，各自都有不同的工作习惯和管理方法，于是各项经费的预算编制与下达就不可避免地在时间上不统一、在内容和形式上不规范。这不仅影响了中央预算的严肃性，更主要的是妨碍了各部门和单位严格执行预算，妨碍了更好地提高资金使用效益。实行部门预算有利于预算编制的统一性，有利于维护预算的严肃性，有利于预算管理的规范化，有利于加强对预算外资金、各种政府性基金、各项事业收入的管理，防止腐败现象的产生。

(二)部门预算的指导思想

部门预算改革的指导思想是：要通过部门预算改革，逐步建立符合社会主义市场经济体制要求的，具有中国特色的财政预算管理体制；要通过部门预算改革充分提高预算管理水平，增强预算透明度，提高预算管理的法制化程度，实现预算管理公开、公正、公平的基本要求。

(三)部门预算的基本原则

1.坚持公共财政理念。遵循公共财政也就是百姓财政的理念，切实做到为民理财，着力解决与群众利益密切相关的热点和难点问题，让老百姓感受到公共财政的阳光。

2.优先保障基本支出。根据财力可能，结合部门职能职责，首先确保机构正常运转的基本支出需要。在此基础上，本着“有多少钱办多少事”的原则，合理安排各项事业发展所需的项目支出。

3.整合优化专项资金。调整支出结构，取消一批不符合公共财政要求的项目，加大同类专项资金整合力度，“打包”安排专项，重点支持重大改革、经济发展和重点社会事业。

4.确保预算收支平衡。认真分析宏观经济发展形势，做到预算安排与经济和社会发展相适应，量入为出、收支平衡；按照勤俭办一切事业的精神，努力增收节支。

四、部门预算的流程

(一)中央部门预算编制程序

1.各部门编制、汇总和上报本部门的预算建议数。

2.财政部业务司局按照其管理职能分别对部门预算建议数进行审核,并下达预算控制数。

3.各部门根据预算控制数编制预算,上报财政部。

4.财政部再对部门预算数进行审核汇总,报送国务院审定后报送全国人大批准,再由财政部统一批复给各部门。

(二)部门编报预算的程序

1.基层单位编报预算并上报给上级部门。

2.二级单位编制、汇总单位预算并上报给主管部门。

3.一级部门编制、汇总部门预算并上报给财政部。

4.财政部审核部门预算数。

五、部门收入预算

部门收入是预算单位从不同来源取得的各种收入的总称,包括部门一般预算收入和部门基金预算收入。

(一)部门一般预算收入编制的内容

部门一般预算收入包括行政事业单位的财政拨款收入、预算外资金收入和其他收入等。

1.财政拨款收入,是指由财政部门拨款形成的部门收入。财政部门根据预算单位的基本支出预算、项目支出预算以及各方面收入来源情况,综合核定对某一单位的年度财政拨款额。

2.预算外资金收入,是指行政事业单位为履行政府职能,依据国家法律法规或具有法律效力的规章收取或提取,纳入财政预算外专户管理或按规定程序批准留用的财政性收入。预算外资金收入具体包括行政事业性收费、政府性基金(资金、附加)、主管部门集中收入、其他预算外收入四种类型。

(1)行政事业性收费,是指国家法律法规规定以及国务院、财政部和原国家计委审批的行政事业性收费。编制"行政事业性收费"预算应严格按照经批准的收费项目、收费标准测算。具体数额可参照近几年实际收入情况。在调整收费标准和收费项目的前提下,各年之间收费收入数一般是大体相同的。

(2)政府性基金(资金、附加),是指按照国务院或财政部审批的项目和标准向企事业单位和个人征收、募集,或以政府信誉建立的具有特定用途但暂未纳入预算管理的各种基金(资金、附加收入)。编制"政府性基金(资金、附加收入)"预算也要严格按照经批准的项目和标准测算。

(3)主管部门集中收入,是指部门按国家规定从所属企事业单位和社会团体集中的管理费及其他资金收入。"主管部门集中收入"预算应按照国家向下属单位集

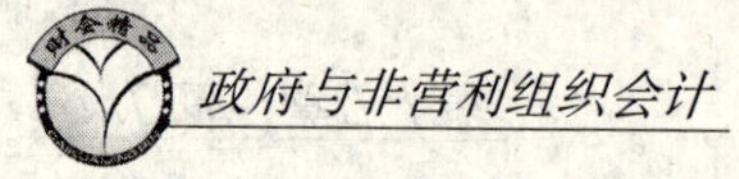

中收入的有关规定编制。

(4)其他预算收入,是指除上述收入以外的预算外资金,包括以政府名义获得的各种捐赠资金、国家行政机关派往境外机构的非经营性收入,有偿使用回收资金中纳入财政预算管理的部分,财政专户利息等。其他预算外收入一般不是经常性收入,因此,在编制其他预算外收入时,可以上年收入为基础,剔出一次性收入后编制。

3.其他收入。其他收入包括上级补助收入、事业收入、事业单位经营收入、附属单位上缴收入、用事业基金弥补收支差额等。

(二)部门基金预算收入编制的内容

按照《政府性基金预算管理办法》确定的政策性基金管理的原则,政府性基金全额纳入预算管理(目前由于一些特殊情况,仍有少量基金尚未纳入预算管理,暂列为预算外收入),实行收支两条线,收入全额上交国库,先收后支,专款专用,并且在预算上单独反映编制,自求平衡,结余结转下年继续使用。在部门预算中涉及了《纳入预算管理的政府性基金收支预算表》,单独反映纳入预算管理的政府性基金收支预算。政府性基金收入预算根据上年度征收任务完成情况、本年度征收计划及征收标准调整变化情况等确定;基金支出预算根据基金收入情况,按规定的用途、支出范围和支出标准编制。目前,经国务院批准,已经纳入预算管理的中央政府性基金收入主要包括:电力建设基金收入、铁路建设基金收入、邮电附加费收入、港口建设费收入等。

六、部门支出预算

部门支出预算包括部门基本支出预算和部门项目支出预算。

(一)部门基本支出预算

部门基本支出是行政事业单位为保障其机构正常运转和完成其日常工作所必需的支出,具体包括工资福利支出、商品和服务支出、对个人和家庭的补助、对企事业单位的补贴、转移性支出、赠与、债务利息支出、债务还本支出、基本建设支出、其他资本性支出、贷款转贷及产权参股和其他支出等共12类。

在编制基本支出预算时,应遵循优先保障、综合预算和定员定额管理的原则。

根据《中央本级基本支出预算管理办法(试行)》的规定,基本支出定额标准由"双定额"构成,即支出定额和财政补助定额。支出定额是针对综合预算而言的,是指财政部按人或物核定的部门、单位总体或某个定额项目的大口径支出标准。财政补助定额是财政部对与其有预算缴拨款关系的部门、单位按人或物核定的财政补助标准。

(二)部门项目支出预算

项目支出是指行政事业单位为完成特定行政工作任务或事业发展而发生的支

出,按照其性质分为基本建设类项目、行政事业类项目和其他类项目。

项目支出预算编制应遵循的原则:综合预算,科学论证,合理排序,追踪问效。

项目库是项目支出预算的重要组成部分,是对申请预算的项目进行规范化、程序化管理的数据库系统。项目库的管理依据《中央本级项目库管理规定(试行)》进行。项目库分为中央部门项目库和财政项目库。进入中央部门和财政部项目库中的项目应该是经过严格论证、审核后的合规项目。项目库管理原则是按照统一规划、分级管理、合理排序、滚动管理进行。

七、部门预算报表体系

现行部门预算报表体系分为录入表和预算表。录入表由收入预算录入表等 8 张报表组成,具体包括:录入 01 表收入预算录入表,录入 02 表基本支出预算录入表,录入 03 表项目支出预算录入表,录入 04 表经营及往来支出预算录入表,录入 05 表预算外资金收入预算录入表,录入 06 表纳入预算管理的政府性基金收支预算录入表,录入 07 表政府采购预算录入表,录入 08 表单位人员情况基本数字录入表。

预算表在录入表的基础上自动生成,包括预算收支总表等 14 张报表。

录入表和预算表概念的引入,不仅是部门预算报表体系从形式上发生了变化,更主要的是部门预算报表从单纯满足预算编制转向全面支持预算管理和改革。

为全面反映部门预算收支、政府采购预算及部门人员、资产等情况,部门预算报表共设置 12 张收支预算表(收支预算总表、收入预算表、支出预算表、基本支出人员经费预算表、基本支出日常公用经费预算表、行政事业类项目支出预算表、基本建设类项目支出预算表、其他类项目支出预算表、财政拨款支出预算表、预算外资金支出预算表、预算外资金收入预算表、纳入预算管理的政府性基金收支预算表)、1 张政府采购预算表和 1 张单位人员情况基本数字表。

小知识：

2006年部分部门预算报表

表17-1　　收支预算总表

编制单位：　　　　　　　　　　　　　　　　　　单位:万元

收入		支出	
项　目	预算数	项　目	预算数
一、财政拨款		一、基本建设支出	
二、行政单位预算外资金		二、企业挖潜改造资金	
三、上级补助收入		……	
四、事业收入			
五、事业单位经营收入			
六、附属单位上缴收入			
七、其他收入			
		六十一、其他支出	
本年收入合计		本年支出合计	
用事业基金弥补收支差额		结转下年	
上年结转			
收入总计		支出总计	

表 17－2　　收入预算表

填报单位：　　　　单位：万元

科目编码			单位代码	单位名称（科目）	合计	上年结转	财政拨款	行政单位预算外资金	上级补助收入	事业收入		事业单位经营收入	附属单位上缴收入	其他收入	用事业基金弥补收支差额
类	款	项								金额	其中：预算外资金				
				行政单位											
				事业单位											
				其他											
				合计											

表 17－3　　支出预算表

填报单位：　　　　单位：万元

科目编码			单位代码	单位名称（科目）	合计	基本支出	行政事业性项目支出	基本建设项目支出	其他项目支出	上缴上级支出	事业单位经营支出	对附属单位补助支出
类	款	项										
				行政单位								
				事业单位								
				其他								
				合计								

表 17－4　　基本支出人员经费预算表

填报单位：　　　　　　　　　　　　　　　　　　单位：万元

科目编码			单位代码	单位名称（科目）	合计	人员支出						
类	款	项				小计	基本工资	津贴	奖金	福利费	社会保障缴费	其他
				行政单位								
				事业单位								
				其他								
				合计								

续表

科目名称			单位代码	单位名称（科目）	对个人和家庭补助支出													
类	款	项			小计	离休费	退休费	退职/役费	就业补助费	抚恤金	救济金	医疗费	生活补助	提租补贴	住房公积金	购房补贴	助学金	其他
				行政单位														
				事业单位														
				其他														
				合计														

表 17－5　　行政事业性项目支出预算表

填报单位:　　　　　　　　　　　　　　　　　　　　　　单位:万元

科目编码			科目名称(项目)	项目编号	项目单位	项目类型	总投资				本年安排投资			
类	款	项					小计	财政拨款	预算外资金	其他资金	小计	财政拨款	预算外资金	其他资金
			合计											

主要参考文献

1.中华人民共和国财政部:《财政国库管理制度改革试点方案》,2001 年 3 月 16 日财库[2001]24 号发布。

2.中华人民共和国财政部:《财政国库管理制度改革试点会计核算暂行办法补充规定》,2002 年 6 月 6 日财库[2002]39 号发布。

3.中华人民共和国财政部、中国人民银行关于印发《预算外资金收入收缴管理制度改革方案》,2002 年 6 月 28 日财库[2002]37 号发布。

4.中华人民共和国财政部:《财政国库管理制度改革试点会计核算暂行办法》,2001 年 7 月 27 日财库[2001]54 号发布。

5.张照东:《政府采购法的基本原则》,http://www.ccgp.gov.cn ,2002 年 11 月 18 日。

6. 中华人民共和国财政部:《中国政府采购网——政府采购案例分析》,http://www.ccgp.gov.cn/puralfx/anlifx.htm。

7.刘明慧、宝丽萍:《政府预算管理》,北京:经济科学出版社 2004 年版。

8.《2007 年政府收支分类科目》,北京:中国财政经济出版社 2007 年版。

9.孟凡利:《政府与非营利组织会计》,大连:东北财经大学出版社 1997 年版。

10.王翠春、宋希亮、初宜红:《民间非营利组织会计制度讲解》,大连:东北财经大学出版社 2005 年版。

11.李好科、王翠春:《预算会计》,北京:中国商业出版社 1998 年版。